KB177044

지은이

다이애너 머츠 Diana C. Mutz

미국 스탠포드 대학교에서 정치 커뮤니케이션과 여론을 전공했으며, 미국 위스콘신 대학교 정치학과 및 신문방송학과 교수를 지냈다. 현재 미국 오하이오 주립 대학교 정치학과 및 신문방송학과 교수이다. 이 책으로 1999년 미국정치학회(APSA) 정치 심리학 부문 '로버트 래인 Robert E. Lane 최고의 책' 상을 수상했다. 저서로는 *Political Persuasion and Attitude Change*(1996, 공저)가 있다.

옮긴이

양승찬

서울대학교 신문학과를 졸업하고, 미국 펜실베이니아 대학교 커뮤니케이션학 석사, 미국 위스콘신 대학교 언론학 박사 학위를 받았다. 현재 숙명여자대학교 언론정보학부 정보방송학 전공 교수로 있으며, 한국언론재단 선임연구위원을 지냈다. 주요 논문으로는 〈사회 시스템 성격을 고려한 침묵의 나선 이론 연구〉, 〈텔레비전 선거 토론 방송의 영향력 연구〉, 〈제3자 효과 가설과 침묵의 나선 이론의 연계성〉 등이 있다.

미디어 정치 효과 : 비개인적 영향력

█ 일러두기

- 한글 표기를 원칙으로 하되, 필요에 따라 외국어와 한자를 병기하였다.
- 한글 맞춤법은 '한글 맞춤법' 및 '표준어 규정' (1988), '표준어 모음' (1990) 을 적용하였으나 혼란이 있는 경우에는 출판사의 원칙을 따랐다.
- 외래어의 우리말 표기는 개정된 '외래어 표기법' (1986) 을 원칙으로 하되, 그 중 일부는 현지 발음에 따랐다.
- 사용된 기호는 다음과 같다.

  신문, 논문 등: 〈 〉

  책이름: 《 》

  옮긴이 주: [ ]

미디어 정치 효과: 비개인적 영향력

다이애너 머츠 지음 / 양승찬 옮김

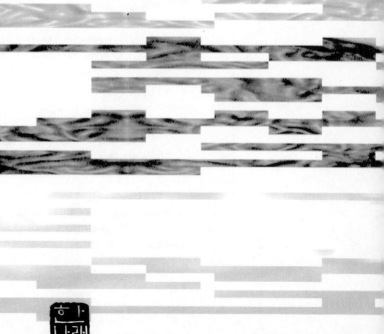

미디어 정치 효과: 비개인적 영향력

지은이 / 다이애너 머츠
옮긴이 / 양승찬
펴낸이 / 한기철
편집장 / 이리라 · 편집 / 신소영 · 디자인 / 김민정

2000년 9월 10일 1판 1쇄 박음
2000년 9월 20일 1판 1쇄 펴냄

펴낸 곳 / 도서 출판 한나래
등록 / 1991. 2. 25. 제22 - 80호
주소 / 서울시 마포구 신수동 448 - 6
전화 / 02) 701 - 7385 · 팩스 / 02) 701 - 8475 · e - mail / hanbook@chollian.net

필름 출력 / DTP HOUSE · 인쇄 / 상지사 · 제책 / 성용제책
공급처 / 한국출판협동조합 [전화: 02) 701 - 5616, 팩스: 02) 716 - 2995]

Impersonal Influence: *How Perceptions of Mass Collectives Affect Political Attitudes*
by Diana C. Mutz

미디어 정치 효과: 비개인적 영향력 / Diana C. Mutz 지음, 양승찬 옮김. -
서울: 한나래, 2000.
406p.: 25cm

원제: *Impersonal Influence*: *How Perceptions of Mass Collectives*
Affect Political Attitudes (한나래 언론 문화 총서 33)

KDC: 070.4
DDC: 302.23
ISBN: 89 - 85367 - 89 - 7 94330

1. Mass media — Political aspects.   2. Mass media and public opinion.
I. Mutz, Diana.   II. 양승찬 옮김.   III. Title — *Impersonal influence*:
How Perceptions of Mass Collectives Affect Political Attitudes

차례

옮긴이의 말

흔히 현대 정치를 '미디어 정치'라고 하면서 미디어가 정치 과정에 미치는 영향력이 지대하다고 말한다. 미디어가 대통령을 만든다는 식의 이야기는 이제 너무 들어 진부할 정도이다. 하지만 정치 커뮤니케이션 과정에서의 미디어 효과를 탐구해 온 여러 연구 결과를 놓고 볼 때, 우리가 이렇게 쉬운 결론을 내릴 수 있는가 한편으로 염려가 앞선다. 정치 커뮤니케이션과 여론 연구 분야의 강의를 해 오면서, 너무나 광범위한 영역을 포괄적으로 다루어야 하는 부담 속에 통념과 연구 결과의 차이를 어떻게 설명해야 하는가의 문제는 지금까지도 고민하는 부분이다. 다이애너 머츠 교수의 저서인 ≪미디어 정치 효과: 비개인적 영향력 *Impersonal Influence: How Perceptions of Mass Collectives Affect Political Attitudes*≫은 이러한 고민을 조금은 덜어 줄 수 있으리라 본다.

이 책은 정치 커뮤니케이션 효과 분야에 관심 있는 사람들에게 최근까지의 학문적 경향을 체계적으로 정리할 수 있는 기회를 줄 것이다. 이 분야를 전공하는 학부생, 대학원생, 미디어 현장에서 정치·사회·경제 분야 등을 취재 보도하는 기자, 미디어 내용을 평가하고 비판하는 평론가, 그리고 정치 캠페인을 기획하는 실무자 여러분들 모두에게 이 책은 유용한 도움을 줄 것이다. 경험적인 데이터를 소개하는 부분은 사회 과학 방법론에 익숙하지 않은 사람들에게는 약간은 어렵게 느껴질 수도 있겠지만, 과학적인 방법을 이용한 정치 커뮤니케이션 효과 연구를 준비하는 전공자들에게 좋은 연구 모델을 제시하고 있다. 이 책에서 미국 미디어의 저널리즘의 변화와 사회 환경의 변화가 야기할 수 있는 영향력의 정치적 함의를 정리한 부분은 특히 현장에서 정치 커뮤니케이션 과정을 보도하는 분들에게 도움을 줄 수 있다. 또한 저자가 여론 조사, 출구 조사, 모멘텀 등의 분야를 다루면서 제시하는 사례는 정치 캠페인 전략을 수립하는 데 실질적인 효용성이 있다. 마지막으로 정치 커뮤니케이션 현상을 비판적으로 평가해 보려는 사람들에게는 미디어 정치가 추구하는 민주주의에서의 책임성의 문제를 생각해 보는 기회를 제공하면서 미디어와 정치를 연결하는 문제를 다루는 데 있어 비판적인 시각의 폭을 넓혀 줄 것이다.

개인적으로 머츠 교수가 학위 논문과 논문 자격 시험의 심사위원이었던 관계로 이 책이 기획될 때부터 관련된 많은 문헌을 접해 볼 수 있었다. 논문 자격 시험의 일부로 '비개인적 영향력'이라는 과목을 준비하면서 정리했던 내용, 머츠 교수와 토론했던 내용들이 책으로 나오게 되어 무척이나 기쁘게 생각한다. 독자들이 이 책을 읽으면서도 느끼겠지만, 한 연구자가 10년 넘게 한 가지 큰 주제를 놓고 진행해 온 개별 연구 작업을 성공적으로 묶어 내는 것은 사실 쉽지 않은 일이다. 정치 커뮤니케이션 연구가 활성화되고 있는 한국 언론학계에서도 축적된 자료를 바탕으로 이러한 책이 묶여져 나올 수 있기를 기대해 본다.

이 번역서가 나오기까지 즐거운 마음으로 신바람나게 작업을 하도록 많은 격려를 해주시고 통일되지 않은 번역 용어 선정에 도움을 주신 숙명여자대학교 언론정보학부 정보방송학과 동료 교수님들께 이 기회를 빌어 감사를 드린다. 원문을 함께 읽으면서 번역에 도움을 준 고려대학교 신문방송학과의 서미혜 석사, 김선호 석사 두 사람에게도 감사하고 싶다.

2000년 9월
양승찬

머리말

지금은 '비개인적 영향력'이라고 이름 붙인 이 분야를 처음 공부할 때, 나는 해로운 현상을 밝히려는 연구자의 시각에서 미디어 현상에 접근했다. 나는 미디어가 정치에 미치는 효과에 관심을 가졌던 대학원생 시절에 다중多衆의 의견을 묘사하는 데 있어 미디어가 민주주의 체제에 해악을 끼친다고 생각했다. 여론 조사 결과 발표를 저지하려 했던 사람들이나, 그 역동적 요소 때문에 연속적으로 실시되는 예비 선거 제도의 폐지를 원했던 사람들과 공감했다. 분명 미디어는 정치적 판단에 있어 사람들의 자립성이나 합리성을 흐리게 만들고 있었다. 사회 지향적 *sociotropic* 투표에 대한 연구 역시 다중에 대한 언론 보도에 대해 더욱더 염려하게 만들었을 뿐이다. 만일 사람들이 자신의 개인 경험을 무시하고 미디어를 통해 다중에 대해 지각하고 이에 기초하여 투표한다면, 그 결과 공직자에 대한 책임 심판은 곤란에 부딪힐 것으로 보았다.

다양한 연구를 한 권의 책으로 묶고 결

론을 쓰면서야 비로소 나는 내 생각이 얼마나 진전되고 변화되었는지 알게 되었다. 비록 내가 예전에 출간한 논문에서 여러 자료를 취했다 하더라도 이 책을 자세히 읽는다면, 내가 내린 결론이 이전에 내린 결론과 사뭇 다르다는 점을 느낄 수 있을 것이다. 이러한 상이한 결론을 내리게 된 이유는 단순하다. 그것은 내 생각이 바뀌게 되었다는 점이다. 즉, 더 많이 연구할수록 내가 처음에 가졌던 결론을 지탱시키기가 더 어렵다는 것을 깨닫게 되었다.

사실 나는 연구 초창기 때 내린 결론에 내재한 음울한 어조를 지워 버릴 것인가에 대해 매우 망설였다. 미디어가 다중의 경험과 의견에 대한 부정확한 지각을 영속화시키고 허위 의식을 전파하는 사악한 존재이며, 따라서 민주적 책임 심판을 위협하는 존재라는 주장은 경청할 만한 가치가 있다. 또한 이러한 주장은 별로 반대에 부딪히지 않는데, 그것은 미디어가 모든 사람들의 동네 북이기 때문이다.

이 책의 결론에서 나는 미디어가 다중의 경험과 의견을 부정확하게 묘사함으로써 발생하는 효과에 대해 면죄부를 주진 않았다. 그러나 나는 사람들이 이러한 지각의 영향을 받는다는 사실 자체는 민주주의에 해롭다기보다 대규모 사회에서 책임 소재에 대한 심판을 촉진시키는 데 있어 필수적이라는 결론을 내렸다. 나는 다중의 경험에 대한 지각과 관련해 4장과 5장에서 그 이유를 제시하였고, 다중의 의견과 관련해서는 6장과 7장에서 그 이유를 밝혔다. 9장은 이러한 논의들이 미디어의 민주적인 책임과 맺고 있는 폭넓은 관계에 대해 설명했다.

이 책의 제목은 캐츠와 라자스펠드가 쓴 고전 ≪개인적 영향 *Personal Influence: The Part Played by People in the Flow of Mass Communications*≫에서 따온 것이다. 이 책과 이 고전 모두 매스 미디어와 사회적 영향력이 맺고 있는 관계에 대해 다룬다. 그러나 독자들이 미리 염두에 두어야 할 것은, 이 책은 개인적 영향력이 정치 태도에 미치는 효과에 대해 논의하거나 매스 커뮤니케이션과 대인 커뮤니케이션이 미치는 상대적 효과를 서로 비교하기 위한 것이 아니라는 점이다. 내가 캐츠와 라자스펠드를 거론하는 주된 이유는 개인적 영향력과 비개인적 영향력의 차이를 지적하기 위해서이다.

캐츠와 라자스펠드는 대인 관계를 통해 수집한 정보가 미디어를 통해 수집한 정보에 비해 명백한 장점을 지니고 있다는 점에 깊은 인상을 받았다. 이들이 주장하듯이, "대인 접촉의 결과, 사람들은 서로를 다양한 활동으로 유도할 수 있고 그리하여 대인 접촉의 영향력은 커뮤니케이션의 내용을 뛰어넘게 된다. [……] 사람들은 서로 영향력을 행사할 수 있는 양 방향의 통로를 가진 반면 라디오나 인쇄물과 같은 매스 미디어는 한 방향의 통로만을 가진다." 바꾸어 말하면, 사람들은 타인이 그들에 대해서 생각하는 것이나 그들의 의견에 관심을 가지며, 개인적인 친분이 있는 사람들을 신뢰할 만한 이유가 있다는 것이다. 따라서 미디어의 정보는 대인 커뮤니케이션만큼 규범적인 사회적 영향력을 가질 수 없다고 본다.

대신 비개인적 영향력이 갖는 설득력은 미디어 내용의 성격에 근거하고 있다. 미디어(특히 전국적인 미디어)가 가장 잘 할 수 있는 분야는 개인 경험이나 접촉을 넘어선 영역에 있는 사안에 대한 정보, 즉 다중의 상태를 우리에게 제공하는 것이다. 물론 사람들은 개인 경험이나 접촉에 기초하여 그러한 지각을 형성할 수 있다. 그러나 직접적으로 접촉할 수 있는 삶과 공동체에 대한 지각, 국가 전체에 대한 지각이 분화되면서, 개인의 가시적 영역 저편에 존재하는 세계에 대해 판단함에 있어 사람들은 미디어 전문가에 의존하는 경향이 있다.

비개인적 영향력은 사람들이 다중의 경험과 의견을 지각함으로써 생겨난 결과이다. 캐츠와 라자스펠드의 '2단계 유통 가설'에서 주장하듯이, 이와 같은 정보는 미디어를 통해 수집되며 대인 관계를 통해 다시 전파될 수 있다. 그러나 이들이 커뮤니케이션 채널에 대해 관심을 가졌다면, 나는 메시지의 내용이 가지고 있는 비개인적 성격과 그것이 정치 태도에 미치는 독특한 영향력에 주안점을 두고자 한다. 채널과 내용은 개념상으로는 서로 별개의 차원에 속하지만, 실제로 미디어는 대규모 집합체에 대한 정보를 전달하고 대인 커뮤니케이션은 개인에 대한 정보를 전달한다고 말할 수 있다.

대인 채널을 통해 가장 잘 행사되는 사회적 영향력과 대비시키려는 의도 외에, '비개인적 영향력'을 이 책의 제목으로 선택한 데에는 캐츠와 라자스펠드처럼 정치 커뮤니케이션 학문 분야에서 자주 인용되고 싶은 나의 욕망도 조금은 담겨 있음을 솔직히 밝힌다. 이 책의 초고를 읽어 주었던 한 연구자는 이 제목 덕분에 "《개인적 영향》 옆자리에 이 책이 꽂히게 될 것"이라고 말한 적이 있다. 그런 가능성을 생각해 보지는 않았지만 어쩐지 그 말이 기분 나쁘지는 않왔다. 캐츠와 라자스펠드에게 양해를 구한다. 이들 거인의 어깨 위에 올라서서 사회적 영향력에 대한 내 자신만의 견해를 보여 주고 싶은 것이 이 책을 쓰게 된 동기이다.

감사의 말

이 연구의 아이디어는 매우 천천히 형성되었다. 그래서 나는 수많은 사람과 여러 기관에 신세질 수밖에 없었다. 이들은 내가 연구를 하던 기간 내내 개인적으로나 지적으로, 그리고 재정적으로 나에게 많은 도움을 주었다. 이 연구에는 시간과 재정적 지원이 필수적이었는데, 특별히 국립 과학 재단(National Science Foundation), 자유 포럼 미디어 연구 센터(the Freedom Forum Media Studies Center), 위스콘신 대학교 대학원에 감사의 뜻을 표하고 싶다. 특히 내 생각을 한 권의 책으로 전환시켜 보라고 독려한 에버릿 데니스에게도.

　　　전체 원고를 읽고 귀중한 제안을 해 준 사람들이 몇 있다. 이들은 바로 짐 커크린스키, 마이클 맥쿠엔, 봅 허클펠트, 딕 메렐만, 다렐 웨스트, 수잔 허스트이다. 그리고 부분적으로 몇몇 장을 읽고 논평을 해 준 짐 버프만, 제프 몬닥, 알 건서, 로리 매이슨, 데니스 청에게도 많은 신세를 졌다. 이 책의 편집자인 캠브리지 대학 출판부의 알렉스 홀츠만이 보여 준 열성과 관심 덕분에 원고가 많이 다듬어질 수 있었고 일이 잘 진척될 수 있었다.

위스콘신 대학교 신문방송학과와 정치학과의 동료들 역시 많은 관심과 격려를 아끼지 않았고, 내 시야를 넓혀 줄 수 있는 자료들을 끊임없이 추천해 주었다. 그리고 두 학과에서 폴 마틴, 조 소스, 미라 소트로비치와 같은 성실한 대학원생들과 함께 연구할 수 있었던 것은 나에게 큰 행운이었다. 특히 내 조교로서 참고 문헌을 정리해야 하는 불운을 겪은 폴에게 감사하고 싶다.

폴 스나이더만에게도 각별한 감사의 뜻을 전하고 싶다. 그는 전국 서베이에서 실험을 사용할 수 있는 혁신적인 방법을 개척했으며, 나는 이 접근법에 대한 잠재력에 주목하였다. 8장 대부분의 연구에서 사용한 방법은 내가 비개인적 영향력을 이해하는 데 엄청나게 도움을 주었다. 그리고 위스콘신 대학교 서베이 센터에서 봅 리와 함께 일할 수 있었던 것은 나에게는 정말 큰 행운이었다. 때로는 30개 이상의 버전을 가진 실험 설계를 감독해야 한다는 사실에 대해 다른 감독자들은 주저했지만 봅은 기꺼이 이를 시도했다.

이 책에 글을 전제할 수 있도록 허락해 준 <미국 정치학 American Journal of Political Science>, <정치학 Journal of Politics>, <여론 Public Opinion Quarterly>, <커뮤니케이션 Journal of Communication>, <정치적 행동 Political Behavior> 등의 여러 저널과 JAI 출판사, 웨스트뷰 Westview 출판사에게도 감사를 표한다. 그리고 '미국 전국 선거 연구 American National Election Studies'의 자료와 봅 허클펠트와 존 스프라크가 수집해 준 사우스 벤드 South Bend 연구의 자료 덕분에 이 책은 더욱 풍성해질 수 있었다.

이 책에서 논의한 연구들 가운데 세 가지는 공저이다. 자신의 글을 논의할 수 있도록 기꺼이 허락해 준 케빈 바안허스트, 제프 몬닥, 조 소스에게 감사 드린다. 이들이 반드시 이 책의 전반적인 입장을 지지하는 것은 아니며, 나는 그 점 때문에 더욱더 이들의 우정을 값지게 생각한다. 그리고 물론 이들은 이 책에 담겨진 오류나 지나친 주장에 대해 전혀 책임이 없다. 궁극적으로 모든 책임은 나에게 대학원에 진학하라고 권했던 노스웨스턴 대학의 댄 루이스 선생님께 있다. 그가 아니었다면 나는 중대한 오류를 범할 기회조차 갖지 못했을 테니까.

그리고 스탠포드 대학의 친구이자 동료인 스티븐 채피, 클리프 나스, 딕 브로디, 바이론 리브스, 돈 로버츠, 제레미 코헨에게도 감사한다. 최고의 사회 과학 연구는 항상 뜨거운 욕조에서 시작한다고 이들은 가르쳐 주었고, 나는 이 배움을 잊지 않고 있다. 이들이 전수해 준 연구의 즐거움은 전염성이 강한 것이었고, 10년 동안 내가 연구를 즐겁게 할 수 있도록 도와 주었다.

원고가 늦어지는 것에 좋은 핑계거리를 제공해 준 아들 왈든 피맨틀과, 자신이 태어나기 전에 이 원고를 완성하라고 뱃속에서 발길질했던 나의 딸 마리아 머츠에게 고마움을 느낀다. 이 원고를 끝마칠 수 있는 시간을 마련하는 데 커다란 역할을 했던 콜린 맥멀린에게도 감사하고 싶다.

마지막으로 재능이 많은 나의 남편 로빈 피맨틀은 핵심점을 가지고 나와 토론하는 것에서부터 참고 문헌을 교정하고 아이들을 돌봐 주는 것에 이르기까지 여러모로 기여했다. 그리고 무엇보다도 의욕을 잃을 때마다 흔들림 없는 신뢰를 보내 준 점에 대해 남편에게 감사한다.

1부

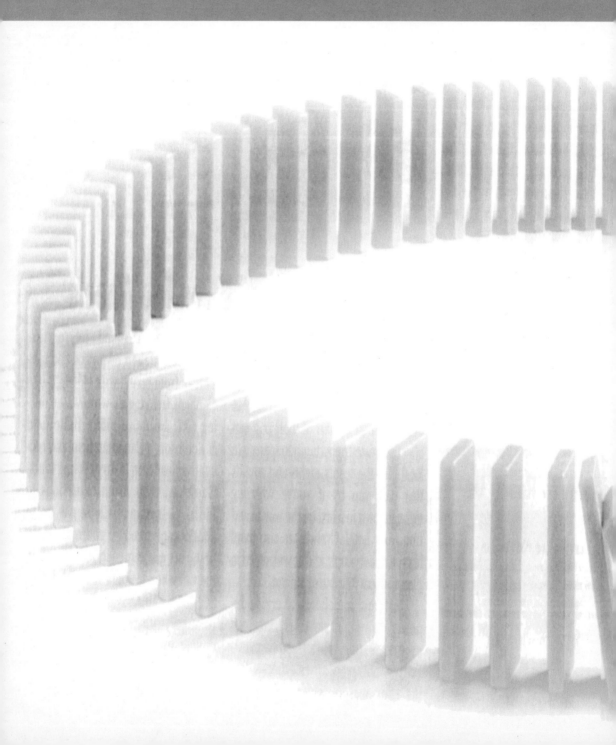

이론 및 역사적 맥락

1

일반적 타자:

현대 미국 정치에서의 그 사회적 효과

모리비아 마을에 살았던 내 할머니께 존재했던 것과 같은 현실은 더 이상 존재하지 않는다. 할머니는 모든 것을 개인적인 경험을 통해서 배우셨다. 어떻게 빵을 굽고, 집을 짓고, 돼지를 잡고, 훈제를 만드는지, 그리고 무엇으로 솜 이불을 만드는지, 신부나 선생님이 세상을 어떻게 생각하는지 등을 말이다. 할머니는 날마다 마을 주민들과 마주치며 사셨고, 10년 동안 그 마을에서 몇 건의 살인 사건이 일어났는지도 알고 계셨다. 한 마디로 현실을 자신의 개인적인 통제 아래 두고 있었다. 그러므로 당장 집에 먹을 양식이 없는데도 모리비아의 농사는 잘 되고 있다는 말로 할머니를 놀릴 수 있는 사람은 아무도 없었을 것이다. 파리에 사는 나의 이웃은 사무실에서 다른 동료 직원과 마주 앉아 여덟 시간을 보낸 뒤, 자가용을 몰고 집으로 돌아와 세상 돌아가는 일을 알기 위해 텔레비전을 켠다. 그리고 아나운서가 최근의 여론 조사를 해설하면서 대다수의 프랑스인들이 안전에 관한 한 프랑스가 유럽의 최고라고 생각하고 있다(나는 최근에 그런 기사를 읽은 적이 있다)고 보도하자 매우 기뻐하면서 샴페인을 터뜨린다. 그러나 바로 그 날, 자신이 살고 있는 골목에서 세 건의 강도 사건과 두 건의 살인 사건이 자행되었다는 사실을 그는 결코 알지 못할 것이다. [……] 현대 사회를 살아가는 사람들은 점점 더 직접적으로 현실을 접하지 못하고 있으며, 때로 직접적으로 접한 현실 자체를 싫어하는 경향도 있기 때문에 여론 조사에서 나타난 결과는 상부 현실로 인정되고 있다. 다시 말하면 진실이 되어버린 것이다.

밀란 쿤데라의 《불멸》

선진 산업 민주주의 사회에서 대다수 시민들은 더 이상 쿤데라의 할머니가 살았던 세상에 살고 있지 않다. 더 좋은 일인지 나쁜 일인지 모르겠지만, 사람들이 세상에 대해 갖고 있는 대부분의 지식은 더 이상 개인적인 경험을 통해 얻어지지 않는다. 여론 조사와 같은 대중의 피드백 메커니즘은 이러한 경향을 가속화시키는 많은 요인들 가운데 하나에 지나지 않는다. 이 책은 어떤 변화로 이러한 사태를 낳았는가, 또한 이것이 정치 태도나 행동에 사회적 영향력을 미친다고 할 때 그 함의가 무엇인가를 다룬다.

이 책에서는 현대의 정치적 삶에서 점점 더 중요한 힘으로 다가오고 있는 것이 이른바 '비개인적 영향력impersonal influence'이란 점을 기본 전제로 삼고 있다. 비개인적 영향력이란 타자의 태도, 신념, 경험을 지각하는 데서 생겨나는 영향력을 말한다. 여기서 '타자들 Others'이란 ≪민중의 선택 The People's Choice≫이나 ≪개인적 영향 Personal Influence≫과 같은 고전의 저자들이 관심을 기울였던 가까운 친구나 주변 사람을 지칭하는 것이 아니다. 여기서의 타자는 대인적 접촉이 이루어지는 개인적 영역 밖에 있는 익명적인 '타자'이다. 예를 들면, 1984년 민주당 대통령 후보에 도전한 게리 하트Gary Hart에게 그랬던 것처럼, 1차 예비 선거나 당원 대회의 결과가 2차 예비 선거 후보자에 대한 태도에 영향을 미칠 때 비개인적 영향력이 발생한다(Bartels, 1988; Brady & Johnston, 1987). 마찬가지로 국민들이 투표하면서 자신의 주머니 사정보다는 나라 전체가 경제적으로 얼마나 잘 유지되고 있는지에 대한 지각에 근거하여 투표할 때, 그들은 비개인적 타자의 영향을 받고 있는 것이다(Kinder & Kiewiet, 1981).[1] 또한, 실제로는 그렇지 않음에도 불구하고 다른 사람들이 폭행 범죄에 희생당하는 사례가 늘고 있다는 지각에 근거하여 폭력 범죄 문제에 공적 자원을 더 많이 투자하라고 국민들이 요구하는 경우 역시 비개인적 영향력이 발생하고 있다.

비개인적 영향력에 대해 주목해야 하는 것은 현대 정치에서 이러한 영향력이 작용한다는 점과 더불어 이것이 우리가 미디어의 사회적 영향력에 대한 이해의 폭을 넓힐 수 있는 잠정적 계기가 될 수 있기 때문이다. 이러한 유형의 영향력이 '비개인적'인 것이라고 간주되는 이유는 개인적 삶의 공간 외부에 존재

---

1. '비개인적'이란 말은 쌀쌀맞고 퉁명스런 사람을 뜻하는 것이 아니라 개인적인 친분이 없는 집합적인 타자를 뜻한다.

하는 집합적 차원의 다중多衆의 태도, 신념, 경험에 대한 정보가 이 영향력을 발생시키기 때문이다. 다시 말해서, 비개인적 영향력이란 특정한 견해나 관점을 부각시키는 것을 목적으로 한 미디어 메시지가 만들어 내는 직접적인 설득의 효과가 아니다. 엄밀히 말해서, 비개인적 영향력이란 집합적인 의견이나 경험의 표현이 사회적 영향력을 발휘할 수 있는 능력과 관계있다. 이러한 효과를 발휘하게 만드는 다중에 대한 지각은 항상 그런 것은 아니지만 미디어에서 비롯되는 경향이 존재한다.[2] 미디어는 대규모의 다중에 대한 정보를 전달할 수 있는 신뢰할 만한 채널로서 손색이 없다. 비록 많은 사안에 대한 정보원으로서의 신뢰성에 문제가 있기는 하지만 미디어는 개인이 직접 체험할 수 있는 영역 저편에 있는 사안에 있어 일말의 전문성을 가지며, 이를 통해 우리가 살고 있는 세상에 대한 정보의 원천으로서 믿을 만한 정보원으로 받아들이게 한다.

대중의 의견과 경험이 어떤 경향을 보이고 어떤 상태인지에 대해 매스미디어가 얼마나 많은 시간과 관심을 할애하는지에 따라 익명적 타자의 영향력을 증진시킨다고 할 수 있다. 그러나 사회적 영향력에 대한 관심은 대부분 개인적 친분이나 집단에 대한 영향을 알아보는 수준에 집중되어 왔다. ≪개인적 영향≫이나 이와 유사한 연구가 남긴 유산은 대인적 정보원이 정치적 의견의 원천으로서 매우 놀라운 신뢰성을 가진다는 것이다(Katz & Lazarsfeld, 1955). 따라서 멀리 떨어져 있는 익명적 타자의 태도에 대한 일반 사람들의 지각은 이론적으로나 현실적으로나 별로 관심을 끌지 못했다. 미국인의 정치 태도를 설명하는 데 있어서 가장 중요한 것은 개인에게 직접적인 사회적 환경을 제공하는 가정과 가까운 곳에서 찾을 수 있다는 전제가 있었다.

오늘날 미국 정치를 논의하면서 비개인적인 영향력이 갖는 의미를 다시한 번 고찰해야만 할 여러 가지 이유가 있다. 다양한 역사적인 변동은 미국인의 관심을 직접적인 생활 공간 외부에 존재하는 세계로 돌려 놓았다. 게다가 미국

---

2. 정보가 사람에게 도달하는 채널(대인 커뮤니케이션 대 매스 커뮤니케이션)은 전달된 정보(개인에 대한 것인가, 집합체에 대한 것인가)를 가지고 구별할 수 있다. 지적한 것처럼, 나는 다중에 대한 정보에 초점을 맞추는데, 여기서 정보가 개인에게 직접 전달되는가 아니면 중개되어 2차적으로 전달되는가는 문제 삼지 않겠다. 그러나 대인 커뮤니케이션이 개인에 대한 정보를 전달하는 데 중요한 통로라면, 미디어는 다중에 대한 정보를 전달하는 데 있어 가장 중요한 통로이다. 2장에서 논의하겠지만 개인에 대한 뉴스가 사회 전체 문제를 대표하는 경우를 제외한다면, 오늘날의 미디어는 개인에 대한 뉴스를 별로 다루지 않는다.

인의 정치적 행동에 대한 연구들은, 사람들의 정치적 행동이 개인적 경험을 통해 알고 있는 공동체의 테두리를 벗어나서 존재하는 집합체의 태도나 경험에 대한 지각에 의해 영향을 받는다는 사례들을 제시한다.

비개인적 영향력을 증진시키는 상황에 대한 사회적 관심이 늘어났다는 사실과 더불어, 또한 많은 매스 미디어 효과 연구는 미디어의 1차적인 효과가 개인적 태도나 신념의 차원이 아니라 사회적 차원에 대한 지각에서 발생할 수 있음을 보여 준다. 다시 말하면, 미디어는 사람들에게 낙태에 대한 공중의 태도가 점점 더 호의적인 것으로 변하고 있다고 설득시킬 수 있지만 이 문제에 대한 사람들의 개인적 태도를 변화시키기는 매우 어렵다는 것이다. 빈번하게 인용되는 코헨의 유명한 문구를 확대해 말하면, 매스 미디어가 사람들에게 어떤 것을 생각하라고 *what to think*, 어떤 것에 대해서 생각해 보라고 *what to think about* 하는 데 있어서는 별로 효과가 없지만, '다른 사람들이' 어떠한 것에 관해 생각하거나 경험하고 있다고 *what others are thinking about and experiencing* 말하는 데 있어서는 큰 영향력을 미친다. 한편 이러한 정보에 대한 지각은 대중뿐만 아니라 정치 지도자들의 정치적 행동에도 중요한 결과를 가져온다(Cohen, 1963).

이런 현상을 설명하기 위해 몇 가지 구체적인 예를 들어보자. 비개인적 영향력을 가장 잘 보여 주는 사례는 폭력 범죄를 둘러싼 현대인의 공포이다. 1990년대 미국의 정치 문화 속에서 범죄는 현대 사회의 특수한 문제이고 현대 사회가 그 원인인 것처럼 논의되어 왔다(*Economist*, 1994). 가령, 클린턴 대통령의 범죄 퇴치를 위한 법안은 미국 사회의 "범죄와 폭력의 물결"에 대한 대응에서 나왔다는 말이 있다. 여론 조사 결과 역시 한몫을 거들었는데 이에 따르면, 미국인들도 지난 20년 동안 범죄가 늘어났다고 생각하는 것으로 나타났다(Jencks, 1991: 98). 다른 부유한 선진 국가들과 비교해서 미국의 범죄율은 상대적으로 항상 높았던 것은 사실이지만, 대부분의 사람들에게 범죄와 관련한 비교 대상은 다른 나라가 아니라 미국의 과거였다. 그리고 여기서 미국은 점점 더 폭력이 성행하는 나라라는 생각이 만연하게 된다.

그러나 공식 기록을 보면 폭력 범죄와 비폭력 범죄 모두 1970년대 보다 높지 않음을 알 수 있을 뿐만 아니라 짧은 시간에 범죄가 급격하게 늘어났다는 증거는 그 어디에서도 찾을 수 없다. 사실 가장 신뢰할 만한 기록들은 정확히 반대로 말하고 있다(Warr, 1994).[3] 또한 대부분의 국민들은 범죄가 백인 거주지보다는 흑인 빈민가에서 증가했다고 믿는다. 비록 흑인들이 폭행 치사당할 가능성이 보다 높다 할지라도, 1985년에 흑인 남성이나 여성이 살해당할 가능성은 1950년과 비교하여 차이가 없었다(Jencks, 1991). 실제 범죄 증가에 대한 구체적인 증거를 보여 주지 않고 타자의 경험만을 비춰 줌으로써 언론 보도는 그 당시 '범죄의 물결'을 만들어 냈던 것이다(Scheingold, 1991).

이러한 여러 사례들의 경우, 사람들은 직접적인 개인 경험이나 주변 사람들과의 접촉을 통해서라기보다 미디어가 구성한 의사擬似 환경에 반응한다는 것을 보여 준다. 언론인들은 범죄 통계 자료를 고르는 데 있어 매우 선택적이다. 언론인들은 별로 발생하지 않을 것 같은 범죄를 보도한다(Warr, 1994). 더욱이 범죄 사건의 수를 보도할 때, 그들은 인구 수의 변화를 보도하지 않거나 숫자를 비율로 환산하지 않는다(Warr, 1994; Biderman et al., 1967).[4] 젠크스가 지적했듯이, "1980년대처럼 범죄가 줄어들 때, 언론인들은 범죄의 감소가 일시적인 것에 지나지 않는다고 여기면서 지면이나 시간을 별로 할애하지 않았다. 1980년대 후반처럼 범죄가 증가했을 때야 비로소 불길한 사태로 여기고 많은 관심을 기울였다"(Jencks, 1991: 99).

위의 사실은 미국의 특정 지역에서 실제로 범죄가 증가했다는 것 자체를 부인하는 것이 아니다. 미국의 특정 도시가 과거보다 더 위험해진 것은 사실이기도 하다. 많은 언론인들이 상대적으로 범죄율이 높은 워싱턴 시나 뉴욕에 근거지를 두기 때문에 이들이 제공하는 기사가 미국인들이 개인적으로 경험하는 것보다 훨씬 음울한 그림을 보여 준다는 점은 그리 놀라운 일이 아니다. 사실 매스 미디어는 공중의 생각 속에 사회적 문제를 구성하는 데 있어 매우 핵심적인 역할을 담당한다. 이러한 의미에서 공적인 현실 *public reality* 이 사적인 현실 *private reality* 의 총합과는 별개로 작용한다는 증거가 존재할 때, 미디어가 비개인

---

3. 미디어는 대부분 신뢰도가 매우 높은 FBI 자료에 의거하여 말하고 있지만, 그 자료에 내재된 문제점들은 독자에게 말해 주지 않는다(Warr, 1994 참조). FBI 수치상으로는 1973~92년 사이에 전체 범죄가 66%나 증가한 반면, 전미 범죄 희생자 조사에서는 오히려 6% 감소한 것으로 나타난다. 그리고 같은 기간 동안 폭력 범죄가 24% 증가했다고 하지만, 인구 증가를 감안한다면 폭력 범죄의 비율은 어느 정도 낮아질 것이다(Jencks, 1991 참조).

4. 가령 1990년에 미상원 법사위원회가 한 보고서를 배포했을 때, 모든 언론은 이를 1면 뉴스로 실었다. 그 이유는 1990년에 이르러 살인자의 수가 역대 최고치에 도달할 것이라는 예측이 보고서에 있었기 때문이다. 이 보고서를 가지고 헤드라인을 뽑을 때 언론인들이 간과한 것은 인구 또한 1990년에 최고치를 경신하기 때문에 범죄율은 1990년이나 1970년이나 마찬가지라는 점이다.

적인 사회 현실을 만들어 내는 역할이 가장 명백하게 나타난다.

의료 문제에 대한 공중의 태도는 이런 종류의 분화를 보여 주는 또 다른 사례일 수 있다. 최근 이 사안에 관심이 집중된 것은 의료 서비스에 대한 미국인들의 불만이 최고조에 달했기 때문이라고 생각하기 쉬울 것이다. 그러나 지난 30년 동안의 자료들은 의료 문제와 관련해 개인의 여론은 별로 변동이 없음을 보여 준다(Jacobs & Shapiro, 1994). 만일 이 상황이 심각한 것이었다면 과거 30년 동안에도 심각했을 것이다. 서베이 자료에 나타난 훨씬 놀라운 부분은 의료 문제에 응답한 사람들이 자신의 주치의에게 일관되게 높은 점수를 주었고 대체적으로 만족한다는 사실이다. 일반적으로 서베이 자료가 사회 극빈층의 생각을 제대로 나타내 주진 못하지만, 조사 연구에 응했던 사람들의 일관된 응답은 우리의 일반적인 추측이 틀렸음을 보여 준다.

제이콥과 샤피로의 연구 결과에 따르면, 과거 30년 동안 70~95%의 미국인들이 의료 서비스의 질적 수준, 접근 정도뿐만 아니라 의사나 병원 치료에 만족한다고 대답했다. 또한 80% 이상의 미국인들이 의사의 설명, 치료 시간 및 자신의 가족이 받았던 처방에 만족한다고 대답했다(Jacobs & Shapiro, 1994).

이렇게 국민들이 일반적으로 만족하고 있다는 결과를 놓고 볼 때 의료 개혁에 대한 엄청난 지지가 과연 어디서 나온 것인지 궁금하지 않을 수 없다. 일반적인 생각과 달리, 그 지지는 의료 보험의 혜택을 제대로 받지 못하는 많은 미국인들에게서 나온 것 같지는 않다. 의료비를 내는 데 어려움을 겪는 사람들뿐만 아니라 의료비 걱정을 하지 않았던 사람들도 의료를 전적으로 보험에서 책임지는 정책을 지지할 것이기 때문이다(Mutz & Chan, 1995). 이와 같은 퍼즐을 설명하기 위해서는 다시 한 번 개인적 세계와 비개인적 세계 사이의 구분이 더욱 중요해진다.

개인적인 차원에서는 의료 서비스 문제에 대해 상대적으로 낮은 비율의 미국인들만이 불만을 나타낸 반면, 미국 사회가 어떠한가를 고려한 집합적인 차원에서 의료 문제에 대한 미국인들의 인식은 엄청나게 부정적이었다(Jacobs & Shapiro, 1994). 이러한 인식의 차이는 의료 개혁에 대한 지지도에서도 분명히 나타난다. 의료 개혁이 자신의 건강 관리의 질을 향상시킬 것이라고 생각한 사람에 비해 '다른' 미국인의 건강 관리의 질을 향상시킬 것이라고 생각하는 사람이 두 배나 더 많았다(Jacobs & Shapiro, 1994). 물론 이 자료는 의료 개혁을 통해 실제로 큰 혜택을 누릴 사람이 누구인가라는 문제는 제시하지 않았다. 그러나 이 자료는 사람들이 대체로 의료 개혁 자체가 자신, 가족, 또는 자신이 소속된 공동체가 아니라 비개인적 타자에게 무언가 혜택을 준다고 인식하고 있음을 보여 준다.

이러한 사례들이 흥미를 끄는 가장 큰 이유는 아마 특정 사안에 대한 개인의 견해를 합산한 것보다 오히려 집합적인 차원에서 특정 사안에 공중이 어떠한 견해를 가지는가에 대한 인식이, 미국 정치에 더 큰 영향을 미친다는 점에 있다. 사람들이 개인적 경제 문제보다는 집합적 문제에 정부가 책임이 있다고 생각하는 것과 마찬가지로(Kiewiet, 1983), 일반적인 정책에 대한 사람들의 태도 역시 집합적으로 규정된 사회 문제에 대한 지각을 통해 형성된다고 볼 수 있다.

많은 언론인들이 거꾸로 설명하고 있지만, 의료 개혁에 대한 대중의 여론은 의료 서비스에 대한 개인의 부정적 경험에서 비롯된 것이 아니다. 오히려 의료 개혁에 대한 공중의 지지는 비개인적 타자의 경험에 대한 지각에서 나온다. 특정 사안에 대한 개인의 입장과는 무관하게, 개인적으로 경험할 수 있는 영역 외부에 존재하는 사건들을 지각한 결과로 나타나는 정책에 대한 태도 속에는 명백한 위험이 내재한다. '사회적 통념'으로서 선출된 공무원이나 정책 전문가가 정책적 판단을 하는 전제를 제공하기 때문에(Jacobs & Shapiro, 1994: 212), 정책 결정자들은 사회 문제에 대한 부정확한 묘사나 대중의 관심사에 대한 잘못된 지각에 기초하여 판단할 수도 있다.

더욱 심각한 것은 정책 결정자가 자신의 목표를 밀고 나가는 과정에서 다중에 대한 지각의 조작 가능성 문제에 봉착할 수도 있다. 정책은 개별적 의견의 총합에 부합할 수도 있고 그렇지 않을 수도 있지만, 정책에 대한 대중적 지지를 받는다는 인상은 그 자체만으로 강력한 동맹군이 되어 준다. 이러한 점에서 레이건 대통령의 집권 초기는 흥미로운 사례를 제공한다. "레이건만큼만 텔레비전에서 좋게 보여진다면 '틀림없이' 누구나 인기가 높아질 것이라는 워싱턴 정가의 냉소적이지만 열렬한 믿음 때문에," 언론은 레이건의 인기를 계속 과대 포장하였다(King & Schudson, 1995: 17). 대통령의 인기를 측정하는 표준적인 방법인 대통령 지지율 조사에 따르면, 이 "위대한 커뮤니케이터"는 실제로 2차 대전 이후에 가장 인기 없는 대통령이었다. 그럼에도 불구하고 대중적 인기가 있는 것처럼 만드는 레이건의 인상 *impression* 관리는 의회가 자신의 입법을 지지하도록 유도하는 데 있어 엄청난 성공을 가져다 주었다(Johnes, 1988; Kernell, 1986).

　　이러한 사례들은 집합적 의견, 집합적 신념, 집합적 경험에 대한 사람들의 지각이 중대한 정치적 결과를 초래하는 많은 상황 가운데 몇 가지에 불과하다. 이와 같은 지각이 정치적 행동에 어떻게 영향을 주는가에 대한 경험적 증거를 제시하는 것 이외에 이 책의 1차적 목적은 20세기의 사회 발전이 이러한 형태의 사회적 영향력에 어떻게 기여했는지를 설명하는 것이다. 이러한 목적을 위해 다음은 비개인적 영향력의 중요성을 확대시킨 커다란 사회적 변동을 먼저 살펴볼 것이다. 타자와의 매개적 관계와 더불어 전통적인 사회적 상호 작용의 경계를 뛰어넘는 사회적 정보의 커뮤니케이션을 통해 비개인적인 영향력이 발휘될 수 있다. 또한 이 두 가지 요구 조건을 충족시키는 데 사회적 상호 작용 성격의 변화와 개인적 판단과 집단적 판단의 분화라는 사회적인 흐름이 크게 기여했다고 볼 수 있다.

1. 사회적 상호 작용의 본질적 변화

　　비개인적 영향력은 정치 커뮤니케이션이 매개적일 때, 즉 간접적일 때 가능하다. 현대 사회의 가장 눈에 띄는 특징 가운데 하나가 바로 간접적 유대 관계의 확산이다(Bender, 1978; Coleman, 1980). 사실 19세기 대부분의 사회 변동 이론가들은 공동체적이고 직접적인 관계가 간접적인 유대 관계로 옮겨 간다고 말했다(Beniger, 1987). 대면적이고 대인적인 커뮤니케이션을 요구하는 직접적 유대 관계와 달리 간접적 유대 관계는 커뮤니케이션 기술이나 시장을 비롯한 여러 복잡한 조직의 매개를 가져왔다. 과거에는 정치적 사안이나 경제적 사안이 지역 공동체나 면 대 면 교환에 기초하여 조직된 반면, 오늘날 직접적인 대인 관계가 미국인의 공적 생활에서 차지하는 비중은 낮아졌다(Calhoun, 1991). 지금은 새로운 셔츠를 갖기 위해 재봉사와 직접 만날 필요가 없다. 카탈로그를 보고 셔츠를 집으로 배달해 달라고 주문하는 것이 훨씬 효율적이다. 마찬가지로 환경 문제를 이슈화하기 위해 교회 지하실에서 열리는 집회에 참석할 필요도 없다. 시에라

클럽 Sierra Club[미국의 환경 단체]에 기부금을 보내면 환경에 유해한 제품을 생산하는 회사명과 함께 사지 말아야 할 제품에 대해 바로 알 수 있다.

사람들이 점점 매개 시스템을 통해서 상호 작용하게 되면서 멀리 떨어져 있는 익명적 타자에 대한 정보의 필요성 또한 점차 증가하였다.[5] 따라서 개인적 접촉의 영역 외부에 존재하는 사람들의 신념, 태도, 경험에 대한 정보를 제공하는 미디어의 필요성 역시 높아지게 되었다. 커뮤니케이션 기술의 발전은 간접적 유대 관계의 확산을 촉진했을 뿐만 아니라 자연스럽게 비개인적 타자에 대한 정보를 제공하게 되었다.

미디어와 시장은 가장 두드러진 간접적 유대 관계 시스템이다. 게다가 미디어 시스템을 통해 정치에 참여하는 시민들의 의사 결정은 시장 시스템을 통해 경제적 교환 활동을 하는 상인들의 의사 결정과 유사하다. "올바른 가격 책정은, 본인 스스로(상인)가 그저 결정하는 것이 아니라 다른 사람들이 어느 정도가 적당한 가격이라고 생각하는가에 주로 의존하여 결정한다"(Heilbroner, 1991: 70). 금세기 초에 케인즈는 성공적인 상거래를 익명의 타자 의견을 측정하는 문제로 간주했다(Keynes, 1936: 156).

전문적인 투자는 신문사 간의 경쟁에 비유할 수 있다. 이 경쟁에서는 자신의 선택이 전체 경쟁자들의 평균적인 선호와 일치하는 사람이 승리한다. 그렇기 때문에 경쟁자들은 100장의 사진 가운데 얼굴이 가장 예쁜 6장을 고를때 자신이 가장 예쁘다고 생각하는 사진이 아니라 다른 경쟁자들의 호감을 가장 잘 끌 것 같다고 생각되는 사진을 뽑아야 한다. 모든 경쟁자들은 문제를 똑같은 각도에서 바라보고 있다.

케인즈가 묘사한 문제는 세 명이 출마한 대통령 선거나 각 당에서 여러 명이 출마하는 후보자들의 예비 선거에서 오늘날의 투표자들이 직면하는 상황과 비슷하다. 여기서 전략적 판단에 기초하여 후보를 선택하려는 사람은 투표를 하는 데 있어서 다른 사람의 의견을 재어 보면서 예상되는 승자와 패자를 판단하

---

5. 콜먼은 이러한 유형의 정보의 필요성이 대규모 인구의 특성을 연구하는 데 중점을 두었던 컬럼비아학파(사회학)의 발전을 낳게 되었다고 말한다(Coleman, 1980). 생산자와 소비자 사이의 관계가 멀어지면서, 생산자들은 더 이상 비공식적으로 시장성을 판단할 수 없게 되었고 그리하여 시장 조사가 탄생하게 되었다.

려고 시도할 것이다(Abramowitz & Stone, 1984).

경제 영역에서 비개인적 영향력을 다룬 사례를 쉽게 찾아볼 수 있는 것은 단순한 우연의 일치가 아니다. 미디어 시스템과 시장 시스템은 비개인적 커뮤니케이션 수단을 이용한다는 것을 비롯하여 많은 공통점이 존재한다. 상품의 판매자와 구매자는 이제 면 대 면 관계보다는 간접 관계를 통해서 소통한다. 후보자를 선전하는 사람들 또한 19세기와 비교할 때 비개인적 수단을 통해 소통하는 경우가 더 많다. 그리고 타자가 표명한 정치 견해가 이것을 관찰하는 사람에게 정보를 전달하듯이, 다른 사람들의 집합적 행동을 나타내 주는 경제 지표 역시 시장에서 정보를 전달한다. 주가를 살펴본 상인들이 정보가 더 많은 상인들 위에 '무임 승차'하듯이, 타자의 집합적 의견이나 경험에 의존하여 시민들은 정치적 정보가 많은 사람들 위에 무임 승차할 수 있다. 상황에 대한 집합적 판단이 상황의 진전에 직접적인 영향을 미치는 것은 인간에게 나타나는 특이한 현상이다. 머튼이 지적한 바와 같이, 이 현상은 "사람의 손으로 만질 수도 없고 자연 세계에서 발견할 수도 없다. 핼리 혜성의 귀환에 대한 예측 자체는 그 실제 궤도에 영향을 미치지 않는다"(Merton, 1968: 477).

2. 개인적 판단과 집합적 차원에 대한 판단의 분화

간접적 유대 관계의 확산이 반드시 직접적 관계의 쇠퇴를 의미하는 것은 아니다. 분명히 사람들은 여전히 의미 있는 대인 관계를 맺고 있다.[6] 그러나 간접적 유대 관계의 빈도나 중요도가 증가하면서 직접 경험과 간접 경험의 격차가 커졌다. 일상적인 어휘상에서 "일상 생활"과 "큰 그림" 사이의 구분은 "사회 세계를 이해하려는 상이한 방식"이나 "경험적 세계와 지적 세계의 분할"로써 이야기될 수 있다. "우리가 더 이상 일상사를 축제나 향연으로 이루어진 비일상에 대립시키지 않는 것과 마찬가지로 우리 주변에서 대규모로 '계산'될 수 있는 것과 체계적으로 멀리 떨어진 것을 대립시켜 생각하지 않는다"(Calhoun, 1991: 96). 즉,

---

6. 이런 식의 논의에서는 비개인적 관계가 증가하면서 대인 관계가 수적으로나 중요성에 있어서 쇠퇴했다는 주장이 제시된다(Beniger, 1987 참조). 그러나 나의 주장(9장 참조)은 이러한 논의와 반드시 일치하진 않는다.

'이익 사회 Gesellschaft' 가 '공동 사회 Gemeinschaft'를 대체했다고(Tönnies, 1940) 주장하는 것과는 달리, 비개인적인 것이 개인적인 것을 대체한 것은 아니라고 본다. 그러나 간접적 유대 관계의 양적인 증가는 직접적 관계와 간접적 관계가 서로 더욱 분화되도록 만들었다. 일반적으로 사회 이론가들은 현대 사회 일상의 기본 특징이 바로 직접적 대인 관계의 세계와 대규모 사회 체계의 분할, 혹은 하버마스가 말한 "체계와 일상 세계"의 분할이라는 점에 동의한다(Bender, 1978; Habermas, 1984). 특히, 가장 중요하게 보아야 할 점은 우리가 직접적 경험이나 알고 지내는 사람과의 면 대 면 상호 작용을 통해 알고 있는 것과 우리의 경험이나 친분을 넘어서 매개되는 것 사이에 분화가 증대되었다는 점을 이들 이론가들이 인정한다는 사실이다.

현대 사회 과학 연구에서는 미국인들이 직접적인 생활 공간에 대한 지각과 대규모 사회 세계에 대한 지각을 구분한다는 결과가 지속적으로 보고된다. 개인 차원에서의 판단과 집합 차원에 대한 판단 사이에 나타나는 차이는 매스 미디어가 낳은 중요한 결과이다. 매스 미디어는 개인 경험과 접촉이 가능한 영역 외부에 있는 커다란 세계, 즉 사회에 대한 이미지를 구성하는 데 있어 핵심적인 역할을 담당한다. 이러한 아이디어가 비록 새로운 것은 아니지만, 그 동안 정치 영역에서 그 중요성은 충분히 고려되지 않았다고 본다. 사람들이 개인적인 경험을 보다 광범위한 조류나 커다란 현상의 일부분으로 보지 않고 오히려 '단편화'시켜 보는 경향이 있다는 점이 여러 이슈들을 대상으로 한 연구에서 밝혀져 왔다(Lane, 1962). 반면 집합적 경험에 대한 지각은 정치 세계와 더욱더 밀접한 관계를 맺고 있다는 결과들이 보고되고 있다. 매스 미디어로부터 사람들이 영향을 받는 것은 바로 집합적 차원의 판단이며, 이것이 정치적인 영향력을 논의하는 데 적합하다는 것이다(Kinder & Kiewiet, 1981; Kiewiet, 1983).

여론에 대한 연구들을 보면 개인적인 차원과 집합적인 차원의 분할은 경제 문제에 대한 지각에서 가장 명백하게 관찰된다. 1988년 <크리스천 사이언스 모니터 Christian Science Monitor>는 "나는 우리가 하는 것보다 잘 하고 있다"라는 표제를 통해 이 현상을 포착하였다. 이 기사는 최근의 여론 조사에서 미국 공중이 국가 경제가 악화 일로를 걷고 있다고 지각한 문제를 다루고 있다. 그러나 이 기사가 다룬 여론 조사는 대부분의 미국인들이 개인적 경제 사정은 괜찮으며 앞으로도 향상될 것으로 느낀다는 점도 보여 주었다(Ladd, 1988). 1991년 후반기 보도 역시 미국인들은 국가 경제는 나쁘지만 개인의 경제 상황은 만족스럽다고 응답한 결과를 다룬다(Public Perspective, 1992). 선진 8개국에 대한 1993년 연구는 "사람들은 텔레비전을 시청하거나 신문을 읽음으로써 알게 된 추상적이고 멀리 있는 것보다 개인적 접촉을 통해 알 수 있는 가까운 것에 대해서 더욱 만족해 한다"고 결론을 맺고 있다(Public Perspective, 1993: 92). 한마디로 사람들은 직접적 경험의 세계와 간접적 경험의 세계로 이루어진 두 가지 마음을 가지고 있다는 것이다.

이와 같은 패턴은 경제 영역에만 국한되지 않는다. 미래 사회와 관련하여 대학 4학년생들의 견해를 물은 카네기 재단의 연구 또한 비슷한 결론을 보여 준다. 향후 5년 동안 국가의 장래를 묻는 질문에 대해 대부분의 대학생들이 오존층의 파괴나 핵 전쟁의 발발과 같은 이유를 들어 장래가 불투명하다고 응답했다. 하지만 이들에게 자신의 미래를 예견해 보라고 질문했더니 판이하게 다른 결과가 나타났다. 오존층 파괴나 핵 전쟁의 위험은 전혀 염두에 두지 않고 대학생들은 좋은 교육을 받고, 명망있는 직장을 구하고, 돈을 많이 벌어서 잘 살 것이라고 응답했다(Levine, 1980).

경험적인 학습이라는 측면을 열광적으로 지지하는 사람들은 개인적 세계와 집합적 세계를 지각하는 수단이 다르기 때문에 개인 차원의 사고와 사회 차원에 대한 사고에 있어 차이가 발생한다고 본다. 어떤 사람은 개인 경험을 통해서 우리를 이해하는 반면 또 어떤 사람은 비개인적 채널을 통해 전달된 추상적 토론을 통해 우리를 이해한다는 것이다. 파머는 다음과 같은 지적을 한다. "그들(학생들)은 항상 자신의 개인적 삶으로부터 유리되어 어디인가 존재하는 세계에 대해서만 배웠다. 그들은 자신의 자서전적 삶과 외부 세계의 생활상을 서로 포개어 볼 수 있는 기회를 갖지 못했다. 따라서 그들은 자신이 살고 있는 세상이 아닌 다른 세계에 대해 아주 쉽게 말한다"(Palmer, 1987:22).

정치학 분야에서 개인 차원의 판단과 사회 차원에 대한 판단 사이에 존재하는 틈을 보여 주는 많은 실증적인 증거들은 개인의 경험 자체가 어떤 정치적인 영향력을 발휘할 수 있는지에 초점을 맞춘 여러 연구 결과에서 발견할 수 있다. 지금까지 누적된 많은 연구 자료들은 개인 경험 자체가 정치적인 판단과는 별개일 수 있다는 것을 보여 주었다(Sears & Funk, 1990). 이슈가 교통 문제나 베트남 전쟁, 공공 정책이든지 상관 없이, 개인 경험 — 분명히 개인적으로 본인에게 이익이 됨을 알려 주는 이슈조차도 — 은 정책에 대한 선호도를 결정하는 데 거의 아무런 역할도 하지 못하고 있다는 연구 결과가 보고되어 왔다. 놀랍게도 개인 자신의 재정 문제와 국가 경제 상황에 대한 지각은 독립적으로 따로 유지된다는 것이다(Kinder & Kiewiet, 1981).

개인 경험이 정치적인 세계와는 유리되는 경향이 있는 반면, 사람들이 사회의 집합적인 상황에 대해 갖는 지각은 그들의 정치 태도에 확실히 영향을 미친다(Kiewiet, 1983). 경기가 나쁠 때 집권당의 후보는 대개 선전하지 못하는데, 이 경우 집권당에 반대 투표하는 사람이 곧바로 개인적인 재정 상태가 나쁜 사람이라고 보기는 어렵다. 오히려 국가 경제 상태에 대한 국민들의 지각이 투표하는 데 영향을 미친다고 할 수 있다(Kiewiet & Rivers, 1985).[7]

간접적 유대 관계가 성립할 수 있는 기술적 수단을 제공하면서 매스 미디어는 개인 차원과 사회 차원의 판단 사이의 간극을 넓히는 데 기여한다. 이와 관련해서 전국적인 미디어 체계가 잘 발달하지 않은 나라에서 개인 자신의 복지에 대한 판단이 정부에 대한 태도와 일정한 관계가 있음이 나타난 반면(Hayward, 1979), 개인 경험과 집합체의 경험에 대한 지각이 별개로 존재하면서 사회 지향적인 *sociotropic* 패턴이 정부 정책 선호에 부각되는 것이 전국적인 미디어 체계가 잘 발달된 서구 민주주의 국가에 공통되게 나타나고 있다는 점은 주목할 만하다 (Eulau & Lewis-Beck, 1985).

비록 전국적인 커뮤니케이션망의 발달이 개인적 세계와 정치 세계의 간극을 넓힌다는 증거는 아직까지 제한적이긴 하지만, 전국적 규모의 매스 미디어의 존재 자체가 정치를 스포츠 경기와 같은 구경거리로 전환시키는 역할을 할 수 있다. 여기서 정치는 개인의 일상사와는 별로 관계없는 스포츠 경기와 같이 '저편에서' 벌어지는 그 무엇이다. 사람들은 집합적 경험에 대한 지각을 정치적 판단에 연결시키기 쉽기 때문에 매스 미디어는 두 세계의 간극이 커졌을 때 정

---

7. 이것은 개인 경험이 정치 태도에 '전혀' 중요한 역할을 하지 않는다거나, 집합적 상태에 대한 지각에 영향을 미침으로써 정치적 판단의 영역으로 들어갈 가능성이 '전혀' 없다는 것이 아니다. 분명히 몇 가지 예외(Markus, 1988 참조)가 있긴 하지만, 이와 같은 일반적인 결론은 그 동안 폭넓게 지지되어 왔다.

치적으로 매우 중요한 역할을 한다.

　　여기서 나의 주장과 매스 미디어, 특히 텔레비전이 정치를 스포츠 구경거리로 전환시켰다는 일반적 주장을 구별하는 것이 중요하다. 자유주의자와 보수주의자들 모두 매스 미디어가 투표 참여의 감소, 정치적 무관심의 증대 등 정치적인 문제의 원인이라고 비난해 왔다(Bloom, 1987; Lasch, 1988). 비록 비개인적 영향력이 방관자적인 정치적 관음증을 촉진할 수 있다하더라도, 나는 규범적 비교를 통해 과거의 정치적 참여나 의사 결정이 훌륭한 수준에서 유지되고 있었다고 주장하고 싶지는 않다. 대부분의 이와 같은 비교는 과거에 대한 낭만화에서 비롯된 것이며, 사실 경험적 증거가 희박하다(Schudson, 1992; Converse, 1962). 이 책에서 나의 논점은 대규모 미디어 체계가 개인적 세계와 정치 세계를 별개로 지각할 수 있게함으로써 사람들의 정치적 의사 결정의 '성격'에 영향을 미쳤다는 것이다. 앞으로 논의하겠지만, 비개인적 요소를 포함하는 정치적 의사 결정이 개인의 직접적인 생활 공간에서 얻어진 정보에 기초한 의사 결정보다 반드시 열등한 것도 아니며, 또한 반드시 이타주의적 경향을 보이는 것도 아니다. 여기서 강조하는 것은 비개인적 영향력이 대중의 정치적 행동에 대해 새로운 중요한 의미를 생각해 보도록 체계적으로 편향될 수 있다는 부분이다.

　　미디어 내용 자체는 이제까지 논의된 변화와 관련해서 대체로 무관한 것으로 보일 수 있다. 미디어는 특정한 내용을 통해서보다는 "사회 생활의 '상황적 지형'을 바꿈으로써" 사회적 행동에 영향을 미친다는 점이 전제되어 있다(Meyrowitz, 1985: 6). 지금까지의 나의 주장을 통해 미디어 자체가 진정으로 중요하다는 해롤드 이니스 Harold Innis 나 마셜 맥루언 Marshall McLuhan 같은 기술 결정론자를 떠올리게 만들었을 수도 있다. 그러나 미디어 내용 또한 비개인적 영향력을 촉발시키는 데 있어 중요한 역할을 한다. 개인 경험과 종종 상충될 수도 있는 먼 곳의 비개인적 집합체에 대한 정보를 제공함으로써 미디어 내용은 개인적 차원의 판단과 사회적 차원에 대한 판단의 간극을 넓히는 데 기여한다.

　　미디어 내용이 비지역적인 일반 사회 전체에 대한 정보를 많이 담지 않는다면 미디어만으로 사회적 환경에 대한 지각을 변화시키기는 아마 어려울 것이다. 사회 관계 유형의 변화와 더불어 구조의 변화는 비개인적 영향력이 행사될 수 있는 중심적인 역할을 한다. 간접적 유대 관계가 직접적 유대 관계와 다른 것은 간접적 유대 관계가 매개적이라는 의미에서만은 아니다. 간접적 유대 관계는 직접적인 대인 관계가 벗어나기 힘든 지역성을 초월한다.

3. 이론의 선구자들

현재의 사회적·정치적 상황은 분명히 비개인적 영향력의 중요성을 확대시키고 있다. 그럼에도 불구하고 상대적으로 아직 협소한 경험적인 연구 관심을 제외하고는 현대 정치와 관련하여 비개인적 영향력의 함의는 분석되지 않았다. 예를 들어, 출구 조사가 투표 행동에 미치는 영향, 경제적 조건이 정치 행동에 미치는 영향 등에 관한 문헌은 쉽게 찾아볼 수 있다. 그러나 이런 연구들을 좀더 큰 범주에서 의미를 부여하면서 연관시켜 보려고는 하지 않았다. 나는 비개인적 영향력에 관한 사례를 찾는 과정에서 내 자신의 연구뿐만 아니라 엄청난 분량의 다른 사람의 연구도 참조하였다. 나의 논지는 방대한 문헌을 탐닉하자는 것이 아니라, 이제까지 서로 무관하게 여겼던 방대한 분량의 이론과 증거를 실제로는 비개인적 영향력이라는 하나의 연구 전통을 통해 묶을 수 있다는 것이다.

이 방대한 이론들은 더욱더 일반 현상을 다룰 뿐만 아니라 하나의 공통된 이론적 계보를 가지고 있기도 하다. 비개인적 영향력은 기본적으로 오래된 아이디어에 기반한다. 상당수의 대중적인 피드백 기술이 최근에 나타나기는 했지만, 1차적 집단이나 면 대 면 상호 작용을 넘어선 외부에서 행사될 수 있는 사회적 영향력에 대한 관심을 처음 제기하는 것이 아니라는 점은 지적해야 한다. 사실상 사회가 개인에게 미치는 영향에 대한 관심은 19세기 후반에서 20세기 초 정치 사회 사상에서 중요한 부분을 이룬다. 유럽에서는 프랑스의 사회학자 가브리엘 타르드 Gabriel Tarde 가 대중 속에 존재하는 영향 받기 쉬운 속성 *suggestibility* 이나 모방의 증거를 찾으려 시도하였다. 자살의 공론화가 다른 사람들이 자살을 모방하도록 만들 수 있다는 그의 주장은 동일한 주제에 대한 에밀 뒤르켐 Emile Durkheim 의 고전적인 경험적 연구로 이어졌다.

비록 뒤르켐이 그러한 증거를 찾진 못했지만, 그가 소개한 "집합적 표상 *collective representation*"이라는 개념을 통해 전통적인 대인 관계의 외부에 사회적 영향력이 존재할 가능성을 지적하였다.[8] "사회적 사실" 또는 "사회적 정신 상태"는 "집합적 사유의 특수한 메커니즘"을 대표하는 것으로 여겨졌다(Durkheim, 1903: 45). 집합적 표상이란 "우리 자신은 아니지만 우리 내부에서 살아 움직이는 사회"이며(Durkheim, 1893: 99), "개인적 행동을 강제할 수 있는 힘을 부여받은 것"으로 지칭되었다. "전체로서의 총합은…… 개별적 정신의 매개가 없다면 의지意志하고 생각하고 활동할 수 없겠지만 그것이 있음으로하여 총체성 속에서 총합이 생각하고 느끼고 의지한다"고 우리는 말할 수 있다는 것이다(Durkheim, 1898: 295).

비개인적 영향력이란 집합적인 신념 혹은 공통의 현실이 미치는 효과나 결과를 말한다는 측면에서 뒤르켐의 '집합적 표상'이라는 개념과 일맥상통한다. 그러나 좀더 엄밀한 의미의 개념적 계보는 조지 허버트 미드 George Herbert Mead 의 "일반적 타자 generalized other"에서 찾을 수 있다. 미드는 익명적 집합체가 개인의 행동에 통제력을 행사하는 것은 바로 그것이 개인의 사고 과정 속에 진입함으로써 가능하다고 본다. 그의 이야기를 직접 옮기면 다음과 같다. "커뮤니케이션을 통해서 개인이 자신의 경험이 타자와 공유된다는 점을 깨닫게 될 때, 비로소 개인은 자기 혼자에게 주어진 것을 초월한다. [……] 말하면 개인은 타자의 역할을 고려함으로써 자신에게 제한된 세계를 탈출한다. 개인이 자신만의 사적 경험을 대비시킬 수 있는 곳은 그와 같은 공동의 세계이다"(Mead, 1934: xxiv).

미드는 야구 게임의 유추를 통해 각 개인이 동시에 같은 게임을 하고 있는 타자의 행동에 대해 어떻게 가정하는가에 따라 개인의 행동이 결정되는 상황을 설명한다. "우리는 동일한 과정에 연루된 사람들의 태도의 조직체로서 '타자'를 갖게 된다." 그리고 "개인의 반응을 통제하는 것은" 바로 이러한 조직체이다. 일반적 타자의 태도는 공동체 전체의 태도이며, 개인은 집합적 타자와 "내면적 대화"를 나누는 것에 몰입하는데, 이것은 대인적 맥락에서 이루어지는 다른 사람과의 외면적 대화와 다르지 않다(Mead, 1934: 154).

미드는 대인 관계에 집중된 사회 관계에 대한 이론을 "정신적 사회 공동체"와의 대인적인 연계에만 의존하여 논의된 사회 관계의 개념을 대치함으로써 준거 집단 이론을 현대 대중 사회로 확대 적용시킨 공로를 인정받아 왔다.

---

8. 뒤르켐은 이 개념을 과학, 종교, 신화, 신념 등 여러 영역에서 이용했으며, 일상의 현실 common reality 의 일부로 여겼다.

사회적 과정이 개인의 행동에 영향을 미치는 것은 일반적 타자의 형식 속에서이며, 개인은 일반적 타자에 연루될 뿐 아니라 그것을 통해 무엇인가 수행한다. 즉, 공동체는 개별 구성원의 행동에 통제력을 행사한다. 사회적 과정이나 공동체가 결정 요소로서 개인의 사고에 침투하는 것이 바로 이러한 형식 속에서이기 때문이다. 추상적 사고 속에서 개인은 자신을 향한 일반적 타자의 태도를 취하는데, 이것은 특정한 다른 개인의 표현과 무관하다(Mead, 1934: 154).

비개인적 영향력은 정확히 미드가 염두에 두고 있는 것과 같은 형태의 사회적 영향력을 포함한다. 동시에 비개인적 영향력은 정치 심리학에서 연구하는 것과 같은 유형의 사회적 영향력과는 매우 다르다. 그 까닭은 비개인적 영향력은 집단의 동의를 구하기 위해 행해질 수 있는 집단 정체감이나 동조의 압력 등의 개념에 기초하고 있지 않기 때문이다.9 비개인적 영향력은 개인적으로 알지 못하는 타자의 태도, 신념, 경험에 대한 지각에 대해 개인이 갖는 포괄적인 범위의 반응을 포함한다. 이런 의미에서 비개인적 영향력은 개인적 영향력이라는 것의 반명제이다. 개인적 영향력에서 타자(누구인지 알고 있는)의 경험에 대한 1차적 지식은 대인 관계를 통해 획득되며 영향력은 대인 관계의 신뢰 가능성에서 도출된다. 7장에서 설명하겠지만, 대중의 정치 태도를 이해하는 데 있어서 집단 일체감이나 규범적 동조성이 중요하다는 사실을 부인할 수는 없겠지만, 비정형의 익명적 타자에 대한 지각에서 나오는 영향력을 설명할 때 이것들은 종종 잘 들어맞지 않는다.10

---

9. 집단 일체감의 경우 집단 정체성에 대한 매력(또는 혐오감)이 집단이 개인에게 행사할 수 있는 영향력의 원천이다 (Kelman, 1961). 이와 대조적으로, 영향력이 본질적으로 비개인적일 때 영향력은 집합체가 가진 정체성의 매력에서 나오는 것이 아니라 대규모 집합체가 존재한다는 사실 그 자체에서 나온다.

10. 나는 비개인적 영향력의 일종으로 집단 일체감이 행사하는 영향력을 포함시키지 않기로 했다. 조작적 정의의 차원에서 볼 때 때로 이러한 구분을 식별하기 어려울 수 있기는 하다. 가령 '모든 미국인'에게 널리 퍼진 의견에 대한 표상이 집단 일체감을 촉발한다고 주장할 수도 있다. 사람들이 자신을 미국인으로 규정하는 데 만족감을 느낀다는 이유에서 미국인들이 그러한 의견에 반응한다면, 일체감은 국가 전체의 의견으로 대표되는 견해가 계속해서 태도에 영향을 미치는 메커니즘으로서 작용할 것이다. 그러나 사람들이 귀속 의식과는 '다른' 이유로 집합체에 반응한다면, 그 영향력은 본질상 비개인적인 것이다.
　　마찬가지로 사회의 의견 환경에 대한 지각이 대인적 접촉에 관한 사람들의 기대를 바꾸어 놓고 반대로 그 기대가 사람들로 하여금 자신의 행동을 변화시키도록 만든다하더라도, 나는 그러한 종류의 효과를 비개인적 영향력으로 간주하지 않을 것이다. 달리 말해, 동기가 개인적 관계의 유지나 사회적 반대를 회피하고 싶다는 욕망 이외의 것일 때, 나는 비개인적 영향력이 발생한다고 말한다. 비개인적 영향력이 개인적 영향력과 다른 것은 이런 의미에서이다. 비개인적인 형태의 사회적 영향력이 행사되는 대안적인 과정에 대한 설명은 다음에 나오는 장들(특히, 7장)에서 설명할 것이다.

20세기 초 사회 이론가들이 비개인적 영향력에 대한 관심의 씨앗을 뿌렸지만, 최근에 들어서야 사회 과학자들은 어느 정도나 집합적 타자에 대한 지각이 강력한 사회적 환경으로서 기능하는지 연구하기 시작하였다. 가령 모스코비치는 집합적 현상에 대한 사람들의 내면적 표상이 태도를 변화시킬 수 있다는 "사회적 표상"이론을 제안한다(Moscovici, 1981). 이러한 표상이 커뮤니케이션을 통해서 형성되며 중요한 사회적 환경을 구성한다는 것이다. 사회적 표상은 우리가 직접 관찰할 수 없는 것에 대한 대치적인 것이고 사회적으로 구성된 현실이지만 그럼에도 우리의 태도나 행동에 영향을 미치고 있다. 미드와 마찬가지로 모스코비치도 오늘날 매스 미디어로 중재되는 사회의 성장이 그러한 개념을 요구한다고 본다.

> 사실상 '거리의 인간'(거리에서 산보하는 것이 없어지는 것과 마찬가지로, 이제 멸종 위기에 놓여 있으며 머지않아 TV 수상기 앞에 있는 인간으로 변모될 인간)에게 있어서 물화物化된 세계와 관련한 과학, 예술, 경제학으로부터 도출된 대부분의 의견은, 과학적·예술적·경제적 전통 및 개인 경험이나 풍문을 통해 직접 구축한 익숙하고 단순한 의견과 여러모로 다르다(Moscovici, 1984: 25).

베네딕트 앤더슨은 모스코비치가 관심을 가진 물화된 집합체와 동일한 종류의 것을 지칭하기 위해 "상상적 공동체 *imagined community*"라는 개념을 창안했다(Anderson, 1983).[11] 사람들이 인식하긴 하지만 구체적인 개별 구성원에 대한 지

비개인적 영향력이 가리키는 현상을 구획짓기 위해서 비개인적 영향력의 특성을 규정하는 것이 집합체의 성격이나 크기가 아니라 영향을 미치는 과정의 성격이라는 점을 지적해야겠다. 개인이 집합체와 맺는 개인적 관계나, 집단에 대한 선호도의 정도나 다른 정서적 유대를 비롯한 개인적 특성이 연루되지 않는다면 영향력이 발생하는 과정은 비개인적인 것이다. 그러므로 4장에서는 집단의 이름과 정서적 유대가 없는 사람들 사이에서도 영향이 발생하는 것을 지적한다. 예를 들어,, 이 계층과 무관하고 감정적인 연계가 없이도 '중산층'과 같은 집단에 대한 지각조차도 비개인적 영향력을 유발할 수 있다. 비개인적 영향력은 정치적 의견의 대인적 신뢰 가능성이나 집단 일체감으로부터 힘을 도출하는 것이 아니라 바로 숫자에서 도출한다. 이것은 집단에 대한 호감의 정도가 다른 유형의 사회적 영향력을 설명하는 과정에서 중요하지 않다고 말하는 것이 아니다. 많은 연구 문헌들은 이와 연관된 주장을 하고 있다. 개인으로서 한 명의 미국인이 사담 후세인을 이라크에서 몰아내야 한다고 생각한다는 뉴스에 의해 또 다른 개인이 영향을 받을 수도 있겠지만, 비개인적 영향력에서는 이러한 개인이 수 천명의 사람들이 동감하는 뉴스에 의해서 훨씬 '더 많은' 영향을 받는다고 본다.

11. 앤더슨은 이 개념을 국가주의의 확산을 기술하는 데 사용한다(Anderson, 1983). 국가란 그 구성원이 하나의 정체성을 공유하면서도 서로를 모른다는 의미에서 상상적 공동체이다. 국가라는 것에 대한 인지적인 의식은 비개인적 영향력에 필수적인 대규모 집합체의 물화된 의식과 비슷하다. 그러나 앤더슨은 또한 사람들이 국가에 대해 느끼는 정서적 애착을 강조한다. 비개인적 영향력은 비정형의 집단에 대한 명칭 자체에 대해 갖는 정서적 유대를 가정하고 있지 않다.

식은 갖고 있지 않은 집합적 실체는 새로운 형태의 사회 관계를 가져왔다. "그리하여 우리는 국가와 같은 정체성의 범주를 만들어 내게 되었고 또한 국가 안에서도 우리는 인종, 종교, 계급, 성에 있어서 우리가 상이한 집단의 구성원이라고 여긴다. 때때로 사람들은 이렇게 분류한 것을 통해 우리가 살고 있는 지역 공동체를 유추하기도 한다"(Calhoun, 1991: 107).

커뮤니케이션 기술의 발전에 반응하여 '상상적 공동체'와 같은 개념을 창안하기 훨씬 전인 20세기초에 찰스 호튼 쿨리 Charles Horton Cooley, 존 듀이 John Dewey, 로버트 파크 Robert Park 와 같은 사회 이론가들은 매우 유사한 개념을 구상하고 있었다. 예를 들어, 쿨리는 매스 커뮤니케이션의 발달이 "거대한 공동체"가 형성될 수 있게 했다고 말한다. 담론이 1차 집단의 형성을 가능하게 했다면 매스 커뮤니케이션은 사회 전체의 형성을 가능케 했기 때문이다. 마찬가지로 듀이는 "자유롭고 완벽한 상호 커뮤니케이션이라는 의미에서 거대한 공동체를 생각해 볼 수 있다"고 지적한 바 있다(Dewey, 1927: 211).

상상적 공동체라는 것이 이미 오랜 기간 동안 존재해 왔다고 할 때, 커뮤니케이션 기술의 발달은 그 공동체를 더욱 상상하기 쉬운 것으로 만들었다. 앤더슨은 원거리를 가로질러 정보를 전송할 수 있는 수단으로서 인쇄술의 효과에 주목한다. 오랫동안 지역적 위치와 물리적 접촉이 사회 관계의 경계를 형성했던 반면, 인쇄술은 이러한 경계를 연장시켰다. 전자 미디어는 상상적 공동체의 구축을 더욱 가속화 시켰다(Calhoun, 1991). 전자 미디어는 시간과 공간을 동시에 초월하기 때문에, 지난날 사회적 환경을 구획 짓고 규정했던 물리적 구조는 더 이상 결정적 힘을 갖지 못한다. "개인이 존재하는 곳 자체는 개인이 무엇을 알고 경험하는가와 점점 더 무관하게 된 것이다"(Meyrowitz, 1985: viii).

미디어는 이러한 경향을 엄청나게 촉진시켰다. 신문이나 텔레비전의 정보에 노출된 사람들은 다른 사람들도 동시에 그와 같은 정보를 소비하고 있다는 사실을 알고 있기 때문이다. 토크빌이 19세기에 신문에 대해 지적한 바는 더욱더 폭넓은 수용자를 가지고 있는 방송에도 역시 적용된다. "그것(신문)은 나머지 모든 독자의 이름으로 개별 독자에게 말한다"(Tocqueville, 1835: 520). 앤더슨 역시 국가와 같은 실체를 상상할 수 있게 만드는 것이 바로 다른 사람들이 동시적으로 소비하고 있다는 데 대한 위와 같은 유형의 사고와 인식이라고 지적한다

(Anderson, 1983).

사람들이 대규모의 사회적 실체를 쉽게 공동체로 지각할 수 있다는 점에서 상상적 공동체는 비개인적 영향력을 촉진시킨다. 상상적 공동체는 그 존재를 거의 의심받지 않을 정도로 물화되어 있다. 언론인들 또한 상상적 공동체의 존재를 인정하기 때문에 언론인들은 그 공동체에 대한 기사를 작성하고, 관련한 여론 조사 결과를 보도하고 마치 그것이 진짜 공동체인 것처럼 그 존재를 영속화시킨다.

구성원 간의 직접 관계를 통해 형성된 사회 집단과 오로지 외부적 속성들로 규정되는 사회 범주 사이에는 비록 유사성이 있기는 하지만 중대한 차이점이 존재한다. 상상적 공동체의 구성원들에게 있어서 대인 커뮤니케이션은, 전적으로 불가능하다고는 말할 수는 없겠지만 매우 어렵다. 대인 관계를 통해 길러지는 신뢰와 친밀도가 상상적 공동체에는 결여되어 있다. 직접적 대인 접촉의 세계에 근거를 둔 사회적인 영향력에 관한 이론들도 비개인적 상황에는 잘 맞지 않는다(Price & Allen, 1990). 소집단에 미치는 다수의 영향력에 대한 연구들은 다중을 대표하는 집합적 표상이 미치는 영향을 사후적으로 설명하기는 했지만, 소집단에서 동조성에 영향을 미치는 대부분의 중요 요인들은 비개인적 영향력이 발생하는 상황에서는 빠져 있다(Mutz, 1992a). 예를 들어, 규범적인 사회적 압력이 작용하기 위해서는 '집단'이 견인력, 응집성 그리고 상호 의존성을 갖추어야 하는데, 비개인적인 영향력의 경우에는 그렇지가 않다. 면 대 면 상황에서 상호 작용하는 대인 관계 속에서는 규범적인 사회적 압력이 지배적인 반면, 익명적이고 비개인적인 집합체에서 나오는 사회적 영향력의 메커니즘은 그렇게 단순하지 않다.

지금 우리는 개인의 총합을 하나의 사회적 실체로 간주하는 것이 어느 정도 타당하게 받아들여지는 사회에 살고 있다(Tilly, 1983). 사실상 간접적 유대 관계의 편재성으로 그렇게 여기지 않는 것이 오히려 어색하게 되어버렸다. 체계 세계에 대한 물화는 거의 벗어날 수 없는 허위 의식의 한 형태로, 즉 "현대 사회에서 현실적인 사고를 함에 있어 회피하기 힘든 조건"이다(Calhoun, 1988: 233).

이 책 전반에 걸쳐 앞으로 지적하겠지만, 이러한 경향은 정치 엘리트와 대중에게 중대한 정치적 결과를 낳았다. 개인 경험이 결여된 영역에서만 사람들이 매스 미디어에 영향받기 쉽다는 것이 오랫동안 받아들여진 견해였다(Zucker,

1978; Ball-Rokeach & DeFleur, 1976). 아마 대외 정책에 대한 태도는 원거리의 사회 현실을 미디어가 잘못 표상함으로써 왜곡될 위험에 처해 있다고 볼 수 있을 지 모른다. 반면 인플레이션이나 범죄와 같은 사안들에 있어서 집합적 현실에 대한 사람들의 지각이 개인의 경험이나 친구나 이웃의 경험에 고정되어 있다고 생각할 수 있다. 하지만 우리가 현재 살고 있는 대규모 사회에서 이러한 추론조차 오류일 수 있다.

> 우리 주위의 세계를 이해하는 데 있어 우리 인간은 점점 직접 경험하거나 개인적으로 인식하지 못했던 신념들에 이끌린다. 우리는 공적인 '사회'에 대한 신념을 가지고 있다. 여기서 공적이라는 것은 공유된다는 뜻과 우리가 개인적으로 경험할 수 없는 사건의 집합이라는 뜻에서 사용된 것이다. 상당수의 미국 사람들은 자동차 추돌이나 충돌을 직접적으로 그리고 개인적으로 경험한 적이 있었을 것이다. 이런 경험은 개인적으로 알게 된 사실이다. 그러나 자동차 사고 사상자의 전체 수는 개인적인 사실이 아니라 공적인 사실이다. 자동차 사고를 모두 목격하는 사람은 아무도 없다. [……] 사회에 대해 '참'인 것은 개인 경험을 반영한 것이다. 그것은 타자의 경험의 총합이기도 하기 때문이다(Gusfield, 1981: 51~2).

쿤데라가 묘사했던 산업 사회 이전의 소규모 사회에서는 개인이 현실에 대한 통제력을 보유하는 것이 가능했지만, 오늘날 매스 미디어가 존재하는 대규모 산업 사회에서는 불가능하다. 뒤르켐이 관심을 가졌던 '사회적 사실'은 매스 미디어를 통해서 널리 이용되며 유포된다. 또한 사회적 사실은 엘리트에게 있어서나 대중에게 있어서 정치적 대화의 주요 소재가 된다. 더욱이 다중의 상태에 대한 현대적인 표상은 그것에 정당성과 권위를 부여하는 통계적 정보에 기초한다. 한마디로 그것은 미국인의 정치적 행동에 영향을 미치는 중대한 역할을 수행한다.

기본적 수준의 정보의 중요성을 간과하는 사회 심리학 문헌에 익숙한 사람들은 다중에 대한 지각이 정치 태도와 연관성을 갖는다는 점에 의문을 던질 것이다. 전체 인구에 대한 정보가 개인의 판단에 근거 또는 귀인 *attribution* 과 관련하여 분명히 적합한 설명일 수 있는데도 불구하고 많은 연구에서 사람들이 이와 같은 다수에 대한 정보를 무시하거나 과소 평가한다는 것이 지적되어 왔다

(Kahneman, Slovic & Tversky, 1982; Nisbett & Borgida, 1975). 그러나 자세히 들여다보면 이
와 관련한 연구 결과들도 비개인적 영향력의 전제에 어긋나지 않는 것을 볼 수
있다. 이들 연구들은 특히 집합체 내에서 개인이나 집단에 대해 예측할 때 어느
시점에서 기본적 수준의 정보가 중요해지는가에 주안점을 두기 때문이다. 기본적
수준의 정보를 일반적으로 무시해 온 연구들에서는, 가령 어느 도시에서 실업률
이 상승한다는 정보를 접한 사람이 그 도시에 사는 어떤 한 개인이 실직할 가능
성이 얼마인가를 결정하는 데 그 정보를 사용할 가능성이 없다는 점을 암시한
다.[12] 대신 사람들은 어떤 개인의 성격이나 직장 경력과 같은 구체적인 사항에
의거하여 실직 가능성을 판단하게 된다는 것이다. 이렇듯 기본적 수준의 정보를
무시하는 연구에서 주장하는 바는 실업률의 증가를 지각하는 것이 정치 정당이
나 후보자에 대한 태도에 아무런 영향도 미치지 못한다고 주장하는 것과 동일하
진 않다. 이 경우 종속 변인은 기본적 수준의 정보를 구성하는 집합에 대한 개인
적인 부분들이 아니라는 것을 생각해야 한다. 비개인적 영향력은 기본적 수준의
정보가 사람들의 정치적 견해에 정보를 제공하는지의 문제에 특히 주안점을 맞
춘다. 4장에서 자세히 논의하겠지만, 정치적 사안과 행위자에 대한 태도는 다수
의 집합체에 대한 정보에 의거하여 반응할 가능성이 높은 판단의 유형이다.[13]

4. 이 책의 구성

계량적 사회 과학의 전통 속에서 '과학적'인 것과 역사적으로 적합한 것
을 추구하는 것은 갈등의 여지가 있고 그 사이에는 긴장이 내재되어 있다는 것

---

12. 귀인 연구와 사회적 판단을 다루는 연구에서 기본적 수준의 정보를 사람들이 어떻게 이용하는 지와 관련하여 제기
하는 연구 문제는 차이가 있음을 생각해 보아야 한다(Kassin, 1979b). 귀인 연구는 사람들이 책임 소재를 판단하는 근거
로서 합의와 관련된 정보가 과연 이용되는지 혹은 무시되는지를 살펴보는 데 관심을 가지고 있다. 반면 사회적 판단을
다루는 연구는 확률 모델에 의거하여 기본적 수준의 정보로서 집합체에 대한 정보를 얼마나 적절히 이용하는지를 살펴
본다.

13. 또한 기본적 수준의 정보와 개별 사례에서 도출된 증거의 상대적 중요성은 사람들이 집합적 차원의 현상에 대한 지
각을 형성하는 데 있어 미디어로부터 주어진 정보와 개인 경험을 통해 얻은 정보를 어떻게 통합시키는가에 관련된다(3장
과 4장의 논의 참조).

이 공통된 주장이다(Delia, 1987). 이 책의 목표는 양자를 모두 추구하는 것이다. 먼저 역사적인 관점을 통해 비개인적 영향력을 검토한 후, 계량적 사회 과학의 전통 속에서 연구된 결과를 통해 비개인적 영향력들의 구체적인 경험적 사례들을 제시할 것이다. 그리고 나는 비개인적 영향력이 얼마나 중요한지를 보여 주는 사례를 제시하는 데 그치지 않고, 비개인적 타자에 대한 정보가 정치 태도나 행동에 영향을 미치는 '이유'를 미시적 수준에서 다루려고 한다.

이러한 복합적인 목표에 맞추어 이 책은 크게 네 부분으로 나뉘어져 있다. 1부의 나머지 부분에서 나는 현대의 정치 현상을 이해하는 데 있어 비개인적 영향력의 중요성이 증가하게 된 주요 역사적 변동을 개괄할 것이다. 특히 미디어의 역할에 중점을 두면서 미국인의 정치 생활에서 비개인적 유대 관계가 등장하고 그 중요성을 더해간 과정을 서술할 것이다. 지난 세기에 걸쳐 일어난 주요 사회 변동들은 사회 관계와 미디어 내용의 성격을 바꾸었고 정치적 의사 결정의 복잡하게 만들었으며, 이 모든 것들이 비개인적 영향력의 잠재력을 증대시켰다. 3장에서는 집합적 의견과 경험에 대한 지각에 영향을 미치는 미디어의 독특한 역량을 보여 주는 경험적 증거를 제시할 것이다.

1부의 나머지 두 장에서는 덧붙여 집합적 경험과 의견에 대한 지각이 야기한 정치적 결과들을 다룰 것이다. 비개인적 영향력은 단일한 이론이 아니라 하나의 개념적 우산 속에 서로 밀접한 관련이 있는 현상들을 수집해 놓은 묶음이라고 보면 좋겠다. 비록 이러한 현상들이 서로 유사하고 그 함의를 묶어서 생각해 보는 것이 유용할 수도 있겠지만, 이 현상들을 설명하는 이론들에는 사람들이 집합적 경험에 대한 지각에 반응하는가 아니면 집합적 의견에 대한 지각에 반응하는가에 따라 근본적인 차이점이 존재한다. 두 가지 유형의 비개인적 영향력 모두 정치 태도를 바꾸어 놓을 수 있지만, 사람들이 집합적 의견인가 아니면 집합적 경험인가에 따라 상이한 이유에서 상이하게 반응하기 때문에 독립된 검토가 요구된다.

2부에서는 대중들의 경험에 대한 지각이 정치 태도에 미치는 역할에 대해 검토할 것이다. 예를 들어, 집합적 차원에서 범죄나 실업 문제에 대해 국민들의 지각하는 바가 정치 태도에 어떻게 영향을 미치는가? 나는 집합적 차원의 경험에 대한 지각이 개인 경험에 대한 지각보다 정치 태도에 보다 중요하다는 점을 발견했고 이는 선행 연구와 일관성을 갖는 것이다. 이러한 발견은 문헌적으로 잘 입증된 경제 영역 이외의 영역에서도 일관성을 갖는다. 매스 미디어는 개인 경험의 정치화를 촉진시키는가 아니면 억누르는가? 미디어는 두 가지 작용을 모두 할 수 있으며 이는 미디어가 어떤 측면을 집합적 경험으로 우월하게 다루는가에 의존하여 나타난다는 것이 내가 밝혀낸 점이다. 한 개인은 자신의 경험이 많은 다른 사람들과 공유되고 있다고 배울 수도 있고 따라서 그 경험이 정부 지도자나 정책에서 기인한다고 쉽게 원인을 찾을 수 있다. 반면 자신의 경험이 독특한 것이라면 국가 지도자가 그와 같은 경험에 책임이 있다고 쉽게 원인을 돌리기 어려울 수도 있다. 이러한 사고 과정의 결과는 결코 미리 결정되지 않는다. 개인적 차원의 판단과 집합적 차원의 판단에서 작용하는 체계적인 편향은 비개인적 영향력이 어느 정도나 정치적 책임성을 묻게 하는가 그렇지 못하게 하는가와 관련하여 중대한 의미를 지닌다.

3부에서 나는 집합적 의견에 대한 지각이 개인의 정치 태도 및 행동에 미치는 효과를 다룰 것이다. 사람들은 널리 분포해 있는 익명적 타자의 태도를 지각한 것으로부터 어떠한 영향을 받는가? 여기서 나는 이러한 현상을 다루기 위한 사회 심리학적 틀을 살펴보고 비개인적 영향력을 설명할 심리학적 메커니즘을 이해하기 위한 전체적인 개괄을 할 것이다. 비록 비개인적 영향력의 잠재성이 인구의 특정 부분에 국한되진 않겠지만, 비개인적 영향력을 유발하는 메커니즘은 사람들에 따라 다를 수 있다고 본다. 특히 사람들이 정치적 의사 결정과 관련하여 상이한 수준의 정보와 상이한 수준의 관여도를 가진다는 데 주목한다. 나는 정치적 의견뿐만 아니라 정치적 행동에 대한 측정을 함께 다루면서 전국적인 서베이 안에서 일련의 실험을 포함시킨 경험적 자료를 사용할 것이다. 또한 대부분의 승자 편승 *bandwagon* 이론이 갖는 사회 결정론의 문제를 극복하기 위해, 나는 서로 다른 기반을 가진 시민들의 분화에 따라 각기 사회적 영향력의 과정이 근본적으로 다른 상이한 양태로 발생한다는 모델을 검증할 것이다. 집합적 경험에 대한 지각의 경우와 마찬가지로 사람들은 집합적 의견을 지각하면서 내면적 대화에 들어간다. 어떤 후보자나 이슈가 대중적인가 아니면 그렇지 않은가라는 점을 알게될 때, 사람들은 일반적 타자와 나누는 암묵적인 상호 작용을 통해 자신의 정치적 견해를 바꾸거나 좀더 정교화시킨다.

2부와 3부에 걸친 나의 근본적인 관심은, 집합적 경험과 의견에 대한 지각에서 도출되는 비개인적 영향력에서 정책의 결과에 대한 책임이 정치 지도자에게 있다고 보는 공중의 판단을 어느 정도나 촉진시키거나 억제시키는가에 있다. 두 가지 형태의 비개인적 영향력 모두 정치 지도자의 책임성을 묻는 것과 상관없다는 것이 일반적인 가정이다. 집합적 경험의 경우, 집합적 경험이 왜곡되어 지각될 잠재성이 있으므로 개인 경험에 기초를 둔 정치가 보장해야 할 책임성이 부족해질 수 있다는 것이 지적되어 왔다. 집합적 의견의 경우, 집합적 타자의 견해를 지각하면서 자신의 의견을 형성하는 사람들은 생각 없는 순응주의자로 여겨지고, 그들의 의견은 다른 사람의 의견과 무관하게 자립적으로 형성된 의견에 비해 질이 낮다고 생각되어 왔다. 9장에서 이러한 결론들이 어떤 점에서 비개인적 영향력의 민주주의적 책무를 지나치게 단순하게 평가하고 있는지 논의할 것이다. 이와 같은 유형의 사회적 영향력을 제거하려고 시도한다고 해서 우리가 더 좋은 정체政體를 갖게 되진 않는다는 것이 나의 결론이다.

확실히 대중적 경험에 대한 지각에서 발생하는 비개인적 영향력 및 대중적 의견에 대한 지각에서 나오는 비개인적 영향력 모두 민주주의적 책임성을 논의하는 데 잠재적인 문제점들을 가지고 있다. 전자의 경우 사람들이 거짓된 사회 환경에 반응할 위험의 소지가 있고, 후자의 경우 미디어가 전달하는 타자의 표상이 사회적 압력을 행사하여 판단의 자립성을 훼손할 위험도 안고 있다. 그러나 이러한 위험을 적절하게 평가하기 위해서는 미디어에 의존하는 체계보다 더욱더 민주주의를 촉진시킬 수 있는 대안적 체계를 생각해 보는 것이 중요하다.

시민들의 집합적 경험에 미치는 정책의 효과에 대해 정치 지도자들이 더욱 책임 의식을 갖도록 하기 위해 9장에서는 두 가지 구체적인 가능성을 상세히 다룰 것이다. 개인 경험의 정치화에 기초한 정치 및 지역적인 공동체와 제도의 부활을 강조하는 공동체주의적 접근이 바로 그것이다. 내 궁극적인 결론은 일반적으로 제시되는 이와 같은 대안들이 대규모 사회에서 제기되는 문제, 즉 대규모 사회가 국민과 정부 사이에 그려놓은 심리적 분리감을 치유할 수 있는 방안이 되어주지 못한다는 점이다. 직접적 경험을 초월하여 집합체에 대한 국민의 지각에 의존하는 체계는 물론 위험 소지를 안고 있지만 오히려 다른 대안들보다는 나은 것일 수 있다.

집합적 의견에 대한 미디어의 표상이 안고 있는 위험성도 현실적이긴 하지만 이런 유형의 비개인적 영향력은 높은 질의 여론과 개인적 성찰을 촉진시킬 잠재성 또한 가진다. 보다 동질적인 공동체를 추구하고 미국 시민들을 인구 구성학적으로 세분화시킨 사회적인 경향은 매스 미디어가 다른 사람에 대한 정보를 제공하는 중요한 원천으로 자리 잡을 수 있게 하였다. 비록 매스 미디어가 분명히 제한된 범위의 관점만을 제시하기는 하지만 이에 비해 사람들의 대인적인 접촉은 훨씬 더 편협한 것이라고 할 수 있다. 매스 미디어가 다른 사람들의 견해를 보여 준 결과 사람들은 좀더 폭 넓은 정치적 견해에 노출되게 되었다. 이러한 노출의 결과 사람들이 자동적으로 정치적 견해를 수정하지는 않는다. 그렇지만 많은 타자들이 특정한 관점을 지지할 때, 이 새로운 정보에 비추어 개인의 입장을 재평가하는 것이 가능해진다. 따라서 통념과 비개인적 영향력은 머리가 텅 빈 얼간이의 행동이나 미디어의 효과에 대한 대중의 무비판적 따라가기와 같은 말과 동의어가 아니다. 비개인적 영향력에 대한 균형 잡힌 평가를 위해서는 그것이 민주주의 체제에 기여하는 긍정적인 측면도 함께 고려해야 한다. 미국과 같은 대규모 사회에서 비개인적 영향력은 정치적 책임성을 증진시키고 보다 효과적인 여론 반영을 위한 잠재적 가능성을 의미한다.

이 책의 결론 부분에서 비개인적 영향력이 20세기 혹은 21세기에 정치 태도와 행동에 미치는 사회적 영향으로서 과연 어떤 의미를 갖는지를 설명하기 위해 대중 사회 이론을 틀로서 사용할 것이다. 이 책에서 서술하는 역사적 변동은 대중 사회 이론이라는 전통적인 틀 안에 매우 잘 어울린다. 지금까지 매우 큰 영향을 끼쳐 온 이 사회 이론은 비개인적 영향력의 잠재력을 이해하는 데 중심적인 몇 가지 경향들 — 교통과 커뮤니케이션의 혁명, 전국적인 커뮤니케이션망의 등장, 비개인적 유대 관계의 부상과 같이 사회를 점점 중심적인 것으로 부각시키는 데 기여하면서 대중의 정치적 행동에 중대한 의미를 갖는 경향들 — 을 포함한다. 그러나 대중 사회 이론에서는 현대의 삶이 주요 사회적 유대 관계들을 파괴했고 소외되고 원자화된 개인들을 생산했으며 이 개인들을 대중 설득의 대상으로 만들었다고 주장한다. 비개인적 영향력에 대한 논의가 대중 사회 이론의 전통에서 지적해 온 유사한 경향에 의존한다고 할지라도, 나는 대규모 사회에서 매스 미디어의 역할이나 정치적 소임과 관련하여 대중 사회 이론가들과 판이하게 다른 결론을 9장에서 제시할 것이다.

거대한 역사 이론과 구체적인 자료 사이에는 엄청난 비약이 존재한다. 이들은 서로 정확히 맞아떨어지지 않으며, 협소한 경험적 연구는 연구하고자 의도했던 이론의 풍부함에 비해 빈약하기 짝이 없는 것에 불과할 수도 있다. 주어진 연구에서 제시된 통계표는 이론과 어긋날 수도 있다. 이 책은 구체적인 경험적 연구에 대한 논의를, 역사적 변동의 중요한 한 단면 및 정치적 사유에 미친 결과에 대한 광범위한 주장들과 연결시키고자 하였다. 이러한 이질적인 접근이 필수적인 이유는 다중, 즉 집합적 차원에 대한 지각의 효과가 발생하게 되는 미시적 과정을 이해하지 않고서는 비개인적 영향력이 야기하는 거시적 수준의 결과도 이해할 수 없기 때문이다. 앞으로 전개되는 이 책에서 다양한 정치적 상황을 포괄하는 다양한 방법들을 서로 결합시킴으로써 비개인적 형태의 사회적인 영향력이 정치적인 환경을 어떻게 변화시켰는지에 대해 가능한 한 폭넓은 초상화를 그리는 것이 내가 바라는 바이다.

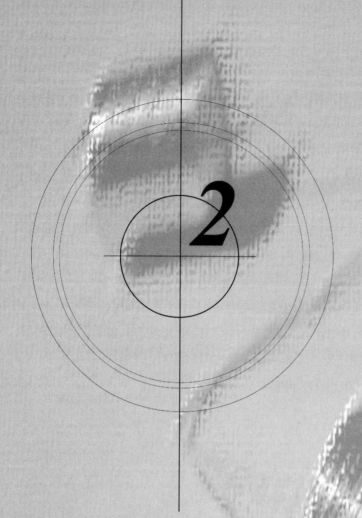

개인적 영향력을 넘어서:
비개인적 유대 관계의 부상

지금까지 현대 미국 사회에서 비개인적 형태의 사회적 영향력이 점점 중요해졌다는 점을 개괄하면서, 지난 세기 동안 나타난 매스 커뮤니케이션의 본질적 변화에 중점을 두었다. 그러나 매스 커뮤니케이션의 변화 자체만을 고찰하는 것만으로는 대인적 사회 관계에서 함께 나타난 변화가 갖는 중요한 의미를 놓치게 된다. 더욱이 비개인적 형태의 사회적 영향력이 부각하게 된 근원을 20세기로만 국한시킨다면 미국이 탄생한 시기의 비개인적 영향력과 대규모 사회 경제적 변동의 관계를 간과하게 될 것이다. 비록 매스 커뮤니케이션의 변화가 일으킨 파장이 컸다는 것은 인정하지만, 2장은 이러한 변화를 발생시킨 배경에 중점을 두고 전개하려 한다. 사회적인 관계상의 주요 변화는 비개인적 영향력을 촉진시킬 수 있었던 미디어 구조와 내용에 있어서 크게 네 가지 경향을 가져왔다. 매스 미디어의 전국화, 집합적 경험과 의견에 대한 미디어의 묘사, 사건 중심적 뉴스 보도의 쇠퇴, 그리고 정치 과정에서 미디어의 강력한 영향력에 대한 대중적 믿음의 확산이 바로 그것이다.

1. 미국에서 사회적 관계의 변동

사학자인 고든 우드는, 미국 혁명은 그것이 가져왔던 사상자의 수나 경제적 빈곤이라는 기준을 두고 보면 매우 보수적인 혁명이었지만 "실제 발생한 사회적 변화 — 사람들을 서로 묶고 있던 관계의 변화 — 의 측면에서 볼 때 보수적이기는커녕 역사상 어느 혁명보다 급진적이고 혁명적이었다"고 지적한다 (Wood, 1991: 5).

가장 핵심적인 것은 주로 대인 관계에만 기초하던 사회에서 비개인적 실체에 대해 의식하고, 비개인적 실체와의 상호 작용을 수반하는 사회로의 이동이다. 우드는 식민지 시대의 삶을 다음과 같이 말한다. "삶의 모든 측면은 서로 엉켜있었다. 가정, 사회, 국가가 그리고 사적 영역과 공적 영역이 거의 분리되어 있지 않은 듯했다"(Wood, 1991: 11). 혁명 이전에 미국 식민지는 소규모 사회로 이루어졌으며, 거의 대부분 면 대 면 관계에 의존했다. 지방 정부는 익명적인 관료 체제가 아니었으며, 공적인 사업 역시 단지 사적인 사회 관계의 연장에 지나지 않았다(Warner, 1968). 사람들은 자신이 잘 알고 믿는 사람과 상품을 거래했으며, 따라서 개인적 유대를 무엇보다 중요하게 여겼다. 이러한 정보 희소성의 시대에 있어서 정치적 정보 역시 잘 알고 지내는 사람과의 개인적 접촉이라는 면 대 면 교환을 통해 전달되었다.

> "대체로 그렇지 않은 경우도 있겠지만 사람들은 가끔 의식적으로 정보가 이 사람 저 사람을 건너다닌다고 생각하고 생활했다. 만일 정보가 중요하다고 생각되면, 사람들은 그들에게 현재 정보를 기대할 뿐만 아니라, 과거에도 의존했고 미래에도 의존할 다른 사람들에게 정보를 넘겨 주어야 했다"(Brown, 1989: 278).

하지만 사람들이 서로 연계했던 방식은 1800년대 초에 급격하게 변모했다. 이러한 변화의 대부분은 경제적인 이유에서 비롯되었다. 사실 18세기 중반 미대륙 식민지 시대에는 큰 규모의 무역 상사, 은행, 주식 거래에 꾸준히 통용된 통화가 존재하지 않았다. 그러므로 경제적 교환은 서로 잘 알고 지내는 사람끼리 이루어졌고 면 대 면 상황에서 거래가 이루어졌다. "식민지 시대의 경제 생활은 놀랍게도 간단하고 개인적이었다. 해외를 대상으로 무역업을 한 상인을 제외하고는, 영국인의 의식을 변화시키고 있던 비개인적 양식의 제도나 공적인 세계에 대해 조금이라도 아는 사람들은 극히 드물었다. 식민지 사회의 이러한 후진성과 원시성은 주종 관계와 개인 관계에 우선적인 중요성을 부여하였다"(Wood, 1991: 66~7). 종종 경제적인 거래에서 신용 거래가 물물 교환을 대체한 적이 있었지만 초기 신용 거래는 자선의 한 형태로 여겨졌고 주로 개인적인 신용 관계에 기초했다. 19세기로 넘어설 즈음 상용 화폐와 지폐가 도입되면서부터 미국인의 경제 생활이 극적으로 변모했다. 지폐는 사람들이 경제에 좀더 익명적으로 참여할 수 있게 만들었는데, 이는 혁명 이전기 미국의 상행위의 관계에서는 거의 찾아볼 수 없는 것이다(Wood, 1991).

19세기에는 또한 다른 여러 가지 변화들이 사회적 상호 작용의 구조를 지역적이고 개인적인 것에서 전국적이고 비개인적인 것으로 바꾸어 놓았다. 19세기 말엽 전국적인 철도망의 발전은 상품 생산의 배경을 지역적인 것에서부터 전국적인 것으로 바꾸어 놓았다(Coleman, 1980). 만일 다른 나라들처럼 철도가 대단위 도시들을 연결시키기 위해 건설되었다면, 미국에서 농촌 지역이 쉽게 전국적인 시장으로 편입될 수 없었을 것이다. 하지만 미국의 철도는 "한 곳에 없으면 모든 곳에 없다"는 아이디어 아래 연결되었으며, "철도를 이용할 인구를 생성시킨다는 희망에서" 건설되었다(Boorstin, 1974: 119).

또한 소매 신용 거래의 발달은 "식료품, 의류, 가구, 용역의 지역적 공급자와 개인들 사이의 경제적 배치뿐만 아니라 사회적 배치도 갈라놓았다"(Arena, 1995: 1). 비록 소매 신용 거래는 20세기초 이전에 미국 경제에서 중요한 부분은 아니었지만, 19세기 후반에 이미 확산되기 시작했다. 교통 사정이 좋아지면서 낯선 이방인들과 더욱더 많은 경제적 교환이 이루어졌다. 일단 신용 기록이 쌓이고 나면 "이와 함께 다른 사람들이 믿을 수 있는 자신에 대한 모습이 형성되었고, 이러한 신용 기록은 '실제' 자신이 시공간적으로 멀리 떨어져 있더라도 믿고 거래할 수 있는 것이 되었다"(Arena, 1995: 2~3). 소매 신용 거래는 개인을 멀리 떨어져 있는 비개인적 타자와 상호 작용할 수 있는 국민 경제 속에 위치시킴으로써 사회 관계를 재조직했다. 1927년 존 듀이는 "인간 행동의 비개인적이고 기계적인 양식이 새롭게 공동체 사회에 나타난 것이 현대 생활의 뚜렷한 특징 가운데 하나"라고 지적하기도 했다(Dewey, 1927: 98).

　　20세기초에는 많은 상품들의 생산이 지역적인 규모에서 전국적인 규모로 변화하였다(Coleman, 1980). 전국적인 시장의 등장은 두 가지 점에서 중요하다. 첫째, 전국 시장은 전국적인 광고를 필요로 했고 전국적인 광고는 전국적인 잡지와 신문의 성장을 지원했다. 그러나 전국 시장의 간접 효과가 없었다면 전국 시장 등장 그 자체가 비개인적 영향력의 잠재력에 기여하진 못했을 것이다. 상품 카탈로그는 사람들의 정치적 행동을 형성시킬 수 있는 사회·정치적 상황에 대한 직접적인 정보를 거의 제공하진 않았기 때문이다. 반면 전국 시장은 도시의 일간지가 먼 거리로부터 시골의 독자들에게 뉴스와 광고를 전달하는 것이 가능하다는 의미를 가지는 것이기도 했다. 전국 시장의 등장으로 서로 만난 적은 없지만 신문을 통해 서로의 인식을 공유하고 있던 '소비 공동체'가 생겨났다. "대부분의 '뉴스'가 서로 알고 지내던 사람들에 대한 것이었던 과거 세계, 즉 이웃 공동체의 세계는 사라졌다. 그 자리에는 자신이 이제까지 본 적이 없는 공동체들로 구성된 새로운 세계가 형성되었다"(Boorstin, 1974: 136).

　　공동체의 비유는 신용 거래를 활성화시키고자 했던 전국적인 상인들의 관점에 매우 잘 들어맞았다. 신용 거래는 만난 적이 없는 상인들에게서 사람들이 보이지 않는 곳에서 무엇인가를 사도록 하는데 필요했다. 이 당시 상인들이 어떤 노력을 했는지는 몽고메리 와드라는 사람의 경우에서 볼 수 있다. 가령 수십만 명의 소비자가 있더라도 와드는 "소비자에게 기업은 그들의 친구라는 점을 인식시키기 위해 애썼다"(Boorstin, 1974: 123). 카탈로그에는 설립자의 사진을 실었고 각 매장의 구매자들은 개인적으로 카탈로그에 서명했다. 와드는 소단위 공동체라는 인상을 심어주는 데 크게 성공했다는 소리를 듣게 되었다. 사람들은 친구에게 보내는 것처럼 그에게 편지를 보냈고 변호사 추천, 여름 휴양지 선정, 양자를 들이는 것 등에 대한 조언까지 구하기도 했다. 또한 와드는 아내를 찾는 남성들로부터 수백 통의 편지를 받기도 했다. 이러한 편지에 대한 답장으로 소비자들은 매우 개인적이고 애정어린 내용의 글을 받았다. 대면적 경제에서 행해진 것처럼 많은 사람들은 현금 대신 가축이나 농산물, 중고 가구로 지불해도 되는지 물었다. 어떤 사람들은 자신이 왜 한동안 편지를 쓰지 못했는지 설명하기도 했다.

지난 가을 이후로 우리가 왜 아무것도 당신에게 주문하지 않았는지 궁금해 하리라 생각합니다. 소가 제 팔을 걷어차서 팔이 부러졌을 뿐만 아니라 아내까지 아파서 진료비가 좀 들었습니다. 이제는 하느님 덕분에 우리는 다시 잘 지내며 아기도 얻었답니다. 그러니 플러시천으로 만든 어린이용 모자를 회원 번호 29d8077로 보내 주세요(Boorstin, 1974: 124)

와드가 보여 준 것은 분명 오늘날에도 비슷한 유형에서 그 대응물을 찾을 수 있다. 우편을 통해 상품을 구입하는 데 컴퓨터를 이용하여 인적 사항을 기록한다던지, 레이저로 출력한 '손으로 쓴 것' 같은 느낌이 들게 하는 편지, 미국 대통령이 보내는 전화 녹음 메시지가 바로 그것이다(Bengiger, 1987). 상호 작용이 점점 비개인적인 것으로 되어 가면서 사람들은 개인적인 공동체의 인상을 심어 주기 위해 많은 노력을 기울여 왔다.

하지만 개인적 관계와 소규모 공동체의 인상을 심어 주려는 지대한 노력에도 불구하고 전국 시장은 구매자와 판매자의 사이를 훨씬 더 비개인적인 관계로 만들었다. "생산자들은 더 이상 소비자와 직접적이고 비공식적인 접촉을 하지 않는다. 그런 접촉은 사라졌다. 생산자와 소비자 간의 구조적인 거리로 말미암아 생산자는 시장을 비공식적으로 평가하고, 정보를 얻고 이에 기초한 계획을 수립하는 데 한계를 가졌다"(Coleman, 1980: 335). 지역 판매자는 소비자로부터 직접적이고 즉각적인 피드백을 수신한다. 반면 전국 시장에서는 원거리의 소비자 — 이제 집합적 시장으로 지각되는 — 에 대한 정보를 필요로 하게 되었고 따라서 대규모 시장 조사의 발전을 가져왔다. 시장 조사의 목적은 대규모 집합체로서의 다중의 태도와 행동의 특징을 파악하는 것이었다. 20세기 중엽에는 이름이나 얼굴을 모르는 집합체에 대한 매우 추상적이고 거시적인 정보가 가용되면서 이것이 비개인적 영향력의 잠재력에 기여했다. 전국 시장의 등장이 시장 조사의 필요성을 만들었고 이어서 시장 조사가 복잡한 조직, 시장, 커뮤니케이션을 통해 연결된 집합체의 모습을 보여 주면서 비개인적 영향력을 촉진시킨 것이다.

비록 시장 조사 결과는 주로 대규모 시장을 대상으로 기업체를 운영하는 사람들이 주로 관심을 갖고 이용했지만, 한편에서 개인 경험의 외부에 존재하는 사람들이나 사건에 대한 정보의 욕구는 전체 공중 사이에서도 번져 갔다. 2차 대전 기간의 전시 경제는 시골 지역에서 도시 지역으로의 이주를 활성화시켰고 종종 사람들은 출생지에서 멀리 떨어진 곳으로도 이주하게 되었다(Coleman, 1980). 이러한 인구학적인 이동은 근방에 있지 않은 사건에 대한 사람들의 관심을 증폭시켰다.

　　20세기를 거치면서 미국 연방 정부의 성격 변화 역시 지역적인 것보다는 전국적인 문제로 사람들의 관심사를 옮기는 데 기여했다. 셔드슨은 다음과 같이 말한다(Schudson, 1978: 148~9). "1차 대전, 그리고 어느 정도는 2차 대전 초반까지만 해도 미국인이 국내의 문제를 유럽이나 세계 정치와 구분하여 따로 생각하는 것이 가능했다. 또한 미국인들은 상대적으로 국내 정치에 무관심했다고 할 수 있는데, 이는 연방 정부가 대다수 시민의 일상 생활과 그리 밀접한 관계를 갖고 있지 않았기 때문이었다." 경기 침체와 뉴딜 정책으로 말미암아 사람들은 미국 내의 정책 결정권자에 대해 관심을 기울이기 시작했다. 특히 1930년대와 1960년대 사이에 연방 정부는 그 규모나 복잡성에 있어서 엄청나게 성장했다.

　　연방 정부의 활동이 증가한 결과, 보다 많은 문제들이 지역이나 개인 문제가 아니라 '국가 문제'로 비춰지기 시작했고, 지역의 지도자뿐만 아니라 국가 지도자들도 이러한 문제들을 직접적으로 언급하기 시작했다. 사회 문제가 개인의 일상 경험과 유리되면서 시민들이 매개된 정보에 의존하는 정도가 또한 높아지기 시작했다. '국가 차원의 상황'은 점점 더 주목받게 되었다. 이와 같은 변화가 사람들의 심리적 측면에서도 발견되었다. 사람들은 "점점 커다란 집합체의 구성원이라고 여기게 되었는데, 이 집합체와는 기본적으로 직접적인 대인 관계의 네트워크라기보다는 공통된 정체성으로 연결되었다"(Calhoun, 1991: 95~6). 한마디로 공동체로서의 국가가 쉽게 떠 올려지는 계기가 마련된 것이다.

2. 매스 커뮤니케이션의 네 가지 경향

　　이렇게 지난 3세기 동안 사회 정치적 변동이 일으킨 파장은 엄청난 것이었다. 그러나 비개인적 영향력의 잠재력을 계발하는 데 기여했던 새로운 커뮤니케이션 기술의 발전과 비교하면 이런 것들의 색이 바랜다. 매스 미디어의 구조와 내용에 있어서 등장한 네 가지 주요 경향으로 말미암아 사람들은 개인적인 삶의 공간 외부에 존재하는 것들로부터 영향을 받게 되었다. 다음은 먼저 매스 미디어의 전국화와 더불어 집합적 경험과 의견에 대한 보도가 증대하였다는 것을 입증하는 문헌들을 정리하려 한다. 그 다음으로 사건 중심적 보도에서 뉴스의 초점이 대규모의 집합적 현상에 대한 묘사로 옮아왔다는, 종종 주장되긴 했으나 별로 입증되진 않았던 부분에 대해 독자적인 증거를 제시할 것이다. 마지막으로 비개인적 형태의 사회적 영향력의 중요성을 촉진시키는 데 있어서 사람들이 보편적으로 갖는 매스 미디어가 강력한 영향력을 갖고 있다는 인식의 중요성에 대해 살펴볼 것이다.

1) 매스 미디어의 전국화

우리는 종종 커뮤니케이션의 전국화와 국제화를 비교적 최근의 현상으로 여기지만 이 경향은 미국의 역사에서는 매우 오랜 역사를 가지고 있다. 텔레비전, 라디오, 전화가 등장하기 이전부터 전국적인 우편 서비스는 전국의 수용자에게 도달할 수 있는 최초의 커뮤니케이션 미디어였다. 1831년 미국에 대한 토크빌의 보고서는 특히 우편 서비스를 통해 미국인들에게 상당량의 비지역적인 정보가 전달되었음을 지적한다. 그 당시에 미국은 인구 10만 명당 대략 74개의 우체국을 보유했으며 이는 영국의 7개나 프랑스의 4개와는 확연히 비교되는 것이었다(John, 1995). 최소한 1890년경 대부분의 지역에는 우체국이 설치되었고 40%의 미국인이 우편을 활용했으며, 이들은 주로 도시 거주자였다. 20세기 초 10년 동안의 우편 서비스는 거의 모든 미국으로 확대되었다. 일단 전국적인 우편 서비스 체계가 확립되자, 10년이 채 지나지 않아서 소포 및 우편 주문 판매가 생겨났다. 시골의 거주자에게 있어서 무료 우편 배달은 특기할 만한 사항이었다. "사람들은 이제까지 잘 알고 지냈던 협소한 공동체에서 벗어나 보다 커다란 세상과 지속적인 접촉을 하게 되었다. 사람들은 직접 듣거나 보지 않은 사건과 사물들에 대해 알게 되었다"(Boorstin, 1974: 133).

하지만 이러한 극적인 변동이 순탄하게 이루어진 것만은 아니었다. 멀리 떨어져 있는 더 많은 독자들에게 전달하기 위해 신문과 잡지가 우편을 이용하게 되면서 정기 간행물의 배달과 관련한 우편 정책에 마찰이 있었다. 키엘보위츠가 설명하듯이(Kielbowicz, 1989), 국가 차원의 국민 문화를 고양시키고자 했던 사람과 지역적인 유대, 즉 "고요하고 안정적이며 지역적인 대면적 사회"를 보존시키고자 했던 사람들 사이에 논쟁이 붙은 것이다(Kelly, 1979: 160). 전자의 사람들은 거리에 따른 요금의 차별을 줄임으로써 장거리에 걸친 정보 전파를 용이하고 저렴하게 만들어 정보의 유통을 향상시키고자 했다. 반면 후자의 사람들은 지역의 이해 관계를 보호했던 정책을 후원했으며 지역을 초월한 커뮤니케이션을 배척했다.

1845년에 의회는 신문사 반경 30마일 이내에서는 신문이 무료로 유통하도록 했다. 그러나 2년이 지나지 않아 이 정책은 중단되었다. 1852년 들어 의회는 비교적 단일한 신문 우편 요금 제도를 수립했는데, 특히 카운티(군) 단위 안에서는 신문 배달을 무료로 다른 주로의 배달은 비교적 값싸게 이루어지도록 조치했다. 이 조치는 지역적 이해 관계와 국가적 이해 관계를 절충한 방안이었지만, 장거리로 정보의 유통을 촉진시키고 국가 단위, 지정학적으로 좀더 광범위한 단위에 이르기까지 사람들을 연결시킬 수 있게 만드는 결과를 낳았다(Kielbowicz, 1989).

미국의 초기 신문들은 전형적으로 지역의 이해 관계와 맞물려 있었지만 시간이 지나면서 신문의 내용은 점진적으로 좀더 전국적이고 국제적인 영역으로 넓어져 갔다. 1800년대 중반 전신 서비스가 최초로 등장하여 거리를 뛰어넘는 뉴스의 전송을 가능하게 하면서 이 경향은 가속화되었다(Shaw, 1968). 이후 국가의 이해 관계에 대한 상세하고 분석적인 뉴스를 제공하는 AP나 UPI와 같은 통신사가 등장하면서 전통적인 전신 서비스가 확대되었다. 전국적으로 뉴스를 전송할 수 있는 역량이 초기부터 존재했음에도 불구하고 사실 진정한 의미의 전국적인 규모의 일간 신문은 1970년대에 이르러서야 시작되었다고 볼 수 있다. 1990년대에 와서는 위성 커뮤니케이션과 컴퓨터 인쇄 시스템이 도입되면서 전국적인 신문이 실현되었다(Abramson, Arterson, & Owen, 1988; Schudson, 1995).

분명히 방송이 등장하기 전부터 전국화의 경향이 있었음에도 불구하고 전국적인 커뮤니케이션망을 구축했다는 이유로 텔레비전과 라디오는 비난 혹은 칭송의 대상이 되어 왔다. 전자 미디어의 발전은 사람들이 물리적으로 직접 접촉해 정보를 전파할 필요가 없게 하였고 뉴스 정보원에서 멀리 떨어져 존재하는 사람들에게 정보를 쉽게 전달할 수 있게 만듦으로써 훨씬 더 전국적이고 대중적인 커뮤니케이션이 이루어지게 했다. 라디오의 경우 1930년부터 미국인의 일상 생활의 일부분으로 자리잡으면서 사적 영역과 '바깥' 세상 간에 연결을 가능하게 했다. 원래 처음 라디오가 등장했을 때 뉴스를 자체 제작하지 않고 단지 전신 서비스가 전해 주는 뉴스만을 보도하기로 되었으나, 얼마후 자체 뉴스 제작이 시작되었다. 전국 적인 광고주의 후원을 받으면서 라디오는 1939년경 거의 전미국인의 주요 뉴스원 으로 성장하였다(Czitrom, 1982). 신문과 비교해 라디오 뉴스는 드라마적이고 직접적 이며 즉각적이었다. 아나운서들은 청취자가 직접 현장에 있지 않지만 사건 현장에 있는 것처럼 느끼게 만들려고 했다. 라디오 해설가들은 주요 뉴스에 대한 배경 설 명과 분석을 제공하면서 사람들의 개인적 삶의 경험을 넘어선 정보를 제공했다. 시각적 자극과 언어적 자극을 혼합한 텔레비전은 사람들이 접촉할 수 있는 사회 환경을 더욱 확장시켰다. 미디어를 통해 중재된 커뮤니케이션은 사람들을 사건 현 장의 수용자로 만들었고 시청자들에게 다른 사람들이 생각하고 느끼고 행동하는 바를 보여줌으로써 점점 더 면 대 면 상호 작용의 생생함을 재현해냈다(Stott, 1973).

인쇄 미디어와 방송 미디어에 모두, 시장의 압력, 기술적 향상, 언론인의 직업적 규범의 변화 등의 요인들이 서로 연결되면서 대다수 미국인이 주류 뉴스 미디어를 통해 수신한 세계상世界像은 점점 동질적인 것이 되어갔다. 현재는 과 거에 비해 오히려 더욱 독점적이고 소수 집중적인 통제를 뉴스를 생산하는 기관 에서 발견할 수 있다. 예를 들면, 1900년경에는 2000명의 일간지 소유주가 존재 했지만 1980년경에는 760명으로 줄었다. 인구 수의 변화를 감안한다면, 이러한 소유 집중화의 경향은 더 뚜렷하게 나타나는데, 1900년경 시민 3만 8000명당 신 문사 1개에서 1980년경에는 30만 명당 1개로 집중화가 발생한 것이다(Bagdikian, 1984). 라디오, 잡지, 텔레비전 역시 그동안 소유주의 수가 줄어들었다는 것이 특 징이다. 1980년대 합병의 바람이 불면서 1982년 50개사, 1986년 29개사, 1987년 26개사가 미디어 산업의 절반 이상을 통제하게 되었다(Bagdikian, 1987). 1996년 의 회가 통과시킨 통신법의 결과가 앞으로 어떻게 나타날 지에 대해서는 아직 불투 명하기는 하지만, 지금까지 훨씬 더 많은 합병을 유발했다는 점은 분명하다.

지역을 기반으로 했던 미디어가 대기업이나 복합 기업이 되면서 정보 전 달의 대상인 수용자 역시 점점 전국적인 규모로 변했다.[1] 소유의 집중은 뉴스의

---

1. 협송 narrowcasting 의 등장과 매우 전문화된 출판물의 등장은 이런 경향과 모순되는 듯 보일 수도 있다. 그러나 이러 한 유형의 미디어도 전국적이고 국제적인 수준의 수용자 — 비록 특수한 이해 관심을 가진 수용자라 할지라도 — 를 겨냥한다고 할 수 있다.

개념에 대한 변화를 야기했고, 특히 뉴스가 이질적이고 지역적이라는 개념을 전국적이고 국제적이라는 개념으로 옮겨 놓는 데 기여했다. 거대 기업이 여러 지역의 신문을 동시에 소유하는 체인 소유의 양식이 반드시 신문사들 사이에 존재하는 지역적 자율성을 없앤 것은 아니다. 하지만 이러한 체인 소유는 지역의 신문사가 지역 공동체와 맺고 있는 유대 관계를 유지하는 것을 기반으로 한 뉴스 제작을 어렵게 만들고 있다는 것이다. 진정한 의미에서 지역 공동체의 신문은 "그 직원이 독자와 면 대 면 관계에 참여하게 되면서 지역의 가십과 토론의 연결을 기반으로 제작된다"(Kornhauser, 1959: 95). 하지만 체인 소유의 신문의 경우 다른 체인과 매매 관계를 재빠르게 형성하기 때문에 기자와 편집진이 지역 공동체의 장기적 구성원이 될 가능성이 적어지고 있다. 게다가 많은 체인들은 규모의 경제를 통해 이익을 얻기 위해서 지역 신문을 합병하고 있다(Glaberson, 1996). 이러한 신문들은 기사를 공유할 수 있고 국회 의사당과 같은 곳의 뉴스를 보도하기 위해서 한 명의 기자에게 의존해도 된다. 지역 신문이 외지인들 사이에서 거래되는 상품으로 변모하면서 보도에 있어서도 지역적인 특이성에 기초한 보도가 전국적인 수준을 갖는 조직적인 시장의 판단에서 결정되는 뉴스로 대체되었다.

이러한 전국적인 언론 문화가 주류를 형성하면서 뉴스 기관의 전국화 현상을 가져왔다(Schudson, 1995). 소유의 집중이 일어나고 신문의 시장 경쟁이 쇠퇴하게 되면서 이와 함께 보다 동질적이면서 정치적으로 무덤덤한 뉴스가 제공되기 시작했다. 당파적인 신문들이 경쟁하는 도시에서는 언론인들은 자신의 보도와 경쟁사의 보도를 명확히 구분해야 할 필요가 있었다. 하지만 오늘날 두 가지 이상의 신문을 가진 도시가 드물게 되었고, 객관성이라는 가치가 비록 달성하긴 어렵기는 하더라도 바람직한 직업적 규범으로 자리잡게 되었다. 따라서 이질적인 측면을 가진 보도를 해야 한다는 동기는 많이 줄어들었다(Abramson et al., 1988). 지금까지 보고된 상당수의 연구들을 보면 미디어의 유형을 막론하고 뉴스 보도에 있어서 높은 수준의 동질성이 존재한다는 사실이 드러난다(Patterson, 1980, 1989; Graber, 1980b). 지역 신문에서조차도 내용 면에 있어서는 텔레비전이나 라디오 뉴스, 뉴스 잡지나 전국적인 신문과 비교해 볼 때 크게 다르지 않다(Neuman, Just, & Crigler, 1992; Mondak, 1995). 결과적으로 무엇이 뉴스인지를 결정하는 언론인의 판단에는 상대적으로 큰 차이가 없다.

전통적으로 사람들은 서로 다른 상이한 경험적 세계를 가졌고, 따라서 다양한 세계관을 형성할 수 있었다(Meyrowitz, 1985). 이제 물리적 위치와는 무관하게 사람들은 자신이 살고 있고 거대한 '공동체'에 대해 비슷한 인상을 가지게 되었다. 물론 다양한 뉴스원 안에는 상이한 의견이 존재한다는 사실을 발견할 수도 있겠지만, 뉴스 의제, 특히 '타자'가 생각하거나 경험하고 있다고 전달되는 내용에 있어서의 불일치는 많지 않다. 이러한 경향은 미디어나 뉴스 정보원의 유형과 상관없이 강화되고 있다. 이렇게 해서 나타난 결과가 바로 물화된 세계, 즉 사람들이 많은 것을 알고 있지만 날마다 일상 생활의 기반으로는 하고 있지 않은 상상적 공동체의 출현이다.

2) 집합적 경험과 의견에 대한 미디어의 묘사

오늘날 비당파적이고 전문적인 뉴스를 강조하는 것은 집합적 경험 및 의견을 보도하는 것과 매우 조화를 잘 이룬다. 집합적 '의견'의 경우, 이런 종류의 보도는 기자와 표명되고 있는 의견 사이를 분리시키는데, 그 이유는 표명된 의견이 기자나 특정 개인의 의견이 아니라 객관적으로 정의된 집합체의 의견이기 때문이다. 집합적 '경험'의 경우도 마찬가지이다. 실업을 줄이기 위한 여러 제안들의 타당성을 논하는 것보다는 실업률에 대한 중립적인 보도를 하는 것이 더 쉽다. 그럼에도 불구하고 집합적 의견 및 집합적 경험에 대한 묘사를 하게 하는 동인들에 있어서는 이 두 가지 분야가 각기 다소 차이가 있기 때문에 분리해서 검토할 필요가 있다.

(1) 집합적 경험의 묘사

대규모 집합체를 기술하는 데 통계적 정보를 사용하는 것은 사회·정치적 현상의 계량화를 향한 일반적인 노력 가운데 하나이다. 센서스 정보를 수집하기 위한 최초의 시도가 유럽에서 있었지만, 정기적이고 체계적인 센서스는 미국에서 처음 시행되었다. 특히, 미국에서는 하원 선거의 구역을 정하기 위해서 인구의 수를 정확히 측정할 필요가 있었기 때문이다(Porter, 1986). 센서스가 인구에 대한 세부적인 정보를 담기 시작한 것은 1800년대 중반에 이르러서였다. 초기의 센서스는 널리 공표되지 않았서 사회 환경에 대한 사람들의 지각에 별로 영향을 미치지 못했다. 1878년 ≪미국 통계 초록 *Statistical Abstract of the United States*≫이 최초로 발간되었고, 이후 이와 같은 정기적인 통계 자료가 나오기 시작했다.

때때로 센서스가 지역적인 수준에서 이루어졌고, 통계학자가 다루는 학문적 영역이었지만(Porter, 1994), 센서스가 대상으로 하는 사회라는 개념은 규모의 측면에서 개인적인 경험을 통해서는 알 수 없는 넓은 영역을 포함하는 것이었다. 19세기에는 벨기에의 천문학자이자 수학자인 퀘트렛 *Quetelet*이 '사회 물리학'내지 '도덕 통계학'이라 불린 학문 영역을 발전시키면서 사람들의 사회적 행동을 예측하기 위해 심리적·관습적인 측면을 계량화시키기 시작했다. '평균인 *homme moyen*'에 대한 그의 이론은 대인적 접촉의 영역 밖의 사회적인 비교를 할 수 있는 발판을 놓았다. 퀘트렛은 평균인을 "인간 종種의 참된 유형"으로 상정하고 평균인으로부터의 이탈을 단순한 오차의 문제로 보았다. 즉, 범죄율이나 자살율과 같은 현상에 대해 통계가 보여 준 일관성은 그것이 사회적 현실이며 그 힘이 개인에게 작용한다는 증거라는 것이다. 그의 통계 결정론에 따르면 인간의 자유 의지란 "시시한 우연적 오차 이외에 아무것도 만들어 내지 못하는 것이다"(Porter, 1994: I, 346~7).

20세기 중반 사회 과학이 미국에 정착하기 시작하면서 많은 미국 학생들은 사회 과학의 계량적 접근을 전수 받기 위해 유럽으로 떠났다. 동시에 표본 서베이의 발전으로 인해 센서스에 들어가는 시간과 비용을 절감하면서 통계 자료를 수집하는 것이 가능해졌다(Converse, 1987). 1960년대에 "사회 지수 운동 *social indicators movement*"에 참여한 연구자들은 기존에 널리 알려진 경제학의 시계열 연구를 넘어서 사회의 모든 측면에 대한 체계적인 통계 자료를 수집할 것을 주창했다(Bauer, 1966). 이 운동은 집합적 실체로서 국가에 대한 조사를 활성화시켰고 사회 변동의 중요한 측면을 연구할 수 있는 조사 기법의 발전을 가져왔다.

비록 겉으로 보기에 객관적이고 논란의 여지가 없는 정보를 대중이 지각하면서 파생되는 2차적 결과에 대해서는 연구하지 못했다는 점을 사회 지수 운동의 제창자들이 인정하지만, 이들은 "인간이 과거에는 어디에 있었고, 지금은 어디에 있으며, 앞으로는 어디로 갈 것인지를 밝혀내는 데 주요한 공헌"을 했다고 자신들의 노력을 평가한다(Bauer, 1966: ix, xvii). 오늘날 사회 지수와 관련한 정보가 널리 제공되고 뉴스 보도에 자주 등장하면서, 시민들에게 대규모의 상상적 공동체에 대한 정보를 제공하는 피드백의 연결 고리가 만들어졌다. 뉴스 미디어는 자체적으로 통계적 사실을 검증할 수단을 갖고 있지는 않지만, 이 같은 통계적 '사실'을 계속해서 뉴스 보도에 이용하고 있다(Maier, 1995; Crossen, 1994).

(2) 집합적 의견의 묘사

집합적 의견의 계량화는 집합적 경험의 계량화에 비해 상당히 뒤쳐졌다. 최초의 체계적인 여론 조사는 1930년대에 들어서야 등장했는데, 처음부터 매스 미디어와의 직접적인 연관 속에서 진행되었다(Weaver & McCombs, 1980). 오늘날 비개인적 영향력이 행사되는 데 기여하는 가장 두드러진 요인은 매스 미디어가 여론을 지속적으로 묘사한다는 부분일 것이다. "사람들은 자산 매각 소득에 세금을 부과하는 것을 지지하는가"와 같은 정책적인 논쟁 사안에서부터 "O. J. 심슨은 무죄라고 보는가," "어린이들은 여전히 산타클로스의 존재를 믿고 있는가"와 같은 사안 등에 이르기까지 실시된 여론 조사 결과는 대중 의견에 대한 보도로서 자리를 잡고 있다. 특히, 이러한 여론 조사 보도가 대중 의견을 전달하는 것으로 차지하는 비중은 선거 기간 중 가장 확연히 나타난다. 이른바 경마식 보도가 어느 정도인지에 대해서는 이론의 여지가 없을 것이다. 매스 미디어의 선거 보도는 누가 앞서고 있으며 누가 약진하고 있는지에 대한 대중적인 의견 및 누가 결국 당선될 것인지에 대한 예측적인 정보로 가득차 있다(Patterson & McClure, 1976; Robinson & Sheehan, 1983).

대중들의 의견에 관한 뉴스가 너무도 광범위하고 눈에 띄기 때문에 공중은 최근의 여론 조사 자료를 보고 타자의 의견에 대해 지각하게 된다. 가령 1988년 선거 한달 전에 71%의 미국인들은 당선 유력자를 예측하는 여론 조사를 알고 있었고 95%가 지도자로서 부시를 알고 있었다. 경마식 보도를 혐오한다고 주장하는 공중은 그런 보도에 주의를 기울렸던 것이다. 로빈슨과 클렌시는 "승자와 패자의 게임이 다른 일상적인 사건에 비해 국민의 기억에 더 잘 남는다"고 보았고(Robinson & Clancey, 1985: 62), 사람들은 그런 종류의 정보에 심리적 선호도가 높다고 한다(Brady & Johnston, 1987; Nadeau, Niemi, & Amato, 1994 참조).

여론 조사의 발전은 다음과 같은 문제를 생각하게 한다. 집합적 의견에 대한 보도는 결코 여론 조사에 기초한 보도에 국한되지 않음에도 불구하고, 여론 조사는 이런 유형의 기사에 거의 대부분을 차지한다는 것이다. 예를 들어, 1980년 각당의 대통령 후보를 선출하는 예비 선거 기간에 NBC, CBS, ABC 등 세 방송사는 전당 대회가 열리기 전 여론 조사에 기초하여 290건의 기사를 방송했다(Broh, 1983). 일반적인 선거 보도 역시 대중 의견에 대한 정보로 포화되어 있다고 볼 수 있는데, 1984년 선거 캠페인의 마지막 달에 <뉴욕 타임스 *New York Times*>가 실은 선거 기사의 절반 이상은 여론 조사 결과를 언급했다(Patterson & Davis, 1985; Keenan, 1986). 1988년 캠페인의 같은 시점에 <워싱턴 포스트 *Washington Post*>도 다루었던 이슈 가운데 2 / 3 이상의 것과 관련하여 여론 조사에 기초한 기사를 1면에 실었다(Ratzan, 1989).

1930~40년대 이후로 전문 조사 기관의 정보를 계약을 통해 사오는 신디케이트 여론 조사가 존재했지만, 1970년대에 들어 많은 미디어들은 자체의 여론 조사를 실시했다. 1986년까지 발행 부수 5만부 이상의 신문사 대다수가 여론 조사를 활용했으며, 1989년에는 일간 신문의 40%가 직접 여론 조사를 실시하거나 다른 기관에 위탁하는 방식으로 여론 조사에 관여했다(Holley, 1991). 미디어에 있어 자체 여론 조사는 엄청난 재정적 투자를 수반하기 때문에, 돈을 들여 실시한 자체 여론 조사를 낭비하지 않기 위해 뉴스의 상당 부분을 대중의 태도와 신념에 대한 묘사로 채우게 되는 것이다(Crespi, 1980).

이런 식의 보도가 기억되기 쉽고 비중도 높기 때문에 대중 의견에 대한 보도가 많은 수용자에게 전달될 가능성이 높다. 그러나 대중 의견에 대한 보도가 과거와 비교해 볼 때 진정한 의미에서 증가했는가에 대해서는 의문이 남는다. 미디어는 항상 여론을 보여 주는 데 강한 관심을 보여 왔다(Herbst, 1993). 미디어가 제시하는 증거가 비공식적인 엉터리 조사나 지역 신문의 사설이나 군중의 평가를 비롯한 비체계적인 것에 의존하였을 때조차도 말이다(Geer, 1991).

과거의 여러 시점을 포괄할 역사적 자료가 충분하지는 않지만, 경마식 보도를 예외로 한다면, 19세기 이후로 선거 보도는 거의 변하지 않았다고 말할 수 있다. 1888~1988년 사이의 선거 보도에 대한 연구에서 시겔먼과 불락은 경마식 신문 보도가 20세기 후반에 이르러 폭발적으로 급증하였다는 것을 발견했다(Sigelman & Bullock, 1991). 물론 경마식 보도가 최근에 급증한 것은 사실이지만 흥미롭게도 이들은 경마식 보도가 1800년대 말에도 매우 기승을 부렸음을 발견하고 경마식 보도가 정치 보도의 원로격임을 지적한다.

근래에 여론 조사의 수가 많아졌는지에 대한 여부는 아직까지 상당한 논란거리이다.2 미디어가 실시하는 여론 조사의 수가 최근에 급증한 것은 아니지만, 여론 조사가 확산되었다는 대중적 지각을 정당화하는 증거는 있다. 전국적인 인쇄 미디어에서 여론 조사를 언급한 횟수가 증가했으며, 인쇄 미디어와 방송 미디어에서 여론 조사에 대한 언급의 현저성 또한 높아졌다(Traugott, 1991).

3) 사건 중심적 보도의 쇠퇴

미묘한 부분이기는 하지만 잠재적으로 비개인적 영향력이 행사될 배경을 마련한 또 하나의 중요한 점은 미디어 내용에서의 성격 변화를 들 수 있다. 저널리즘의 변화를 관찰해 온 많은 연구자들은 보도 양식이 단일한 사건 중심의 보도에서 집합적 현상을 특징짓는 총괄적인 뉴스나 분석으로 이동했다고 본다. 서술적인 것에서 분석적인 것으로, 사건 중심적인 것에서 해설적인 것으로, 에피소드적인 것에서 심층적인 주제를 가진 것으로 뉴스가 변화했다는 것이다. 바안허스트의 지적은 이러한 변화의 단편적인 모습을 보여 준다. "새로운 장문의 저널리즘 *long journalism*" 속에서, "개인의 생활은…… 좀더 큰 문제의 한 사례로서 다루어지고 신문은 시민의 개인적인 문제를 언급하지 않게 되었다. 장문의 저널리즘에서는 마을 건너편의 집이 불타버린 것이 아니라 사회가 낡은 가옥의 전기 배선이라는 만성적인 문제에 직면한 것으로 다루어지기 시작했다……"(Barnhurst, 1991: 110).

노드는 시카고의 주요 신문의 역사를 다루면서, 19세기 후반의 정기 간행물에서도 비슷한 변화가 일어났음을 지적하고 있다(Nord, 1985: 426). 19세기 중엽에 신문 지면은 "모두를 위한 정보 시장의 역할을 수행하려 했다. 즉, 신문은 현대 대도시의 개인주의와 사생활 중심주의 및 복잡성과 다양성을 해설하기보다는 그대로 반영했던 화려한 바자회 같은 것이었다." 이러한 "잡동사니 *smorgasbord* 모델"은 "사생활의 집합"이라는 도시의 개념을 반영했고 "신문의 임무는 이렇게

---

2. 그 판단은 실제 행해진 전체 여론 조사의 수인가, 조사 기관에서 지원하거나 신디케이트 형식의 여론 조사가 아닌 미디어가 실시한 여론 조사 수인가, 일단 행해진 여론 조사에 대해 미디어가 언급한 정도인가에 달려있다(예컨대, Broh, 1983; Traugott & Rusch, 1989; Keenan, 1986).

사적이고 다양하고 분리되어있는 개인주의적인 이익에 봉사하는 것이었다"(435). 신문란을 메운 "끝날 줄 모르는 잡동사니들"은 개인의 취향과 개별 독자를 위해 봉사하려고 애쓰는 "뉴스의 이상한 불규칙성"을 낳게 되었다(433, 421).

반대로 19세기말 <시카고 데일리 뉴스 *Chicago Daily News*>는 근대 도시 신문의 형태를 만들었는데, "내용의 대부분이 다수 독자의 주의를 끌 수 있도록 편집된" 압축적이고 간결한 문체의 뉴스로 구성되었다(428). 노드는 19세기 중엽의 어지럽고 단편적인 신문이 복잡하고 황량한 근대 도시의 반영인 반면, <시카고 데일리 뉴스>의 문체는 대단위 도시 공동체 속에 공통의 이익을 삽입시킴으로써 혼돈의 한가운데에서 질서를 재수립하려는 시도였다고 말한다(Nord, 1985).

새로운 보도 양식을 향한 변동의 정확한 성격이나 그 시기를 어떻게 보든 지, 미디어가 이제 문제나 사건을 개인적인 것이 아니라 집합적인 것으로서 묘사하는 한 집합적인 사회 현실을 지각하는 데 미치는 미디어의 영향력은 증가할 수밖에 없다. 아쉬운 것은 아직까지 이와 같은 변동을 다룬 연구에서 제시된 대부분의 증거가 단편적이거나 일화적라는 점이다. 신문 편집의 패턴을 검토함으로써 이러한 경향과 관련한 몇 가지 간접적인 증거를 찾아볼 수 있다. 19세기의 페니 프레스는 뉴스가 치안, 범죄, 화재와 같은 지역적인 사건으로 구성된다는 생각을 대중화시켰다. 뉴스는 "'근처의 일상적' 관심과 맞물려 있다"는 것이 었다(Abramson, Arterton, & Owen, 1988). 그리하여 1885년 신문의 1면은 "세상에 대한 지도를 그리는 것은 독자의 몫으로 맡겨둔 채, 마치 밀림을 연상시키듯이……다양성과 불규칙성과 복잡성의 인상을 주었다"(Barnhurst & Nerone, 1991: 14). 19세기 신문의 마구잡이식의 모습은 "사실상 독자들에게 '이런 뉴스 항목들은 우리가 이해하기에는 너무 크고 어수선한 세상에서 주워담은 것이다. 세상을 이해하는 것은 독자 여러분의 몫이다'라고 말하는 것과 다를 바 없었다"(Barnhurst & Nerone, 1991: 14). 한편 현대 신문의 편집은 독자들에게 세상의 지도를 그려주겠다는 신문의 욕망을 표현하고 있다고 볼 수 있다. 저널리즘이 더욱 전문화되면서 언론인들은 개별적인 사건을 일반적이고 사회적인 경향 및 주제로 엮음으로써 독자들을 위해 뉴스를 간추리는 것이 자신의 임무라고 여기게 되었다.

신문 편집의 변화는 개별 사건의 요약에서 이슈들의 지도 그리기로 옮아가는 경향이 있어 왔음을 보여 준다(Nerone & Barnhurst, 1995). 그러나 우리는 이러한 경향이 어떻게 신문 내용의 변화로 나타났는지에 대해서는 거의 아는 바가 없다. 언론인들이 뉴스를 대규모 집합적 현상의 일부로 보도한다면 그들은 비개 인적인 사회적 영향력을 촉진하는 데 기여했다는 것을 상기해 볼 때 신문 내용 을 살펴보는 것 역시 중요하다.

지금까지 제기된 경향과 연관하여 신문 내용이 얼마나 변화했는지를 체 계적으로 살펴보기 위해서 나는 케빈 바안허스트 Kevin Barnhurst[3]와 함께 지난 한 세기 동안에 걸쳐 나타난 보도 양식의 변화에 초점 맞춘 신문 내용 분석을 실시 했다. 100년에 걸쳐 계속 발행된 신문의 수가 상대적으로 적었기 때문에 신문에 대한 무선 표집은 불가능했다. 대신 우리는 규모가 다른 도시에서 발행된, 발행 부수가 다른 세 가지 신문을 의도적으로 선택했다. 분석에 이용된 신문은 포틀 랜드 시의 <오레고니안 Oregonian> 그리고 잘 알려진 <시카고 트리뷴 Chicago Tribune>, <뉴욕 타임스>였다.

신문 기사의 전체 표본은 1894년에서 시작하여 1994년까지 20년을 간격 으로 뽑은 6개의 독립적인 무선 표본으로 구성되어 있다. 우리는 각각의 연도에 있어서 여러 주제에 대한 충분한 수의 기사를 얻고자 했다. 그리고 방대한 역사 적 시기를 포괄하기 위해서 이 주제들은 시간의 제약을 받지 않는 매우 일반적 인 것이어야 했으며, 기사 코딩 작업의 신뢰도를 높이기 위해 적절하게 정의될 필요가 있었다. 이러한 목적을 위해서 우리는 사고, 범죄, 직업에 관한 기사를 선택했다. 이 전략을 사용하여 우리는 각 신문별로 주제 당 총 240건의 기사를 표본으로 선정했으며 전체 표본 수는 2160개였다.

분석에 있어서 우리는 대규모 집합적 현실에 대한 지각에 영향을 미칠 수 있는 기사 작성 양식에서 어떤 구체적 변화가 있었는지를 살펴보는 데 초점 을 맞추었고 따라서 전통적으로 통용되는 기사 작성의 5W 원칙의 몇 가지 측면 이 비개인적 영향력을 높일 수 있을 것이라고 판단했다. 구체적으로 말해서, 지 난 100년을 시기별로 생각해 볼 때 최근의 기사로 올수록, '어디서 where' 항목에 서는 전체적인 장소의 상황을 더욱더 많이 나타낼 것이고, '언제 when' 항목에 는 기사가 다루는 현재 시점이 아닌 시간을 더욱 강조할 것이라고 보았다. '무엇

---

3. 케빈 바안허스트는 일리노이 대학(시카고 소재)의 커뮤니케이션학과 교수이다.

을 *what*' 항목에서는 단일 기사에서 다루는 사건의 수가 많아질 것이며, '누가 *who*' 항목에서는 개인에 대한 강조가 줄어들고, 이름보다는 인구 통계나 집단을 통해 표시되는 경우가 더 많을 것으로 예상했다. 또한 우리는 일반적으로 분석적인 뉴스에 대한 강조가 많아지고 5W 원칙에서 '왜 *why*' 항목이 차지하는 비중이 상대적으로 커질 것이라고 보았다.[4]

이 연구의 결과는 그림 2–1에서 그림 2–7에 걸쳐 요약되어 있다. 설정한 가설이 구체적인 역사적 변동에 관한 것이었기 때문에 우리는 개별 신문이나 개별 주제를 초월한 장기간의 경향에 주목하면서 이 자료들을 분석했다.[5] 연구

---

4. 코더들에게는 각각의 기사에서 등장한 개인 행위자나 집단, 보도된 사건의 수, 사건이 알려진 시점, 사건의 장소에 대해서 구조화된 코딩을 실시하도록 했다. 코더들은 기사에서 (a) 사건의 정황이나 의미, 해설이나 제안 등을 보도하는가, (b) 사건의 원인이나 이와 관련된 일반적인 문제점, 집합적인 사회적 사안들을 보도하는가에 대해서도 코딩했다. 10점 척도를 이용해, 기사에서 개별적인 사건만을 매우 강조하면 1점, 매우 일반적인 분석을 제시하면 10점을 주었다. 각 기사의 길이는 5점 척도를 이용해 매우 짧은 것을 1점, 매우 긴 것을 5점으로 측정하게 했다.

코더들은 기사에서 거명한 가장 작은 위치까지도 확인했다(거리 *street*, 도시 *city*, 주 *state*, 지구 *regional*, 미국 전역 *national*, 미국 이외의 나라 *international*). 위치의 범위가 점점 넓어질수록 높은 점수를 매긴 후 총합으로 나눔으로써 매우 지역적으로 정의된 사건에서부터, 지리적으로 넓게 정의되는 사건을 측정하는 지수를 만들었다. 이 지수를 만드는데 사용된 공식은 다음과 같다.

$$y = \frac{1(\text{street}) \; + \; 2(\text{city or town}) \; + \; 3(\text{state}) \; + \; 4(\text{regional}) \; + \; 5(\text{national}) \; + \; 6(\text{international})}{\text{sum(street, city, state, regional, national, international)}}$$

먼저 코더들에게 표본 일부를 이용해 코딩 절차를 시험해 보고 나서, 실제 코더들에게 동일한 절차를 거쳐서 기사를 코딩하도록 훈련시켰다. 코딩 작업이 보통 복잡하다는 점을 감안할 때 이 연구에서 얻은 코딩의 신뢰도는 놀라울 정도로 높았다. 이 연구에서 코더 간의 신뢰도는 분석 항목별로 볼 때 .92~.67의 범위에 놓였으며, 계수 평균은 .800이었다. 기사에서 얼마나 구체적인 개인이 등장하였는가를 나타내는 척도에 있어 신뢰도는 상관 관계 .76~.91 범위에 있었고, 상관 관계 평균은 .84였다. 집단을 나타내는 척도에 있어서 신뢰도는 .72~.86, 평균은 .800이었다. 얼마나 많은 사건들이 보도되었는가를 나타내는 척도의 상관 관계 계수는 .79였다. 구체적인 시간의 코딩은 신뢰도의 평균이 .72였다. 역사적 시기에 걸쳐 기사의 글자 크기와 포맷상의 변화가 있었음에도 불구하고, 5점 척도로 나타낸 기사 길이 등급은 매우 신뢰도가 높게 나타났으며, 코더의 상관 관계는 .92였다. 코딩에서 잠정적으로 신뢰도가 낮게 나타난 기사에 대해서는 (a) 사건의 정황이나 의미, 해설이나 충고, (b) 사건의 원인이나 이와 관련된 일반적인 문제점, 집합적인 사회적 이슈들을 보도하는지 살펴보라고 코더들에게 주문했다. 두 가지 경우에서 스피어맨 Spearman 계수는 코더들이 코딩을 잘하고 있음을 보여 주었으며, 신뢰도의 계수는 .77이었다. 두 명의 코더가 작업한 장소 지수는 상관 관계 계수 .83으로 나왔다. 마지막으로 가장 주관적인 특징을 갖는 코딩 작업은 10점 척도를 통해 기사가 구체적인 사건을 보도하는가, 아니면 분석을 제시하는가를 평가하는 것이었다. 이러한 판단을 내리는 데 내재된 어려움이 있음에도 불구하고 두 명의 코더는 상관 관계 계수 .72를 기록하였으며, 대체로 다른 척도의 신뢰도와 비슷한 수준을 보였다. 종합적으로 볼 때 과거나 현재나 뉴스 보도에서 주관적인 속성을 보여 주는 척도에 있어서도 우리의 코딩 절차는 상당히 높은 신뢰도를 보여 주었다.

5. 우리는 먼저 전체 자료에서 나타나는 유의미한 선형적 경향을 살펴보면서 가설을 검증한 후, 개별적인 신문이나 토픽에 대해서는 일부분의 자료를 대상으로 분석했다. 등간, 비율 변인에 대해서는 선형적 경향을 검증하기 위해 변량 분석을 사용했다. 그리고 연도 변인의 효과를 검증하기 위해서 이슈, 신문 변인을 통제한 후 로지스틱 회귀 분석을 이용하였다.

결과는 신문뿐만 아니라 뉴스 주제에 있어서 놀라운 일관성을 보였다. 먼저 오늘날의 뉴스 기사는 보다 넓은 범위의 장소를 포함하고 있는가를 살펴보았다. 기사에 나타난 장소의 범위를 측정하기 위해 고안한 지수를 사용했을 때, 그림 2-1에서 보는 바와 같이 과거에는 기사에 나타난 장소가 구체적이었음을 알 수 있다. 이 그림에서 경향을 보여 주는 실선은 장소가 매우 구체적인 것에서 매우 광범위한 것으로 옮아가는 대략적인 정도를 보여 준다. 이 실선에서 나타나는 지수는 보다 광범위하게 정의된 장소로 변해 가는 유의미한 선형적 경향이 있음을 나타낸다($p < .05$). 과거의 기사는 거리의 주소와 같이 매우 구체적인 장소를 강조했던 반면, 최근의 기사는 동일한 주제를 지역, 국가나 국제적인 상황 속에 위치시킨다. 막대 그래프는 지수상으로 정반대의 관계에 있는 것들에 어떤 변화가 발생했는지 보여 준다. 거리라는 가장 구체적인 수준을 나타내는 기사의 수가 시간이 경과하면서 유의미하게 감소한 반면($p < .01$), 국제적인 맥락에 위치한 사건의 수는 유의미한 증가를 보였다($p < .001$).

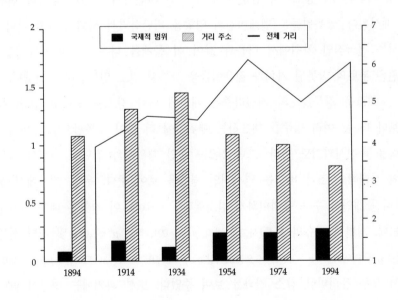

그림 2-1. 거리와 위치

가장 가까운 위치와 가장 먼 위치에 대해 언급한 수의 평균(왼쪽 막대) 및 보도에 나타난 거리의 평균(오른쪽 막대). 거리의 평균은 거리 주소, 도시, 주, 지역, 국가 순으로 점수가 높아진다.

이러한 변화는 두 가지 범죄 기사 사례를 비교해 볼 때 아주 선명하게 나타난다. 1894년의 범죄 기사는 매우 구체적인 장소에 주안점을 두면서 절도 사건을 그리고 있다. "우체국은 롱아일랜드 철도 역에서 멀지 않은 작은 빌딩에 있다. 거기에는 칸막이 방을 제외하곤 별로 남는 공간이 없다. 칸막이 방의 한쪽 끝은 문이고, 문이 나있는 쪽으로 작은 금고가 서 있다"(New York Times, 1894. 4. 21, 1면). 반면 1994년의 기사는 살인 사건을 매우 다르게 보도하고 있다. 기사와 함께 제시된 두 장의 지도는 카리브해와 세인트 토머스 섬을 보여 주고 있으며, "샤로트에서의 여행객 살해 사건, 버지니아 섬 범죄의 상징이 되어"라는 제목이 달려 있다. 이 기사는 다음과 같이 시작한다. "이 북적거리는 항구로 여행객들을 실어 나르는 자동차들과 버스들의 번호판을 보고 있노라면 버지니아 섬이 여전히 '미국의 파라다이스'임을 실감하게 한다. 그러나 이번 주에 발생한 샌디애고에 거주하는 수영 강사 살해를 비롯해서 지난 해부터 기승을 부리는 폭력 범죄는 이 파라다이스를 위협하고 있다"(New York Times, 1994. 4. 19, A17).

이 기사는 26개의 문단으로 지면 전체를 차지하며, 섬 전체를 장소로 설정한다. 사건은 그 장소에서 발생한 전체 살인 사건과의 연관된 역사적 변천과 함께 제시된다. 공무원들은 텔레비전의 영향을 비난하면서 사회 문제를 본다. 부제에서는 전국적인 차원에서 다음과 같이 이 문제를 다룬다. "섬 관계자인 한 공무원은 본토의 잘못된 가치가 젊은이들을 그릇된 길로 인도한다고 말했다."

새로운 장문長文의 저널리즘은 개인에 대한 강조를 줄이고 집단, 특히 개인보다 더 큰 여러 범주를 대표하는 행위자에 더 많이 주목함으로써 비개인적 영향력을 촉진시키기도 한다. 그림 2–2는 개인 행위자와 집단적 차원의 행위자 사이의 상대적 강조가 바뀌는 역사적인 경향을 보여 준다. 우선, 기사에서 성명이 밝혀진 개인의 수는 유의미하게 감소했다($p < .001$). 이 경향은 매우 일관성을 보이는데, 개별적 이슈의 보도(사고와 범죄: $p < .001$, 직업: $p < .01$) 및 개별 신문의 보도(<뉴욕 타임스>: $p < .05$, <오레고니안>: $p < .01$, <시카고 트리뷴>: $p < .001$)에 있어서 모두 유의미한 감소 결과를 보여 주었다. 또한 과거에는 성명이 밝혀졌던 개인들에 대해서 자세한 인구학적 정보가 제공되기도 했다($p < .001$). 예를 들어, 1894년 펜실베이니아 주 헤이즐톤에서 발생한 철도 사고를 보도하면서 <뉴욕 타임스>는 모든 사상자의 명단과 직업, 부상 정도를 열거했다.

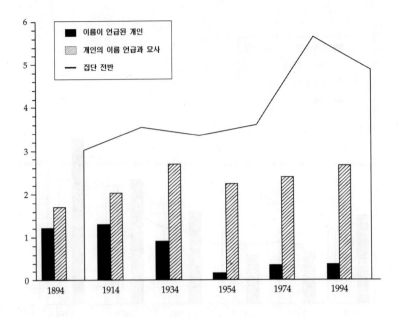

그림 2-2. 언론에 보도된 사람과 집단

기사당 집단에 대한 언급의 평균, 기사당 이름을 거론하면서 개인을 언급한 수의 평균, 기사당 이름과 동시에 그에 대해 묘사(이를테면, 성, 인종, 연령)하면서 개인을 언급한 수의 평균.

사망자는 펜실베이니아주 밀튼에 거주하는 데일리 패트릭이었다. 그는 화물칸에 타고 있었다. 부상자는,

    아더 ─ 펜실베이니아주 선베리 거주, 화물칸 책임자, 척추 중상.

    비들 ─ 열차의 브레이크 담당, 몸 전체에 찰과상, 척추 경상.

(1894. 4. 16, 1면)

마찬가지로 1894년 학교에서 발생한 사고를 보도한 <시카고 트리뷴>은 중상을 입은 어린이의 집 주소, 나이, 부상 정도를 별도로 적고있다(4. 10, 1면, 7면). 1914년에도 개인의 이름은 사고를 보도하는 기사의 앞머리에 있었다. "오늘 인디애나 주 게리 근교에서 자동차가 제방 아래로 굴러 떨어져 네 사람이 중상을 입었다. 그 가운데 한 사람은 시카고에 사는 커츠이고 나머지는 녹스에 사는 프레드 하스, 토머스 머리, 프랭크 윗슨이다"(*Chicago Tribune*, 1914. 4. 20, 11면). 하지만 과거의 사고 보도와는 판이하게, 1994년 여객기 추락 사고 보도는 사상자의 명단을 밝히지 않고 있다(*New York Times*, 9. 28, A9). 다시 말해서 기사에서 개인 그

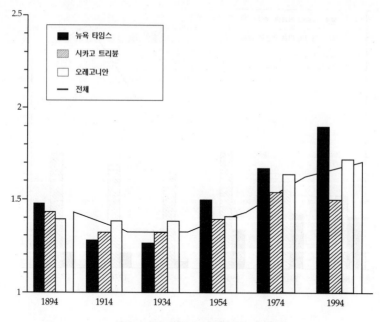

그림 2–3. 시점별 차이: 시간에 대한 언급

각 신문과 이슈에 걸쳐 기사당 시간에 대해 언급한 수의 평균.

자체보다는 구체적인 범주나 유형의 사례로서만 중요해지고 있다.

반면 그림 2–2에 명백히 나타나듯이 기사에서 거명되는 집단의 수는 증가하고 있다. 이러한 경향은 전체 표본($p < .001$)에서 뿐만 아니라 신문별로 나누었을 때(<뉴욕 타임스>: $p < .001$, <오레고니안>: $p < .001$, <시카고 트리뷴>: $p < .05$) 및 주제별로 나누었을 때(사고 및 범죄: $p < .001$, 직업: $p < .10$)의 하위 표본에서도 유의미하게 나타났다. 집단의 이름을 밝히든 집단을 서술하든 간에 신문 기사에서 집단의 등장이 훨씬 더 많이 증가했다는 점은 분명하다.

신문 기사는 점점 기사의 현재 시점에 중심을 두지 않고 전반적인 추이와 같은 집합적인 현상을 강조하고 있는가? 이 가설을 검증해 보기 위해, 우리는 기사에 나타난 여러 시점(과거, 현재, 미래)에 대한 언급 횟수를 세어 보았다. 어떤 주제는 다른 것들에 비해 상대적으로 시간적인 언급을 많이 하는 경우가 있었는데, 특히 직업에 대한 보도는 여러 시점에 대한 언급을 훨씬 더 많이 포함한 반면, 사건의 보도에서는 훨씬 적었다. 그러나 가장 뚜렷하게 나타난 패턴은 기사마다 시간에 대한 언급한 수가 일관되게 증가했다는 점이다. 이 경향은 각

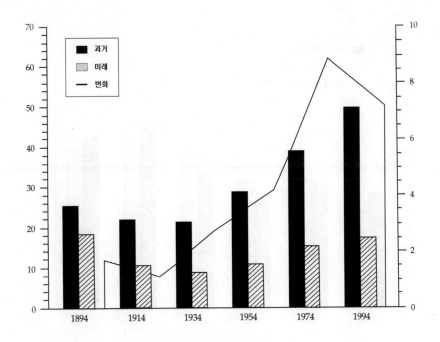

그림 2–4. 변화에 대한 언급

과거와 미래의 시점을 언급하는 기사의 백분율(왼쪽 축)과 시간에 다른 변화를 언급한 기사의 백분율(오른쪽 축).

각의 주제(세 가지 주제 모두 $p < .001$)와 신문(<뉴욕 타임스>: $p < .001$, <오레고니안>: $p < .001$, <시카고 트리뷴>: $p < .05$)에서 모두 유의미하게 발견되었다(그림 2–3 참조). 게다가 시간적 추이의 언급은 각각의 이슈, 신문에 있어 거의 동일했다. 분석에 이용된 초기 시점인 1894년과 1914년 사이에 그 차이는 미미했지만 그래도 꾸준히 증가하는 추세를 보였다.

　　이러한 일반적인 경향 속에 숨어있는 구체적 변화를 이해하기 위해서 우리는 과거, 현재, 미래 등을 포함한 시간에 따른 변화를 언급하고 있는 기사가 어느 정도인지 살펴보았다. 1894년이나 1994년 모두 거의 모든 기사가 예외 없이 현재를 다루었다. 그림 2–4에서 나타나듯 언론인들은 미래에 대해서 생각해 보는데 과거와 오늘날을 비교해 볼 때 별차이 없이 인색함을 보였다(주제들 모두 유의미한 변화를 보이지 않았다). 신문 기사에서 시점과 관련해서는 바로 과거($b = .25$, $p < .001$)에 대한 언급이 지난 100년 동안 유의미한 증가를 보여 주었다. 사실 그림 2–4의 막대 그래프는 1994년의 기사가 100년전의 기사에 비해 두 배 이상으

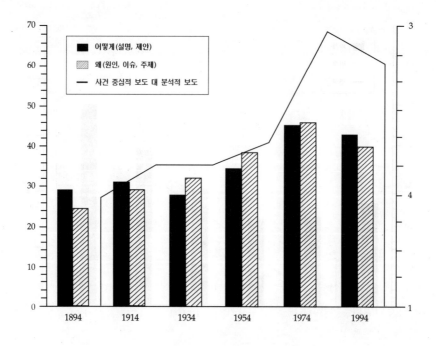

그림 2-5. 사건 대 분석

"어떻게"와 "왜"를 설명하는 기사의 백분율(왼쪽 축) 및 1점(가장 구체적인 사건 중심의 보도)에서 10점(가장 일반적인 뉴스 분석)에 이르는 기사 내용의 평균(오른쪽 축)의 비교.

로 많이 과거를 언급하고 있음을 보여 준다. 마찬가지로 그림 2-4의 실선은 시간이 지나면서 나타난 변화에 대해서 언급하고 있는 기사의 수가 증가했음을 보여 준다(b = .41, p < .001). 1894년에는 분석한 기사의 2% 미만이 시간에 따른 변화를 언급한 반면, 1994년에는 7%이상이 이와 같은 문제를 담았다. 1974년을 정점으로 감소하는 추세를 보이기는 하지만 1세기 전의 신문에 비하면 여전히 높은 수치이다.

선거 보도의 변화에서 볼 수 있는 것과 마찬가지로 지난 1세기 동안 신문 기사에서 분석과 특정한 맥락에 기사를 위치시키는 시도는 증가했다. 그림 2-5의 실선은 대부분의 기사가 분석적이기보다는 사건 중심적임을 보여 주기는 하지만, 대체로 분석적 보도의 증가 경향이 통계적으로 유의미하게(p < .001) 나타났다. 사건, 범죄, 직업 세 가지의 주제를 따로 분리했을 때의 경우도 마찬가지이다(세 가지 모두 p < .001).

그림 2-5의 막대 그래프는 '어떻게,' 즉 배경이나 의미, 해설이나 충고를

제시하는 정보 및 '왜,' 즉 원인이나 일반적인 문제, 집합적인 사회적 이슈나 주제에 대한 정보를 언급하는 신문 기사의 비율을 나타내 준다. '어떻게,' '왜'의 문제가 기사에서 각각 출현하는가의 문제를 종속 변인으로 해서 주제, 신문 두 변인을 통제한 후 연도를 독립 변인으로 하여 로지스틱 *logistic* 회귀 분석을 실시한 결과 100년의 기간 동안 '어떻게'와 '왜'의 문제가 점점 더 중요하게 등장하는 경향을 발견할 수 있었다('어떻게'의 출현과 관련한 연도의 계수 = .20, $p < .001$, '왜'의 출현과 관련한 연도의 계수 = .21, $p < .001$).

반면 맥락, 의미 또는 해설을 제시하는 정도는 주제에 따라서 엄청난 차이가 있었다. 예를 들어, 직업에 대한 보도는 범죄나 사고에 대한 보도에 비해 훨씬 더 많이 기사가 배경으로 하는 맥락을 강조했다(Iyengar, 1991). 그럼에도 맥락을 강조하는[6] 역사적 경향은 각각의 세 가지 주제 또한 모두에서 유의미한 것으로 검증되었다. "어떻게"와 관련한 부분의 출현의 경우, 개별 신문별로도 통계적으로 유의미한 증가 추세가 발견되었다. '왜'의 문제를 기술한 경우, <시카고 트리뷴>을 제외하고 <뉴욕 타임스>와 <오레고니안>에서 유의미한 증가 경향이 나타났다.

새로운 장문의 저널리즘 출현과 관련하여 우리는 최근의 신문 기사가 기사 한 건 당 더 많은 수의 사건을 담고 있다고 가정했다. 1세기 전에 비해 오늘날 뉴스는 각각의 기사에서 더 많은 사건을 보도하도록 편집된다는 것이다. 하지만 그림 2-6에서 볼 수 있듯이, 이러한 예상은 들어맞지 않았다. 오히려 한 기사에서 다룬 사건의 수는 시간이 지남에 따라 감소했으며($p < .001$), 이러한 경향은 신문 종류와 관계없이 나타났다(<뉴욕 타임스>와 <시카고 트리뷴>: $p < .001$, <오레고니안>: $p < .05$). 마찬가지로 사고 및 직업에 대한 보도에서도 한 기사에서 다룬 사건의 수 역시 감소했다(각각 $p < .01$, $p < .001$). 유일한 예외는 범죄에 대한 보도였는데, 시점에 상관없이 한 기사에서 다룬 사건의 수는 거의 비슷했다. 신문 종류와 주제의 차이 없이 일관되게 나타난 사건 수의 감소 경향은 보도 양식에 단순한 변화라기보다 보도 양식이 근본적으로 재정의됨을 암시한다.

---

6. 로지스틱 회귀 분석에서 신문 기사가 '어떻게'나 '왜'에 대한 정보를 담고 있을 확률에 미치는 연도의 효과는 비선형적이지만 단선적이다. 따라서 우리는 시간이 지날수록 출현 가능성이 증가한다는 정적(+) 관계가 존재한다고 결론지을 수 있다고 보았다.

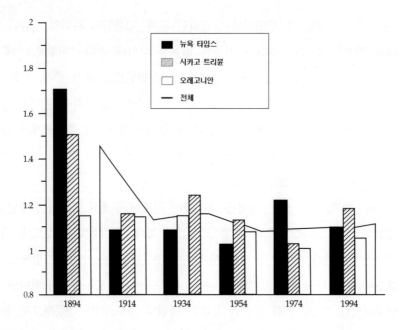

그림 2-6. 사건의 수

각 신문 및 이슈에 따른 기사당 보도된 사건 수의 평균.

비록 오늘날의 언론이 더 많은 수의 사건을 보도하는 것은 아니지만 기사의 길이는 정말로 길어졌다. 그림 2-7은 세 가지 주제를 모두 고려했을 때, 신문별 기사 당 평균 길이를 보여 준다. 전체적으로 시간이 지남에 따라 기사의 길이가 증가하는 정적 경향이 존재한다는 것이 통계적으로 유의미했으며($p < .001$), 기사의 길이는 세 주제, 세 신문에서 모두 일관성 있게 길어졌다. 한마디로 새로운 형태의 저널리즘이 등장하게 된 것이다.[7]

---

7. 새로운 장문의 저널리즘은 기사의 길이뿐만 아니라 내용에 있어서도 많은 변화를 보여 준다. 즉, 오늘날 신문의 내용은 과거의 것과 같지 않다. 그렇다면 기사의 길이가 증가함으로써 생긴 내용상의 변화는 무엇일까?

이 질문에 답하기 위해서 우리는 기사의 길이라는 변인을 통제한 후 연구 결과를 다시 분석했다. 분석을 요약하면, 우리는 앞에서 서술한 두 가지 연구 결과가 통계적으로 유의미하지 않다는 것을 발견했다. 길이 변인을 통제한 후에 '어떻게'와 '왜'에 대한 언급의 수치가 더 이상 유의미하게 선형적인 경향을 보이지 않았다. 하지만 이와 같은 통제 변인을 고려한 후에도 사건 중심 보도가 감소하고 뉴스의 분석이 증가했다는 것을 비롯한 다른 모든 연구 결과는 마찬가지로 유효했다. 뉴스의 길이가 늘어났다는 점은 의심의 여지없이 심층 분석을 가능하게 한다. 반면 신문이 두꺼워지면서 이에 비례하여 신문의 내용도 많아졌다고 예상할 수도 있겠지만 실제는 그렇지 않다. 사진, 표제, 활자의 크기가 커지고, 그래픽, 사진, 광고나 자사의 선전과 관련한 지면이 늘어나면서 신문이 담고있는 뉴스의 양은 그다지 늘어나지 않았다(Barnhurst, 1994). 기사의 길이가 늘어나고 신문의 분량이 늘어난 것은 사실이지만, 우리가 지적하고 있는 변화는 바

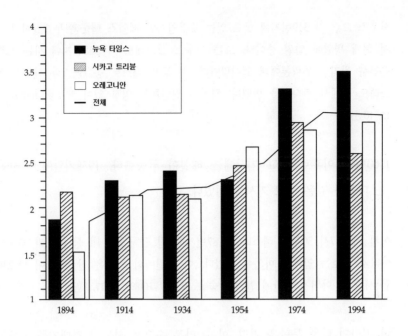

그림 2-7. 기사의 길이

각 신문 및 이슈에 따른 평균 기사의 길이(1~5점으로 측정).

세 가지 주제, 세 가지 신문에 있어서 신문의 기사 역시 늘어났다. 신문 기사는 '어떻게'나 '왜' 같은 질문에 답하면서 점점 분석적인 것이 되어갔다. 해설 기사가 차지하는 비율은 1894년에 비해 크게 높아졌으며 기사에서 원인이나 문제점, 사회적 이슈를 다루는 비중 또한 증가했다. 한 공장이 고용을 늘린다는 1894년의 기사가 한 문단으로 구성된 경우에 반해 스테이튼 아일랜드 항구의 재활성화를 다룬 1994년 기사는 스물 일곱 문단에 달했다. 1994년의 기사는 1960년대의 '세계적 명성'을 되찾으려는 뉴욕 시 당국의 노력의 일환이라고 분석했다 (*New York Times*, 1960. 9. 27, B1).

범죄나 사고에 대한 과거의 보도에서도 이와 비슷한 흔적이 역력히 드러난다. 1894년 <시카고 트리뷴>의 한 문단짜리 기사에는 한 폭행 사고의 개요가 허풍없이 다음과 같이 적혀있다.

로 이전의 보도 양식과 달라진 측면이다.

사우스 그린 가 319번지에 살고 있는 포장업자인 제임스 맥쿤은 두개골이 부숴져 현재 병원에 입원 중이다. 그는 사우스 할스테드 가 528번지에 사는 트럭 운전사 윌리엄 워링톤에게 얻어맞았다. 이 둘은 웨스트 콩그레스와 사우스 할스테드 가에서 말다툼을 벌였다. 경찰은 워링톤을 영장 없이 체포했다(1894. 4. 15, 10면).

1960년대 이후로 사고 기사에는 해설이 급증했다. 19세기말에 <뉴욕 타임스>는 다음과 같은 사고 기사를 실었다.

어제 저녁 7시 30분경 헤스터 가 87번지에 집 근처에서 네 살난 도라 코헨은 아버지가 보는 앞에서 마차에 치었다. 이 어린이의 늑골은 산산조각이 났으며 한 시간 후 아버지의 팔에 안긴채 숨을 거두었다(1897. 4. 17, 8면).

이 기사의 다음 문단은 거리, 마차, 마부 순으로 사고의 연대기를 기록하고 있다. 이러한 기사 유형은 한 세기가 경과하면서 <뉴욕 타임스>에서 사라졌으며, 1994년의 사고 기사는 훨씬 더 큰 의미를 보도하고 있다. 예를 들어, 메인 주에서 발생한 홍수에 대한 기사는 사고의 원인과 결과와 함께 주 당국의 응급 조치나 과거의 유사한 사고에 대한 정보를 담고 있다(1994. 4. 19, A12 참조).
　　<뉴욕 타임스>, <오레고니언>, <시카고 트리뷴> 이 세 종류 신문의 구체적인 역사를 살펴보는 것도 신문 기사의 변화를 알아보는 데 도움을 줄 수 있겠지만, 서로 다른 세 지역에서 서로 다른 주제 영역에서 연구 결과가 거의 동일하게 반복되었다는 사실은 일반적인 경향이 존재한다는 확신을 준다. 기사 길이의 증가, 사건들을 서로 연관시켜 설명하는 것에 대한 강조, 사건이 발생한 맥락에 대한 보도의 증가 등은 오늘날의 뉴스 기사가 개별 사건보다는 대규모의 사회 현상에 더 주목한다는 주장을 뒷받침한다. 개인보다는 집합체에 대한 강조, 시공간을 넘어서 서로 비슷한 사건들 간의 연관성에 대한 강조가 있다는 것은 미디어가 대규모 집합적 현상에 대하여 사람들이 지각하는 데 점점 중대한 역할을 하고 있음을 의미한다. 또한 여러 가지 다양한 역사적 요인들이 이러한 변화를 낳는 데 기여했다고 볼 수 있다(Barnhurst & Mutz, 1998). 그 기원이 어떤 것이든 이와 같은 변화는 뉴스 개념에 중요한 수정이 발생했다는 사실과 더

불어 이러한 수정이 수용자들로 하여금 집합적인 의견과 경험에 대한 지각을 형성하게 하는 뉴스 미디어의 잠재력을 신장시켰음을 의미한다.

지금까지 나는 해설을 지향하고 사건 중심적 보도를 지양하려는 경향이 존재한다는 점을 특히 신문 기사를 중심으로 논의했다. 오늘날 여러 가지 미디어를 비교해 보면, 잡지가 신문에 비해 더 많은 해설을 싣고 있으며 텔레비전은 신문에 비해 더 적게 싣고 있음을 알 수 있다(Baughman, 1987; Neuman, Just & Crigler, 1992; Willis, 1983). 신문 외에 다른 미디어의 역사적인 변화 패턴을 보여 주는 증거는 아직까지 부족하지만, 몇 가지 분석들을 보면 텔레비전 보도 역시 해설을 지향하고 사건 중심적 보도를 지양하는 경향이 있음을 알 수 있다. 할린은 1960년대에서 1988년에 이르는 텔레비전 뉴스에 대한 연구에서, TV 뉴스의 구조에 근본적인 변화가 발생했다고 지적한다. 할린은 뉴스 기사는 "수용자에게 단순히 보도되고 전달되는 것이라기보다는," 기삿거리가 될 만한 이야기들이 "이미지나 사운드와 연결하여 새로운 담화로 통합되어 만들어지는 것"으로 본다(Hallin, 1994: 7, 8). 외부로부터 다양한 자료를 취합함으로써 TV 저널리스트들은 이제 지난 시절의 기사와 특징을 달리하는 패키지화한 기사 안에서 '기사의 통일성'을 추구하고 있는 것이다. 할린은 텔레비전 보도 양식의 변화가 기술적 발전에서 비롯된 것이라고 보지만, 그 역시 뉴스 개념상에서 발생한 일반적인 변화의 영향력도 인정한다.

4) 미디어의 강력한 영향력에 대한 대중적 믿음의 확산

이 장에서 지적하고자 한 비개인적 영향력의 잠재력에 기여하는 마지막 요인은 바로 미디어가 강력하다는 사람들의 믿음이다. 사회 과학자들이 상정하는 미디어의 힘은 때와 상황에 따라 늘었다 줄었다하지만, 정치 과정에서 미디어의 중요성과 관련해서는 의문의 여지없이 탄탄하고 지속적인 믿음이 미국 사회에 자리 잡고 있다. 정치 세계에서 현실 자체보다 사람들의 지각이 훨씬 중요하다는 사실이 나타나지 않았다면 이러한 믿음 자체만이 비개인적 영향력의 잠재성을 증가시키진 못했을 것이다. 미디어의 힘이 강력하다는 믿음은 타자가 무엇을 생각하는가에 대한 사람들의 지각에 영향을 미친다. 따라서 미디어의 설득력이 과대 평가되어 왔다 할지라도 이러한 믿음은 실제적인 효과를 발휘할 수 있다.

이러한 양상은 정책 결정자들에게서 가장 명확히 나타난다. 미디어는 미국의 정책 결정이 이루어지는 지각 환경에 중대한 영향을 미친다. 그러므로 정책 결정자들은 어쩔 수 없이 그들 자신이 중요하다고 보는 현안의 문제를 제쳐두고 미디어가 보도하는 사안에 눈을 돌린다(Cohen, 1963). 정책 결정자들은 미디어의 주목을 받는 사안들이 "곧 이어 유권자가 선출된 정책 결정자들에게 요구할 사안"이라고 생각하면서 미디어 보도에 반응한다(Tipton, 1992: 131).[8] 정책 결정은 미래 완료 시제, 즉 미래에 대해 기대하는 바에 기초하여 이루어지며(Pritchard, 1992), 미디어는 여론에 대한 예언자의 역할을 한다.

이와 같은 현상과 관련한 사례는 쉽게 찾아볼 수 있다. 미네소타 주의 정책 결정자들은 논란이 되던 기업의 소유권 이전 시도에 대해 미디어가 주목하도록 만들겠다는 단순한 위협 때문에 조치를 취하지 않을 수 없었다. 로비스트들은 "혼란에 빠진 유권자들의 전화가 빗발칠 거라는 인상을 심어 주기 위해" 의원들에게 준비된 광고를 내밀었다(Fiedler, 1987: 59). 실제로 이 광고는 미디어를 통해 내보내지는 않았지만, 로비스트들은 성공적으로 의원들의 의견을 바꿀 수 있었다. 또 하나의 예를 보면, "미국과의 계약 *Contract with America*"의 인기가 대단하다고 미디어가 보도하자 많은 의원들은 이 제안에 대해 미국인 대부분이 찬성한다고 믿게 되었다. 비록 '여론 조사 결과' 나중에 이와 같은 인상이 허위임이 드러났지만, 일시적이나마 미디어의 주목으로 인해 의원들의 표결에 영향을 미치는 거짓된 인상을 만들어 냈다(Greve, 1995).

정책 결정자들은 "여론을 살피는 데 미디어 만한 척도가 없기 때문에" 미디어의 내용이 유용하다는 점을 알고 있다(Pritchard, 1992: 111). 여론 조사가 없는 경우 "미디어 속에 표현된 견해들이 곧바로 여론으로 치부되었다"(Cohen, 1986: 59). 그러나 일부 사례를 제외한다면, 정책 결정자들이 여론의 대용물로 미디어를 활용한다는 경험적 증거는 그리 많지 않다(Dunn, 1969; Peters, 1980). 뉴스 보도와 뒤이은 입법 활동을 연관시키는 연구들은 정책 결정자들이 여론을 감지하기 위해 미디어를 활용한다는 점을 추론할 수 있는 근거를 제시한다. 예를 들어, 대도시에서 발생하는 범죄에 대한 언론의 보도는 범죄와 관련한 입법 활동을 예측할 수

---

8. 팁톤(1992)이 지적하듯이, 공중에게 미치는 미디어의 효과에 대한 정책 결정자들의 믿음은 코헨(1963)이 제시한 의제 설정 *agenda-setting* 가설의 기초가 되었다.

있게 해 주며(Heinz, 1985), 입법 활동의 결과와도 관계가 있다(Hagan, 1980). 검사의 구형 결정도 범죄의 심각성에 관계된 요인들과는 별도로 뉴스 보도의 영향을 받는다(Pritchard, 1986; Pritchard, Dilts, & Berkowitz, 1987; Pritchard & Berkowitz, 1989). 다시 말해서 검사들은 언론 보도를 대중들의 우려를 보여 주는 단서로서 활용한다. 또한 탐사 보도에 대한 프로테스와 동료들의 일련의 연구에서는 정책 결정자들이 언론 보도가 나가기 이전 여론의 변화가 있을 것이라고 미리 기대하고 앞으로의 언론 보도와 여론 변화를 고려한 정책적 판단을 한다는 증거를 보여 주고 있다(Protess et al., 1991).

위와 같은 각각의 경우에서 이러한 관계에 내재된 기제에서 중요한 부분은 대중의 반응을 살피고 짐작해 보기 위해 정책 결정자들이 언론 보도에 주목하는 과정이다. 정책 결정자들의 판단과 결정은 미디어가 대중의 시선을 모으고 여론을 바꿀 수 있는 힘을 가지고 있다는 가정에 근거한 것이다. 지각된 의견이 정책 결정의 실제 원인이며, 언론 보도는 정책 결정자들이 대중의 의견을 측정하는 데 불완전하지만 간편한 수단으로서 이용된다고 할 수 있다. 만일 이러한 대중의 의견에 대한 지각이 실제와 비교하여 시종일관 정확하다면 미디어는 대중과 정책을 연결시키는 중요한 기능을 한다고 말할 수 있다. 그러나 여론조사 정보가 널리 이용되는 연방 정부 수준의 정책 결정에서조차 갖가지 요인들이 유권자의 의견을 부정확하게 지각하도록 만든다(Pritchard & Berkowitz, 1989). 예를 들어, 미국 하원 의원들의 투표를 결정하는 요인에 대한 밀러와 스토크스의 연구를 보면, 가장 중요한 예측 요인은 실제 유권자의 의견이 아니라 각각의 하원 의원들이 '지각'하고 있는 유권자의 의견이었다(Miller & Stokes, 1963).

단지 정책 결정자들만이 미디어가 강력하다는 믿음을 갖고 있는 것만은 아니다. 일반 대중들도 미디어가 다른 사람들의 견해에 실질적인 영향을 미친다고 생각한다.[9] 이 가설은 "제3자 효과 third person effect"를 고찰한 방대한 문헌에서 지적하는 바와 일치한다. 제3자 효과 가설에서는 사람들이 미디어가 자신보다는

---

9. 사람들이 일관되게 매스 미디어가 [자신이 아닌] 다른 사람들의 태도와 행동에 엄청난 영향을 미친다고 생각한다는 점은 아주 확고한 증거들에 의해 뒷받침되고 있다. 사람들이 지각하는 영향과 실제 영향을 비교한 몇몇 연구들은, 사람들이 언론 보도가 다른 사람들의 태도에 미치는 영향을 과대 평가하며(Cohen et al., 1988), 자신에게 미치는 영향은 과소 평가한다고 지적한다(Perloff, 1993).

타자에게 더 많은 영향력을 행사한다고 인식한다고 주장한다(Davison, 1983; Perloff, 1993). 달리 말해, 미디어의 논조에 대한 사람들의 지각은 집합적 의견을 짐작할 수 있는 토대를 이룬다. 건서는 실험과 서베이를 이용하여 언론의 '설득적 효과에 대한 추론 *persuasive press inference*,' 즉 사람들이 자신은 언론 보도의 영향을 받지 않는다고 생각하지만 다른 독자나 시청자는 기사 속의 논조나 관점의 영향을 받는다고 추론하는 경향이 있다고 말한다(Gunther, 1998).

미디어의 영향력이 강력하다는 믿음을 통해 정책 결정자나 일반 대중이 집합적 의견에 대해 지각하는 바를 변화시킬 수 있다는 설득력 있는 증거가 존재한다. 여기서 중요한 점은 역사적 관점에서 볼 때 미디어가 강력한 영향력을 행사한다는 이미지가 얼마나 증폭되었는가 하는 것이다. 텔레비전의 도입은 20세기 후반기 동안 이와 같은 주장과 관련하여 중요한 의미를 갖는다. 특히, 텔레비전이 미국의 여론에 영향을 미치는 가장 '중요한' 요인은 아니더라도 핵심 요인이라는 것이 대중적인 환상이기도 하다(Lasorsa, 1992). 헤스는 다음과 같이 말한다(Hess, 1988: 67~8). "가장 좋은 행정학 관련 대학 교과서 가운데 하나는 '1952년 이후 미국 정치 미친 텔레비전의 영향력을 과소 평가해선 안된다'라고 쓰여 있다. 관련된 문헌들을 살펴보면 이와 같은 주장이 문제가 된 적은 없었다." <US 뉴스 앤드 월드 리포트 *US News and World Report*>(1987)는 "텔레비전의 암묵적인 힘: 어떻게 우리의 사고를 형성시키고 있는가"라는 제목의 기사에서 텔레비전이 베트남 전쟁, 케네디의 대중적 인기, 니카라과 반군 문제에 대한 미국 사람들의 태도를 변화시켰다고 지적한다(Hallin, 1984; Kraus, 1996 참조). 또한 미디어는 정치적 무관심이나 저조한 투표율과 같은 정치 문제의 근원으로 비난받아 왔다. 1980년 <뉴요커 *New Yorker*>는 미국을 "텔레비전이 정치를 점령하고 삼켜버린 나라(잠정적으로 모두가 여기에 동의한다)"라고 결론지었다(172).

미디어의 영향력이 강력하다는 생각은 이제 정치가 인식되는 방식을 지배한다. 기자들 자신이 이 과정에서 자신의 역할에 사로잡혀 미디어가 강력한 영향력을 행사한다는 사회적인 지각을 부추겼다. 특히, 1980년은 "미디어 자체가 후보자나 선거를 바라보던 주의 깊은 시선으로 텔레비전과 신문을 평가하기 시작한 해이다. 예전에는 기자, 통신원, 편집인, 행정 관료, 후보자, 고문, 일반 시민들이 언론의 힘을 그토록 의식한 적이 한 번도 없었다"(Greenfield, 1982: 13). 이런 현상이 1980년에 들어 비로소 만개했는지는 의심스럽지만, 강력한 미디어의 영향력에 대한 대중적인 지각이 더욱 확산되었다는 측면에서 주목할만하다. 정치적 과정에서 미디어가 그 자신의 역할에 대해 보도하는 것은 자신의 운명을 책임지지 못하는 유순한 대중으로 가득 찬 대중 사회의 이미지를 오히려 부각시킨다. 포스트모던하게 비꼬자면, 선거 캠페인에 대한 "메타 보도 *metacoverage*," 즉 다른 언론의 보도에 대한 보도는 시청자로 하여금 "자기 기만의 감식가"가 되도록 인도한다(Gitlin, 1990:19). 캠페인 보도는 "정치가 무엇을 하는지보다는 정치가 어떻게 움직이는지"에 대해 더 많이 다룸으로써 시민들 자신이 정치를 잘 따라가며 또한 똑똑하다고 생각하게 만든다(Hart, 1994: 88).

언론에 종사하는 사람들은 자신이 정치 세력이라는 환상에 도취되어 있다(Greenfield, 1982: 15; Kerbel, 1994). 따라서 1988년 듀카키스의 패배는 미디어 정치의 요구에 맞추어 자신을 성공적으로 '포장'하는 것에 실패한 데서 비롯되었다고 평가되었고, 부시의 성공은 그의 언론 담당 보좌관의 덕으로 여겨졌다(Popkin, 1991). 많은 언론인들은 이제 선거 캠페인 기사가 후보자들이 자신에게 표를 던지도록 대중들을 유도하기 위해 어떻게 미디어를 이용하고 있는지를 분석하는 기사로 이루어진다고 한다.

이러한 활동 중에서 의문의 여지가 있는 것은, 다른 어떤 요인보다 미디어가 선거 결과를 결정한다는 기본 전제이다. 정치에서 미디어의 영향력을 다루는 연구들이 누적되고 있고 인상적이긴 하지만, 이러한 효과를 증명하는 증거는 사실 드물다(Baughman, 1992: xv). 팝킨은 다음과 같이 지적한다. "제대로 된 방송 광고와 미디어 상담역만 있으면 어떤 선거라도 이길 수 있다고 주장하는 정치 고수들은…… 텔레비전의 '마법'이 선거를 뒤집는다는 자족적인 신화에 빠져있다"(Popkin, 1991: 20). 정치 과정에서 '강력한 미디어의 효과'를 열렬히 옹호하는 사람들조차도 많은 정치 정보의 지속적이고 경쟁적인 흐름이 서로를 상쇄하며 특정한 정보의 純효과는 무시해도 좋을 만큼밖에 되지 않는다고 지적한다(Zaller, 1996). 하지만 이것은 미디어가 제대로 된 조건 속에서도 실질적이고 측정 가능한 순효과를 가질 수 없음을 의미하는 것은 아니다. 여기서 제대로 된 조건이라는 것을 일반적인 규칙으로 볼 것이 아니라 예외적인 것으로 보아야 한다는 점이 중요하다. 하지만 연구와는 별개로 다른 한편으로 오늘날의 언론은 미디어가 영향력을 행사할 조건이 편재해 있고 미디어가 강력하다는 증거가 우리 주위에 널려 있다고 보도하고 있다. 바람직하지 못한 선거 결과가 미디어의 탓이라고 비난하는 것은 자유주의자나 보수주의자 모두의 소일거리이다. 바람직하지 못한 정치적 결과를 놓고 "선거를 경기로 만들고, 신문은 유권자를 매수하고, 텔레비전은 때로 겁을 주고 하면서…… 그래서 유권자들은 양처럼 투표소로 인도된다는 것보다 더 훌륭한 변명이 어디 있겠는가?"(O'Sullivan, 1988: 52)

미디어의 힘에 대한 대중의 인식을 묻는 서베이에서도 이와 같은 평가와 일반적으로 공감할 수 있는 결과를 보여 왔다. 예를 들어, 미국인의 3/4 정도가 미디어가 국가 정책의 결정에 중대한 영향을 미친다고 생각한다는 것이다.[10] 이와 같은 여론 조사의 응답만 놓고 본다면, 다른 어떤 것과 비교 검토를 하지 않고서는 이러한 비율의 의미를 따지기는 어려울 것이다. 그러나 적어도 미국인들은 다른 서구 민주주의 국가의 시민과 비교했을 때 미디어의 중요성에 대해 상대적으로 높은 확신을 가지고 있다. 그림 2–8은 미디어의 영향력에 대해 사람들이 어떻게 지각하는가의 문제를 놓고 5개 국가를 비교한 결과를 보여 준다. 영국, 프랑스, 서독, 스페인, 미국의 시민을 대상으로 한 서베이 결과에 따르면, 다른 국가와 비교해 볼 때 미국인들이 미국의 미디어가 입법, 사법, 행정 및 여론에 미치는 영향력을 상대적으로 높이 평가하고 있음을 알 수 있다. 미국은 모든 항목에서 최고치를 기록했으며, 미디어가 여론에 미치는 영향이 "매우 크다" 또는 "어느 정도 크다"고 지각하는 사람들의 비율이 88%에 달했다. 흥미롭게도, 미국과 다른 나라들 사이에 가장 큰 차이를 보인 것은 정부 기관에 대한 미디어의 영향력이었다. 미국인들은 미디어가 단순히 여론을 형성하는 데 그치지 않고 정부 기관이 정책을 수립하는 데 큰 영향력을 행사한다고 본다.

또한 5개 국가 가운데 미국인들은 미디어가 지나치게 많은 힘을 가지고 있다고 믿고 있다(Parisot, 1988). 실제로 미디어가 지나치게 많은 힘을 가졌다는 생각은 대다수의 유사한 연구에서 일관되게 나타났으며,[11] 대략 응답자의 80%정도

---

10. "귀하는 텔레비전과 미디어가 국가 정책의 결정에 있어서 매우 중요하다고 생각하십니까, 어느 정도 중요하다고 생각하십니까, 그렇게 중요하지 않다고 생각하십니까, 전혀 중요하지 않다고 생각하십니까?"(Gallup / *Newsweek* 공동 여론 조사, 1987. 5. 17)

11. "통상적으로 볼 때 귀하는 미국에서 미디어가 지나치게 많은 힘을 가지고 있다고 생각하십니까, 그렇지 않다고 생각하십니까?" 지나치게 많다: 51%, 그렇지 않다: 35%(Yankelovich, Skelly, & White; *Time*, 1985. 11. 5). "일반적으로

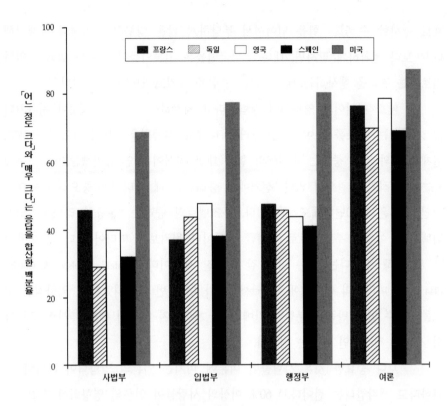

그림 2-8. 5개 국가에서 나타난 미디어의 영향력에 대한 지각

출처: Parisot(1988). "미디어가 (각 기관에) 행사하는 영향력이 매우 크다고 생각하십니까, 어느 정도 크다고 생각하십니까, 별로 크지 않다고 생각하십니까, 전혀 크지 않다고 생각하십니까?" 프랑스: Louis Harris France의 서베이, 1987. 4. 9~13; 영국: The Harris Research Center의 서베이, 1987. 4. 1~13; 독일: Emnid Institute GMBH의 서베이, 1987. 4. 3~5; 스페인: SOFEMASA의 서베이, 1987. 4. 4~9; 미국: Louis Harris와 제휴사의 서베이, 1987. 4. 10~15.

가 미디어가 정부에 너무 많은 영향력을 미친다고 생각하는 것으로 나타났다.[12] 영광스런 워터게이트 저널리즘의 여파 속에서도 대다수의 사람들은 미디어가 실

말해서 귀하는 미디어가 시사 문제에 미치는 영향력이 지나치게 크다고 생각하십니까, 지나치게 작다고 생각하십니까, 적절하다고 생각하십니까? 지나치게 크다: 59%, 지나치게 작다: 5%, 적절하다: 32% (Los Angeles Times 여론 조사, 1993. 3. 17)

12. "귀하가 생각하기에 다음 집단들 가운데 정부에 지나치게 많은 영향을 행사하는 집단과 지나치게 적은 영향력을 행사하는 집단은 무엇입니까?" 미디어가 지나치게 많다: 83%, 미디어가 지나치게 적다: 13% (Yankelovich et al., CNN, Time, 1994. 9. 1). "워싱턴에서 정부 정책이나 정치가나 정책 입안자에게 영향력을 행사하는 여러 집단에 대한 것입니다. 귀하는 워싱턴에 미치는 언론의 영향력이 지나치게 크다고 보십니까 지나치게 적다고 보십니까?" 지나치게 크다: 79%, 지나치게 적다: 13%, 그저 그렇다: 4% (Louis Harris & Associates, 1994. 11. 17).

제로 행사할 수 있는 힘을 넘어서서 부당하게 많은 영향력을 가졌다고 생각했다.[13] 보다 정확하게 말하면, 대다수 미국인들은 언론인들이 국가를 위해서 일하기보다는 권력을 행사하는 데 더 많은 관심을 가지고 있다고 생각한다.[14]

매스 미디어의 영향력이 강력하다고 지각하는 것 혹은 그것이 지나치다고 지각하는 정도를 보여 주는 증거가 대체로 설득력을 지녔음에도 불구하고, 실제로 이와 같은 증거는 미디어의 힘에 대한 인식이 과연 증가했는가라는 문제와는 직접적인 연관성이 없다. 선거에서 승리하는 데 미디어가 중요하다는 대중적인 인식은 1940년대에도 팽배했다. 루즈벨트의 승리는 "훌륭한 라디오 음성" 덕택이며, 이것이 루즈벨트로 하여금 랜던이나 윌키보다 미디어를 더 잘 이용할 수 있게 해 주었다는 것은 이미 잘 알려진 사실이다(Lazarsfeld, Berelson, & Gaudet, 1944: 129). 미디어의 영향력에 대한 서베이가 여러 번 시행되었지만, 역사적인 비교를 할 수 있을 만큼 충분한 기간에 걸쳐 계속되지 않았기 때문에 사실 오늘날의 시각과 직접적인 비교는 어렵다.

보다 중요한 것은 사람들이 여론에 미치는 언론의 영향력이 해마다 증가한다고 생각한다는 점이다.[15] 60% 이상의 사람들이 언론의 영향력이 커진다고 지각하고 있음을 밝힌 조사도 보고되었다.[16] 실제로 정치인들의 경우 미디어의 영향력이 매우 크다고 생각하며 심지어는 '10점' 척도상에 10점 만점을 주기도 한다(Arterton, 1984; Popkin, 1991). 흥미롭게도 학자들이 미디어의 설득적 힘에 대한

---

13. 10점 척도상에서 미국인들은 미디어가 8정도의 영향력을 가지고 있지만 5.4정도의 영향력만 행사해야 한다고 생각하고 있는 것으로 나타났다(ABC News / *Washington Post* 여론 조사 1981. 5. 18). 1992년 대통령 후보 경선에서도 비슷한 반응이 나왔다. 대다수의 사람들은 당의 대통령 후보 지명에 미디어가 지나치게 많은 영향력을 행사한다고 생각하고 있었다(*Times Mirror*, 1992. 1. 3, 2. 20). 1980년대 말에는 86%의 응답자가 자신이 속한 공동체에 살고 있는 사람들에게 신문이나 텔레비전이 상당한 영향력을 미친다고 지각했다. 이들은 또한 언론이 당의 후보 지명에 지나치게 많은 영향력을 행사한다고 느끼고 있었다(*Times Mirror* 여론 조사, 1987. 10. 25).

14. "귀하는 다음과 같은 말이 맞다고 생각하십니까 틀린다고 생각하십니까? 언론인들은 국가를 위해 일하는 것보다 권력을 행사하는 데 더 많은 관심을 가지고 있다." 매우 / 어느 정도 맞다: 52%, 어느 정도 / 매우 틀리다: 38%(The Freedom Forum First Amendment Center, Vanderbilt University, 1993. 11).

15. "최근 몇 년 동안 귀하가 소속된 공동체에서 여론에 미치는 언론의 영향력이 증가했다고 보십니까, 별로 변화가 없다고 보십니까, 감소했다고 보십니까?"(*Los Angeles Times* 여론 조사, 1985. 2. 23).

16. <타임스 미러 *Times Mirror*>에 실린 갤럽 Gallup의 여론 조사 "국민과 언론"(1985. 6. 22). "몇 쌍의 반대되는 주장을 귀하께 들려 드리겠습니다. 들은 후에 어떤 주장이 언론을 잘 묘사하고 있다고 생각하시는지 말씀해 주십시오. 둘 다 아니라고 생각하시면 그렇다고 말씀해 주십시오." 영향력의 증가: 63%, 영향력의 감소: 17%, 둘 다 아니다: 7%.

확실한 증거를 발견하는 데 곤란을 겪고 있을 때에도 이러한 대중적 지각은 많이 있었다.

구체적인 증거에 기인하지 않는다면 과연 어디서 이와 같은 지각이 태동될 수 있었는가? 어떻게 해서 미디어가 강력하다는 믿음이 미국의 정치 문화의 중요한 일부분이 되었을까? 일반적인 생각과는 반대로 이러한 믿음은 텔레비전이 등장하기 훨씬 전부터 뿌리내리고 있었다. 실제로 20세기 초에 벌써 미디어의 힘이 강력하다는 지각을 촉진시키려는 활발한 노력이 있었다. 세기 전환기 이후로 선전 분석이 개혁주의 운동의 일환으로 나타났으며, 선전 분석의 임무는 "공중들이 강력한 사회 기관들이 새로 도입한 커뮤니케이션 채널에 대항할 수 있도록 돕는 것"이었다(Sproule, 1989: 225). 대기업들이 전시 선전 기법을 채택하자 선전 분석은 "강력한 사회 조직과 새로운 커뮤니케이션 미디어 간의 결합 이면에 숨어 있는 조작의 위험성을 일깨워 주기 위한 수단"으로 활용되었다(Sproule, 1989: 290). 대중 조작의 위험을 강조하던 사례 연구들은 널리 배포되었으며, 그 목적은 선전의 효과에 대한 극단적인 사례들만 일부러 보여줌으로써 선전의 실질적인 영향력을 입증하고 사람들이 기만당하는 것을 예방하는 것이었다. 소비자 교육 운동과 마찬가지로 선전 분석 연구소는 어린이들을 주로 겨냥하였으며, 해마다 100만 명 이상의 어린이들을 가르쳤다(Fine, 1941).

이렇게 고귀한 목적을 가졌음에도 불구하고 몇몇 비평가들은 이 운동의 의도하지 않았던 결과에 대해 우려를 나타냈다. 예를 들어, 일부 비평가들은 선전가들의 기만과 조작을 경계하고 여기에 저항하도록 만드는 것이 이 운동의 목적이었지만, 실제로는 "학생들 사이에 파괴적인 냉소주의"를 심어 주었다고 지적했다(Smith, 1941: 241). 이러한 우려는 오늘날 패터슨이나 하트와 같은 연구자들이 정치적 설득의 이면에 있는 전략과 전술을 폭로하는 미디어에 대해 우려하는 바와 놀랍게도 비슷하다(Patterson, 1993; Hart, 1994). 즉, 공중이 "기만당하는" 것을 예방하려는 의도를 갖고 행해지는 미디어의 보도도 오히려 정치에 대한 불건전한 냉소주의를 부추긴다는 것이다. 또 하나의 비의도적인 결과는 미국인이 매스 미디어를 대중 설득의 강력한 기관으로 생각하도록 만들었다는 점이다. 미디어의 '잠재적인' 힘을 과장함으로써 선전 분석가들은 그 힘을 줄여 보고자 하였다. 그러나 아이러니컬하게도 이러한 시도는 정치 과정에서 미디어의 지위를 오히려

격상시키는 결과를 초래했다.

　선전 분석 연구소의 노력에 더하여 1930년대 프랑크푸르트 사회 조사 연구소에서 온 유럽의 학자들은 현대의 미디어가 정치 경제적 지배를 공고히 한다는 엄청나게 영향력 있는 이론을 소개했다. 프랑크푸르트학파의 학자들은 미국 사회에서 다른 연구자들이 미디어에 대한 학문적 접근하는 데 중대한 영향을 끼쳤다. 이들은 선전 분석가들과 같은 진보적 색채를 드러내지는 않았지만, 강력한 미디어, 원자화된 수용자를 강조했다. 원자화된 수용자들은 중요한 사회적 유대를 결여하고 있으며 불가피하게 대중 설득에 넘어가게 된다는 것이다.

　선전 분석가와 프랑크푸르트학파 연구자들이 끼친 영향만으로는 강력한 미디어에 대한 믿음이 확산된 이유를 완벽하게 설명할 수 없다. 선전 분석 연구소와 같은 기관이 여전히 존속하지만 더 이상 대중 교육에 관여하지는 않는다. 더욱이 20세기 중반의 선거 연구에서 제시된 증거들은 대중 사회 이론의 주요 가정을 부정하고 있다. 아마도 강력한 미디어라는 생각이 영속화된 것은 사람들이 미디어, 특히 텔레비전에 소비한 많은 시간 때문일 것이다. 이 믿음은 과거에 선전 분석의 진보적인 임무를 추동했던 것과 같은 충동의 여파로서 존속하고 있을지도 모른다. 기틀린이 개념화한 바와 같이, 요즈음의 "기지의 담론 *discourse of savviness*"은 언론인이나 공중이 조작당하지 않기 위해 벌이는 노력을 지칭한다고 본다. [정치인의] 전략과 전술에 대한 기자들의 강조는 "훼방 보도 *handicapping coverage*," 다른 사람들은 [정치적 설득의] 먹이로 전락할 수 있지만 자신은 그 영향력에서 자유롭다는 것을 보여 주기 위한 방어 작전이다(Gitlin, 1990: 19).

　중요한 점은 일반 수용자들도 서서히 이 '기지의 담론'에 조금씩 눈뜨게 되었다는 것이다. 사람들은 이제 정치를 이미지 구성의 문제로 보고 있으며 화면 뒤에 있는 것에 대해 포스트모던한 관심을 보여 준다(Hart, 1994). 대중적 인기를 누린 <대통령 후보자 *The Candidate*>나 <선거 상황실 *The War Room*>, <왝 더 독 *Wag the Dog*>과 같은 영화들은 정치 과정에 참여하는 자들의 고백을 전달하기도 한다. 한마디로 대중들이 미디어의 영향력을 받든 받지 않든, 다른 사람들이 기만당하고 있다는 비밀을 알고 있기 때문에 오히려 미디어의 정치 보도는 수용자로 하여금 자신은 현명하다고 느끼도록 조장한다(Hart, 1994).[17]

　사람들이 미디어가 강력한 힘을 가지고 있다는 지각을 하기 시작한 것은 텔레비전의 등장에 앞선 것이지만, 텔레비전의 생생함은 이 믿음이 더욱 확산되도록 만들었다. 그러나 심리학자들은 생생한 메시지가 그렇지 않은 메시지에 비해 실제로 설득력이 뛰어나다는 증거를 거의 발견하지 못했다. 반면 사람들은 생생한 메시지가 자신은 아니더라도 다른 사람들을 설득하는 데에는 효과가 있다고 생각한다. 사람들은 정보가 유도하는 관심과 주목의 수준에서 설득적인 정도를 추론한다는 점에 기초하여 이러한 환상이 나온다(Collins et al., 1988). 극히 생생한 미디어인 텔레비전은 설득적인 영향력을 행사하도록 유도하고 관심과 주목을 이끌어 낸다고 사람들이 믿고 있다는 것이다.

사람들의 의견이 다양한 미디어에 실제로 영향을 많이 받든지 조금 받든지 간에 영향력이 강력하다고 지각하는 것은 궁극적으로 사람들의 사회 환경에 대한 인상을 변화시킨다. 만일 미디어의 범죄 보도가 많아지면 사람들은 자신이 직접 범죄의 피해를 겪고 있지 않다 하더라도 다른 사람들은 그 피해를 겪고 있으며 범죄는 중요한 사회 문제라고 생각하게 된다. 그리고 한 대통령 후보에 대한 언론 보도가 점점 호의적인 것으로 변하면 그 결과 사람들은 여론이 그쪽으로 움직인다고 생각한다.

문제가 되는 부분은 이러한 지각이 초래하는 결과가 해로울 수도 있다는 점이다. 종종 인용되는 토머스의 말처럼 "인간이 그 상황을 현실적인 것으로 규정하면, 그 상황은 결과적으로 현실적인 것이 된다"(Merton, 1968: 475). 정치인, 언론인, 유권자 모두가 정치에서 미디어의 중요성을 거의 의심하지 않기 때문에 정치에서 미디어가 발휘하는 효과는 실제적인 것이다. 진실이든 신화이든 미디어가 강력하다는 미국인들의 믿음은 정치인이나 일반 대중이 언론 보도를 여론의 대리자로서 생각하도록 조장한다. 이러한 전이 *tranasference* 가 정치 현실에 기초하고 있을 수도 있고 그렇지 않을 수도 있다고 간단하게 가정하면서 말이다. 이러한 경향 속에서 미디어는 집합적 의견에 대한 사람들의 지각에 영향을 미치고 있으며 미디어가 이 문제를 구체적으로 거론하지 않을 때에도 영향력이 행사되고 있다

---

17. 캠페인 저널리즘 장르 가운데 "애드 워치 *ad-watch*," "트루스 박스 *truth-box*"는 이러한 접근과 관련한 사례이다 (Cappella & Jamieson, 1994). 후보자들의 광고를 비판적으로 분석함으로써 언론인들은 자신이 후보 진영의 조작으로부터 자유롭고 유권자들이 기만적인 광고에 속지 않도록 예방하고 있다고 말할 수 있기를 바란다. 그러나 몇 가지 연구를 보면, 이러한 노력들은 뒤집힌 결과를 낳는다. 광고 분석은 광고가 분석된 후보자에 대한 지지도를 추가적으로 높이며, 비당원들이 투표하고 싶지 않도록 만든다(Ansolabehere & Iyengar, 1995).

여러 가지 역사적 경향은 비개인적 형태의 사회적 영향력이 나타나는데 기여해 왔다. 복잡한 조직들의 등장 및 매스 미디어의 전국화는 간접적 유대 관계의 확산을 촉진시켰고, 사회적 영향력이 행사될 중요한 대안을 만들어 내었다. 흥미롭게도 신문의 우편 배달 요금을 둘러싸고 논쟁이 벌어지던 시절과 달리, 오늘날 전국적이고 국제적인 뉴스의 확산을 가속화해야 한다는 목표에 의문을 제기하는 사람은 거의 없다. 클린턴 대통령 역시 '정보 고속 도로'가 지역적인 경계선뿐만 아니라 국가 경계선을 제거하고 있다고 틈만 나면 자랑스럽게 얘기했다.

집합적 의견과 경험을 추상적으로 묘사하고 개별적인 사건을 더 큰 상황 속에 위치시키는 등 매스 커뮤니케이션에서 다룬 내용이 변화된 것도 비개인적 영향력을 촉진시켰다. 더 나아가서 정치 과정에서 미디어의 중요성을 강조함으로써 매스 미디어는 대중에 대한 사람들의 지각을 형성하는 데 중대한 역할을 하였다. 물론 미디어 혼자서 이 모든 현상을 만들었다고 주장하는 것은 지나치게 단순한 생각이다. 물론 미디어에서 발생한 많은 변화들은 더 큰 사회적·경제적·정치적 환경의 변화와 상호 의존적이다. 이러한 변화들의 결합은 정치 태도에 미치는 새로운 형태의 사회적 영향력을 만들어 내면서 정치적 상황을 바꾸어 놓았다. 간단히 말해서, 이 변화들은 "사람들의 상상 속에 심리적으로 전능한 실체 — 땅 위에 존재하지 않는 '공동체' — 를 건설"하는 데 한몫을 했다 (Schudson, 1995: 15).

3

집합체인 다중에 대한 지각의 기원:
매스 미디어의 역할

2장에서 논의한 대로 여러 가지 역사적인 변화가 만들어 낸 잠재력에도 불구하고, 매스 미디어가 직접적인 생활 공간 저편에 존재하는 경험 및 의견에 대한 시민들의 지각을 형성하는 데 중요한 역할을 했다는 것을 보여 준 경험적 증거는 과연 얼마나 되는가? 3장은 이 질문과 관련된 이론과 증거를 검토할 것이다.

사람들이 어떻게 일상 생활 공간 및 경험을 넘어선 사회 전반에 대한 집합적 차원의 정보를 획득할 수 있는가라는 측면에서 볼 때 이런 질문은 검토할 가치가 없을 만큼 명백해 보인다. 하지만 미디어의 영향력과 관련해서 잘 알려진 이론들에 입각한 연구들과 사회 심리학 분야의 연구 결과들은 미디어가 중요한 역할을 한다는 주장에 대해 조심스럽게 접근하라고 지적한다. 이 장에서 제시하는 증거들은 이러한 혼동의 1차적 이유가 복합적인 수준에서 미디어 효과를 측정하지 못한 데 있음을 보여 준다. 미디어 효과라는 종속 변인의 성격이 다소 미묘하다는 점을 염두에 두더라도, 다양한 연구 결과들은 집합적 경험과 의견에 대한 지각을 형성하는 데 있어서 미디어가 중요한 역할을 한다는 점을 매우 일관성 있게 뒷받침한다. 이 장에서 매스 미디어의 효과를 살펴보기 전에, 집합적 경험과 의견을 지각하게 하는 세 가지 다른 요인인 정당 선호의 선유 경향에 기초한 합리화, 개인 경험, 대인 커뮤니케이션과 관련한 문제를 먼저 검토할 것이다. 마지막으로 집합체에 대한 지각의 근원을 보여 주는 모델을 제시한 후, 두 영역 — 집합적 의견의 지각에 미치는 미디어 효과와 집합적 경험의 지각에 미치는 미디어 효과 — 에 대한 경험적 연구를 통해서 이 모델을 검증하려 한다.

1. 집합적 경험 및 의견의 합리화

1) 집합적 경험의 합리화

집합적 경험에 대한 지각은 단순히 당파적이거나 이데올로기적인 선유경향의 합리화 과정일 뿐이라는 말처럼 이론적으로 재미없는 말도 없을 것이다. 대통령이 우리와 같은 당 소속이 아닐 경우 우리는 집합적으로 나타나는 사회 현상을 부정적으로 지각하는 경향이 있다. 대통령이 같은 당 소속이라면 그 반대로 지각할 것이다. 이렇게 정당 선호에 따른 합리화가 발생하고 있지만, 여러 가지 증거들을 보면 이것이 전부가 아님을 알 수 있다. 예를 들어, 사람들이 앞으로의 경제를 예측하는 데 있어서는 정당 선호에 입각한 선입견이 커다란 역할을 하지만(Conover, Feldman, & Knight, 1987), 인플레이션이나 실업 사태에 대해 회고적으로 평가함에 있어 특정 방향으로 왜곡되게 인식하는 측면을 볼 때, 정당에 대한 태도는 영향력이 크지 않다(Mutz, 1992b; Conover, Feldman, & Knight, 1986).

집합적 차원에 대한 지각이라는 것은 정당 선호에 입각한 개인의 합리화라는 측면만으로는 설명할 수 없는 복잡한 것이다. 지금까지 집합적 차원의 경험과 관련하여 가장 널리 연구된 분야는 경제 문제였고, 많은 연구들이 대중의 경험에 대한 지각에 있어 개인에 따라 엄청난 차이가 존재한다는 것을 지적해 왔다. 어떤 연구자는 주어진 시점에서 경제는 상승하거나 하강할 수밖에 없기 때문에 집합적 차원의 지각에 있어 개인적 차이는 서베이 데이터의 오차 변량을 나타낸다고 보기도 했다(Kramer, 1983). 그러나 경제 상태를 평가하는 데 있어 개인적 차원에서 나타나는 차이는 실질적으로 의미가 있다. 그것은 단순한 오차 변량이 아니며, 대통령과 의원들을 평가하거나 후보자를 선택할 때 중요한 역할을 한다(Kiewiet, 1983). 마찬가지로 집합적 경험 ─ 범죄율, 실업률, 미혼모의 출산 등 ─ 을 지각하는 데 있어 나타나는 개인간의 차이는, 정부가 어디에 재원을 더 지출해야 하는지에 대한 개인의 판단에 영향을 미치기 때문에 중요하다.

2) 집합적 의견의 합리화

대중 의견을 지각하는 문제에서도 위와 비슷하게 사람들은 자신의 개인적 견해를 집합적인 타자에게 투사한다. "거울 반사 *looking glass*" 효과 또는 "의사擬似 합의*false consensus*" 효과라는 말은 일반적으로 다른 사람들의 의견과 행동이 자신과 비슷하다고 생각하는 경향을 지칭한다(Wallen, 1943; Ross, Green, & House, 1977). 다시 말하면, 특정한 의견을 가진 사람은 다른 사람들 대부분이 다른 견해를 갖기보다는 자신의 의견을 공유한다고 생각한다는 것이다.

의사 합의 현상은 거슬러 올라가 루즈벨트와 후버의 대통령 선거에서도 찾아볼 수 있으며(Hayes, 1936), 자신이 지지하는 후보가 당선되기를 기대한다는 내용을 담고 있는 ≪국민의 선택 *The People's Choice*≫(Lazarsfeld, Berelson, & Gaudet, 1944)에도 잘 나타나 있다. 하지만 여론 조사가 빈번히 실시되고 경마식 보도를 통해 후보자에 대한 평가가 시시각각 행해지는 오늘날의 선거 캠페인 상황 속에서는 이러한 왜곡된 지각 현상이 줄어들 가능성이 높다.

의사 합의 현상을 다룬 100여개의 논문을 분석한 멀린 등은 다른 사람의 의견을 자신의 의견에 기초하여 평가하는 투사 *projection* 현상이 존재한다는 일관된 증거를 보고한다(Mullen et al., 1985). 그러나 이들이 분석한 대부분의 논문에서 조사 대상자는 대학생들이었으며, 다른 사람들이라고 비교된 준거 집단도 비개인적 영향력에서 말하는 비정형적인 익명의 타자 집단이 아니라 다른 대학생이었다. '우리 나라의 다른 성인'과 같이 매우 일반적인 집단을 비교 대상으로 하여 투사 현상을 지적한 연구는 아직까지 그리 많지 않다(Brown, 1982; Judd & Johnson, 1981; Van der Pligt, Ester & van der Linden, 1983).

투사와 '정치적' 태도를 연결시킨 대부분의 연구의 목적은 일반적으로 사람들이 자신의 의견을 다중이 아닌 '후보자'에게 투사하는지를 살펴보기 위한 것이었다(Granberg & Brent, 1980). 크로즈닉이 설명하듯이, "투사 가설에서 주장하는 바는 사람들이 단순히 타인도 자신의 견해와 똑같을 것이라고 추측하는 것이 아니다. 여기서 중요한 것은 타인이 누구인가의 문제이고, 타인에 대한 선호도의 문제가 투사의 방향을 설정하게 되며, 따라서 때에 따라 긍정적 또는 부정적 투사를 유발할 수 있다는 점이다"(Krosnick, 1990: 161). 이와 같은 측면에서 볼 때, 강력한 정서적 반응을 유도하기 힘들고 누구인지 정체성이 불분명한 집합적 타자에 대한 예측은 불분명하다.

그러나 투사가 아닌 의사 합의 현상만 놓고 볼 때, 사람들이 소수의 구체적인 타자가 아닌 비개인적 집합체의 정치적 견해를 평가할 때에도 의사 합의가 나타난다는 증거도 있다. 예를 들어, 디트로이트 지역을 조사한 결과는 대다수의 사람들이 이웃에 살거나, 디트로이트 지역에 사는 다른 사람들도 자신의 견해에 동의할 거라고 믿고 있다는 사실을 보여 주었다(Field & Shuman, 1976). 1952~80년에 이르는 대통령 선거에서 사람들이 자신이 선호하는 후보가 4:1로 승리할 것이라고 기대했다는 연구 보고도 있다(Granberg & Brent, 1983). 학생들에게 자신과 비슷한 의견을 가지고 있는 사람과 다른 의견을 가진 사람의 비율을 측정해 보라고 질문한 연구에서도 다양한 정치적 이슈에 걸쳐 의사 합의 효과가 나타났다(Fabrigar & Krosnick, 1995).

하지만 분명히 변화된 현실의 환경에서는 이와 같은 의사 합의 효과가 발생하는 데 제약이 있다. 보다 많은 사람들이 정확한 정보에 노출될수록 합의에 대한 왜곡된 생각은 더 적게 발생할 것이다(Mullen et al., 1985; Granberg & Brent, 1983). 예를 들어, 대통령 선거전에서 여론 조사가 상대적으로 확실하게 승자를 지목했을 경우, 의사 합의 효과는 감소했다. 하지만 여전히 사람들의 지각에는 중대한 영향을 미쳤다. 교육도 투사 효과를 감소시킬 수는 있다. 하지만 전적으로 없애지는 못하며, 편견을 버리도록 사람들을 교육시킬 때에도 투사 효과는 존속한다(Krueger & Clement, 1994). 사람들이 비교하는 집합적 실체의 크기가 상대적으로 작을수록 투사 효과가 감소할 수 있지만 역시 없애지는 못한다(Granberg & Brent, 1983). 그리고 사람들이 타자의 견해를 직접적으로 알 수 있는 통계 자료를 보았을 때에도 의사 합의의 편견은 없어지지 않는다. 즉, 그 효과의 정도는 다른 요인들에 의해 조절될 수는 있지만 완전히 없어지지는 않는다는 것이다.

의사 합의 효과에 대한 많은 연구들이 존재함에도 불구하고, 그 효과가 왜 발생하는지에 대해 일반적으로 내려진 결론은 아직 없으며 계속적인 연구를 필요로 한다(Marks & Miller, 1987). 지금까지 잠재적으로 이러한 효과를 유발할 요인에 대해 여러 설명이 있었지만, 자주 지적되었던 자기 중심주의 *egocentrism*(Yinon, Mayraz, & Fox, 1994), 또는 타자의 견해와 비교했을 때 개인적인 태도의 현저성에서 비롯되는 지각상의 편견 등은 별로 관계가 없어 보인다(Tversky & Kahneman, 1974). 사람들은 자신과 비슷한 사람과 교류하는 경향이 있기 때문에 사회적 환경을 편파적으로 선별함으로써 그 효과가 발생할 수도 있다. 그러나 의사 합의 효과를 설명하는 데 있어서, 선택적인 교류나 다른 여러 가지 설명에서는 사람들이 중요하다고 생각하는 이슈일 때 그 효과가 더 크다는 점을 제안했지만 그렇지 않은 경우도 많다. 개인이 갖는 태도의 중요도가 의사 합의 효과에 영향력을 미친다고 보기는 어려우며, 의사 합의 효과는 개인의 태도가 타자에 대한 지각에 직·간접적으로 영향을 미친 결과일 수 있다는 가정과 관련한 지금까지의 대부분의 연구 결과를 보면 일관성이 없다(Fabrigar & Krosnick, 1995).

의사 합의 효과를 이야기하는 증거들이 대체로 상관 관계에 기초하고 있다는 점을 지적하는 것도 중요하다. 즉, 지금까지는 여러 입장이나 후보에 대한 개인들의 지지 자체가 집합적 차원에서 특정 견해에 대한 합의의 정도를 나타내는 원인이지 그 반대가 아니라는 것이 암묵적인 가정이었다. 그러나 최근의 한 연구는 "집합적 차원에서 강한 합의의 정도가 사람들로 하여금 사안에 동의하도록 만들고 약한 합의의 정도는 사안에 반대하도록 만들 수 있는지도 당연히 생각해 보아야 한다"고 주장한다(Krueger & Clement, 1994). 다시 말하면, 의사 합의 효과를 찾으려고 한 대부분의 연구 설계에서는 비개인적 타자에 대한 지각이 사람들의 견해에 영향을 미친다는 증거와 의사 합의 효과를 구별하는 것을 불가능하게 만들었다. 그렇다고 해서 의사 합의 효과가 없다는 말은 아니다. 실제로는 위와 같은 두 종류의 과정이 동시에 발생하고 있다. 문제는 이 두 가지 현상을 개별적으로 검증하는 데 방법론적인 어려움이 있다는 것이다.

2. 개인 경험의 일반화

집합적 차원의 현실에 대한 정보의 원천으로서 가장 분명하고 가장 쉽게 접근할 수 있는 것은 사람들의 일상 생활 속의 경험과 관찰이다. 예를 들어, 일상 생활 속에서 사람들은 취직 원서를 접수하는 사무실 앞에 긴 줄을 관찰하고, 인플레이션이나 범죄와 같은 것들을 직접 경험한다. 사회적 문제에 대한 지각이 개인적인 문제에서 출발한다면, 어디서 집합적 현실에 대한 지각이 나오는가에 대한 답변은 매우 간단할 것이다. 이와 같은 관점에서 사람들은 개인적인 경험이나 관찰, 그리고 타인과의 상호 작용을 통해 집합적으로 사회 문제를 추론하고 정의 내린다고 이야기할 수 있다. 즉, 여기서는 개인적 문제의 집합이 곧 사회적 문제로 전환되며, 매스 미디어는 개인 경험의 집합을 반영할 뿐이다.

그러나 구성주의자들이 경고하듯이, 사회적 문제는 결코 객관적 조건 속에서 출현하지 않는다. 어떤 해로운 문제가 많은 개인들에게 영향을 미치게 되면 그것이 사회적 문제로 지각된다고 가정하는 것은 잘못이다. 사실 어떤 문제들 — 고교생들의 자퇴와 같은 문제 — 은 개인 경험의 정도가 특정 수준 '밑으로' 떨어질 때, 즉 개인적인 경험이 적기 때문에 오히려 사회 문제로 지각된다.[1]

개인 경험이 정보원으로서 접근하기 용이하고 분명한 현저성을 갖는다 하더라도, 이것이 집합적 차원의 현실을 판단하는 데 커다란 영향을 미치는 경우는 드물다. 예를 들어, 범죄 희생의 효과에 대한 연구들을 보면 범죄에 대한 개인 경험이 사람들의 개인적인 공포의 정도에는 영향을 미치지만(DuBow et al., 1978; Skogan & Maxfield, 1981; Tyler, 1980), 집합적 차원에서 범죄의 심각성에 대한 믿음에는 영향을 미치지 않는 것으로 나타난다(Tyler, 1980; Furstenberg, 1971). 개인과 관련된 개인적 차원의 판단과 사회적 차원에 대한 판단 사이의 차이는 위험의 지각에 대한 심리학적 연구에서도 비슷하게 나타난다(Borgida & Brekke, 1981).

개인 경험과 집합적인 사회 문제에 대한 지각이 서로 독립적이기 때문에, 오늘날 많은 문제에 있어서 개인적 차원의 판단과 사회적 차원에 대한 판단 사이에는 거리가 있다. 1장에서 지적한 대로 이러한 현상은 경제 영역에서 자주 나타나지만 이 영역에만 국한된 것은 아니다. 4장에서 자세히 논의하겠지만 펄로프와 페트저가 주장하듯이 의료 서비스나 범죄와 같은 사회적 이슈에서도 동일한 간극이 발견된다(Perloff & Fetzer, 1986). 개인 경험에 대한 개인적 차원의 측정과 집합적 경험에 대한 측정 사이에는 때로 유의미한 상관 관계가 나타나지만 그 정도는 일반적으로 미미하다(Kinder, 1981).

간단히 말해서, 집합적 문제에 대한 지각이 개인적인 경험의 일반화나

---

1. 이 예는 스탠포드 대학의 스티브 채피 Steve Chaffee 교수가 지적한 것이다.

그 연장선상에서 형성된다는 증거는 희박하다. 개인 경험이 직접적인 성격을 갖고 있고 사람들이 자신의 '의견'을 타자에게 투사하는 경향이 있다는 것을 감안한다면, 위와 같은 주장은 직관에 어긋나는 것으로 보일 수도 있지만, 양자를 구분하여 생각해 보는 것이 보다 합리적일 것이다. 개인의 경험은 사회 전체를 대표할 수 없는 경우가 많고, 대규모 집합체에 대한 인상을 형성하는 데 있어서 그 중요성이 떨어질 수 있는 가능성이 있기 때문이다.

3. 대인 커뮤니케이션의 역할

분명히 매스 미디어가 개인의 직접적 경험 밖에 있는 세계에 대한 유일한 정보원은 아니다. 사람들은 또한 비공식적인 사회적 커뮤니케이션을 통해 타인의 경험을 배운다. '맥락, 혹은 상황적 *contextual*' 효과를 연구하는 문헌들은 대인 커뮤니케이션을 통해 영향력 있는 정보가 사람들에게 전달된다는 가설을 세운다. 예를 들어, 웨더포드가 지적하듯이, "대인 접촉을 통해 맥락 효과가 작용하는 자연적 상황의 하나가 경제 조건에 대한 평가 분야이다. 개인은 직장 동료나 친구들 가운데 누가 실업 상태에 있는지 알고 있으며, 시장에서 식료품을 구입하거나 부동산을 매매하는 사람들은 자신의 경험을 인플레이션과 비교한다"(Weatherford, 1983b: 870). 다시 말하면, 대인 접촉을 통해 전달되는 정보는 개인 경험을 통해 전달되는 정보와는 독립적인 효과를 가진다(Conover, 1985; Kinder, Rosenstone, & Hansen, 1983).

개인 경험과 마찬가지로 대인 커뮤니케이션은 개인적 차원의 판단을 변화시키는 듯하다. 예를 들어, 범죄에 희생당한 사람들과 대화하는 것은 범죄에 대한 개인적 공포심을 증대시키고, 이들이 개인적으로 접촉하는 사람들이 어떤 위험 상황에 처해 있는지 지각하는 데 영향을 미친다(Skogan & Maxfield, 1981; Tyler, 1978, 1980). 또한 이를 통해 많은 사람들로 하여금 자기 방어적 행동을 취하도록 만들 수도 있다. 친구나 이웃과의 커뮤니케이션은 안전 벨트나 피임약의 사용과 같은 건강, 안전과 관련된 문제에 있어서도 개인의 태도 및 행동을 변화시키는 것으로 알려져 있다(Antonovsky & Anson, 1976; Kunreuther, 1978).

개인적 차원의 판단과 행동에 미치는 대인 커뮤니케이션의 강력한 효과는 많은 예방 조치에 유용하다. 만일 심장 발작에 예방 조치를 취하기 위해 몸소 그것을 경험해야 한다면 이는 문제가 있다. 반면 비개인적 영향력을 이해하는데 있어서 대인 커뮤니케이션이 중요한 역할을 하는 경우는 그것이 '사회적' 차원에 대한 판단에 영향을 미칠 때뿐이다. 대인 커뮤니케이션이 사회적 차원의 판단에 영향을 미친다는 증거는 비록 제한적이긴 하지만 몇몇 연구에서 보고된다(Mazur & Hall, 1990; Tyler & Lavrakas, 1985). 다른 사람의 문제를 듣는 것이 자기 개인적인 상황을 염려하게 만들 수도 있지만, 이 문제가 타인에게도 해당되는 문제이며 나아가 중대한 사회적 문제라고 지각하게 만들 수도 있다.

집합적 경험과 구분되는 집합적 의견에 대한 지각의 기원을 다루는 데 있어서, 대인 커뮤니케이션의 효과를 다루는 문헌은 거의 찾아볼 수 없다.[2] 대게 대인 커뮤니케이션을 통해 개인이 접하는 환경 속에 존재하는 견해들이 어떠한지 파악하는 과정에 영향을 미침으로써 대중 의견에 대한 지각에 있어 의사 합의 효과를 낳을 수 있다고 가정한다. 사람들은 자신과 비슷한 사람들과 함께 만나고 함께 일하기 때문에, 이들의 상호 작용이 비슷한 견해를 가진 사람에 대한 선택적 노출로 이어질 수 있다. 대인 커뮤니케이션을 통해 알게 된 견해는 표본의 대표성을 가질 수 없는 주위 사람들로부터 영향을 받은 것이고, 이러한 과정을 거쳐 사회적인 차원에서 의견의 분위기가 점점 합의의 방향으로 움직이고 있다고 지각할 수 있다. 대인 커뮤니케이션은 인지적 활용 가능성의 측면에서 볼 때, 대인 커뮤니케이션을 통해 알게 된 특정 견해를 가장 중요한 것으로 만듦으로써 대중 의견에 대한 지각에 영향을 미칠 수도 있다(Kennamer, 1990).

---

2. 몇몇 연구들이 비슷하게 이런 작업을 하는 것처럼 보이지만, 주안점은 직접적인 네트워크의 다른 측면을 살펴보는 데 있었다. 예를 들어, 허크펠트와 동료들은 거시적 환경이 사람들의 직접적 접촉을 하는 네트워크 안의 정치적 견해에 대한 지각에 미치는 영향력을 연구하였지만, 직접적인 네트워크가 거시적 환경에서 발견하게 되는 의견 분포에 대한 지각에 얼마나 편향을 가져오는지는 측정하지 않았다(Huckfeldt, 1995).

4. 매스 미디어의 효과

대체로 정치학자들은 집합적 차원의 경제 문제에 대한 지각이 매스 미디어에서 비롯된다고 본다(Weatherford, 1983a; MacKuen, Erikson & Stimson, 1992). 그러나 대부분 가정만 있고 경험적인 검증은 없었다. 게다가 많은 미디어 효과 연구자들은 이러한 가정을 받아들이는 데 주의를 하라고 지적하고 있다. 특히, 정치학자들이 제시하는 이 가설의 두 가지 특징은 의문을 갖게 한다. 첫번째는 긍정적이거나 부정적인 뉴스에 따라 효과가 방향성을 갖는다는 점이다. 예를 들어, 경제가 좋다는 뉴스는 경제의 흐름이 긍정적이라는 지각을 낳을 것으로 기대되고, 경제가 나쁘다는 뉴스는 부정적인 지각을 낳을 것으로 기대된다는 것이다. 이 말이 그럴듯하게 들릴지 모르겠지만, 사실 미디어가 정치 태도에 미치는 효과에 대한 초기의 연구들이 실망을 안겨 주었기 때문에 미디어 내용의 방향성에 따른 효과를 연구한 논문은 많지 않다. 또한 긍정적 뉴스와 부정적 뉴스를 구별한 연구에서조차 매스 미디어의 인지적 효과가 아니라 태도에 미치는 효과에 관심을 기울여 왔다(Brody & Page, 1975; Fan, 1988; Page, Shapiro, & Dempsey, 1987). 다시 말하면, 지금까지의 많은 연구들은 미디어가 사람들의 정치적 의견을 직접 변화시킨다는 점을 입증하려고 시도했을 뿐, 대중의 의견이나 경험에 대한 사람들의 정치적 믿음을 변화시킨다는 점에 대해서는 관심을 기울이지 않았다. 게다가 제한 효과 모델을 재고찰할 것을 주장하는 연구가 쏟아지면서, 내용상의 방향이나 편향보다는 단순히 어떤 내용의 보도 유무에 따른 효과에 관심을 기울이게 되었다(예컨대, Iyengar & Kinder, 1987).

방향적 효과에 대한 증거가 부족하다는 것에 덧붙여, 미디어가 집합적 차원의 문제에 대한 지각의 원천이라는 가정에 의문을 갖게 만든 두 번째 요인은, 많은 정치적 이슈 — 경제, 의료 서비스, 범죄 등 — 가 '현실적'인 결과를 가져오며 이와 같은 이슈의 직접성과 접근 용이성이 미디어 효과를 압도한다고 오랫동안 가정되었다는 데 있다(Erbring, Goldenberg, & Miller, 1980; Graber, 1984; Weaver et al., 1981). 미디어 '의존' 이론에서는 [미디어 이외의] 대안적 정보원이 활용 가능한 상황에서는 미디어 효과가 없다고 과소 평가한다(Ball-Rokeach & DeFleur, 1976; Zucker, 1978). 즉, 이러한 상황에서는 미디어에 의존할 이유가 별로 없다는 것이다.

매우 신뢰할 만하고 보다 쉽게 접근할 수 있는 정보원이 개인의 직접적인 경험을 통해 활용 가능할 때, 사람들의 지각에 미치는 미디어의 효과는 약하다는 주장이다.[3] 개인 경험은 특히 어떤 커뮤니케이션 효과도 압도할 수 있을 만큼 '탁월한' 정보원으로 한동안 간주되었다. "유권자의 일상 생활에 직접적인 영향을 미치는 문제에 있어서 만큼은…… 개인 경험이 미디어보다 더 훌륭한 선생이다"(Weaver et al., 1981: 156).[4]

하지만 대규모 집합체에 관한 판단에 대해 생각해 볼 때, 이러한 일반화는 타당하지 않다. 분명히 개인 경험은 개인적 차원의 판단을 변화시키는 만큼 사회적 차원의 판단을 변화시킬 수는 없을 것이다(Tyler & Lavrakas, 1985). 문제는 미디어 내용의 방향성과 관련한 연구를 외면하게 만든 지금까지의 실망스러운 연구들이 개인적 인지 변화에 대한 효과보다는 개인의 의견 변화에 대한 '설득' 효과를 찾았다는 것이다. 지금부터 나는 매스 미디어의 인지적 효과를 다룬 다섯 가지 연구 영역 — 의제 설정 *agenda-setting*, 점화 효과, 위험에 대한 지각, 문화 계발 효과, 정치 학습 — 을 재평가해 보겠다. 특히 이들 영역에서 수행된 연구 결과에서 미디어가 집합적 현실에 대한 지각을 변화시키는 문제와 관련하여 제안하는 점에 초점을 맞출 것이다. 이렇게 다섯 분야를 정리해 보는 목적은, 최근에 비개인적 영향력을 직접적으로 다룬 몇몇 혁신적 연구 이외에도 미디어가 집합적 차원의 지각에 미치는 영향력을 다룬 연구들이 이미 존재함을 지적하려는 것이다.

1) 의제 설정 효과

의제 설정은 언론 보도의 방향과는 무관하게 언론 보도가 있는지, 없는지에 따라 발생하게 되는 미디어 효과를 다루는 대표적인 사례이다. 의제 설정

---

3. 예컨대, 의제 설정 연구에서 다룬 이슈가 여론과 관련하여 효과를 발생시키지 않을 때, 이러한 차이에 대한 설명은 종종 "사안 관련도 *issue obtrusiveness*"라는 이슈의 성격에 기초한다(예컨대, McCombs & Shaw, 1972; Zucker, 1978). 해외에서 일어난 사건들은 개인적 삶의 공간과 직접적으로 연관되지 않기 때문에 사안 관련도가 낮은 것으로 간주된다.

4. 사람들이 현실에 대해 직접 경험할 수 있는 이슈나 상황을 다루는 것이 매스 커뮤니케이션 연구에만 국한해서 문제가 되는 것은 아니다. "예컨대 셰리프는 현실에 대한 직접적 경험이 애매 모호한 상황을 기초로…… 사회적 효과를 연구하였고, 페스팅거는 물리적 현실에 대한 직접적 경험이 어려운 상황을 배경으로 사회적 비교 과정에 대한 연구를 하였다"(Tyler, 1980: 14).

연구에서는 언론 보도의 가치와 무관하게 순전히 언론 보도의 양이 사람들이 이슈에 대해 느끼는 현저성 salience 의 정도를 변화시킨다고 본다(McCombs & Shaw, 1972). 이와 같은 가정에도 불구하고 두 가지 점에서 의제 설정 연구 결과는 미디어가 다중에 대한 지각에 영향을 미치는 가능성을 제시한다. 첫째, 의제 설정 연구들은 미디어 의존 이론의 가정, 즉 매스 미디어에 비해, 개인 경험이 미치는 영향력이 제한적이라는 가정을 오히려 지지하는 결과들은 보여 준다. 둘째, 의제 설정 연구들은 사회적 판단의 '방향'에 미치는 미디어의 효과가 있음을 보여 주는 증거들을 제시한다.

의제 설정 연구는 연구에서 상정하는 수용자의 의제를 개인적인 것으로 규정하느냐 사회적인 것으로 규정하느냐에 따라서 나뉘어진다. 즉, '국가'가 직면하는 가장 중요한 현안으로 지각되는가, 응답자 '개인'이 중요하다고 생각하는 현안인가에 따라서 종속 변인이 나뉘어진다. 지금까지의 연구를 보면 매스 미디어는 개인적 이슈의 현저성보다는 집합적 이슈의 현저성을 사람들이 지각하는 데 있어서 보다 큰 효과를 갖는 것으로 알려져 있다(McLeod, Becker, & Byrnes, 1974; Becker, McCombs, & McLeod, 1975). 달리 말하면, 개인은 뉴스를 듣고 보았다는 이유로 어떤 문제를 개인적으로 자신에게 중요하다고 지각하지는 않지만, 그 문제가 다른 사람에게는 중요한 이슈, 즉 중요한 사회 문제라고 생각한다는 것이다. 이러한 연구 결과는 미디어 의존 이론의 주장과도 잘 부합된다. 의제 설정 연구가 개인적으로 중요시하는 이슈의 현저성에 초점을 맞출 경우, 개인 경험이 중요해지며 개인 경험이 미디어의 영향력을 압도한다. 그러나 집합적 타자에 대한 판단을 내릴 경우, 개인 경험은 별로 연관성을 갖지 못하며, 사람들은 사회에 대한 정보를 얻기 위해 매스 미디어에 의존하게 된다.

미디어가 이슈의 현저성과 관련하여 비개인적 영향력을 미친다는 증거를 제공하는 것 이외에도, 의제 설정 연구는 의도적이지는 않았지만 집합적 경험에 대한 지각에 미디어가 영향을 미친다는 경험적 증거도 제공했다. 이론적으로 의제 설정 연구는 미디어 보도의 양[방향과 상관없이]과 개별적인 정치적 이슈의 현저성을 동일시하려고 했다. 그러나 실제로는 조작적 정의를 통해 독립 변인과 종속 변인을 측정할 때 비개인적 영향력을 암시하는 효과의 방향도 고려하고 있었다. 예를 들어, 이슈 현저성을 측정할 때, 많은 연구자들은 응답자에게 국가가 직면하고 있는 가장 중요한 '문제점'이 무엇인지 말해 달라는 주문을 했다. 만일 많은 사람들이 중요한 '문제점'으로 범죄를 거론했다면, 그 이유는 그 사람들이 범죄가 좋다기보다는 나쁘다고 지각했기 때문이며, 범죄 문제가 사회적으로 없어진다기보다는 악화된다고 지각했기 때문이다.

　　의제 설정 연구의 독립 변인도 혼동의 여지가 있었다. 언론 보도의 방향성을 다루지 않는 이론적인 가정에 기초하지만, 의제 설정은 이슈에 대한 긍정적이거나 부정적인 뉴스에서 모두 나타나야만 한다. 즉, 경제가 나아진다는 뉴스 보도의 시청은 경제가 나빠지고 있다는 뉴스 보도만큼이나 이슈의 현저성을 높여야 한다.5 많은 의제 설정 연구들은, 현실적으로는 반드시 그렇지 않을 수도 있지만, 이론상으로는 독립 변인의 방향성을 고려하지 않았다. 맥쿠엔은 경제적 이슈와 관련하여 의제 설정 분석을 하면서 단지 '부정적인' 뉴스만을 따로 취급했다(MacKuen & Coombs, 1981). 그의 연구 결과는 의제 설정 효과와 관련해서 중요한 의미를 갖는다. 높은 현저성을 유도하는 것은 단순히 뉴스 보도의 양이 아니라 집합적인 경제 현실의 지각에 미치는 부정적 경제 뉴스의 효과라고 할 수 있다.

　　많은 이슈에 있어서 현저성과 방향성은 상응한다. 예를 들어, 실업, 인플레이션, 범죄, 교육, 빈곤과 같이 눈에 띄는 이슈들은 어느 한쪽의 방향을 가진다. 누구도 범죄에 찬성하고 교육에 반대하지 않는다는 의미에서 말이다. 그러므로 의제 설정 연구가 보여 준 많은 실제적인 증거들은 부정적인 뉴스 보도일수록 어떤 사안이 문제가 있다고 생각하게 만든다는 증거임이 드러난다. 다시 말해서 비개인적 영향력의 관점에서 지적하는 것처럼 미디어가 집합적 경험에 대한 지각을 변화시키는 사례라고 할 수 있다.

　　의제 설정 이론을 '순수하게' 검증할 수 있는 이슈는 아마 가치가 개입되어 눈에 띄는 것보다 오히려 사람들이 입장을 가지고 있는 이슈 position issue 라고 할 수 있다. 예를 들어, 낙태가 '가장 중요한 문제'라고 말하는 사람은 낙태 보조를 위한 연방 정부의 기금이 부족하다는 입장이나 또는 반대로 그것을 금지하는 법률이 부재하다는 입장에 기초하여 문제를 제기할 것이다. 이 경우 이슈에 대한 입장과 상관없이 뉴스 보도량에 관심을 기울이는 것은 이슈의 현저성을

5. 현저성에 대한 측정이 '문제점'이라는 개념 속에서 조작적으로 정의될 때, 의제 설정에 대한 이러한 해석은 분명히 우리의 직관과는 반하는 것이 될 수 있다.

예측하는 목적에는 잘 부합한다. 하지만 지금까지 의제 설정 연구는 사람들이 특정한 입장을 취한 이슈보다는 가치가 개입된 이슈에 더 초점을 맞추었고, 따라서 의제 설정 연구의 결과는 뉴스 보도의 긍정적이거나 부정적인 색채가 집합적 차원의 사회 현실에 대한 지각을 바꾸어 놓는다는 증거와 분명히 구분되지 않았다. 아이러니컬하게 의제 설정 이론과 관계된 개념들을 애매하게 혹은 부적절하게 조작적 정의함으로써, 결과적으로 몇몇 연구들은 의도하지 않은 바이지만, 미디어가 집합적 사회 현실에 대한 지각에 영향을 미치는 데 중요한 역할을 한다는 비개인적 영향력의 핵심 전제에 부합하는 증거들을 보여 주었다.

2) 점화 효과

일련의 혁신적인 실험을 통해서 의제 설정의 기본 아이디어를 좀더 정교화시키면서, 아이옌가와 킨더는 매스 미디어가 어떤 문제에는 주목하고 다른 문제는 무시함으로써 유권자가 정부나 정치 지도자들의 업적을 평가하는 데 이용하는 기준을 바꾼다고 주장했다(Iyengar & Kinder, 1987). 뉴스에서 강조하는 바에 따라 특정 이슈를 사람들의 마음 속에 부각시킴으로써, 공중이 정치 지도자들의 업적을 평가할 때 특정 이슈에 좀더 무게를 두도록 점화 *prime* 시킨다는 것이다. 하지만 의제 설정과 비슷하게, 점화 효과의 이론적인 논의에서 방향성은 다루어지지 않았다. 뉴스 기사는 특정 문제가 치유되는지 악화되는지에 대한 지각을 조작하기보다는 이슈가 사람들의 마음에 '호소될 수 있는 접근 가능성'을 조작한다는 것이 점화 효과의 설명이다.

아이옌가와 킨더의 점화 효과 연구에서 실험 조작은 이슈에 대한 부정적 뉴스를 이용하여 실시했다. 이 실험에서는 응답자들에게 실업률, 인플레이션, 오염 등이 심각해진다는 뉴스를 보여 주었다. 의제 설정과 마찬가지로, 경제가 좋아진다는 텔레비전 보도 역시 부정적 뉴스만큼이나 정치 지도자의 업적을 평가하는 데 있어서 그 이슈에 부여된 중요성을 높일 수 있다는 것이 점화 효과의 이론적 기초이다. 의제 설정과 비교해 볼 때 이러한 가정이 점화 효과에 적용될 가능성이 더 높을 수는 있다고 보이나, 이와 관련된 증거는 아직까지 별로 없다. 한가지 예외가 있다면, 실험 처치 집단에게 카터 대통령의 대외 정책에 대해 긍정적 뉴스와 부정적 뉴스를 모두 보여 주었던 실험 연구이다. 비록 연구자들이 점화 효과가 성공이나 실패에 대한 뉴스 보도 모두에서 나타나는 증거로 이 실험을 지목하지만, 연구 결과를 보면 '긍정적 뉴스'를 처치했던 상황에서는 종속 변인을 예측하는 데 일반적으로 말하는 통계적 유의성을 보이지 않았다.

　　의제 설정 효과 및 점화 효과에서 어떤 이슈는 방향과 무관하게 뉴스 보도량만 가지고 그 효과가 발생할 수도 있다. 하지만 지금까지의 증거들은 많은 경우에 있어서 정보의 접근 가능성뿐만 아니라 이슈가 상정하는 방향과 관련한 효과도 발생함을 보여 준다. 사람들은 매스 미디어 보도의 결과로 문제가 되는 상황이 악화된다고 지각할 수 있으며, 나아가 이러한 부정적 지각은 특정 이슈의 현저성의 정도를 높인다. 간단히 말해서 의제 설정, 점화 효과 모두 이론적으로는 대중적 경험에 대한 미디어의 묘사가 사회 현실에 대한 지각을 변화시킨다는 명제에 기초하지는 않지만, 많은 연구 결과는 이런 가설도 함축하고 있다는 점을 보여 준다. 즉, 미디어는 주어진 이슈에 부여된 현저성의 정도나 정치 지도자들을 평가하는 데 사용되는 기준 이상의 것을 변화시킨다.

3) 위험에 대한 지각

　　정치적인 문제를 직접적으로 다룬 연구 이외에도, 비개인적 형태의 미디어 효과와 연관해서 질병이나 교통 사고나 범죄와 같은 위험을 사람들이 지각하는 데 커뮤니케이션이 어떤 효과를 미치는지를 살펴본 연구들도 정리해 볼 필요가 있다. 개인적 차원에서 위험과 관련한 행동을 변화시키는 것을 목표로 삼는 캠페인에 대한 연구들은 언제 언론 보도가 중요하고, 중요하지 않은가에 대한 풍부한 정보를 제공한다. 예를 들어, 범죄에 대한 엄청난 양의 언론 보도는 시청자나 독자로 하여금 자신의 개인적 안전이 위협받고 있다고 생각하도록 만들 수 있다. 그러나 실제로는 그렇지 않다. 거듭된 연구들을 보면 이러한 예상이 틀렸다는 점을 알 수 있다. 매스 미디어는 흡연을 비롯한 건강 문제(Mendelsohn et al., 1981), 안전 벨트 착용(Robertson, 1975), 피임약의 사용(Udry et al., 1972)과 관련하여 개인적인 태도나 행동을 변화시키는 데 있어 매우 제한적인 효과가 미치고 있음을 일련의 연구들은 지적한다. 게다가 범죄와 관련하여 엄청나게 많은 보도가 있음에도 불구하고, 이와 관련한 연구를 보면 매스 미디어에 노출되는 것과 범죄에 희생당할지 모른다는 개인적인 공포 사이에는 전혀 관계가 없거나 약한 관계가 있는 것으로 나타난다(Tyler, 1980; Skogan & Maxfield, 1981; Gordon & Heath, 1981).

연구 결과가 축적되면서 행동을 변화시키는 데 있어 매스 미디어로부터 전달되는 정보는 상대적으로 무력하다는 지적이 팽배해졌다. 미디어의 효과가 제한적이라는 사실은 범죄 희생을 예방하기 위해 개인적 행동을 변화시키려는 사람들에게 있어서는 난제로 떠올랐다. 위험과 관련한 객관적 통계조차도 자신과 관계없는 타인들에 대한 정보로 해석되는 경향이 있으며(Tyler & Lavrakas, 1985; Dunwoody & Neuwirth, 1991), 미디어 캠페인은 위험을 예방할 행동을 유발할 능력이 제한되어 있음이 지적되어 왔다.

하지만 위험에 대한 지각과 관계된 연구 결과는 매스 미디어 보도가 어떤 특정한 효과를 미치고 있음을 보여 준다. 즉, 미디어의 효과는 주로 비개인적 세계에 대한 추론에 미친다는 점을 의미한다. 예컨대, 미디어는 범죄율의 판단에 실질적인 영향을 미치며(Skogan & Maxfield, 1981; Tyler, 1980), 보다 일반적으로는 사회적 차원의 판단에 영향을 미친다는 것이다(Mazur & Hall, 1990). 미디어가 개인적 차원의 판단에는 거의 영향을 미치지 못하지만 사회적 차원의 판단에는 유의미한 영향을 미친다는 결과가 반복되자, 타일러와 쿡은 이를 '비개인적 효과 impersonal impact'[6] 가설이라고 명명했다(Tyler & Cook, 1984). 다른 연구에서와 마찬가지로 이들은 매스 미디어의 정보가 사회 문제의 빈도나 심각성에 대한 지각에는 영향을 주지만, 개인적 차원에서 이것이 개인의 문제라고 판단하게 하는 데는 영향을 주지 않는다는 점을 발견했다(Tyler, 1980, 1984; Pilisuk & Acredolo, 1988). 예를 들어, 범죄 뉴스는 사람들로 하여금 범죄가 중요한 사회적 문제임을 깨닫게 만들 수 있지만, 사람들이 개인적으로 범죄 예방에 더 주의를 기울이도록 만들지는 못한다는 것이다. 이러한 연장선상에서 또 다른 연구들을 보면, 흥미롭게도 신문에서 얼마만큼 범죄를 보도하는가의 여부가, 집 부근의 동네는 아니지만 그외의 지역에서 범죄와 맞닥뜨릴지도 모른다는 사람들의 공포감과 관계가 있는

---

6. 위험에 대한 지각을 중심으로 제안된 비개인적 효과 impersonal impact 와 이 책 전반에서 다루는 이론적 틀로서의 비개인적 영향력 impersonal influnce 을 구분해야 한다. 저자는 비개인적 영향력을 타일러와 쿡의 비개인적 효과 가설을 포괄하는 좀더 큰 상위 개념으로 상정하고 있다. ― 옮긴이

것으로 나타난다. 다시 말해서 미디어는 때때로 개인적 공포감에 영향을 주지만, 그 상황은 [거주지와] 매우 멀리 떨어져 있을 때라는 것이다(Hearth, 1984; Heath & Petraitis, 1984).

개인적 위험에 대한 판단을 형성하는 데 있어 언론 보도보다는 개인 경험이나 [대인 커뮤니케이션과 같은] 사회적 네트워크를 통해 전달된 경험이 사람들에게 더 영향이 크다.7 미디어는 세계에 대한 일반적인 정보를 확산시키는 데 있어서는 핵심적인 역할을 하지만, 사람들은 자신의 개인 생활에 대한 인상을 형성할 때에는 자신의 근처에 있는 사건에 대한 정보를 활용한다. 이는 사람들의 태도와 행동을 변화시킨다는 목적을 가지고 있는 캠페인 기획자들에게 있어서, 미디어의 역할이 덜 중요함을 의미한다. 그러나 대중의 정치 태도에 관심이 있는 사람에게 있어서는 매스 미디어의 역할은 오히려 보다 핵심적이고 중심적인 위치를 차지하는 것으로 보인다. 그 까닭은 사람들의 정치적 선택에 있어서 가장 중요한 것은 집합적 차원에 대한 판단이기 때문이다. 즉, 개인적 차원의 판단은 정치화되지 않는 경향이 있지만, 집합적 차원의 현상은 정치, 정치인과 쉽게 연결되기 때문이다.

4) 문화 계발 효과 가설

미디어가 집합적 현실에 대한 지각을 형성한다는 생각에 신뢰성을 더해 주는 또 하나의 연구 영역은 '문화 계발 *cultivation*' 효과 가설이다. 문화 계발 효과란 텔레비전이 시청자들의 사회 현실에 대한 지각을 배양할 수 있는 엄청난 능력을 가진다는 것을 뜻한다. 거브너와 동료들은 주요 시청 시간대의 프로그램에 대한 내용 분석과 서베이 조사를 병행했으며, 텔레비전 드라마가 사회 현실에 대한 왜곡된 지각을 배양한다고 주장했다(Gerbner & Gross, 1976; Gerbner et al., 1977). 예컨대, 폭력 범죄 사건에 대한 왜곡된 지각은 범죄 사건을 왜곡되게 재현하는 텔레비전 프로그램에 많이 노출된 때 생겨난다는 것이다. 거브너의 "두려운

---

7. 스코간과 맥스필드는 미디어의 보도 방식도 이러한 결과를 낳게 하는 원인이라고 지적한다. 예를 들어, 범죄 보도에 있어서 사건의 현장은 멀리 떨어진 것으로 그려지며 그 위치도 구체화되지 않는다. "범죄에 대한 대부분의 언론 보도는 자신의 위험을 평가하려는 수용자들에게는 별로 유용한 정보를 담고 있지 않다"(Skogan & Maxfield, 1981: 182).

세상 가설"에서는 텔레비전 노출이 시청자의 마음 속에 공포심을 배양하며, 자기 보호를 위해서 시청자들은 정치적으로 침묵하고 정치적 권위에 순응하려 한다고 주장한다.

거브너의 초기 연구는 텔레비전이 사회 현실의 지각에 미치는 효과에 관한 후속 연구들을 촉발시켰지만, 이 후속 연구들이 초기 연구의 모든 가정을 받아들인 것은 아니다. 구체적으로 말해서 많은 연구들은 텔레비전 오락물이 시청자들의 정신 속에 실제 세계가 아닌 텔레비전 세계의 허구적인 상을 계발 또는 배양한다는 아이디어를 검토한 것이다.

텔레비전 시청[독립 변인]과 다양한 종속 변인들 — 폭력이 만연하고 있다는 믿음, 가족 구조, 대인적 불신, 범죄 희생에 대한 공포, 성 역할, 가족의 가치, 노인에 대한 이미지, 의사에 대한 태도, 인종 문제에 대한 우려 — 사이에 정적인 상관 관계가 있다고 많은 연구들에서 주장하지만, 사실 가외 변인을 통제한 후 좀더 엄밀하게 검토해 보면 이러한 관계들로 인과성을 이야기하기는 어렵다(Hirsh, 1980; Hughes, 1980; Doob & MacDonald, 1979). 텔레비전을 많이 시청하는 중시청층도 인구학적인 변인의 수준에 따라 태도에 있어서 체계적인 차이가 나타나며, 따라서 텔레비전을 원인으로 설정하기 어렵게 만든다.

공중 보건국의 권고위원회를 위해 실시된 문화 계발 효과 연구들을 재고찰한 호킨스와 핀그리는, 문화 계발 효과 연구에서 이제까지 밝혀진 관계들은 텔레비전 시청과 사회 현실에 대한 인구학적 수치의 관계, 즉 '1차적 차원'의 신념 사이에 나타난 것에 불과하다는 중요한 지적을 한다(Hawkins & Pingree, 1982). 이와 같은 측정은 사건의 빈도나 발생 확률(가령 범죄율) 등에 대한 개인의 평가를 이야기하며, 이러한 측정은 개인적 태도(가령 범죄에 대한 개인적 공포나 희생당할지 모른다는 공포)와 관계 있는 "2차적 차원"의 신념과는 구분되어야 한다는 것이다. 텔레비전이 미치는 영향력을 살펴보는 데 있어 가외 변인의 역할을 고려한다면 대부분의 연구 결과는 위의 2차적 차원의 신념에 미치는 효과를 발견하기 어렵다. 다시 말해서 텔레비전을 시청하는 것이 폭력에 대한 개인적 공포, 타인에 대한 불신, 권위의 수용 등을 유도한다는 가설은 설득력을 잃게 된다(Hawkins, Pingree, & Adler, 1987; Potter, 1991).

앞서 정리한 이론적 접근과 역시 마찬가지로, 문화 계발 효과 연구에서도 애초에 의도하지는 않았지만 미디어의 영향력이 그 성격상 비개인적이라는 아이디어를 지지하는 결과를 보여 주었다. 위험과 관련한 판단에 미치는 텔레비전의 비개인적 효과와 마찬가지로, 문화 계발 효과 연구는 텔레비전이 인구학적이고 집합적인 특성에 대한 지각에는 영향을 미치지만 수용자의 개인적 관심사를 바꾸는 데는 영향력이 없다는 것을 제시했다. 또한 판단을 하는 환경의 인접성에 (지역적인 것이냐 전국적인 것이냐에) 따라 사람들이 판단을 위해 활용하는 정보의 종류가 다르며, 텔레비전은 주로 대규모의 사회 현상에 대한 판단과 관계된다는 점도 보여 주었다(Adoni & Mane, 1984).

커다란 사회 환경에 대한 판단에 미치는 영향과 개인적 태도에 미치는 영향이 다른 이유는 무엇인가? 문화 계발 효과에 숨겨져 있는 과정을 이해하려고 시도했던 연구들은 그리 많지 않았지만, 이와 관련하여 지금까지 수용자의 정보 처리 전략의 유형에 중심을 둔 설명이 가장 눈에 띈다. 정보 처리 전략은 집합의 크기에 대한 판단, 즉 특정 대상, 인물, 행동의 일반성에 대한 수량적 평가를 기저로 하고 있다. 판단을 내리는 데 있어서 가장 손쉬운 전략은 가장 마음에 먼저 떠오르는 사례처럼 가장 쉬운 것에서 출발하여 집합의 크기를 추론하는 자기 발견적 추론 방식인 휴리스틱 *heuristic*[8]을 이용한 정보 처리이다. 몇 가지 특징적인 미디어 묘사는 텔레비전을 많이 시청하는 수용자들이 특정한 사건의 유형을 보다 체계적으로 기억할 수 있게 만든다. 특히, 미디어가 묘사하는 사건의 빈도, 시사성, 생생함, 특이성은 이 사건들을 보다 쉽게 기억하게 하여, 집합체에 대한 판단으로 보다 쉽게 투입되도록 만들 수 있다(Shrum, 1995).

문화 계발 연구에서 다룬 많은 이슈들은 분명 정치적 의미를 지니고 있지만, 정치 뉴스와 관련하여 직접적으로 문화 계발 효과를 살펴본 경우는 드물다. 텔레비전 오락물은 장기적으로는 사회 문제에 대한 지각의 형성에 책임이 있지만, 선거에서 중요하게 여겨지는 단기적인 사회적 사건의 부침 현상에 대한 정보를 전달하는 데 있어서는 뉴스 프로그램이 훨씬 중요하다. 사람들은 매우 합리적으로 기본적인 정보의 차원으로 뉴스에서 전달되는 정보에 정치적으로 설득되기도 하지만, 일반적으로 이 정보를 개인적 영역의 차원으로는 적용하지는 못한다.

---

8. *heuristic*을 편의 책략이라고 번역하기도 한다. 하지만 스키마 등의 개념을 그대로 원어로 쓰는 것과 같이 휴리스틱도 그대로 원어를 쓰는 것이 더 적절하다는 판단 아래 앞으로의 번역에서도 휴리스틱이라는 용어를 사용하였다. ― 옮긴이

일반적으로 사람들은 텔레비전 오락물이 현실을 정확하게 묘사한다고 생각하지는 않는다(Potter, 1986; Shrum, Wyer & O'Guinn, 1994). 따라서 사람들이 사건에 대한 허구적이 설명을 마음 속에 떠올려 집합적 차원의 판단을 내리게 되는 상황은, 사건이 가상의 허구라는 것을 생각하지 않을 정도로 사건과 관련한 배경이 과연 무엇이었던가에 대해 별로 고민하지 않는 경우에 나타난다고 볼 수 있다. 이는 문화 계발 효과의 발생이 사건과 이슈에 대한 저관여 상황으로 국한되는 것을 의미한다. 즉, 집합적 차원에 대한 판단 과정이 저관여의 정보 처리 과정에 의존하기 때문이다. 그러나 뉴스에 의한 문화 계발 효과를 생각할 때는 고관여의 정보 처리 과정을 상정해 볼 수 있다. 그러나 지금까지 소수의 연구들이 이러한 뉴스 미디어에 의한 문화 계발 효과의 가능성을 검토했을 뿐이다(예컨대, Adoni, Cohen, & Mane, 1983). 주요 시청 시간대의 여타 프로그램에 대한 연구에서와 마찬가지로 뉴스와 관련한 분석에서도 미디어가 묘사하는 세계는 실제 세계와 다르며 그 차이를 식별해 낼 수 있다고 가정한다.

5) 정치 학습

뉴스 미디어가 사회 현실이나 정치 현실을 정확하게 반영할 때, 그 정보의 수용은 정치 학습이라고 불리며, 이는 매스 커뮤니케이션에 노출되어서 생기는 결과 가운데 하나이다(Clarke & Kline, 1974). 매스 미디어가 정치 학습의 효과를 가져온다는 증거는 적어도 베랠슨과 동료들의 고전적 연구(Berelson, Lazarsfeld, & McPhee, 1954) 이후로 계속 나타났으며, 최근의 연구들도 매스 미디어의 정치 학습 효과를 보여 준다(Neuman, Just & Crkgler, 1992; Patterson & McClure, 1976). 정치 학습 효과와 관련한 연구 대부분은, 핵심적인 정치 인물을 식별할 수 있는 능력, 핵심적인 사건이나 그 의미를 지각할 수 있는 능력 및 후보자들의 [정치적] 입장을 식별할 수 있는 능력과 같은 사실적 지식에 초점을 맞추었다. 이러한 유형의 지식은 뉴스 미디어 이용의 정도와 전형적인 상관 관계를 보이지만, 사실 미디어의 영향과 매우 밀접한 관련성이 있는 교육 수준의 효과와 구별하기는 어렵다.

뉴스 환경을 정기적으로 모니터하는 것이 변화하는 상황에 대해 정확한 인상을 유지할 수 있는 가장 손쉬운 방법이기 때문에, 사람들의 집합적 현실에 대한 인상에 영향을 주는 데 있어서 미디어는 주 관심 대상이다. 그러나 사회 현실의 지각에 미치는 미디어의 영향에 대한 많은 연구들은 객관적 현실이라는 것을 통제하고 진행되어 왔기 때문에, 사실 매스 미디어가 대중에게 부정확한 지각을 전달할 때 가장 쉽게 관찰되는 경향이 있다. 그러나 특정 영역에는 객관적인 지수가 존재함에도 매스 미디어가 특별한 방향으로 지각에 영향을 미치는 일들은 어떻게 발생할 수 있을까? 전통적인 뉴스 가치와 관행은 사회 문제의 범위나 심각성에 대한 객관적 지수와 집합적 차원의 현실에 대한 지각이 잘 융화되지 않도록 만들었다. 이와 관련하여 4장에서 집합적 경험을 언론이 묘사할 때 영향을 미치는 요인들에 대해 상세히 논할 것이다. 이 장의 목적은 단지 개략적인 명제를 제시하는 것이기 때문에, 다음 절에서 집합적 차원에 대한 지각을 낳게 하는 요인들을 기초로 모델을 제시해 보고, 이 모델에 입각하여 실시된 두 가지 경험적 연구의 결과를 소개하겠다.

5. 사회적 지각에 미치는 영향력의 모델화

이 장은 매스 미디어가 집합적 경험 및 의견에 대한 사람들의 지각에 영향을 미치는 주요 정보원이라는 발상을 가지고 출발했다. 하지만 매스 미디어가 유일한 요인이라고 상정하고 여기서 그친다면 지나치게 단순한 것이 된다. 여기서의 관심사는 사람들의 지각이 과연 매스 미디어에 의해서 형성되는가 아니면 개인 경험이나 대인 커뮤니케이션을 통해서 형성되는가를 단적으로 구분하려하는 것이 아니다. 매스 미디어 또는 다른 사람과 개인 경험을 통해 얻은 정보들을 과연 사람들이 어떻게 통합시키는가를 살펴보는 것이 핵심적인 관심사이다. 지금까지 개인 경험이 가장 중요한 영향을 미친다는 것이 기정 사실로 여겨졌기 때문에, 사실 직접적 경험과 간접적 경험을 통합하여 연구한 사회 과학자는 거의 없었다. 그러나 이 기정 사실의 타당성은 앞으로의 연구를 통해 판단해 볼 문제이다.

지금까지 검토한 연구 성과들에 기초하여 여기서는 두 가지 일반 모델을 제시한다. 그림 3-1의 두 모델은 다양한 원천에서 나온 정보들이 어떻게 통

집합적 경험에 대한 지각

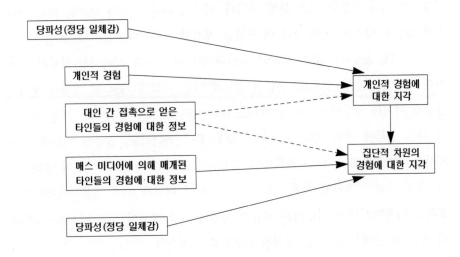

집합적 의견에 대한 지각

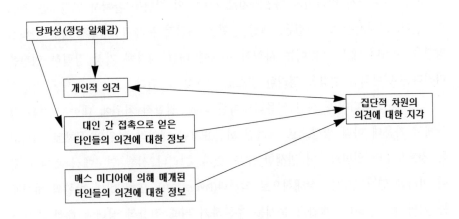

그림 3-1. 집합적 차원의 판단에 영향을 미치는 요인

윗부분의 그림은 부분적으로 타일러(1980)의 모델에 기초함.

합되어 궁극적으로 정치 태도에 영향을 미칠 집합적 차원에 대한 지각을 형성하는가를 보여 준다. 이 두 모델은 개념들 사이에서 있을 수 있는 모든 관계들을 설명하기 위해 고안된 것은 분명 아니다. 다중에 대한 지각과 관계된 핵심 사항들에 초점을 맞추고자 한 것이 이 모델을 제시한 목적이다.

그림 3-1에서 위는 범죄와 관련한 판단의 기원을 이야기한 타일러가 제시한 모델에 기초한 것으로, 집합적 경험에 대한 지각의 기원 및 그것이 정치적 판단에 미치는 영향력을 나타낸다(Tyler, 1980). 판단의 차원에 따라서 특정 정보원이 다른 것들에 비해 좀더 중요한 역할을 한다 하더라도, 집합적 경험에 대한 지각은 개인적으로 또한 사회적으로 구성된다는 것을 이 그림은 보여 준다. 먼저, 개인 경험은 개인적 차원, 달리 말해 개인이 어떠한 지에 대한 판단에 주로 효과를 미치며,9 매스 미디어는 집합적 차원에 대한 판단에 주로 효과를 가진다. 이 점은 이 장에서 훑어 본 방대한 문헌들과 일치한다.

그리고 문헌적인 근거가 다소 미약하지만, 이 모델에서는 대인 커뮤니케이션이 개인적 지각과 사회적 지각 모두에 영향을 미친다고 설정했다. 비공식적인 사회 접촉 역시 미디어와 마찬가지로 사람들의 경험을 합쳐서 반영되는 것을 의미한다. 그렇지만 이 그림은, 개인 경험은 개인적 문제의 지각에 가장 강력한 영향을 미치며 매스 미디어는 사회적 문제에 대한 지각에 가장 강력한 영향을 미친다는 일반적인 주장을 정리한 것으로 이해할 수 있다.

매스 미디어와 대인 커뮤니케이션 외에, 집합적 차원에 대한 지각은 상단에서 가운데 아래 방향으로 그려진 화살표처럼 개인적 차원의 문제로 지각되는 것으로부터 일반화되어 발생할 수도 있다. 그러나 선행 연구에서 보여 주듯이 이러한 연결 고리는 상대적으로 약하다(Potter, 1991). 또한 반대 방향의 화살표는 거의 불가능하다. 개인적 문제를 추론하기 위해 집합적 상태에 대한 정보를 활용하는 사람은 거의 없다고 볼 수 있다. 마지막으로, 정당 일체감(또는 당파성)은 개인적 차원의 관심이나 집합적 차원의 지각 모두에 영향을 미칠 수 있는 잠재

---

9. 객관적인 개인 경험과 개인 경험에 대한 주관적 의식 사이의 차이를 구별함으로써 생기는 유용성은 범죄나 실업과 같은 이슈를 연구할 때 가장 명백하게 나타난다. 개인은 몸소 범죄에 희생된 경험을 가지고 있어서 그 결과 자신이 보다 커다란 개인적 위험에 처해 있다고 지각할 수도 있다. 그러나 개인 경험은 개인적 문제로서 이슈를 지각하는 데 있어 필요 조건도 아니고 충분 조건도 아니다.

성을 가지고 있다. 그림에서 정당 일체감으로부터 나오는 화살표들은 집합적 경험에 대한 지각을 왜곡시키게 하는 정치적 선유 경향의 역할을 나타낸다.

　　이 모델이 갖는 몇 가지 함의는 의미가 있다. 먼저, 이 모델이 암시하는 바는, 매스 미디어가 없고 대인 커뮤니케이션에만 의존하는 사회에서 사회 환경에 대한 사람들의 지각은 필연적으로 자신의 개인 경험이나 친분이 있는 사람들의 경험으로부터 형성된다는 것이다. 이 경우 모델의 중앙에 있는 개념들이 서로 연결되고 개인의 문제 및 사람들이 사회 문제라고 지각하는 것은 서로 비슷해질 것이다.[10] 한편 미디어가 직접적인 생활 공간을 넘어서 존재하는 세계에 대한 독립된 관념을 형성시키는 유일한 수단일 경우, 미디어는 개인적 차원의 판단과 사회적 차원의 판단을 분리시키는 데 핵심적인 역할을 수행하게 된다. 이 모델이 암시하는 또 하나의 부분, 개인적 판단과 사회적 판단을 연결시킬 수 있는 정도는 비교하는 집합체의 종류에 따라 다를 수 있다는 것이다. 개인적 차원과 사회적 차원의 지각에서 나타나는 격차는 국가적인 문제에 대한 지각에서 가장 클 것이며, 지역적인 이슈에서는 판단의 격차가 점점 줄어들 것이다.[11]

　　그림 3–1의 아래는 집합적 의견에 대한 지각의 기원을 나타낸다. 위의 모델과 비교해 볼 때 나타나는 가장 커다란 차이는 바로 개인적 의견과 집합적 의견에 대한 지각을 연결하는 피드백 고리 부분이다. 집합적 의견에 대한 지각의 기원 및 이에 영향을 주는 효과를 연구하는 데 있어서 피드백 관계의 존재는 방법론적인 난점들을 만들어 내는 가장 커다란 원인이다. 이 모델에서는 사람들 간의 사회적 네트워크도 집합적 의견에 대한 지각에 영향을 미친다고 가정한다. 오랜 기간에 걸쳐 형성되고 유지되는 정당 일체감은 개인적 의견 및 사회적 접촉의 성격에 영향을 미치며, 따라서 집합적 의견에 대한 지각에도 간접적인 영향을 미치게 된다. 반대로, 정당 일체감은 소비하게 되는 일상적인 뉴스의 유형에는 별로 영향을 미치지 않는 것으로 가정한다(Mutz & Martin, 1997).

　　그림 3–1의 두 모델은 집합적 의견에 대한 지각과 집합적 경험에 대한

---

10. 선행 연구에서 당파적 합리화의 몇 가지 요소가 이러한 판단에 개입된다는 지적이 있었다. 가령, 내가 현재의 지도자를 좋아하지 않는다면 나는 비관적인 평가를 국가적인 상황에 투사할 수도 있다.

11. 주와 같은 지역 단위에 대한 지각이 미디어의 정보를 통해서 얻어질 수도 있지만, 개인 경험으로부터 일반화시키려는 사람들의 경향은 집합적인 것의 단위가 가정 정도로 축소될수록 더 커지는 것으로 나타난다(Mutz, 1992b).

지각에 미치는 요인이 명백히 다르다는 것을 보여 주지만, 중요한 유사성이 존재한다는 점도 보여 준다. 양자의 경우에 있어서 사회 환경에 대한 신념은 개인적 정보와 사회적으로 전달된 정보의 통합을 통해 결정된다. 게다가 두 모델에서는 모두 언론 보도가 정치적 상황에 중요한 단기적 변화를 발생시키는 데 있어서 핵심 역할을 담당한다. 집합적 경험의 경우, 매스 미디어 정보에 쉽게 접근할 수 있는 사람들이 미디어 보도를 반영하는 지각을 형성하게 되며, 반대로 지역적 정보원에 의존하는 사람들은 직접적 환경을 반영하는 지각을 갖게 된다. 그리고 집합적 의견의 경우에 있어서는, 세 가지 주요 요인 가운데 두 가지는 정당 일체감과 직접적으로 연결되어 있으며, 언론 보도는 대중 의견에 대한 지각을 단기적으로 변화시키는 핵심 요인이 된다.

6. 두 가지 경험적 사례

그림 3–1에서 제시한 미디어의 비개인적 영향력을 살펴보기 위해 실시한 두 가지 경험적 연구 사례를 소개하면서 이 장을 마치고자 한다. 첫번째는 집합적 의견에 대한 지각에 미치는 미디어의 영향력과 관련한 준실험 *quasi-experiment* 연구의 결과이고, 두 번째는 집합적 경험에 대한의 지각에 미치는 미디어의 영향력을 측정해 보기 위해 설계된 두 가지 서베이 조사의 결과이다.

1) 집합적 의견에 대한 지각에 미치는 미디어의 영향

미디어 효과를 연구하는 데 있어서 방법론적인 약점 가운데 하나는, 어떤 이슈와 관련하여 정상적이고 안정적인 정보의 흐름이 변하게 되는 시점, 이에 따라 여론의 변화가 발생한 시점이 과연 언제인가를 정확히 예측할 수 없다는 데 있다(Zaller, 1996). 더욱이 여론 변화를 나타내는 데 기준이 되는 수치를 얻기 위해 준비하려고 충분한 시간적 여유를 갖는 경우도 거의 드물다. 사후적으로 실시되는 통계적인 통제는 이러한 것을 감안한 차선책일 수 있다. 하지만 개인의 의견과 지각된 의견 사이 상호 간에 서로 영향을 주고 받을 수 있다는 점 때문에, 아무리 뛰어난 연구 모델을 기술적으로 이용한다고 하더라도 미디어 영향력의 방향을 수립하는 것은 어려울 수 있다.[12]

장기간에 걸쳐 실시된 이 준실험 연구는 사건 및 보도 자료에 신문사가 수동적으로만 대응하는 것을 극복하기 위해 상당수의 미국 신문이 채택한 새로운 관행을 이용하여 계획되었다(자세한 내용은 Mutz & Soss, 1997 참조). 최근 많은 신문사가 새해를 맞이하면서 한 해 동안 뉴스 기사에서 강조될 의제를 선택하여 사설을 통해 의제 설정을 시도해 보려는 관행을 채택하기 시작한 점을 이 연구에서 활용했다.

대다수의 신문이 이와 같은 관행을 채택하면서, 신문사는 단순히 특정 이슈에 대한 보도를 부각시키는 것에 그치지 않았다. 문제에 대한 특정한 해결책을 옹호하였고, 주 당국이나 지역의 정책 결정자들이 좋아할 만한 구체적인 정책도 제시하였다. 어떤 주장은 별로 논란의 여지가 없었지만(예를 들어, "거리의 범죄를 소탕하라"), 때로 특정 입장은 많은 논란의 여지가 있었다("세금 감면 정책을 통해 산업의 성장을 촉진시켜라" 또는 "증오 담화 정책 *hate speech policy*"은 표현의 자유에 반하니 비판받아야 한다").

보통 논설위원들이 의제를 선택하기는 했지만, 의제 설정은 사설의 내용에만 국한된 것만은 아니었다. 예를 들어, 이 연구에서 살펴본 신문사에서는 1년 내내 선택한 이슈에 대한 사설뿐만 아니라 뉴스 보도 자체를 늘리려고 노력하였다. 즉, 사건의 흐름에 단순히 반응하기보다는 기자들이 미리 선택된 토픽에 대한 기사로 신문의 섹션을 시작하도록 장려하였으며, 정책에 대한 구체적인 입장은 사설에서 변론하였다.[13]

이 연구에서 설정한 지역 내의 두 가지 신문 가운데 한 신문이 이와 같은 의제 설정 전략을 구사하고 있었다. 이는 의제 설정을 계획한 신문(이하 의제

---

12. 몇몇 연구들은 탐사 보도의 영향력에 초점을 맞춤으로써 이러한 난점을 비켜갔다. 탐사 보도의 경우 기자들은 연구자들에게 기사의 내용을 미리 알려 주면서 잘 협조해 준다(Protess et al., 1991). 이러한 연구들은 개인적 차원의 판단 및 사회적 차원에 대한 판단에 미치는 미디어의 영향을 연구하는 데 있어 유용한 시사점들을 보여 주었다. 그러나 특성상 탐사 보도가 많지 않고 간헐적으로 나타나기 때문에, 이러한 형태의 언론 보도는 시간을 거치면서 누적되어 생기는 통상적인 효과를 연구하는 데는 별로 도움을 주지 못한다.

13. 이 프로젝트에서 연구 대상으로 설정한 신문들은 주나 지역에 중요성을 갖는 이슈를 의도적으로 선택하였다. 이러한 결정은 대중이나 정책 결정자들에게 영향을 미칠 수 있는 최선의 기회가 주나 지역의 차원에서 주어진다는 신문사 내부의 믿음을 반영한 것이다.

설정 신문)과 다른 일간 신문에 대한 독자들의 의견을 비교하기 위한 현장 실험에 적합했다. 또한 신문사의 논설위원들의 협조를 구해 다음 해의 의제가 공식적으로 공표되기 이전에 미리 입수할 수 있었고 기준이 되는 여론의 동향을 미리 살펴볼 충분한 시간적 여유를 가질 수 있었다.

1991년에는 저소득자 주택 문제가 10개의 이슈 가운데 하나로 선택되었다. 새해 첫날 이 신문은 전면에 걸쳐 의제의 설정에 관한 기사를 실었고, 특정 이슈가 선택된 이유가 무엇인지 상세히 설명했다. 저소득자 주택에 대한 문제에 있어서, 논설위원진은 두 가지 목표를 추구하고 있었다. 첫째는 공동체 내에서 저소득자 주택 문제의 일반적 인지도를 높이는 것이었고, 둘째는 공동체에서 새로운 주택 사업을 할 때 저소득자 주택을 포함시킬 것을 요구하는 정책을 지지하는 것이었다.

이 연구에서 실시한 준실험은 신문 구독 지역에 사는 응답자들을 대상으로 연속적으로 단면적인 *cross-sectional* 서베이를 하는 것으로 설계되었다. 응답자들은 신문 구독 습관에 따라 선별되었는데, 구체적으로 응답자들이 정기적으로 의제 설정 신문을 읽고 있는가, 다른 일간 신문을 읽고 있는가, 아니면 전혀 신문을 읽지 않는가에 따라서 표본은 세 가지 집단으로 구분되었다.[14] 세 집단 각각에 대한 무선 표본은 1년 동안 네 번에 걸쳐 수집되었다.

저소득자 주택과 관련한 이슈에 대한 태도의 기준치는 1990년 늦가을 조사에서 측정되었다. 그리고 나서 연초에 의제가 공표된 이후 1991년에 세 차례에 걸쳐 추가로 인터뷰를 실시했다. 이슈에 대한 개인적 의견,[15] 이슈의 개인적 현저성,[16] 공동체 전반의 의견에 대한 지각[17] 및 공동체에서의 이슈 현저성에 대한 지각[18] 등을 반복적으로 측정한 동일한 서베이가 실시되었다.

---

14. 위스콘신 주 매디슨 시의 <캐피털 타임스 *The Capital Times*>는 의제 설정 신문이었고 <위스콘신 스테이트 저널 *The Wisconsin State Journal*>은 그렇지 않았다. 두 가지 지역 신문을 모두 구독하는 시민들은 세 가지 준실험 집단에서 제외시켰다.

15. 개인적 의견: "귀하는 대인 카운티의 새로운 주택 분양에 저소득자 주택을 포함시키라는 조례에 찬성하십니까, 반대하십니까? 강력한 찬성 / 반대입니까, 어느 정도 찬성 / 반대입니까?"

16. 이슈의 개인적 현저성: "1점에서 10점으로 이루어진 척도에서 1점은 '전혀 관심 없다'를 의미하고 10점은 '매우 관심이 많다'를 의미합니다. 귀하에게 맞는 주택을 찾을 수 없다면, 귀하는 개인적으로 얼마나 관심을 갖겠습니까?"

17. 대중적 지지도에 대한 지각: "귀하는 새로운 주택 분양시 저소득자 주택을 포함시켜야 한다는 조례에 대한 대중적 지지가 기반을 얻고 있다고 생각하십니까, 기반을 잃고 있다고 생각하십니까, 별 차이 없이 똑같다고 생각하십니까?"

세 개의 준실험 집단은 서로 다른 두 신문의 구독자 및 비독자들을 비교하기 위한 것이었다. 비록 구독자 집단이 무작위로 할당되진 않았지만, 장기간에 걸쳐 자료를 수집하였기 때문에 이 집단들 사이에 처음부터 존재했던 차이와 이후의 경향을 파악할 수 있었다. 그리고 이 프로젝트는 지역에서 이루어졌기 때문에, 미디어 의제와 공중의 의제를 동시에 관찰할 수 있는 이점도 있었다. 연구가 수행된 기간 동안 보도된 기사에 대한 내용 분석은 의제 설정 신문이 실제로 여타 사건에 대한 기사에 비해 저소득자 주택에 대한 기사를 더 많이 다루었음을 또한 보여 주었다.[19]

기사의 증가에 따른 효과를 분석하기 위해 개인적인 차원에서 이슈의 현저성, 집합적 차원에서 이슈의 현저성에 대한 지각, 개인 의견, 그리고 지각된 의견이라는 네 가지 변인을 중심으로 시간에 따른 변화를 검토하였다. 비개인적 영향력이라는 이론적 접근을 기반으로 언론 보도가 저소득자 주택에 대한 개인적인 태도에는 별로 직접적인 영향을 미치지 못할 것이라고 예측했다. 반면 이 이슈를 부각시켰던 의제 설정 신문의 독자들은 현재 신문에서 주장하는 입장이 '다른 사람들'에게 좀더 받아들여질 것으로 지각할 것이라고 예측했다. 마찬가지로 저소득층의 주택 이슈의 현저성과 관련한 미디어 효과도 개인적 관심의 차원보다는 공동체 차원의 현저성을 지각하는 차원에서 더 높게 나타날 것으로 보았다.

---

18. 공동체에서의 현저성에 대한 지각: "저소득자 주택은 어떻습니까? 귀하 개인의 견해를 떠나서, 이 이슈가 대인 카운티에 사는 사람들에게 얼마나 중요하다고 생각하십니까?"

19. 의제 설정 신문이 실제로 다른 사건에 대한 기사에 비해 저소득자 주택에 대한 기사의 수준을 높이고 있음을 검증하기 위해, 우리는 의제 설정 신문과 다른 일간 신문의 기사에 대한 내용 분석을 실시했고, 내용 분석은 컴퓨터를 이용한 키워드 검색을 통해 이루어졌다. 두 신문의 기사에 대한 분석은 이 의제에 대해 각별한 관심을 보이기 훨씬 전부터 (자료 수집 1기에 선행하는 4개월) 의제 설정 신문이 이 의제에 대한 기사를 조금 더 많이 실었음을 보여 주었다. 의제 설정 신문은 이 의제에 대해 하루 평균 14.3줄의 기사를 실었던 반면 다른 일간 신문은 13.0줄의 기사를 실었다. 연구 기간 동안 주의 뉴스와 지역의 뉴스에 대한 우리의 분석 결과 저소득자 주택을 다루는 전체 기사 양이 의제 설정 신문에서 일관되게 더 많았음이 밝혀졌다. 이러한 패턴은 나머지 세 기간에도 동일하게 나타났다. 자료 수집 1기와 2기 사이에, 의제 설정 신문은 하루 평균 21.8줄의 기사를 실었고 다른 일간 신문은 14.7줄의 기사를 실었다. 그리고 자료 수집 3기와 4기 사이에 의제 설정 신문은 17.5줄의 기사를 실음으로써 역시 11.1줄을 실은 경쟁지 보다 많았다. 이미 예상했던 일이지만 기사의 수준에 있어서의 차이는 의제를 공표한 직후, 즉 논설위원들이 그 의제를 의식적으로 강조했던 연초에 가장 컸다. 시간이 지나면서 기자들은 일상 업무에 빠져들게 되었으며, 차이는 지속되었지만 전보다 덜 명확했다.

간단히 말해서, 이 기간 내내 의제 설정 신문이 경쟁지에 비해 저소득자 주택에 대한 기사를 더 많이 실었음을 알 수 있었다. 그리고 의제를 설정하기 전 두 신문이 사건에 단순히 반응하고 있을 때, 기사의 수준은 서로 매우 비슷했으며 이 점은 우리의 예상과 역시 일치하는 것이었다. 그러나 한 신문이 이 이슈를 더 많이 보도하려고 노력하자 두 신문 사이의 기사의 수준의 격차는 연구가 시작되기 전에 비해 6배나 커졌다.

이러한 가설들을 검증하기 위해 변량 분석 방법을 이용했으며, 세 가지 독립 변인의 주 효과에 주안점을 두었다. 여기서 주 효과를 살펴본 세 가지 독립 변인은 다음과 같다. (1) 인터뷰 시점 *wave*(모든 응답자들에게 영향을 미치는 시간적 변화를 통제하기 위한 목적), (2) 신문 구독 유형(세 개의 준실험 집단 사이 차이를 비교하기 위한 목적), (3) 지역 신문 뉴스에 대한 주목도(지역 사안에 대한 관심이나 노출로부터 생겨나는 차이를 통제하기 위한 목적)이다.[20] 인터뷰 시점의 주 효과는 신문 구독 유형에 관계없이 종속 변인에 나타나는 시간적 변화의 패턴을 나타내기 때문에, 이 연구에서 주된 관심사는 인터뷰 시점과 신문 구독 유형 사이의 상호 작용 효과를 통해 표현된다. 즉, 상호 작용 효과를 통해 서로 다른 신문의 독자들에게 있어서 시간에 따른 변화의 상이한 패턴을 알 수 있다. 또한 인터뷰 시점, 신문 구독 유형과 지역 신문 뉴스에 대한 주목도 등 이 세 가지 독립 변인 사이의 상호 작용을 살펴봄으로써, 특히 지역 뉴스에 주목하는 사람들에게 나타나는 지각 변화 패턴의 차이를 볼 수 있다.

표 3-1에서 나타나듯이, 의도적인 뉴스 의제는 저소득자 주택에 대한 개인의 입장을 변화시키는 데 별로 효과가 없었다. 새로운 주택 분양을 할 경우 저소득자 주택을 포함해야 한다는 주장에 대한 시민들의 지지도는 연구가 진행되는 기간 동안 변화하지 않았다. 특히 이러한 패턴은 여러 가지 준실험적 상황을 막론하고 다르게 나타나지 않았다. 의제 설정 신문의 독자들 역시 다른 신문의 독자나 비독자들과 마찬가지로 저소득자 주택 문제에 대한 개인적 입장을 바꾸지 않았다. 그리고 세 방향 상호 작용은 이와 같은 결과가 지역 신문 보도에 대한 주목도의 차이를 고려하지 않았기 때문에 나타난 것이 아님을 보여 준다. 주 정부나 지역의 정치에 주의를 기울인 시민에게 있어서나 그렇지 않은 시민에게 있어서나 개인의 입장 변화를 야기한 효과는 똑같이 나타나지 않았다.

표 3-2에서 저소득자 주택 문제에 대한 시민들의 개인적 관심을 평가한 결과도 비슷한 패턴을 보여 준다. 저소득자 주택 이슈를 개인적으로 중요하게 여긴 정도는 1년 동안에 걸쳐 유의미하게 변화하지 않았다. 이런 점에서, 의제 설정 신문의 독자들은 공동체의 다른 구성원과 다르지 않았다. 인터뷰 시점과

---

20. 이러한 요인들의 효과를 좀더 효율적으로 측정하기 위해서, 우리는 세 개의 준실험 집단 사이에 존재하는 주요 차이를 설명하기 위한 공변량 분석을 포함시켰다.

표 3-1. 저소득자 주택 문제에 대한 개인의 의견

	sum of squares	자유도(df)	F값
통제 변인			
공화당원	10.13	1	10.15**
민주당원	5.22	1	5.23*
자유주의 성향	13.85	1	13.89***
보수주의 성향	7.12	1	7.14**
자산 소유 정도	11.98	1	12.01**
지역 / 도시	1.61	1	1.61
인종	4.54	1	4.55*
수입	21.83	1	21.89***
교육	1.37	1	1.38
주 효과			
인터뷰 시기	.22	3	.07
신문 구독	3.32	2	1.66
뉴스 주목도	.35	2	.17
양 방향 상호 작용			
인터뷰 시기 × 신문 구독	5.24	6	.88
인터뷰 시기 × 뉴스 주목도	10.59	6	1.77
신문 구독 × 뉴스 주목도	2.76	4	.69
세 방향 상호 작용			
인터뷰 시기 × 신문 구독 × 뉴스 주목도	9.87	12	.83

표본수 = 1,051. 종속 변인은 "매우 반대" 1점, "매우 찬성" 4점으로 한 척도로 측정.
* $p < .05$, ** $p < .01$, *** $p < .001$

신문 구독 유형 간의 상호 작용이 유의미하지 않다는 것은 1년 동안 이 이슈에 대한 관심에 있어서 특정 조건에 따른 변화가 없었음을 나타낸다.[21]

그럼에도 불구하고, 개인적 입장 및 개인적 차원의 이슈 현저성에 효과가 없다는 사실이 반드시 의제 설정 신문의 노력이 아무런 결실도 맺지 못했다

---

21. 개인적 관심의 영향을 암시하는 유일한 증거는, 인터뷰 시기와 신문 구독과 지역 뉴스에 대한 주목도 사이의 세 방향 상호 작용이 통계적으로 거의 유의미($p < .10$)하게 접근한 표 3-2에서 나타난다. 이러한 상호 작용은 저소득자 주택의 문제에 대한 개인적 관심이 주나 지역의 뉴스에 많이 주목한 의제 설정 신문의 독자들 사이에서는 증가하고, 거의 주목하지 않았던 독자 사이에서는 감소한 결과이다. 비록 이러한 패턴이 지역 뉴스에 대한 시민들의 주목도에 따른 의제 설정 효과를 암시한다 할지라도, 전체적인 결과는 매우 미약하다.

표 3-2. 저소득자 주택 문제에 대한 개인적 관심

	sum of squares	자유도(df)	F값
통제 변인			
공화당원	10.09	1	1.09
민주당원	3.46	1	.38
자유주의 성향	8.37	1	.91
보수주의 성향	.28	1	.03
자산 소유 정도	1995.73	1	216.00***
지역 / 도시	2.56	1	.28
인종	27.48	1	2.97
수입	118.65	1	12.84***
교육	247.35	1	26.77***
주 효과			
인터뷰 시기	27.12	3	.98
신문 구독	179.12	2	9.69***
뉴스 주목도	3.66	2	.20
양 방향 상호 작용			
인터뷰 시기 × 신문 구독	47.21	6	.85
인터뷰 시기 × 뉴스 주목도	66.28	6	1.20
신문 구독 × 뉴스 주목도	12.14	4	.33
세 방향 상호 작용			
인터뷰 시기 × 신문 구독 × 뉴스 주목도	167.52	12	1.51

표본수 = 1,376. 종속 변인은 "전혀 관심 없다" 1점, "매우 관심이 많다" 10점으로 한 척도로 측정.
*** $p < .001$

는 것을 의미하진 않는다. 사실 그림 3-1에서 이미 그런 결과가 예측되었다. 표 3-3은 저소득자 주택의 대중적 지지도에 대한 시민들의 지각이 연구 기간 중에 찬성 방향으로 움직였다는 증거를 보여 준다. 인터뷰 시점과 신문 구독 유형 사이의 유의미한 상호 작용은, 대중적 의견에 대한 지각에 있어서 시간에 따른 변화 여부가 의제 설정 신문의 구독자인가, 다른 신문의 구독자인가, 비구독자인가에 의존한다는 사실을 보여 준다.

네 시점의 평균값을 이용하여 회귀 분석을 한 그림 3-2는 이러한 관계를 보여 준다. 저소득자 주택에 대한 지각된 지지도의 정도는 여타 신문의 독자

표 3–3. 저소득자 주택의 대중 지지도에 대한 지각

	sum of squares	자유도(df)	F값
통제 변인			
공화당원	.08	1	.20
민주당원	.02	1	.06
자유주의 성향	.40	1	1.02
보수주의 성향	.01	1	.02
자산 소유 정도	.55	1	1.39
지역 / 도시	.17	1	.43
인종	.76	1	1.93
수입	1.24	1	3.16
교육	.02	1	.04
주 효과			
인터뷰 시기	3.62	3	3.06*
신문 구독	.10	2	.13
뉴스 주목도	.67	2	.85
양 방향 상호 작용			
인터뷰 시기 × 신문 구독	5.14	6	2.18*
인터뷰 시기 × 뉴스 주목도	1.91	6	.81
신문 구독 × 뉴스 주목도	.26	4	.17
세 방향 상호 작용			
인터뷰 시기 × 신문 구독 × 뉴스 주목도	3.60	12	.76

표본수 = 1,227. 종속 변인은 "지지를 잃고 있다" 1점, "지지를 얻고 있다" 3점으로 한 3점 척도로 측정. 이 연구 결과는 실험 집단들을 가변인 *dummy variable* 으로 하여 순차적인 로짓 *logit* 분석을 한 것에서도 확인되었다. 여기서는 이해의 편의상 변량 분석의 결과를 제시한다.
* $p < .05$

들 사이에서는 시간이 지날수록 낮아진 반면, 의제 설정 신문의 독자들에게 있어서는 높아졌다. 이러한 패턴은 의도적인 뉴스 의제가 대중들의 지지 여부에 대한 독자들의 지각을 변화시킬 것이라고 예상했던 바를 지지한다. 다른 뉴스 기사를 받는 사람들은 대중적 지지도가 내려간다고 지각한 반면, 저소득자 주택을 지지하면서 이 이슈의 중요성을 강조했던 신문을 읽은 독자들은 대중적 지지도가 올라간다고 지각했다.

비독자들 사이에서 저소득자 주택에 대한 지지도의 지각은 시간에 따른

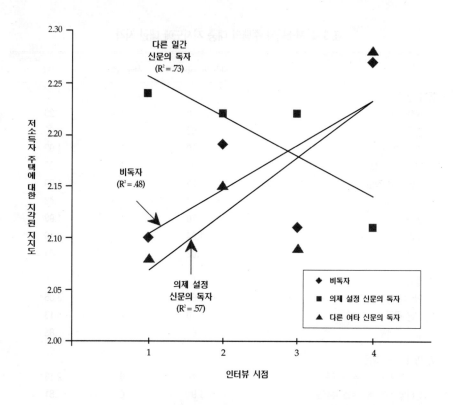

그림 3-2. 인터뷰 시점과 신문 구독 여부에 따른 저소득자 주택에 대한 지각된 지지도

선분은 각각의 집단에 있어서 네 평균치를 잇는 최적 회귀선이다. 신문 구독 집단을 나타내는 선분은 유의미한 선형적 경향을 보여 주는 반면, 신문 비구독자 집단은 통계적으로 유의미한 경향을 보여 주지 않고 있다. 종속 변인은 "지지를 잃고 있다" 1점, "지지를 얻고 있다" 3점으로 한 3점 척도로 측정.

변화를 보이지 않아 특정한 방향성 없이 통계적으로 유의미하지 않게 나타났다. 반대로 의제 설정 신문 독자들의 경우 지각된 지지도가 높아지는 경향을, 다른 신문 독자들 경우 낮아지는 경향을 발견할 수 있었고 통계적으로 모두 유의미한 선형적 경향을 보였다(두 경우 모두 *p* < .05). 두 신문 구독자들 사이에 나타난 차이와 비독자들의 지각이 변화하지 않음을 볼 때, 또한 비독자들 사이에서는 지역 뉴스에 대한 접근이 제한적이라는 점에 비추어볼 때, 이러한 결과는 타당성을 갖는다고 보여 진다. 의제 설정 신문의 독자들은 저소득자 주택에 대한 대중적 지지도가 점점 높아진다고 지각한 반면, 개인적인 입장은 실제로 변화하지 않았음을 알 수 있다.

표 3-4. 저소득자 주택 지원 문제의 중요성에 대한 지각

	sum of squares	자유도(df)	F값
통제 변인			
공화당원	1.80	1	.42
민주당원	.24	1	.06
자유주의 성향	10.10	1	2.36
보수주의 성향	43.96	1	10.26**
자산 소유 정도	.05	1	.01
지역/도시	3.37	1	0.79
인종	.77	1	.18
수입	180.18	1	42.06***
교육	285.39	1	66.61***
주 효과			
인터뷰 시기	3.09	3	.24
신문 구독	3.93	2	.46
뉴스 주목도	3.04	2	.36
양 방향 상호 작용			
인터뷰 시기 × 신문 구독	12.54	6	.49
인터뷰 시기 × 뉴스 주목도	8.58	6	.33
신문 구독 × 뉴스 주목도	128.13	4	1.06
세 방향 상호 작용			
인터뷰 시기 × 신문 구독 × 뉴스 주목도	90.36	12	1.76*

표본수 = 1,418. 종속 변인은 "전혀 중요하지 않다" 1점, "매우 중요하다" 10점으로 측정.
* $p < .05$, ** $p < .01$, *** $p < .001$

  의제 설정 신문이 채택한 전략의 효과는 표 3-4에 제시된 결과에서 분명하게 나타난다. 전체적으로, 저소득자 주택 이슈에 대해 다른 사람들이 얼마나 중요하게 여기는가에 대한 개인적 지각은 조사 기간 동안 유의미하게 변화하지 않았다. 신문 구독 유형과 인터뷰 시점 간의 양 방향 상호 작용은 이 패턴이 준실험적 조건들에 따라 다르지 않음을 보여 준다. 공동체 내부에서의 이슈의 현저성을 지각하는 데 있어서 의제 설정 신문 독자들은 다른 사람들과 다르지 않았다. 그러나 세 방향 상호 작용을 검토한 결과는 의제 설정 신문을 읽고 '동시에' 주 정부나 지역의 정치에 대한 신문 보도에 주목하는 시민들의 경우 저소득자 주택에 대

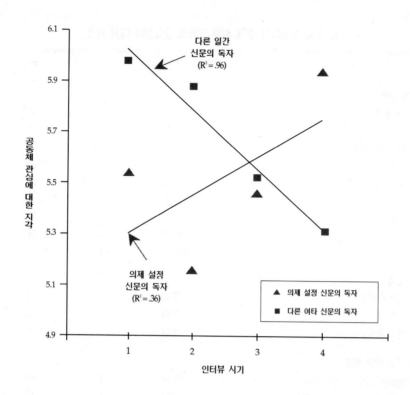

그림 3–3. 인터뷰 시기와 신문 구독에 따른 저소득자 주택의 중요성에 대한 지각 (지역 뉴스에 주목한 응답자 대상)

선분은 각각의 집단에 있어서 네 평균치를 잇는 최적 회귀선이다. 두 선분은 모두 유의미한 선형적 경향을 보여 준다. 종속 변인은 "전혀 중요하지 않다" 1점, "매우 중요하다" 10점으로 측정.

한 공동체의 중요성의 지각이 유의미하게 다르다는 것을 보여 준다($p < .05$).

그림 3–3은 의제 설정 신문과 다른 일간 신문 독자들 사이의 시점 간의 평균을 연결한 선을 통해 이와 같은 결과를 나타내고 있다. 의제 설정의 뉴스 전략이 적용된 기간 동안, 신문 보도에 주목한 의제 설정 신문 독자들은 저소득자 주택 문제를, 공동체의 다른 사람도 중요시 한다고 지각하였다.[22] 반면, 신문

---

22. 실험 처치를 하지 않은 두 개의 통제 집단을 포함한 시계열 설계에서 나온 연구 결과이기 때문에, 신문 정책의 효과에 대해 인과적 추론을 하는 데 있어서 매우 큰 자신감을 가질 수 있다. 이런 설계의 장점은 내적 타당도를 위협할 수 있는 변인인 역사 요인을 통제할 수 있다는 것이다. 동일한 기간 동안 상이한 집단들의 경향을 비교함으로써, 전체 공동체 속에서 발생한 변화가 저소득자 주택을 둘러싼 정치적 환경에 대한 지각 상의 관찰된 변화를 일으킬 가능성을 배제할 수 있다. 그러나 이 시계열 연구에서는 시점의 수가 제한적이었다는 점, 그리고 여론의 변화를 일으키는 데 관계된 시간적 지체를 둘러싸고 불확실성이 존재한다는 점들은 준실험 집단들 간의 비교를 어렵게 만들었다. 게다가 뉴스 보도

보도에 주목한 다른 일간 신문 독자들은 점점 저소득자 주택 이슈가 공동체에서 중요도가 떨어지고 있다고 지각하게 되었다.[23]

그림 3–1과 일치하는 것은, 언론 보도의 주된 직접적 효과는 개인적 의견이나 개인적 차원의 이슈 현저성이 아니라 집합적 차원의 지각과 관련되어 있다는 점이다. 개인적인 견해를 바꾸려하는 언론사의 입장에서 볼 때, 이러한 효과는 가장 바람직한 결과는 아닐 것이다. 여기서 중요한 점은 언론사가 추구하는 변화를, 정책의 변화가 발생하는 지각 환경을 변화시킴으로써 간접적으로 촉진시킬 수 있다는 점이다. 이러한 경우에 있어서, 정책의 변화는 몇 년이 지난 후에야 발생할 수도 있다.

언론 보도가 개인의 의견에 직접적인 영향을 주지 않는다는 이 연구의 결과는 그림 3–1에서 제시한 관계와 대체적으로 부합한다. 언뜻 보기에 이러한 결과는 다중에 대한 지각이 개별 구성원들에 의해 형성되는 의견에 간접적인 효과를 유발한다는 주장과 불일치하는 것처럼 보일 수 있다. 물론 집합적으로 나타난 의견이 특정한 견해를 지지한다는 말은 그와 같은 의견이 사람들에게 더 많이 수용될 것이라는 말로 옮겨질 수는 없다. 그림 3–1에서 개인의 의견과 집합적 차원의 의견 사이에 나타나는 서로 간에 미치는 영향력이 쌍방향적인 것이라고 지적한 것과 같이 이 과정은 훨씬 오묘하고 복잡하며 흥미로울 수 있다. 이러한 영향력의 과정을 서술하는 것은 7장과 8장에서 자세히 다루겠다. 여기서 제시한 사례에서는 영향력의 다단계 가운데 일부분만을 보여 주었다고 할 수 있다.

2) 집합적 경험에 대한 지각에 미치는 미디어의 영향

두 번째 연구는 그림 3–1의 윗부분 모델을 중심으로 집합적 '경험'에 대한 지각의 기원을 이해하기 위해 실시된 세 개의 독립된 검증 결과를 토대로 한다. 그 하나는 집합적 경험을 조작적 정의함에 있어 국가적 차원을 배경으로 했

의 증가 — 준실험적 처치 — 비등가적 집단의 특성 사이의 상호 작용은 이러한 비교의 타당도를 평가하는 데 있어 약간의 위협 요인이라고 할 수 있다.

23. 지역 뉴스에 주목한 응답자가 극소수였다. 또한 이들은 지역의 일간 신문들을 전혀 읽지 않고 있었다. 그러므로 비독자 집단에서는 어떠한 경향선도 나타낼 수 없었다.

고, 나머지 둘은 주 정부 차원에서 집합적 경험에 대한 지각의 기원을 검토했다. 이 세 가지 경우 모두 그림 3–1에 나타난 세 가지 정보원, 즉 실업에 대한 개인 경험, 대인 관계를 통해 획득한 정보, 매스 미디어를 통해 얻은 정보가 각각 측정되었다.

실업과 관련한 개인 경험은 매우 넓게 정의되었는데, 과거에 자신이나 자신의 직계 가족이 해고되거나 직업을 구하는 데 어려움을 겪었다고 보고한 응답자 모두를 포함시켰다.[24] 대인 관계를 통해 전달된 정보는 응답자가 알고 있는 다른 사람들이 직장을 구하거나 유지하는 데 어려움을 겪었다고 말한 빈도를 가지고 측정했다.[25] 마지막으로 실업 관련 정보에 대한 매스 미디어 노출은 뉴스 미디어 이용에 대한 서베이 응답 및 응답자가 구독하고 있는 각각의 신문에 대한 내용 분석 자료를 통해 이루어졌다.[26]

이 연구에서 행한 두 차례의 서베이에서, 국가적 단위 및 주 단위에서 실업 문제가 나아지는가 악화되는가에 대한 응답자의 주관적 지각, 그리고 개인적으로 실업 문제에 대해 우려하고 있는가를 물었다.[27] 그밖에 실업과 관련된 경험을 유발할 다른 정보원 — 가령, 고용 촉진 사무소 앞의 긴 줄의 관찰 — 을 통제하기 위해, 분석에서는 응답자들이 거주하는 카운티 단위의 실업 통계도 포

---

24. "과거에 귀하나 귀하의 가족 가운데 해고당하거나 직장을 구하는 데 어려움을 겪은 적이 있습니까?" "없다" 0, "있다" 1로 코딩.

25. "다른 사람들이 귀하께 얼마나 자주 그들의 실업 문제, 즉 직업을 구하거나 유지하는 데 어려움이 있다고 말합니까? 그 사람들이 귀하께 직업의 안정성이나 실업 문제에 대해 날마다 이야기했는지, 1주일에 서너 번 이야기했는지, 1주일에 한두 번 이야기했는지, 그 이하인지 말씀해 주시겠습니까?" 1~4점까지 코딩함.

26. 먼저 응답자들에게 가장 자주 읽는 신문이 무엇인지 물었다. 면접원들은 각 신문의 이름과 발행 도시를 코딩하였다. 그 다음으로는 체계적인 내용 분석을 했는데, 내용 분석은 언급된 모든 신문의 1면을 대상으로 했고 서베이에 앞서 발행된 두 달 치의 신문을 2주로 재구성하였다. 두 명의 코더가 경제기사의 방향을 긍정적인 뉴스와 부정적인 뉴스로 나누어 5점으로 측정하였다. 코더들 자신의 신뢰도는 .95와 .87이었으며, 코더간 신뢰도는 .76이었다. 부정적·긍정적 실업 뉴스의 정도에 대한 내용의 측정은 신문에 대한 노출도에 가중치를 줌으로써 또 다시 측정되었다. "지난 주에 귀하는 신문의 1면에 나온 뉴스를 몇 일이나 읽으셨습니까?" 응답은 "전혀 읽지 않았다" 0, "1주일에 7번 읽었다" 2점, 나머지(1주일에 1번에서 6번) 1점으로 코딩하였다.

27. 주/국가 단위의 실업 문제: "지난 한 해 우리 주에서 사람들이 직업을 구하기 어려웠는지, 쉬웠는지, 예년과 비슷했는지 말씀해 주시겠습니까? 약간/매우 어려웠습니까, 약간/매우 쉬웠습니까? 그리고 미국 전체에서는 어떠했습니까? 지난 한 해 우리 나라에서 사람들이 직업을 구하기 어려웠는지, 쉬웠는지, 예년과 비슷했는지 말씀해 주시겠습니까? 약간/매우 어려웠습니까, 약간/매우 쉬웠습니까?" 실업 문제에 대한 개인적 우려: "귀하나 귀하 가족은 어떻습니까? "지난 한 해 귀하는 직업을 찾거나 유지하는 데 있어서 걱정을 많이 했습니까, 적게 했습니까, 예년과 비슷하게 했습니까? 약간/매우 걱정했습니까, 약간/매우 적게 걱정했습니까?"

함시켰다.

　　이 연구에서의 측정과 관련해서 몇 가지 지적해야 할 사항이 있다. 우선 매스 미디어 노출, 대인적인 접촉을 통해 획득한 정보, 및 개인 경험에 대해 데이터를 수집하는 방법이 각각 달랐기 때문에, 측정의 신뢰도와 관련하여 동일한 기준을 가지고 있다고 볼 수는 없다. 예컨대, 실업에 대한 대인 커뮤니케이션의 정도는 응답자 개인의 자기 보고에 기초하고 있는 반면, 실업에 대한 미디어 정보는 응답자들이 읽은 각각의 신문 표본에 대한 내용 분석과 신문 이용에 대한 일반적 측정에서 추정한 것이다. 일반적으로 실업에 대해 우려하는 사람들은 실업 문제와 관련한 친구들의 말이 더 기억에 남기 때문에, 대인 관계의 측정은 미디어의 측정과 다른 차원일 수 있다. 한편 모델에서 카운티 단위의 실업 통계를 포함시킨 것은 언론 보도의 효과에 대한 매우 엄밀한 검증을 하는 데 도움이 된다고 판단하였기 때문이다. 언론 보도가 단순히 지역의 실업의 경향을 반영하

표 3-5. 집합적 차원의 실업에 대한 지각에 미치는 영향

	주 정부 차원의 실업 (1987 봄)	주 정부 차원의 실업 (1987 가을)	연방 정부 차원의 실업 (1987 가을)
개인적 관심	.23 (.07)***	.19 (.06)**	.13 (.06)*
개인적 경험	−.25 (.15)	−.15 (.15)	.05 (.15)
실업에 대한 대인적 정보	−.13 (.05)*	−.24 (.06)***	−.12 (.06)*
실업 문제에 대한 신문 보도 노출	−.09 (.04)*	−.15 (.06)*	−.08 (.03)*
카운티(군)의 실업률	−.09 (.04)*	−.07 (.04)	.07 (.04)
공화당원	.12 (.14)	.08 (.14)	.36 (.14)**
민주당원	−.04 (.15)	−.11 (.13)	−.16 (.13)
연령	−.01 (.04)	−.06 (.04)	−.01 (.04)
성별	−.03 (.12)	−.28 (.11)*	−.24 (.11)*
인종	−.43 (.24)	−.40 (.25)	.01 (.25)
수입	.04 (.05)	.03 (.05)	.02 (.05)
교육	.02 (.06)	−.01 (.05)	.06 (.05)
R^2	.21	.28	.21
(n)	(257)	(264)	(241)

표에 나타난 수치는 비표준화된 OLS 회귀 계수이며 괄호 안의 수치는 표준 오차이다.

* $p < .05$,　** $p < .01$,　*** $p < .001$

표 3–6. 실업에 대한 개인적 관심에 미치는 영향

	주 정부 차원의 실업 (1987 봄)	주 정부 차원의 실업 (1987 가을)	연방 정부 차원의 실업 (1987 가을)
개인적 관심	.19 (.06)**	.22 (.07)**	.17 (.07)*
개인적 경험	−.59 (.13)***	−.72 (.16)***	−.88 (.17)***
실업에 대한 대인적 정보	−.13 (.05)*	−.07 (.07)	−.08 (.07)
실업 문제에 대한 신문 보도 노출	−.04 (.04)	.08 (.07)	.03 (.04)
카운티(군)의 실업률	.11 (.04)**	.03 (.04)	.00 (.05)
공화당원	−.11 (.13)	.06 (.15)	.08 (.16)
민주당원	−.24 (.14)	−.09 (.14)	−.11 (.15)
연령	−.08 (.04)	.00 (.04)	−.03 (.04)
성별	−.01 (.11)	−.03 (.12)	−.05 (.13)
인종	.04 (.22)	−.16 (.27)	−.28 (.28)
수입	.01 (.04)	.02 (.05)	.01 (.05)
교육	.08 (.05)	−.02 (.05)	−.03 (.06)
R^2	.24	.21	.22
(n)	(257)	(264)	(264)

표에 나타난 수치는 비표준화된 OLS 회귀 계수이며 괄호 안의 수치는 표준 오차이다.
* $p < .05$, ** $p < .01$, *** $p < .001$

고 있는 한, 미디어 정보는 집합적 차원의 경제에 대한 지각에 독립된 영향을 미치지지 못할 것이다. 언론 보도가 현실 세계의 조건과 다른 모습을 보여 줄 때 사람들의 지각에 독립적인 영향력을 가질 수 있다는 데 초점을 맞추었다.

　　표 3–5의 결과는 집합적 실업 상태에 대한 회고적 지각에 영향을 미치는 주요 요인들의 역할을 보여 준다. 집합적 차원에서의 실업 문제에 대한 지각의 주요 정보원과 관련하여 그림 3–1에 근거하여 예상한 것과 같이, 신문의 이용과 대인 커뮤니케이션 모두 집합적 차원의 지각에 영향을 미치는 것으로 나타났다. 이와 같은 연구 결과는 두 개의 독립된 서베이에서 모두 일관성을 보였으며, 국가적 차원, 주 차원의 판단에서도 모두 발견되었다. 표 3–6 역시 그림 3–1에서 제시된 모델과 부합하며, 실업에 대한 개인적 우려가 1차적으로는 개인 경험에 영향을 받았으며, 2차적으로는 대인 커뮤니케이션을 통해 영향을 받은 것임을 보여 준다.

표 3-7. 개인적 차원의 판단인 집합적 차원의 지각에 미치는 영향

	주 정부 차원의 실업 (1987 봄)	주 정부 차원의 실업 (1987 가을)	연방 정부 차원의 실업 (1987 가을)
개인적 관심	.65 (.24)**	.45 (.15)**	.09 (.18)
개인적 경험	−.25 (.15)	−.14 (.15)	−.18 (.14)
실업에 대한 대인적 정보	−.08 (.07)	−.20 (.07)**	−.15 (.08)*
실업 문제에 대한 신문 보도 노출	−.09 (.04)*	−.14 (.06)*	−.14 (.06)*

실업에 대한 개인적 관심을 모델의 내생 변인으로 한 2단계 최소 자승 분석 결과임. 외생 변인으로는 실업에 대한 개인적 경험, 실업에 대한 대인적 정보, 수입, 인종, 연령, 성별 교육 및 카운티 단위의 실업률을 포함.

* $p < .05$, ** $p < .01$

표 3-5와 표 3-6의 방정식은 서로 다른 종속 변인을 다루고 있지만 개인적인 우려와 실업에 대한 집합적 경험에 대한 지각을 서로 바꾸어 대입했다는 것을 제외하고는 매우 유사하다. 선행 연구에 기초해서 이 연구에서는, 영향력이 개인적 조건의 일반화를 경유하여 집합적 조건으로 흘러가며 그 역은 성립하지 않는다고 보았다. 몇 가지 통제 변인을 개입시키고 2단계 최소 자승화 방법의 회귀 분석을 이용해서 개인 경험에 대한 주관적 평가와 집합적 경험에 대한 평가 사이에 존재하는 잠정적인 양 방향의 영향력을 분리시키고자 시도하였다.

그림 3-1에 기초하여 양 방향의 영향력의 관계를 살펴본 결과는 다음과 같다. 먼저 집합적 차원에서 발생하는 고용 문제에 대한 지각을 독립 변인으로 취급하여 개인적 차원의 우려를 예측하게 했을 때, 이 연구에서는 의미 있는 결과를 발견할 수 없었다.[28] 반면, 표 3-7에서 보여 주듯이 개인적 차원의 우려는 집합적 경험에 대한 지각을 예측하는 데 영향을 미쳤다. 이 연구의 분석 결과 그림 3-1에 나타난 하향적 화살표가 부분적으로 검증되었다. 즉, 개인적 우려와 집합적 경험에 대한 지각의 연결은 한 방향으로만 흐른다는 것이다. 하지만 개인적 차원의 지각과 집합적 차원의 지각 사이의 연결은 집합체를 주 단위로 했을 경우에서만 존재했다. 국가 차원에서 실업 문제의 심각성에 대한 지각과 개

---

28. 그 밖의 변인으로는 실업에 대한 신문 보도에의 노출, 카운티의 실업률, 실업에 대한 대인적 정보, 수입, 인종, 연령, 성별, 교육 정도가 포함되었다.

인적 지각과의 격차는 나타났지만 어느 방향으로도 영향력의 흐름이 존재하지 않을 큰 것으로 발견되었다.

그림 3–1과 다시 한번 부합하는 것은, 집합체가 점점 개인의 직접적인 생활 공간에서 멀어질수록 개인적 지각과 집합적 지각 사이의 분화가 커진다는 점이다. 또한 이 연구의 결과는 사람들이 자신에 대한 판단을 내릴 때, 기본적 수준의 외적 정보는 무시한다는 선행 연구 결과와도 일치한다(예컨대, Borgida & Brekke 1981). 집합적 차원에서, 즉 사회에서 실업이 얼마나 심각한가에 대해 지각한 것이 개인적인 차원의 판단에 크게 영향을 미치지는 않았다.

집합적 경험과 집합적 의견에 대한 지각을 변화시킬 수 있는 미디어의 능력은 (다양한 이름표를 달고 있는) 선행 연구들과 이 장에서 제시한 새로운 증거들로 뒷받침된다. 겉으로 보기에는 일관성이 없어 보이지만, 개인적 차원의 판단과 집합적 차원의 판단에 관계된 연구 결과들을 염두에 둔다면, 매스 미디어와 개인 경험의 상대적 영향력은 별로 모순되지 않는다.

이제 미디어의 비개인적 영향력이 정치 태도 및 행동에 미치는 결과에 주목해 보고자 한다. 다시 말해서, 집합적 경험과 의견에 대한 지각에 미친 미디어의 비개인적 영향력이, 궁극적으로는 어떻게 정치 태도나 행동에 의미 있는 변화를 가져올 것인가의 문제를 다룰 것이다.

2부

집합적 경험에 대한 지각이 낳는 효과

4

개인적·집합적 차원 경험의 정치화

실업률이 몇 퍼센트 증가했다는 신문 기사를 읽는 것은 미국 사회에서 해고를 알리는 분홍색 종이를 직접 받는 것과는 근본적으로 다르다. 사실 실직은 개인의 일상 생활에 엄청난 충격을 가져다 준다. 한편 신문에서 실업에 대한 기사를 읽는 것 역시 미국인의 정치적 삶에 중요한 결과를 가져다 준다. 개인의 경제적 경험보다는 집합적인 경제적 경험에 대한 지각이 정치 태도를 형성하는 데 더 중요한 역할을 한다는 것은 경제 현상을 연구하는 분야에서 이제 잘 알려진 사실이다. 또한 개인의 생활 수준이나 재산 정도가 정치 태도와 행동에 영향을 미치는 경우는 드물다는 연구 결과들이 상당히 많이 축적되어 있다(Kinder & Kiewiet, 1981; Eulau & Lewis-Beck, 1985).[1] 예컨대, 예상과는 달리 개인적으로 실업을 경험한 것이 투표의 선택에는 거의 영향을 미치지 않았다(Schlozman & Verba, 1979). 유사하게, 가족 수입의 변화 역시 투표나 집권당에 대한 평가에도 별로 영향을 미치지 않았다(Kiewiet, 1983; Kinder, Adams, & Gronke, 1989). 킨더가 지적하듯이, "실직

---

1. 경제적 변화가 선거에 미치는 영향을 살펴본 연구들이 세운 초기의 가정은, 이 영향이 경제적인 불만을 가진 시민들이 집권당에 반대하는 투표를 하기 때문에 발생한다는 것이었다. 이러한 연구들은 대통령 선거나 국회의원 선거에서 투표 및 후보자의 인지도를 예측하는 데 있어 객관적인 경제 상황을 나타내는 총합적 수준의 지수를 사용하는 시계열 분석 자료에만 기초했다. 그리고 국가 경제 상황이 나쁘면 점점 많은 시민들이 경제 생활의 곤란을 겪게 되며 이 사람들은 논리적으로 집권당에 반대 투표를 하기 때문에 이러한 총합적 관계가 작용한다고 가정하였다(예컨대, Stigler, 1973; Goodman & Kramer, 1975). 이 연구들에서는 유권자들이 "당신들이 나에게 해 준 것이 무엇이 있느냐"고 집권당에 질문하면서 정치 태도를 형성한다고 가정하였다(Popkin et al., 1976). 대규모 서베이 연구가 시작되고 이에 상응하여 개인적 차원의 데이터를 기초로 주머니 사정 투표를 평가할 수 있게 되면서 이러한 통념은 의문시되었다.

했다거나, 가정의 경제 사정이 악화된다거나, 앞으로 가계 사정이 비관적일 것이라고 해서 개인의 경제적 비탄을 달래주기 위해 입안된 정책을 그대로 지지하는 것은 아니다"(Kinder, 1983: 403).

그러나 선행 연구 결과가 계속 실망을 안겨주었음에도 불구하고, 많은 연구에서는 개인 경험에 뿌리를 두고 있는 유권자 자신의 이해 관계를 정치적 행동을 결정하는 가장 중요한 기초로 여겼다(Sears & Funk, 1990). 개인의 경제적 경험을 측정하는 문제에 따라 예외적인 경우가 나타나기는 했지만, 전체적인 패턴은 광범위하게 반복된 검증에서 지속되었고 개인 경험의 효과가 통계적으로 유의미한 경우에도 그 효과가 매우 작은 것으로 나타났다.[2]

정치 태도가 개인 경험에 기초한다는 것을 보여 주는 증거는 많은 연구에서 발견되지 않았는데, 이에 따라 연구자들은 관계가 나타나지 않는 이유가 무엇인지에 대해 좀더 세밀하게 검토하기 시작했다. 이러한 이유에 대한 설명은 대체로 두 가지 범주로 나뉘어진다. 하나는 측정을 비롯한 방법론적인 문제[3]를 강조하는 것과, 다른 하나는 개인 경험과 정치적 판단 사이의 연결이 현대 사회에서 약화되었다는 이론적인 설명을 강조하는 것이다. 이슈와 연관된 적절한 개인의 경험 모두를 측정한다는 것 자체가 어려운 일이고, 사실 서베이가 실시되는 상황이 때로 이해 관계가 얽힌 이슈를 선호하게 하는 경향이 있기는 하다(Sears & Lau, 1983; Lau, Sears, & Jessor, 1990). 하지만 이러한 제약을 감안하고 개인의 경험에 대한 측정이 최선의 방법으로 이루어졌을 때도, 개인 경험은 정치 태도에 아주 적은 효과를 미친다는 연구 결과가 지속적으로 나타났다(Kinder, Adams, &

---

2. 이러한 일반적인 결론을 염두에 두더라도, 몇 가지 예외들은 지적할 필요가 있다. 가령 터프트와 와이즈는 개인의 경제적인 경험과 대통령 선거 투표 사이에 유의미한 관계가 존재한다는 것을 발견하였다(Tufte, 1989; Wides, 1976). 그러나 전체적으로 볼 때 이러한 예외에서조차 증거가 부족하다.

3. 총합적 수준의 데이터를 이용하여 강력한 효과를 보인 연구들은 "적절한 부분을 분석한다면 미시적 차원에서 개인이 자신의 이해 관계를 추구하고 있다는 점을 파악할 수 있다는 주장을 의심하게 만들었다"(Feldman, 1985: 148). 예를 들어, 로젠스톤은 개인의 재정적 변화를 통상적인 삼분법으로 측정하는 과정에서 나타나는 무작위 측정 오차에서 문제가 야기될 수 있음을 지적한다(Rosenstone, 1983). 또한 질문이 모호한 말로 이루어졌음에도 불구하고 응답자의 재정 상태를 구체적으로 측정했다고 보고하는 사례도 존재한다(Kiewiet & Rivers, 1985; Rosenstone, Hansen, & Kinder, 1986). 실업과 같은 문제의 경우 소수의 사람들만이 해당되기 때문에 변인이 통계적 유의미성에 미치지 못했을 거라고 주장하는 사람들도 있다(예컨대, Kiewiet, 1983). 시어스와 로는 개인 경험의 효과를 보여 주는 몇 않되는 증거도 서베이에서 질문의 순서에 의해 인위적으로 나타난 효과라고 지적한다(Sears & Lau, 1983). 결과가 나타났건 그렇지 않았건, 방법론적인 결점들이 지속적으로 지적되었다.

Gronke, 1989; Feldman & Conley, 1991). 물론 예외적으로 효과가 발견된 경우도 있었지만(예컨대, Green & Gerken, 1989; Sears & Citrin, 1982), 이러한 예외들은 매우 드물게 나타났다.

두 번째로 이론적 설명을 강조한 연구자들은 사람들이 자신의 경제 문제를 어떻게 이해하는가의 문제에 초점을 맞추었다. 예를 들어, 스나이더만과 브로디는 대다수의 미국인들이 개인적 경제 상황의 책임이 정부에 있다고 보지 않는 사실을 발견했다(Brody & Sniderman, 1977). 자신의 생활에서 겪은 경제적 변화를 설명해 보라고 물었을 때, 대부분의 사람들은 정부보다는 사생활 속에 있는 사건을 지목하였다(Brody & Sniderman, 1977). 개인의 경제적 변화의 원인을 자신에게로 돌리는 경향은 "자기 의존의 윤리"라고 지적되기도 했으며(Brody & Sniderman, 1977), "아메리칸 드림"으로 표현되는 미국 문화 속의 "강력한 개인주의적 기질"과도 유사하다는 지적이 대두되었다(Schlozman & Verba, 1979: 23). 두 경우 모두에 있어서, 성실한 노동과 개인주의에 대한 문화적인 강조가 개인의 경제적 경험이 정치에 효과를 미치지 않는 이유를 설명해 준다고 본다.

투표 행동 이론 가운데 합리적 선택 모델에 기반한 개인의 주머니 사정 투표 *pocketbook voting* 가 발생하지 않는 이유에 대한 설명은 적어도 부분적으로는 이러한 귀인 *attribution* 문제에 의존한다. 정부에 대한 책임을 묻는 것이 개인 경험과 상호 작용하는 것으로 간주될 때, 주머니 사정 투표는 발생한다(Feldman, 1982; Kinder & Mebane, 1983). 그러나 그러한 책임 소재를 묻는 빈도가 줄어들면서, 이 관계는 매우 소규모의 선택된 집단에서만 발생하는 것으로 보고되고 있다.[4] 전반적으로 볼 때 미국인들은 개인의 경제적 경험을 보다 커다란 사회적 차원의 경제 문제와 연결시키지 않으며, 정부가 사생활과 관련한 경제 문제에 책임이 있다고 보지 않는 경향이 있다. 다시 말하면, 개인 경험과 관심은 정치 태도나 행동으로 이어지지 않는다.

---

4. 스나이더만과 브로디(1977)는 응답자의 60% 이상이 정부가 개인 문제를 해결할 수 있는 정당한 보조 주체로 생각하지 않는다는 것을 밝혀냈다(Kinder & Mebane, 1983도 참조). 자신의 개인 문제를 정치화시켰던 사람들 가운데 단지 12%만이 개인적 의제와 국가적 의제에 있어 정부의 직무 수행을 다르게 판단하였고, 집권당을 평가하는 데 있어서 자신이 개인적 준거에 의존하는지 국가 전체 차원의 준거에 의존하는지 결론을 내릴 수 있었다. 펠드만 또한 매우 소수의 사람들에게 있어서만 개인의 경제적 경험이 대통령 선거나 국회의원 선거에서 투표의 향방을 가름할 수 있는 유의미한 예측 변인임을 밝혀 냈다(Feldman, 1982; Feldman & Conley, 1991).

책임의 소재를 개인으로 돌린다는 것을 밝혀 온 연구들은 주머니 사정 투표에 기반한 예측이 들어맞지 않는 이유가 무엇인지를 이해하는 데 도움을 주었지만, 이런 연구와 연관된 경제 변동과 정치적 행동 사이의 집합적 관계를 설명하지는 못했다. 이 문제를 다룬 킨더와 키위트는 경제 상황과 집권당에 대한 평가의 관계는 개인 경험에서 나오는 것이 아니라, 오히려 집합적이고 "사회 지향적 *sociotropic*"인 차원의 경제 문제에 대한 지각에서 나온다고 제안하였다(Kinder & Kiewiet, 1981). 달리 말하면, 사람들은 개인 재산의 변화에 기초해서 집권당을 평가하는 것이 아니라, 전체적인 경제 상태에 대한 회고적인 지각에 기초해서 평가한다. 사람들이 정부에 대해 던지는 질문은 "요즘 당신들이 나를 위해 무엇을 해 주었는가"라기보다 "요즘 당신들이 국가 전체를 위해 무엇을 했는가"이다 (Kinder & Mebane, 1983: 143).

주머니 사정 투표에 기반한 연구 결과와는 정반대로, 많은 후속 연구들은 집합적 차원의 경제적 판단이 개인적 차원에서 집권당에 대한 평가에 큰 영향을 미친다는 점을 발견했다(Lau & Sears, 1981; Fiorina, 1981). 더 나아가서 이러한 국가 전체의 경제적 상황에 대한 평가는 단순히 개인 경험을 그대로 반영한 것이 아니라는 것도 지적되었다(Kinder & Mebane, 1983; Fiorina, 1981). 키위트가 요약하듯이 "한마디로 국가 전체에 대한 평가에 있어 개인적인 연관성이 결여된 부분이 있지만, 사람들은 집합적 차원에서 나타나는 문제에서 명백한 정치적 연관성을 찾음으로써 이를 보충하고 있다"(Kiewiet, 1983: 130).

정치적 판단의 사회 지향적 성격을 보여 주는 연구 결과들은 사람들이 기초적인 정보를 활용한다는 점과 부합하는 면이 있다. 기초적인 정보는 본질적으로 내부적인 개인적 요인보다는 외부적인 상황 요인을 반영한다(Kahneman & Tversky, 1982). 다시 말해서, 다수의 사람들이 실직했다면 그 원인은 경제 실패(외부적 원인) 때문이지 사람들이 성실치 못한 노동자가 되었기(내부적 원인) 때문은 아니다. 사람들의 비정치적인 판단과 관련한 연구에 있어, 기초적인 정보가 무시되는지 또는 활용되는지의 여부는 그것이 외부적 상황 요인으로 귀인되는가 아니면 특정한 표본 집단이 가지고 있는 상황적인 특이성으로 귀인되는가에 의존한다. 몇몇 연구들은 표본의 대표성을 강조하거나(Hansen & Donohue, 1977; Wells & Harvey, 1978) 기초적인 정보로 제공되는 표본이 크고 신뢰할 만하다고 조사 대상자들에게 말해줌으로써(Kassin, 1979a), 기초 정보의 효과가 발생할 수 있음을 보여 주었다. 거대한 집합체가 어떤 상황에 놓였는지에 대해 지각하는 것은 결과적으로 사람들의 정치적 견해에 영향을 미칠 수 있다. 이와 같은 지각은 개인에게 책임을 돌리는 것을 억제시키고 외부에 존재하는 정부의 행위자들을 비판하는 것을 가능하게 하기 때문이다.

1. 경제 영역에 대한 지각을 넘어서

개인 경험이 정치적 영향력을 낳지 않는다는 것은 경제 변동의 상황 이외의 영역에서 반복적으로 동일하게 나타난다. 인종적 태도, 고용 정책, 범죄, 징병, 의료 보험 등을 비롯한 다양한 정책에 대한 지지도를 연구한 문헌들도 논리적으로는 정책에 대한 태도로 투입될 것 같은 회고적인 혹은 전망적인 개인 경험이 이와 같은 정책에 대한 지지도에 영향을 미치지 않는다는 것을 보여 준다(Sears & Funk, 1990). 예컨대, 버스로 통학시켜야 할 아이가 있다고 해서 인종 간의 통합을 이루기 위한 버스 통학을 덜 지지하는 것도 아니고(Sears, Hensler, & Speer, 1979), 징병당할 가능성이 높은 사람이라고 해서 징병 제도에 반대하는 것도 아니다(Sears et al., 1983). 마찬가지로 친구나 친척이 베트남전에 참전했다고 해서 이 전쟁에 더욱더 반대하지는 않았다(Lau, Brown, & Sears, 1978). 이러한 가설들이 복합적으로 검증되었던 여러 이슈에서, 개인적 관심사를 측정해 보려고 한 변인들은 설명력이 거의 없었다.[5]

경제 이외의 문제에 있어서 이러한 관계를 사회 지향적 측면에서 고찰한 연구는 매우 드물다. 어느 이슈보다도 집합적인 경제 상태의 정치화에 더 많은 관심이 모아졌는데, 그 이유는 경제 문제가 항상 정치적 이슈로 등장하기 때문이다. 선거에서 후보에 대한 판단에 영향을 미칠 가능성이 있는 다른 이슈들도 등장하기는 했지만, 경제 문제는 계속해서 부각되었고 선거 때마다 경제와

---

5. 시어스와 펑크는 이러한 일반적인 규칙에 예외적인 상황은 비용과 이익이 분명할 때라고 지적한다(Sears & Funk, 1990). 자신의 이해 관계를 정치화하기 위한 의도적인 노력이 개인의 경제적인 상황이 미치는 효과를 더 강화시킨다는 연구 결과도 있다(Lau, Sears, & Jessor, 1989).

관련한 이슈가 투표에 영향을 미칠 것으로 기대되었다.

경제 문제 이외의 이슈에서 사회 지향적 영향에 대한 관심은 대체로 부족하지만 몇 편의 연구에서 제시한 증거들은 경제 이슈에서 발견된 것과 비슷한 패턴이 존재한다는 것을 보여 준다. 예를 들어, 빈곤, 범죄, 테러리즘, 인종 간의 불평등과 같은 문제들이 개인적 문제로 프레임 되었을 때보다는 국가가 직면한 집합적 문제로 프레임 되었을 때, 사람들은 이 문제들에 대해 정부의 책임을 묻는 경향이 있다(Iyengar, 1991). 통상적으로 [개인적인] 주머니 사정과 사회 지향성을 비교하는 것과는 달리, 이 연구들은 집합적 현상으로 프레임 된 문제와 '다른' 사람의 개인적 문제로 프레임 된 문제를 비교한다. 그러나 이 패턴은 여러 이슈에 걸쳐 일관되게 사회 지향적 측면을 지닌다. 또한 사람들이 한 이슈를 개인적인 문제가 아니라 대규모 사회적 문제로 지각하게 되면, 사람들은 그 이슈에 대해 정부 지도자의 책임을 묻는 경향이 많다.

개인에 대한 지각과 사회적 차원에 대한 지각이 그 효과에 있어서 매우 다르다는 것을 보여 주기 위해 경제 이슈 이외의 문제를 중심으로 살펴본 연구들은 비개인적 지각이 보다 커다란 정치적 결과를 낳는다는 가정을 지지하는 결과를 보고하고 있다. 개인적 관심은 개인적 행동이나 태도의 변화로 이어지겠지만, 집합적 문제의 지각은 사회 정치적 행동을 유도할 가능성이 높다. 가령, 개인적으로 범죄에 희생될 가능성이 높다고 지각할 경우, 사람들은 혼자 걷는 것을 삼가고 밝은 거리로만 다니는 등 자기 방어적 행동을 취하게 된다(Lavrakas, 1982; Tyler, 1980). 그러나 사람들이 집합체로서 이웃, 도시, 국가가 위협받고 있다고 믿게 될 때, 이들은 반범죄 단체에 가입하거나(Dubow & Podolefsky, 1982), 범죄자에 대한 처벌을 강화해야 한다는 공공 정책을 지지한다(Tyler & Weber, 1982; Tyler & Lavrakas, 1983). 다시 말하면, 개인 경험과 관심은 정치적인 영향력을 별로 미치지 않지만 집합적 차원의 이슈에 대한 관심은 사회 문제와 관련한 정치적 결과를 낳게 된다. 개인 경험에 기초하여 정치 태도의 변화가 나타나지 않는 이유에 대해 이론적인 설명을 하는 것과 범죄에 대한 태도를 다룬 연구에서 제시한 경험적 증거들을 보면서 우리는 사회 지향성이 경제적 판단의 영역을 넘어선다는 점을 생각할 수 있다.

그러나 지금까지 소수의 연구들만이 집합적 경험에 대한 지각이 정치 태도에 미치는 영향을 직접 살펴보았다. 즉, 사회 지향적 패턴에 대한 연구는 많은 부분 경제 영역에만 국한되어 있었다. 이런 이유로 '마약 문제'에 관심이 집중되었던 1980년대 말에, 나는 마약 문제에 대한 전국적인 서베이를 하면서 응답자의 개인적인 경험, 개인적인 관심과 함께 집합적 차원의 지각을 다루었다. 비록 경제에 대한 지각과 달리 마약 문제에 대한 이슈가 대통령의 직무 수행을 판단하는 데 지속적인 영향을 미치진 않았지만, 당시로서는 이 이슈가 정치 엘리트나 언론으로부터 상당한 주목을 받고 있었기 때문에 그 정치적 영향을 다루기에는 충분한 조건이 성숙되어 있었다.

　　　나는 마약 문제에 대한 회고적 지각에 기초한 질문을 통해 응답자들로 하여금 미국에서 마약 문제가 지금까지 나아졌는가, 악화되었는가, 그대로인가를 평가하도록 하였다.[6] 개인적인 우려는 매우 폭넓게 측정했는데, 여기에는 마약 문제가 가족이나 친구를 비롯한 주변 사람에게 미치는 효과들도 포함되었다.[7] 그리고 개인 경험은 실제 경험보다는 우려라는 개념으로 표현되었다. 그리하여 개인 경험이라는 측면을 다루는 데 있어서는 마약이나 마약 관련 범죄로 인해 희생된 상대적으로 작은 부분의 집단에게 해당하는 직접적 경험에 국한시키지 않고 미래의 경험 가능성까지 포함하여 사람들의 공포심을 측정했다.

　　　마약 문제는 과연 경제 문제와 공통된 사회 지향성을 보여 주는가? 표 4-1에 제시된 연구 결과는 경제 문제에 해당하는 주머니 사정과 사회 지향성의 비교가 마약 문제에서도 비슷하게 논의될 수 있음을 보여 준다. 여기서 제시되고 있는 결과는 미국 전역을 대상으로 한 전화 서베이를 통해 1200명을 무선 표집하여 얻은 자료를 분석한 것이다.[8] 이 연구에서는 특히 대통령의 직무 수행을

---

6. "귀하는 지금까지 미국에서 마약 문제가 나아졌다고 보십니까, 악화되었다고 보십니까, 그대로라고 보십니까? 매우 / 조금 나아졌습니까, 매우 / 조금 악화되었습니까?"

7. "귀하 자신이나 귀하의 가족이나 친구를 비롯한 주변 사람들은 어떻습니까? [……] 과거 몇 년 간에 걸쳐 귀하는 주변 사람들에게 영향을 미치는 마약 문제에 대해 더 많이 우려하게 되었습니까, 덜 우려하게 되었습니까? 그렇다면 매우 / 약간 더 우려하게 되었습니까, 매우 / 약간 덜 우려하게 되었습니까?"

8. 위스콘신(매디슨 소재) 대학의 위스콘신 대학 서베이 센터에서는 지속적으로 단면적인 전국 전화 서베이를 실시하고 있다. 서베이 센터의 표집 절차는 현재 미대륙에서 가동중인 전화 번호(전화 번호부에 등재된 것과 등재되지 않은 것을 포함하며, 이 목록은 닐슨 미디어 리서치 Nielson Media Research 에서 구입한다)를 대표하는 전화 번호의 표본을 선정하는 데서 시작한다. 그리고 표본이 되는 가구의 성인들(18세 이상) 중에서 한 사람을 무작위로 선택한 다음, "1주일 가운데 하루를 정하여" 표본으로 선정된 각각의 전화번호로 10회에 걸쳐 전화를 건다. 각 해당 날짜의 인터뷰는 그 날 모집단의 무선 표본을 구성한다. 이 과정에서 키시와 헤스가 제시하고(Kish & Hess, 1959) 매도우, 하이만, 제슨이 다듬은

표 4–1. 마약 문제에 대한 개인적/집합적 차원의 판단이 대통령 직무 수행 평가에 미치는 영향

	계수	표준 오차
국가 문제로서의 마약 문제	.18	(.04)***
개인 관심사로서의 마약 문제	.06	(.04)
공화당원	.89	(.11)***
민주당원	−.75	(.11)***
연령	−.00	(.00)
성별	.07	(.02)**
인종	−.28	(.12)*
수입	−.12	(.04)**
성별	−.19	(.09)*
R^2	.30	
(n)	(1,051)	

종속 변인은 로널드 레이건 대통령의 직무 수행 평가이다. 이 평가는 4점 척도로 측정되었으며 점수가 높을수록 긍정적인 평가이다. 데이터는 1988년 가을 전국 표본을 대상으로 전화 면접을 통해 수집되었다.

* $p < .05$, ** $p < .01$, *** $p < .001$

평가하는 데 있어서 경제 외적 문제에 대한 개인적 우려와 이와 관련한 이슈에 대한 집합적 차원의 경험에 대한 지각이 미치는 효과를 살펴보았다.

　　표 4–1에서 보여지는 회귀 분석 계수들은 매우 낯익은 패턴을 보여 준다. 개인적 우려는 대통령의 직무 수행에 대한 판단에 이렇다 할 영향을 미치지 않았지만, 집합적 경험에 대한 지각은 중요한 역할을 한다. 정당 일체감과 인구

절차를(Medow, Hyman, & Jessen, 1961) 이용하여 무응답을 특별한 방식으로 처리하고 있다. 여기서 이 전의 표본에서 제외시킨 집 없는 사람을 현재 집에 없는 사람으로 전위(轉位)시키는가의 문제가 있다. 1주일 중에 당일 하루 집에 없는 사람은 다른 날 집에 없는 사람과 다르기 때문에, 1주일 중 어느 날을 잡느냐에 따라 다른 결과가 나타날 수 있다. 결과의 추정치에는 가중치가 부여되기도 한다. 하지만 해당일 각각의 인터뷰는 그 날의 확률 표본을 나타낸다.

　　서베이의 질적 수준을 평가하기 위해서, 서베이 센터에 응답한 사람들의 사회적·인구학적 특징의 분포와 '미국 전국 선거 연구'(American National Election Studies: ANES) 및 '전국 가족과 가정 연구'(National Survey of Families & Households: NSFH)에 나타난 분포를 비교한다. 이 서베이에서 응답율은 분모에 응답 거부와 잘못된 번호를 포함시켰을 때 평균적으로 55% 정도이다. 이 비율은 ANES나 NSFH와 비교했을 때 상당히 낮은 것이다. 그러나 가구의 크기, 지역, 연령, 성별, 수입, 혼인 여부, 종교, 실업, 교회 참석과 같은 주요 인구학적 변인과 관련해서 응답자의 분포를 비교했을 때는 서로 비슷하게 나타났다. 이 서베이는 전화를 통한 것이어서 소수 집단을 제대로 나타내지 못한다는 측면에서 약간의 차이가 생겨난다. 한편 서베이 센터에서는 1990년 센서스에 기초하여 교육 수준을 분류하였기 때문에, 교육 수준을 비교하기는 어려웠지만, 교육 연수가 12년 이하인 사람들이 상대적으로 표본에 덜 포함되었다.

표 4–2. 대통령 직무 수행 평가에 대한 예측 변인으로서 마약 문제에 대한
개인적/집합적 차원의 판단: 언론 보도의 효과

	마약에 대한 보도가 적었던 시기	마약에 대한 보도가 많았던 시기
국가 문제로서의 마약 문제	.10[a] (.07)	.22[a] (.05)***
개인 관심사로서의 마약 문제	−.02 (.07)	.11 (.05)*
공화당원	.76 (.15)***	.98 (.12)***
민주당원	−.84 (.15)***	−.53 (.12)***
연령	−.00 (.00)	−.00 (.00)
성별	−.11 (.12)	−.21 (.10)*
인종	−.55 (.16)***	−.12 (.13)
수입	.05 (.04)	.07 (.03)*
성별	−.08 (.06)	−.14 (.04)***
R^2	.31	.29
(n)	(525)	(526)

이 표의 수치는 OLS 회귀 방정식의 비표준화 계수이며 괄호 속의 수치는 표준 오차이다. 종속 변인은 로널드 레이건 대통령의 직무 수행 평가이다. 이 평가는 4점 척도로 측정되었으며 점수가 높을수록 긍정적인 평가이다. 데이터는 1988년 가을 전국 표본을 대상으로 전화 면접을 통해 수집되었다.

a: 마약에 대한 보도량에 따라 구분하지 않고 전체 응답자를 대상으로 한 분석에서도 마약을 국가적 문제로 지각한 것과 언론 보도와의 사이에서 통계적으로 유의미한 상호 작용이 나타났으며 ($b = .15$ (.07), $p < .05$), 마약 관련 보도의 주 효과도 유의미했다($b = .−33$ (.16), $p < .05$).

* $p < .05$, ** $p < .01$, *** $p < .001$

학적 변인들 통제했을 때조차도 — 물론 이 모델은 대통령 직무 수행에 대한 평가가 마약 문제에 대한 지각에 미치는 잠정적인 쌍방향의 효과를 과잉 통제할 수는 있지만 — 국가 전반에 있어 문제의 심각성에 대한 판단은 개인적 공포나 우려감보다 훨씬 큰 효과를 낳는 것으로 나타났다(예컨대, Kiewiet, 1983).

주어진 이슈에 대해 개인적인 우려나 집합적 차원에 대한 판단이 정치적 평가와 연결되는 정도는 부분적이지만 분명히 특정 시점에서 그 이슈와 관련한 대중적인 정치 담론의 현저성에 의해 결정될 수도 있다. 마약 문제는 연구가 수행된 시점에서 대통령 직무 수행에 전반적인 영향을 미칠 만큼 현저성이 큰 사안이었지만, 현저성의 정도에 따라 표 4–1에 나타난 전체적인 패턴은 변할 수

도 있다. 이 연구의 자료는 5개월 동안에 걸친 서베이에서 얻어졌기 때문에, 데이터를 좀더 세분화하여 마약 문제와 관련한 언론 보도가 많았던 시기와 적었던 시기를 비교 분석했다. 인터뷰 날짜를 무작위적인 것으로 볼 수 있으므로 언론 보도가 더 많거나 적었던 시기로 집단을 구분하는 것이 의미있다고 전제하였다.[9]

표 4-2에서 볼 수 있듯이, 마약 문제에 대한 집중적인 보도는 집합적 차원에 대한 지각이 대통령 직무 수행 평가를 예측할 수 있는 수준을 높였다. 마약 문제가 사회적으로 얼마나 문제가 되고 있는지에 대한 회고적 판단은 대통령 직무 수행을 평가함에 있어 이 이슈에 대한 집중적인 보도가 있던 시기에 인터뷰한 집단에서 더 중요한 영향력을 행사한 것으로 나타났다.[10] 반대로 집중적인 보도는 마약 문제를 둘러싼 개인적인 우려감의 효과를 유의미하게 증가시키지 못했다. 전체적으로, 마약 문제에 대한 이 연구는 국가 전체적 차원의 문제로서 이슈와 관련한 지각이 개인적 우려에 비해 정치적 판단에 더 많은 영향을 미친다는 것을 보여 주었다.

경제 이슈와 마찬가지로, 마약 문제와 관련한 정치적인 효과는 개인적 우려나 경험으로부터 나오는 것이 아니라 미국 내의 '타자들'에게 이 이슈가 얼마나 많은 영향을 미치는가에 대한 지각에서 나온다. 또한 이와 같은 패턴이 몇 가지 이슈에만 국한된다고 생각할 이유는 없다. 어떤 이슈가 대통령의 직무 수행 평가에 어느 정도 효과를 갖는다고 인정할 수 있을 때, 그 이슈의 영향력은 개별 구성원들이 개인적으로 경험한 것에 따라 발생하는 것이 아니라, 타자가 이 문제의 영향을 얼마나 받고 있는가에 대한 지각에 의해 발생하게 된다.

집합적 차원에 대한 지각이 유발하게 되는 유의미한 정치적 효과에 대

---

9. 마약 문제에 대한 보도량의 측정은 컴퓨터 보조 내용 분석을 통해 이루어졌다(이 절차에 대한 자세한 사항은 Fan, 1988 참조). 먼저, 연구가 실시된 시기에 AP 통신에서 내보낸 기사 중에서 1000개를 넥시스 Nexis 뉴스 데이터베이스로부터 다운로드 받았다. 그리고 난 후 'drug'이라는 용어를 포함한 기사는 모두 뽑았다. 다음으로 표본이 부적절한 내용을 담고 있는지 검사했고, 약의 처방이나 AIDS 치료제의 개발과 같이 부적절한 내용을 담고 있는 기사는 모두 제거하였다(전체 목록을 알고 싶으면 나에게 연락하기 바란다). 마지막으로, 남아 있는 기사들은 다음과 같은 키워드를 언급하고 있는 문단의 전체 수를 측정하여 점수를 매겼다. 마약, 코카인, 크랙[코카인을 정제한 환각제], 헤로인, 마리화나, 모르핀, 마취, 마약의 흡입.

인터뷰가 있던 날 응답자가 접한 기사의 점수는 1일 기사에 10일 동안의 가중치를 둔 평균 점수를 주었다. 보도 수준의 높고 낮음은 기사 수의 중앙값을 기준으로 나누었다.

10. 언론 보도는 대통령의 직무 수행에 유의미한 직접 효과 및 상호 작용 효과를 가진다는 점도 지적해야겠다. 높은 수준의 마약 관련 보도는 대통령에 대한 지지도를 .33 낮추었다.

한 설명은 개인 경험과 관심의 효과가 부재하다는 설명과 유사한 일반 논리를 중심으로 전개될 수 있다. 귀인과 관련한 문제에 있어서도 시민들로 하여금 개인적 문제를 정부 지도자의 행위에 연결시키기 어렵게 만드는 대신 정부가 집합적 사회 문제에 책임이 있는지 묻게 만드는 것이다. 3장에서 지적했듯이 매스 미디어가 이러한 집합적 차원의 지각에 영향을 미치는 한, 그리고 사람들의 정치적 평가가 집합적 차원의 지각에 의존하는 한, 미디어는 정치적으로 매우 강력한 역할을 담당한다.

'사회 지향적'이란 개념이 본래 타자에게 관심을 갖게 만드는 심리적 동기를 지칭하기 위해 생겨났지만, 그렇다고 해서 이 개념이 그 자체로 이타주의를 의미하는 것은 아니다(Meehl, 1977). 마찬가지로 사회 지향적 정치 태도 및 개인 경험에 바탕을 둔 태도를 구별하는 것은 원래 심리적 동기의 차이의 결과로 해석되지 않았다. 사람들이 이타주의적 경향을 가지고 있기 때문에 개인 경험을 무시한다고 가정된 것은 아니다. 오히려 사회 지향적 정치는 상이한 종류의 정보가 어떻게 처리되고, 특정 정보에 따라 얼마나 쉽게 책임을 귀인시킬 수 있는가의 문제에 따라 발생할 수 있는 것으로 가정된 것이다.

이 현상에 대한 이론적 설명을 하는 데 있어 정보원이 무엇인지의 여부가 중심적인 역할을 한다. 개인 경험이 분화되는 경향이 있는 반면, 국가적 상황에 대한 정보는 매스 미디어로부터 얻을 수 있고 또한 국가 정치 지도자들에 대한 판단과 쉽게 연결될 수 있도록 미리 포장이 되어 있다(Kinder & Kiewiet, 1981). 따라서 사회 지향적 판단은 정치적 선택으로 쉽게 전이되지만 개인 경험은 그렇지 않을 수 있다. 웨더포드가 "국가 경제에 대한 언론의 통계 보도와는 달리, 개인의 경제적 상태는 실제 경제 정책에 대한 판단과는 거리가 멀다"고 지적한 것은 이와 관련해서 시사하는 바가 많다(Weatherford, 1983: 163).

2. 책임 소재를 묻는 문제

3장에서 보여 주었듯이, 매스 미디어는 사람들이 집합적 사회 현실을 지각하는 데 있어 핵심적인 역할을 수행한다. 매스 미디어는 다중多衆의 상태에 대한 '사회적 사실들'을 제공하는 중요한 정보원이다. 그러나 다중에 대한 지각이 모두 원래부터 매개되어 전달되었던 것은 아니다. 개인 경험과 관심 또한 이러한 판단에 투입될 수 있다. 그럼에도 불구하고 미디어는 개인적 차원과 집합적 차원의 판단을 '분화 compartmentalization' 시키는 데 있어 커다란 기여를 하였다. 개인 경험의 영역 저편에 있는 정보를 제공함으로써 미디어는 다중에 대한 우리의 지각이 개인 경험의 반영 이상의 것이 되도록 하였다.

그렇다면 미디어의 정보가 비개인적인 타자에 대한 판단에 중요한 영향을 미치는 것이 왜 문제가 되는가? 사회 지향적 정치에 대한 문헌과 위에서 소개한 연구를 통해 살펴보았듯이, 개인적 문제보다는 집합적 현상에 대한 지각이 사람들의 정치 태도에 더 중요하다면, 미디어는 집합적 경험에 대한 판단을 형성할 수 있다는 측면에서 비록 간접적이기는 하지만 매우 중요한 역할을 수행할 수 있다는 점을 생각해 보아야 한다. 만일 미디어가 개별 구성원들에게 다중에 대한 정확한 표상을 전달한다면, 시민들이 정확하게 사회 문제에 대한 책임 소재 여부를 심판할 수 있도록 미디어의 역할을 다 한 것이 될 수 있을 것이다.11 그러나 많은 학자들은 집합적 차원에 대한 판단이 개인적인 경험과는 무관하게 미디어의 정보에 따라 변할 수 있다는 점에서 우려를 표시한다(Patterson, 1993; Hetherington, 1996).

실제로 사회 지향성 모델이 암시하는 바는, 개인 경험에 기초한 정치적인 평가를 통한 정치 과정이 언론의 보도를 통해 왜곡되고 책임 소재의 심판이 미흡하게 되는 가능성이 있다는 것이다. 멀리 떨어져 존재하는 다중에 대한 판단과 달리 개인적 관심은 실제 세계의 경험에 근거하고 있다. 만일 정치가들이 입안한 정책이 많은 사람들에게 피해를 주는 것이라면, 개인 경험에 기초한 투표를 통해 사람들은 그와 같은 정책을 결정한 사람들을 자리에서 내쫓을 수 있다. 반면 집합적 차원의 지각에 기초하여 정치적 견해를 형성한 시민들은 정보

11. 경제적 상태에 대한 회고적 지각을 분석할 때, 사회 지향적 예측과 주머니 사정 예측을 비교하는 것은 본질적으로 과거 개인의 경제적 경험과 비개인적 타자의 경제적 경험에 대한 지각을 비교하는 것과 같다. 예컨대, 개인적인 실업의 경험과 많은 수의 타자가 경험한 실직에 대한 지각이 비교되는 것이다. 그러나 전망적 지각을 측정할 때 이러한 개념들은 다소 불분명해지는데, 그 이유는 개인의 미래에 대한 전망이 어느 정도는 국가의 미래에 대한 인식에 기초하기 때문이다. 그리고 개인의 경제 상태와 관련한 전망적 지각은 반드시 실제 세계 속에서의 경험에 근거할 필요는 없다. 개인적 차원에서 측정하더라도 그러한 전망적 지각은 어느 정도는 특정 개인에게 전달되는 외부 정보에 기초하고 있다.

의 조작에 매우 취약함을 보일 수 있다. 만일 매스 미디어를 비롯한 여타의 정보원들이 사람들로 하여금 부정확한 인식을 하게 한다면, 이것을 기초로 형성한 정치적 견해는 궁극적으로 개인 경험을 기초로 형성된 견해와는 달리 정책 입안자에 대해 책임의 소재를 묻는 데 도움을 주지 못할 것이다.

　　집합적 차원에서 사회가 어떻게 변하게 되는가에 대한 미래에 대한 전망적인 지각과 관련해서도 비슷한 문제를 지적해 볼 수 있다. 만일, 현재 지도자들이 제시하는 정책이 미래에 다른 사람들에게 피해를 입힐 것이라고 생각되면 시민들은 그들을 다시는 선출하지 않으리라고 다짐한다. 그런데 회고적 평가와 마찬가지로 집합적 차원에 대한 전망적인 평가 역시 실제 세계의 경험이나 사건에 근거하고 있지 않다. 아무리 많은 언론 보도가 나간다 하더라고 실직한 사람에게 그의 재정 사정이 나아진다고 설득할 수 없으며, 처음 제대로 된 의료 서비스를 받게 된 노동자에게 그가 궁핍하게 살고 있다고 설득할 수 없다. 미래를 예측하는 것은 사실 매우 위험한 일이며, 개인의 일상적 지식과 경험의 영역을 넘어선 일에 대해 예측할 때 더더욱 그렇다. 따라서 일반적으로는 전망적이거나 회고적인 사회 지향적 선택을 예측하는 데 있어 개인 경험과 관심에 뿌리박고 있는 정치적 행동이 보다 바람직한 척도로 여겨진다.

　　이 관점으로부터 우리는 미디어의 정보에 바탕을 둔 집합적 경험에 대한 지각이 민주적으로 책임을 심판하는 데 위험 요소가 될 수 있다는 결론을 내릴 수 있다. 대게 후보자들은 "미국의 여명기"(집권 세력의 경우)에 있다거나, 자포자기의 절망 상태(도전자들의 경우)에 있다고 시민들을 설득하려는 동기를 갖고 있기 때문에, 집합적 복리와 관련한 문제는 의도적인 조작의 대상일 수 있다. 간단히 말해서 미디어는 민주적 책임의 심판을 보장하는 데 있어 허약한 토대가 될 가능성이 있는 반면, 개인 경험은 우리가 살고 있는 일상적이고 구체적인 현실에 공고한 뿌리를 두고 있다.

　　적어도 지금까지 살펴본 연구를 기반으로 해서 보면 위와 같은 주장을 펼 수 있다. 개인 경험에 대한 지각과 집합적 경험에 대한 지각은 각각 편향성을 가지고 있고 매우 일관되게 개인 경험에 기초한 모델이나 사회 지향성 모델에 대한 규범적 판단을 내리는 데 있어서 매우 중요한 의미를 내포하고 있다. 다음은 먼저 집합적 차원 및 개인적 차원의 경험에 대한 평가의 정확도 및 각각에 내재된 편향성에 대해 살펴볼 것이다. 그리고 개인적 차원의 판단과 집합적 차원의 판단 사이에 존재하는 ― 이상하지만 매우 일관성 있는 ― 발생함으로써 야기되는 정치적인 문제를 논의하겠다.

1) 집합적 차원에 대한 판단의 정확도

개인적 판단 및 이와 반대되는 비개인적 판단에 기초한 정치적 행동이 지니는 규범적 의미에 대해 논하기 위해서는 이러한 지각의 정확도에 대해 살펴볼 필요가 있다. 만일 사회 전반에 대한 집합적 차원의 판단이 개인 경험의 총합을 반영한다면, 두 가지 모델은 대체로 동일한 결과를 가져올 것이다. 사람들은 사회 지향적 판단을 논의하는 데 있어 일반적인 준거가 되는 '국가'의 상태에 대해 과연 정확하게 인식하고 있는가? 이 문제와 관련해서 여기서 언뜻 내릴 수 있는 결론은 매우 절충적인 것으로 보일 것이다. 그러나 (1) 어느 상황에서 이러한 지각이 중요해지는가, (2) 광범위한 이슈에 걸쳐 책임 소재의 심판을 하기 위해서 총합적인 사회 정치적 현실을 반영하는 데 필요한 지각의 범위가 과연 어느 정도인가를 고려한다면, 그 함의는 그렇게 절충적이지 않게 보일 것이다.

사회 지향적 정치에 있어서 집합적 차원의 지각이 갖는 정확도와 관련한 대부분의 증거들은 역시 경제 분야 연구에서 나온 것이다. 일군의 연구에서는 정확도와 관련해서 사회적으로 문제가 될 이유가 없다고 지적한다. 사회 세계에 대한 개인의 지각이 개인 자신에 대한 지각과 다르다면 이것이 어떤 차이를 만들어 내겠는가? 주어진 시점에서는 경제가 나아지고 있거나 악화될 수 있기 때문에 집합적 조건에 대한 지각에 있어서 생기는 편차는 개인의 총합 속에서 스스로를 상쇄시키는 오차 변량에 지나지 않는다(Kramer, 1983). 만일 이러한 경우가 발생하고 집합적 경험에 대해 판단을 내리는 데 있어서 발생하는 오차가 무작위적인 것이라면 관심을 가질 까닭이 없을 것이다. 총합적으로 볼 때, 개인 경험에 기초하여 형성된 정치적 견해 또는 집합적 경험에 대한 지각에 기초하여 형성된 견해에 의거하여 정치가들은 자신이 입안한 정책의 결과에 대한 책임이 있다고 파악될 수 있다.

전망적 판단의 영역[12]에서, 맥쿠엔, 에릭슨, 스팀슨은 공중이 국가 경제의 전망에 대해 합리적인 평가를 할 수 있다고 주장하였다(MacKuen, Erikson, & Stimson, 1992). 비록 이들은 경제적 통계 자료에 대해 사람들이 상대적으로 무지하다는 것을 입증하는 많은 연구 결과(Holbrook & Garand, 1996; Conover, Feldman, & Knight, 1986, 1987)를 거론하지만, 경제와 관련한 낙관론이나 비관론에 대한 일반적 해석이 대중 의식 속으로 흘러 들어가는 것이 매우 중요하다고 주장했다. 궁극적으로 이들이 주장한 바는 경제에 대한 전문가들의 견해가 언론 보도에 정확하게 반영되고, 대중은 경제적 전망에 대한 정확한 정보를 입수하여 이후의 정치적 평가에 활용한다는 것이다.

경제적 수치를 가지고 좋은 시기와 나쁜 시기를 해석하는 전문가들은 주요 뉴스 미디어에 주의를 기울인다. 경제를 전망하는 문제에 있어서, 전문가들은 일반 대중에게는 직접적으로 별로 중요하지 않지만 전문적 예견에 중요한 뉴스 미디어에 등장한다. 이들의 해석은 경제 문제의 정교한 부분에 대한 이해를 도와 준다. 특별한 노력을 기울이지 않더라도 공중은 경제의 장래에 대한 최선의 정보에 노출된다. 단지 앞으로 좋은(나쁜) 시기가 도래할 것이라는 예측이 지배적이라는 점만 파악함으로써, 공중은 전문가들이 비밀스런 도구를 이용해서 행사하는 인과적 영향력 아래 놓이게 된다(MacKuen, Erikson, & Stimson, 1992: 604).

달리 말해서, 미디어는 경제 전망에 대한 합리적이고 매우 정교한 평가를 유권자들에게 전달하는 중립적인 도관導管으로서 작용한다. 주요 지표가 경제 전문가들의 판단에 영향을 미치고, 전문가들은 뉴스의 내용에 영향을 미치며, 미디어 내용은 일반 대중의 판단에 영향을 미치는 것이다. 이러한 정보로 무장한 시민들은 국가의 경제 전망에 대한 책임이 정치 지도자들에게 있다고 가정할 수 있다. 책임 소재에 대한 심판으로 이어지는 이 경로가 작동하기 위해서는, 첫째 언론인들이 경제의 장래에 대한 정교한 정보를 사용해야 하며 최소한 전문가가 예상한 내용의 핵심이라도 공중에게 전달해야 한다. 둘째, 공중은 이 정보를 정확하게 수신하고 해석하여 경제 전망에 대한 감각을 익혀야 하며, 궁극적으로는 선거 시기에 후보를 제대로 판단해야 한다.

---

12. 경제적 평가가 주로 회고적 판단을 통해서 이루어지는지, 전망적 판단을 통해서인지, 또는 두 가지 모두를 통해서 행해지는 것인지에 대해 아직까지 일치된 견해가 없기 때문에, 나는 두 가지 관점 모두에서 정확도의 문제를 다룬다.

미디어가 경제 전망에 대한 정확한 정보를 전달할 수 있음을 보여 주는 근거로서 공중이 가지고 있는 장기적인 경제 전망과 경제 뉴스의 논조에 대한 지각의 정적인 상관 관계가 주로 제시된다. 하지만 클라크와 스튜어트가 지적했 듯이, 이것은 미디어가 전문가의 견해에 부합하도록 경제 문제를 보도해야 한다는 전제 조건을 검증하는 것이 아니고 단순히 가정할 뿐이다(Clarke & Stewart, 1994). 적절한 검증을 위해서는 사람들의 경제 인식과 언론의 보도를 객관적인 경제 지수와 비교해야 한다. 그러나 경제 뉴스에 대한 맥쿠엔 등의 측정은 실제 언론 보도가 아니라 사람들의 '지각'을 나타내는 서베이 측정에 기초하여 이루어 졌기 때문에 이들의 설명은 실제 언론 보도를 반영하지 않는다(Mackuen et al., 1992). 게다가 미디어가 뉴스를 제작하는 데 있어 경제 전문가에게 상당히 의존 한다 하더라도, 전문가들이 미디어에 제공한 예측이 반드시 합리적이거나 합의 가 이루어진 내용은 아니다. 그러한 정보 중에서 어떤 것은 편향되어 있으며, 기 자들은 뉴스를 극화시키기 위해 고의적으로 갈등적인 의견을 보도할 수도 있다. 경제 영역에서 객관적인 지수가 널리 제공되고 있지만 그 해석을 둘러싸고 전문 가들 사이에는 비일비재하게 다른 의견이 존재한다. 데이비드 스토크만이 지적 하듯이, "경제 수치들이 무엇을 나타내는지 진정으로 이해하는 사람은 아무도 없 다"(Stockman, 1981).

맥쿠엔과 동료들의 연구에 문제가 있지만, 객관적 경제 조건이나 언론 보도에 대한 대다수의 시계열 분석들은 '실제' 경제와 경제 보도 사이의 연관성 을 공통적으로 보여 주고 있다. 예를 들어, 팀스, 프리만과 팬은 내용 분석을 통 해서 경제에 대한 전체적인 지각이 경제 뉴스의 논조와 상관 관계를 가지고 있 음을 밝혀냈다(Tims, Freeman, & Fan, 1989). 그리고 '전문가의 견해 — 뉴스 보도 — 공중의 예상 — 대통령에 대한 지지도'로 이어지는 인과성의 고리를 살펴본 연 구에서도 언론인들이 현재의 경제 상태와 관련하여 어느 정도는 전문가들의 평 가에 의존한다는 사실을 발견했다(Nadeau, Niemi, & Fan, 1996). 그러나 뉴스 보도의 논조를 형성하는 데 있어 중요했던 것은 경제 전문가가 사용하는 복잡한 예측 지수가 아니었다. 뉴스 보도는 현재의 실업 상태나 인플레이션을 보여 주는 통 계적인 경제 지수와 직접적인 관계를 맺고 있었다. 즉, 경제의 장래에 대한 경제 엘리트들의 예측이 경제 뉴스의 논조를 결정하지는 못했다. 인플레이션, 실업,

국내 생산의 수준 및 변동과 관련하여 <뉴욕 타임스>의 보도를 분석한 한 연구는 신문 경제 기사의 전체 수는 객관적인 경제 상황의 변화로부터 비롯된다고 밝힌다(Goidel & Langley, 1995). 그러나 실제 세계의 변화로부터 비롯된 것은 주로 부정적인 기사의 수이지 긍정적인 기사의 수가 아니었다. 영국에서 거빈과 샌더스는 거시 경제적 조건의 객관적 변화와 텔레비전 경제 뉴스 사이의 연관성은 매우 약하다는 것을 밝혔다(Gavin & Sanders, 1996). 비록 텔레비전 보도가 시점 별 실업의 경향과는 관계가 있었지만, 다른 여러 경제 지수와는 관계가 없었다. 이들은 공식적인 통계는 차치하고라도, 텔레비전 경제 뉴스가 경제에 대한 개인 경험과 거의 관계가 없다는 점도 지적한다.

정기적으로 배포되는 경제 통계와 경제 보도 사이의 관련성을 보여 주는 증거가 있음에도 불구하고 상당수의 연구들에서는 언론인들이 경제 보도의 논조를 결정하는 데 있어 자율적인 역할을 한다는 점을 여전히 지적한다. 예컨대, 네이듀, 니에미와 팬은 비록 객관적인 경제 통계가 경제 뉴스의 논조에 직접적인 영향을 미치지만, 전문가들의 평가나 객관적인 상황과는 별도로 뉴스 보도가 대중의 경제에 대한 전망에 영향을 미치는 부분도 있다는 것을 보고하고 있다(Nadeau, Niemi, & Fan, 1996). 게다가 대중의 경제 전망에 더 크게 기여하는 것은 전문가들의 예측이 아니라 경제 뉴스의 논조였다. 달리 말하면, 경제 통계 및 전문가의 견해가 언론 보도와 관련된 측정이라는 측면에서 동일한 방정식 속에 포함되었을 때 미디어는 공중의 지각에 중요한 영향력을 미친다는 것이 밝혀졌다.

이러한 결과와 유사하게 블러드와 필립스는 경기 후퇴라는 헤드라인이 소비자들의 판단에 중요한 영향을 미쳤으며, 이것은 현재나 미래의 상황에 대해 경제 통계가 설명할 수 있는 것 이상임을 밝혀냈다(Blood & Phillips, 1995). 대통령 지지도에 대한 연구에서 네이듀 등은 현재의 경제 상황에 대한 객관적인 수치를 포함시키더라도 경제 보도의 논조가 공중의 지각에 미치는 효과를 억제하지 않는다는 것을 보여 주었다(Nadeau et al., 1996). 반면 전문가의 경제 전망은 직접적인 효과가 전혀 없었다. 즉, 정치적으로 중요한 경제 문제와 관련한 공중의 기대치는 경제 전문가들의 고견이 아닌 경제 상황에 대한 미디어의 보도 방식에 근거한다. 즉, "정치적으로 중요한 기대치를 만들어 내는 것은 언론인들이지 경제 실무자들이 아니다"(14). 국가 전체의 경제적 기대치를 좌우하는 주요 요인은 미디어가 경제 정보를 취급하는 방식이다. 영국 언론에 대한 연구에서 거빈과 샌더스는 "뉴스가 단순히 공중의 경험을 충실하게 반영"할 가능성은 별로 없고 오히려 "미디어의 선택을 통해 정부의 능력에 대한 정보를 전달하고 정부의 인기를 높일 수 있다"고 지적한다(Gavin & Sanders, 1996: 9).

요컨대, 언론인들은 간명하고 쉽게 해석할 수 있는 경제적 지수에 어느 정도 주목하기는 한다. 그러나 문제는 그 정도가 얼마 만큼이냐는 것이다. 언론의 경제 보도가 경제 통계에서 암시하는 바와 완전히 별도의 것이 될 수 있다는 사실은 놀라운 발견이 아닐 수 없다. 언론인들이 공식 자료에 의존한다는 것은 이미 잘 정착된 관행이며, 다른 영역과 달리 경제 영역에서만 그렇다고 생각할 이유도 없다(Sigal, 1973; Brody, 1991). 그러나 언론인들은 경제 보도의 논조에 독립적인 영향력을 행사한다. 여기서 진정한 이슈는 미디어가 얼마나 정확하게 현실을 반영해서, 공중이 국가의 경제 상태에 대해 편향되지 않은 지각을 하도록 만드느냐는 것이다.

분명히 현실 세계의 경제 상황은 어느 정도는 경제에 대한 지각을 형성한다. 그러나 그것이 올바른 후보자를 선출하는 데 필요한 책임 소재에 대한 심판을 할 수 있는 충분한 수준이 되는가? 얼마나 많은 사람들이 대통령 선거의 결과가 바뀔 정도로 부정확하게 지각하고 있는가? 이 문제는 단순한 경험적인 연구로 알아내기 힘든 부분이 있다. 대통령 선거마다 경제 관련 이슈의 현저성이 차이가 있고, 선거에서 이기기 위한 득표차도 다를 수 있기 때문이다.

맥쿠엔 등은 개인의 응답을 합산한 기준으로 살펴볼 때 경제에 대한 개인적 차원의 판단에서 생기는 오차가 상쇄된다는 가정에 기초하여 연구를 실시했다(Mackuen et al., 1992; 예컨대, Conover, Feldman, & Knight, 1986). 그러나 이들의 연구에서는 개인적 판단에서 생기는 왜곡이 총합 속에서 상쇄된다는 것을 경험적으로는 보여 주지 못했다(Clarke & Stewart, 1994). 선거는 단면적 사건이며 중요한 행동은 하룻 동안에 이루어진다. 그렇기 때문에, 선거 결과가 선출된 공직자들의 책임을 정확하게 묻는 것임을 입증하기 위해서, 선거 시기 전체에 걸쳐서 뿐만 아니라 주어진 한 시점에서 이러한 오차들이 서로를 상쇄시켜야 할 필요가 있다. 즉, 이러한 오차는 오차에 체계적인 편향이 없어야 하며 *unbiased* 오차 간에 상관관계가 없어야 할 *uncorrelated* 필요가 있다. 하지만 할러와 노포스는 경제 전망뿐만 아니라 인플레이션에 대한 전망적 판단에서도 오차에 편향성이 있으며 오차 간에 상관성이 발견되는 사례를 발견하였다(Haller & Norpoth, 1994).

헤더링턴의 최근 분석은 경제 상황에 대한 왜곡된 지각이 1992년에 충분히 선거 결과를 바꿀 수 있었음을 보여 준다(Hetherington, 1996). 그의 주장에 의하면, 만일 유권자들이 경제 상황에 대한 언론 보도에 근거하지 않고 실제 경제적 통계에 근거하여 투표했다면, 부시가 승리했을 수도 있다고 한다. 반면 1984년과 1988년 선거에 대한 분석에서는 경제 상황에 대한 부정확한 지각이 선거 결과에 별다른 변화를 가져오지 못했음을 보여 준다. 그럼에도 불구하고 후보자의 책임성에 대한 심판이 정확한 근거에 의해 행해지지 않을 가능성은 분명히 존재한다.

언론 보도가 객관적인 경제 통계의 영향을 받는다는 증거는 매우 많다. 하지만 전문가 및 대중들의 경제에 대한 전망이 합리적으로 형성된다거나 미디어의 영향력에서 벗어나서 자율적으로 형성된다는 증거는 거의 없다(Clarke & Stewart, 1994; Nadeau, Niemi, & Fan, 1996; Haller & Norpoth, 1994; Attfield, Demery, & Duck, 1991). 대다수의 연구들은 국가 경제 상태에 대한 사람들의 지각을 변화시키는 데 있어서 미디어가 중요한 역할을 한다는 점에 동의한다(MacKuen, Erikson, & Stimson, 1992; Tims, Freeman, & Fan, 1989).[13] 미디어와 경제 변동을 나타내는 객관적인 지표 사이에 유의미한 관계가 존재한다는 것을 입증하는 거의 모든 연구들은 미디어가 기사의 논조를 결정하는 데 있어서 상당한 자율성을 가지고 있다는 사실 또한 인정하고 있다(Goidel & Langley, 1995; Van Raaij, 1990; Tims, Freeman, & Fan, 1989).

공중이 언론 보도를 정확하게 해석한다는 증거는 애석하게도 별로 없다.

---

13. 총합적으로 합산된 자료를 이용하여 힐러와 노포스는 경제적 평가가 뉴스 보도보다는 일상 생활의 경험에서 비롯된다고 주장했다(Haller & Norpoth, 1995, 1996). 이들은 이러한 판단의 근거로서 경제 뉴스를 보지 않는 사람들이 상당히 많으며 '뉴스를 보지 않는' 사람들도 뉴스 보도와 비슷하게 경제 상태를 평가한다는 것을 주장한다. 그러나 여기서 '뉴스를 보지 않는다'는 것은, "지난 몇 개월 동안 귀하는 경제 상황이 좋거나 나쁘게 변했다는 말을 들은 적이 있습니까?"라는 질문에 대해 "아니오"라고 응답한 것을 가지고 분류한 것이었다. 사람들이 이 질문에 표면적인 가치만 부여한다고 가정한다면, 응답자들이 이전 시기에서부터 남아 있는 인상을 가지고 있거나, 사업의 조건과 구체적인 관련이 없는 경제 정보도 가지고 있을 수 있다고 볼 수 있다. 엄격히 말해서 사람들이 경제 뉴스를 보지 않는 것이 아니다. 힐러와 노포스는 "경제에 대한 일반 대중의 의견이 주로 미디어에 의해 영향받는다는 주장은 의심스럽고, 경제적 판단에서 비롯되는 유권자의 선택은 현실 세계에 뿌리내리고 있다는 견해가 더 신뢰감이 있다"고 지적한 바도 있다(Haller & Norpoth, 1986: 21). 또한 이들은 "일반 시민들은 일상 생활 속에서 마주치는 현실 세계의 경제에 대한 그림을 그릴 수 있다"고 결론을 맺는다. 이들이 측정한 미디어 노출이 얼마나 타당도가 높은지에 대해서 논란의 여지도 있고, 개인의 경제적 경험이 미치는 영향이 극미하다는 증거가 상당히 존재하기 때문에 이들이 내린 결론에 의문을 품게 한다.

특히 경제에 대한 전망의 경우, 당파성을 비롯한 개인적인 왜곡 요인이 사람들이 이와 같은 예측을 하는 데 개입된다. 이러한 왜곡 요인은 장기적으로 지속되기 때문에 시계열 분석에서는 중요하지 않다. 그러나 최종 결과와 관련될 때 — 즉, 정치가들에게 책임 소재를 물을 때 — 주어진 시점에서 경제적 지각의 왜곡이나 정확도는 매우 중요하다. 다른 정치적 영역의 판단과 관련한 정확도와 마찬가지로, 경제적 지각의 정확도는 사회 경제적 지위, 인종, 성별과 같은 변인과 관계가 있다는 것이 밝혀졌다(Holbrook & Garand, 1996; Mutz, 1992b). 시민들의 견해는 불규칙적인 방향을 보인다기보다는 체계적으로 부정확할 수 있다. 따라서 개인 격차는 정확도에 있어서 또 하나의 왜곡 요인을 추가한다. 이것은 특히 염려스러운 현상이다. 그 까닭은 선거 결과를 바꿀 수 있는 사람들은 상대적으로 정보가 가장 빈약한 사람들 특히 경제 정보를 가장 적게 갖고 있는 사람들일 수 있기 때문이다.

이상적인 낙수 모델 *trickle down*에서는 경제 전문가의 견해가 언론 보도를 통해 해석되고 이어서 공중의 지각으로 연결된다고 본다. 이 모델에서 각각의 연결 고리가 중요하다는 점을 보여 주는 연구 결과도 있기는 하지만, 이 모델 전체를 볼 때 아직까지 검증 결과가 부족하다. 확실히 이 모델과 관련하여 완전한 합의가 이루어졌다고 말하는 것은 과장일 것이다. 사회 지향적 관점을 가지고 여러 이슈들에 있어서 책임 소재의 심판을 조감해 보면 이 결론은 훨씬 더 설득력이 없어 보일 것이다. 경제 이슈의 영역에서는 신뢰할 만한 통계 자료들이 정기적으로 출간되며 언론에 배포되고 종종 언론 보도에 나타나기도 한다(Iyengar, 1991). 결과적으로 낙수 모델은 경제 이슈와 관련해서는 최소한의 설득력은 가진다. 그러나 대부분의 이슈에 있어 기자들은 시간에 따른 변화를 관찰하는 데 필요한 체계적인 수단을 갖추고 있지 못하다. 그러므로 주어진 이슈에 점점 문제가 많은 것인지 아닌지, 그리고 그것이 호전되고 있는지 악화되고 있는지에 대해서 기자들은 기껏해야 추측에 근거할 수밖에 없다. 선행 연구들은 범죄와 같이 정규적인 통계 자료가 활용 가능한 이슈에 있어서도 언론의 관심은 공동체 내의 범죄 수준과 관련이 없는 경우가 많다는 점을 지적하고 있다(Davis, 1952; Jones, 1976; Antunes & Hurley, 1977; Graber, 1980a).[14]

대통령의 직무 수행을 평가할 때, 경제 이슈가 평가 기준의 전체를 차지하는 경우는 드물다. 즉, 집권당이 경제적 호황만 가지고 평가받는 것은 아니다. 국가 상황에 대한 통계 자료가 정기적으로 배포되지 않거나 보도되지 않을 경우 사회 지향적인 책임 심판 모델이 제대로 작용할 가능성은 상당히 적다. 예를 들어, 교육, 건강 관리, 불법적인 약물 사용, 인종 간의 불평등과 같은 이슈에 있어서, 시민들이 전문가들의 분석을 보고 여기에 부합하여 움직인다고 보는 것은 거의 현실성이 없다. 책임의 심판에서 한가지 이슈만 개입하는 경우는 존재하지 않기 때문에, 다른 이슈들에서 나오는 사회 지향적 영향력이 대중의 경험에 대한 정확한 지각에 기초하고 있다고 쉽게 확신하기는 힘들다. 따라서 집합적 차원에서의 사회 문제의 심각성에 대한 지각에 근거하여 투표하는 시민들은 민주적인 책임의 심판을 향상시키지 않는 선택을 할 수도 있다.

2) 언론 보도에서 왜곡의 원인

언론 보도의 체계적인 왜곡 현상에는 다양한 요인들이 개입되어 있다. 집합적 경험에 대한 보도에서 나타나는 왜곡의 원인으로는 부정적인 것에 대한 선호, 희박한 사건에 대한 과장, 항상성보다는 변동에 관계된 기사의 선호, 등을 꼽을 수 있다. 집합적 경험에 대한 언론 보도의 내용적 측면뿐만 아니라 프레임 되는[특정한 방향으로 틀 짓는] 형식도 독자나 시청자로 하여금 왜곡된 정보 처리를 하도록 유도할 수 있다.

최근 가장 부각된 비판은 언론인들이 부정적인 뉴스를 더욱 강조한다는 것이다. 예를 들어, 패터슨과 와텐버그는 뉴스의 가치를 결정하는 데 부정적 왜곡 요인이 내재되어 있으며 이것이 뉴스 보도가 부정적 편향성을 갖도록 만든다고 주장한다(Patterson, 1983; Wattenberg, 1984). 이와 관련하여 "무소식이 희소식"이라는 속담으로부터 우리는 "희소식은 소식이 아니다"라는 논리적 등가물을 도출할 수 있다. 어떤 것이 문제거리가 아니라면 그것은 뉴스의 주목을 받기 어렵다. 경제 영역에서도 이와 같은 생각과 관련한 많은 증거를 찾아볼 수 있다. AP 통신 및 <워싱톤 포스트>의 기사를 분석한 연구에서 네이듀 등은 경제 기사의 압

---

14. 게다가 경찰이 잘못된 집계를 한다거나, 공식적인 범죄 통계를 조작한다는 사실도 지적되어 왔다(Seidman & Couzens, 1974; Pepinsky & Jesilow, 1984; Johnstone, 1983).

도적인 다수가 부정적인 것이었음을 발견하였다(Nadeau et al., 1996). 이와 비슷하게 경제 뉴스와 관련한 자기 보고식의 측정을 한 '미시간 소비자 조사'에서 할러와 노포스는 다음과 같이 지적한다. "거듭된 서베이 과정에서 많은 응답자들은 대부분의 경우 경제가 좋다는 뉴스보다는 나쁘다는 뉴스를 더 많이 들었다고 말했다"(Haller & Norpoth, 1996: 19~20). 언론이 정치나 정치인에 대해서 얼마나 부정적인 보도를 하고 있는가를 살펴본 패터슨은 1992년 선거 시기에 경제에 대한 언론의 언급은 90% 이상이 부정적인 것이었던 반면 그 직전 시기에는 75%가 부정적인 것이었음을 지적한다(Patterson, 1993: 113). 여기에 덧붙여 그는 경제에 대한 미국 네트워크 방송은 경제가 향상되고 있음에도 불구하고 악화되고 있다고 보도하였음을 지적하고 있다. 와텐버그 역시, 언론이 부정적인 것에 경도되어 있으며, 특히 공식적인 통계 자료에 근거하지 않고 해설을 위주로 경제 문제를 보도하고 있는 증거를 보여 주고 있다(Wattenberg, 1984).

몇몇 연구들에서는 언론이 부정적인 정보를 지향하는 데는 단순한 왜곡이라는 측면 외에 복잡한 패턴이 작용하고 있다고 주장한다. 1973~84년에 걸쳐 텔레비전에서 보도한 실업률, 인플레이션 및 국민 총생산(GNP)의 성장에 대한 해링턴의 연구를 보면, 미국 네트워크 방송이 선거가 없는 해에 경제가 쇠퇴할 경우 이와 관련된 통계 자료를 많이 보도했지만, 선거가 있던 해에는 그런 경향을 보이지 않았다는 것을 알 수 있다(Harrington, 1989). 선거가 없던 해에 경제가 악화된다는 통계 자료에 대한 기사는 34% 더 길었으며, 리드 문장에서는 2배에 이르렀다. 블러드와 필립스는 대통령의 인기가 높아지면서 경제 보도가 더욱 중요하게 부각되고 인기도가 경제 보도의 성격에 영향을 미쳤다는 증거를 발견하였다(Blood & Phillps, 1995). 한편 다른 연구에서는 경제 뉴스에 주기가 존재하며 언론 보도가 집권당에 호의적인 경우는 집권 초기와 말기인 경향이 있다는 것이 보고된다(Brody, 1991: 143; Robinson & Sheehan, 1983).

내용 분석과 서베이를 함께 진행한 연구들의 결과를 보면, 부정적인 보도는 대중들이 경제 상태에 대해 부정적으로 지각하도록 만드는 것으로 나타난다(Nadeau, Niemi, & Fan, 1996; Blood & Phillips, 1995). 내용 분석과 서베이를 결합시켜서 연구하지는 않았지만, 헤더링턴 역시 미디어에 노출도가 높을수록 1992년의 국가 경제에 대한 부정적 평가를 내렸다는 것을 보여 준다(Hetherington, 1996). 1992년은 다른 내용 분석 연구에서도 지나치게 부정적인 보도가 많았음을 입증했던 시기이기도 하다. 1992년에 있어서 미디어의 효과는 정당 일체감의 효과보다 훨씬 강력했지만 1984년이나 1988년에는 그렇지 않았다.[15]

서베이에서 자기 보고식으로 응답하도록 하여 얻은 정보의 신뢰도가 매우 낮기는 하지만, 서베이 연구 결과에 응답자의 부정적 지각이 미디어 보도에서 비롯된다는 일반적인 결론과 대체로 부합한다. 예를 들어, 범죄 문제에 대한 부정적 지각이 어디서 나온 것인지 물었을 때, 65% 이상의 사람들이 매스 미디어라고 답했다.[16] 마찬가지로 정부에 대해 부정적인 견해를 갖도록 만드는 정보를 어디에서 얻었는가 — 정부 기구나 정책 프로그램에 대한 개인 경험, 친구나 가족으로부터 얻은 정보, 텔레비전이나 신문과 같은 미디어에서 보고 들은 것 중에서 — 라는 질문에 대해 72%의 응답자가 지각의 근원으로서 미디어를 꼽았다.[17]

뉴스 보도에 대한 내용 분석의 결과는 언론이 모든 토픽에 걸쳐 언제나 부정적인 편향을 가지고 있다는 주장을 일관되게 지지하지는 않지만, 이와 같은 편향이 존재한다면 그것은 공중의 지각에 실질적인 영향력을 행사할 수 있다고 볼 수 있다. 더욱이 편향이 있다는 것을 보여 주는 모든 연구 결과들은 예외 없이 그 편향의 방향이 긍정적이기보다는 '부정적'이라는 사실을 보여 준다.

부정적인 편향에 덧붙여 희귀한 사건들이 — 희귀하다는 이유만으로 — 미디어의 주목을 끌게 되며, 결과적으로 큰 재난과 같은 위험이나 비일상적인 사건들을 과대 평가하게 된다(Slovic, Fischoff, & Lichtenstein, 1987). 다시 말해서 이러

---

15. 맥쿠엔 등이 미디어와 공중의 기대치 사이에 관계가 있다는 증거를 발견했지만(MacKuen et al., 1996), 이들은 경제 뉴스에 대한 노출을 자기 보고식으로 측정했으며 그 측정은 실제 미디어 내용을 나타내기에는 신뢰도가 떨어진다고 볼 수 있다(Price & Zaller, 1993 참조). 미디어의 부정적 편향이 대중의 부정적 지각으로 옮겨지는지의 문제는 일반적으로 평가하기 어렵다. 그 이유는 객관적 경제 상황, 집합적 상황에 대한 지각, 그리고 미디어의 내용을 병행하여 동시에 측정해야 하기 때문이다. 대신에 많은 연구에서는 경제 상황에 대한 지각을 객관적인 경제 수치와 비교하거나, 일반적인 경제적 상황을 나타내는 개인의 경제적 경험과 비교한다(Haller & Norpoth, 1996; MacKuen et al., 1992).

16. 성인 1516명을 대상으로 한 <LA 타임스>의 전국 여론 조사(1994. 1. 15)에서는 다음과 같이 질문했다. "범죄에 대한 귀하의 느낌은 미디어에서 보거나 들은 것에 더 많이 기초하고 있습니까, 공동체 속에서 귀하 자신이나 가족이 주변 사람들의 경험에 더 많이 기초하고 있습니까?"

17. 성인 1514명을 대상으로 한 Princeton Survey Research Associates for the Kaiser Family Foundation, Havard School of Public Health, <워싱턴 포스트>의 전국 여론 조사(1995. 11. 28). "이 인터뷰 초기에 귀하는 워싱턴에 있는 연방 정부를 (항상 / 대체로 / 가끔 / 전혀) 신뢰한다고 말했습니다. 다음 중 연방 정부에 대한 귀하의 인상을 결정하는 데 가장 중요했던 것은 무엇입니까? 정부 기구나 정책 프로그램에 대한 개인 경험입니까, 친구나 가족에게 얻은 정보입니까, 텔레비전이나 신문과 같은 미디어에서 보고 들은 것입니까?"

한 뉴스 가치는 집합적 경험에 대한 지각이 평범하고 빈번히 발생하는 경험보다는 극단적인 경험에 경도되도록 만든다. 이러한 미디어의 뉴스 선택은 미디어의 비개인적 효과를 유발하게 되는데, 사람들은 매우 비일상적인 위험에 처한 사람을 원형으로 생각하지 않아서 그 사람에 대한 정보를 개인적 차원의 판단과는 별도의 것으로 여기는 '타자'에 대한 정보로 주로 처리하기 때문이다.

부정적 편향과는 별도로 '장문의 저널리즘'의 등장은 언론인들이 무질서하게 무작위로 나타나는 사건 속에도 어떤 흐름이 있다고 보고 이를 해석하는 경향을 낳았다. 뉴스 보도는 정체해 있는 항상성 *stasis* 보다는 변동에 더 많이 주목한다. 따라서 아무리 사소한 변동이라도 정상적인 상황으로부터의 일시적 일탈로 해석되지 않고 어떤 흐름의 발전이나 악화로서 해석된다(Van Raaij, 1990). 인과적 요인을 밝혀 내거나 설명하는 것을 강조하기 시작하면서 잠정적으로는 긍정적 방향이나 부정적 방향으로의 과잉 반응이 나타날 수도 있다(Andreassen, 1987). 가령 경제적 퇴보를 보여 주는 증거가 사소하고 중요치 않더라도, 앞으로 닥쳐올 사태의 전조로 묘사될 때 그것은 많은 뉴스 가치를 가지고 있는 것으로 받아들여진다.

마지막으로, 언론 보도가 어떤 집합적 현상의 출현 빈도에 비례해서 강조하거나, 그것을 완벽하게 대표해서 재현할지라도 개인 독자나 시청자가 정보를 처리하는 방식에 따라서 텔레비전 시청이나 신문 구독을 통해 받는 인상이 왜곡될 수 있다. 대부분의 언론 보도는 문제의 범위나 중요도에 대한 일반적 진술, 즉 기본적 수준의 정보로서 개별 사건이나 실례實例를 묶어서 보여 준다. 실례의 생동감이 사람들의 판단에 어떤 영향을 미치는지를 검토했던 연구들의 결과는 애매 모호하다. 예를 들어, 의제 설정에 대한 실험 연구를 통해 아이옌가와 킨더는 개인적인 사건의 전말에 주안점을 둔 기사와 일반적 논의로 이루어진 기사의 효과를 비교하였지만, 생생한 실례가 사회 문제의 심각성에 대한 지각을 강화시킬 수도 있고 약화시킬 수도 있다는 것을 발견했다(Iyengar & Kinder, 1987). 이런 애매 모호한 연구 결과가 나온 것은 이들이 이용한 실험 설계 때문이다. 이들의 실험 설계에서는 생생한 정보나 그렇지 않은 정보 중 '하나만을' 포함한 메시지를 사람들에게 노출시켰기 때문에 생동감이 천차만별일 수밖에 없었다. 생동감이 사회 문제에 대한 판단에 미치는 효과에 부정적 패턴과 긍정적 패턴이 함께 나타나는 것을 관찰한 브로시우스와 배텔트는 생동감의 효과는 사람들이 두 가지 유형의 정보를 '모두' 제공받아서 자신의 관심을 어디에 둘 지 결정해야 할 때 발생한다는 점을 지적하고 있다(Brosius & Bathelt, 1994). 생생한 실례와 그렇지 않은 일반적 진술을 서로 결합시키되 실례의 분포를 다르게 만든 연구들을 보면, 집합적 의견 및 경험을 지각하는 데 있어서 실례의 분포가 기본적 수준의 정보와 높은 연관성을 갖고 있을 때, 사람들은 실례의 분포에 비례하지 않고 영향을 받는다는 것을 보여 준다(Brosius & Bathelt, 1994; Zillman, Perkins, & Sundar, 1991). 실례의 분포가 기본적 수준의 정보와 모순되는 경우, 사람들은 실례의 영향을 받는다. 실례가 대개 기본적 수준의 정보와 일치할 경우에도(가령 75%의 사람들이 어떤 이슈를 지지한다고 말하고 그 이슈를 지지하는 네 개의 실례가 제시되었을 경우), 그 실례를 보면서 사람들은 그 견해를 지지하는 사람들의 수를 과대 평가하게 되며 이를 통해 왜곡된 지각을 갖게 된다.

이 연구 결과들을 통해 알 수 있는 점은, 사회 문제가 발생하는 빈도나 심각성에 대한 언론 보도가 대체로 정확하다고 할지라도, 뉴스에서의 설명이 부정확한 분포를 나타내는 실례 — 일반적으로는 사회 문제가 향상되었음에도 불구하고 그 문제 때문에 고통을 받는 특정 개인에 대한 실례 — 로 치장되면, 집합적 현실에 대한 공중의 지각은 정확한 기본적 수준의 정보보다 뉴스에 나타난 사례의 분포를 반영하게 된다는 것이다. 즉, 언론 보도가 다중의 정확한 지각에 기여하는 데 있어 보도에서 이용되는 실례는 또 하나의 왜곡의 원인으로서 작용하며, 집합적 사안에 대한 정치 지도자들의 책임 소재를 심판하는 데 있어 또 하나의 걸림돌이다.

3. 개인적 판단과 국가적 차원에 대한 판단의 분화

집합적 경험에 대한 지각이 편향을 보인다는 이론과 관련하여 종종 동원되는 또 하나의 증거는 개인적 차원의 판단과 국가적 차원에 대한 판단을 총합적 *aggregate* 수준에서 비교하는 것으로 출발한다. 집합적 차원의 다중에 대한 지각이 개인의 삶에 대한 사람들의 지각의 총합과 근본적으로 다르다고 할 때,

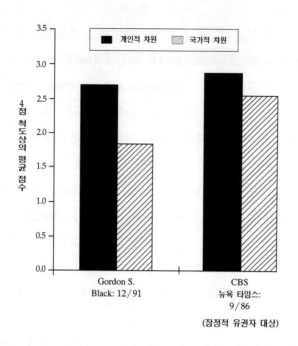

그림 4-1. 개인적/국가적 차원의 경제 상황에 대한 지각

개인적 차원: "요즘 귀하 개인의 경제 상황에 대해 어떻게 평가하십니까? 매우 좋습니까, 약간 좋습니까, 약간 나쁩니까, 매우 나쁩니까?" 국가적 차원: "요즘 국가 경제에 대해서 어떻게 평가하십니까? 매우 좋습니까, 약간 좋습니까, 약간 나쁩니까, 매우 나쁩니까?"

언론 보도는 집합적 경험에 대한 왜곡된 지각을 배양한다는 비난을 받는다. 그림 4-1에서 그림 4-6은 개인적 차원의 판단의 총합과 집합적 차원의 지각 사이에 존재하는 수많은 상이성들을 보여 준다.

　　이와 같은 점을 보여 줄 수 있는 사례들은 무궁무진하지만, 나는 엄밀한 기준에 부합하는 상황들을 선택했다. 그 기준의 첫째는, 개인적 현상 및 사회적 현상에 대한 질문 문항에 동일한 문구를 이용하고 또한 동일한 응답 척도를 이용해야 한다는 것이다. 많은 연구자들은 개인의 재정과 국가적 차원에서 기업 활동의 여건에 대한 지각 같은 것들의 측정치를 서로 비교한다. 그러나 이러한 비교에서 그 준거가 동일하지 않기 때문에 상이성이 발견될 경우 얼마든지 대안적인 해석을 할 수 있다. 서베이 응답에서는 매우 작은 문구의 차이가 실질적인 차이를 만들어 낸다고 알려져 있기 때문에, 엄밀한 비교를 위해서는 동일한 준

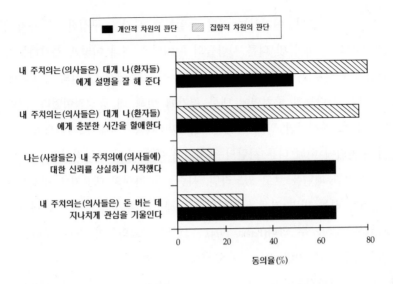

그림 4-2. 의료 서비스에 대한 개인적/집합적 차원의 판단

출처: American Medical Association, "Public Opinion on Health Care Issues," Jacobs & Shapiro(1994)에서 재인용. 괄호 안의 단어는 동일한 질문을 집합적 차원에서 물은 것이다.

거가 필수적이다. 둘째, 서베이 자체의 효과와 단기간에 발생할 수도 있는 의견의 변화 가능성을 동시에 차단하기 위하여, 나는 동일한 서베이 설계를 가지고 동일 시점에서 동일 응답자들에게 여러 쌍의 질문을 하는 상황으로 국한시켜 비교하였다.

　　그림 4-1은 가장 평범한 사례를 보여 준다. 경제에 대한 두 가지 — 국가 경제의 상황, 개인 경제의 상황 — 에 대해 질문했다. 4점 척도에서 평균값은 개인적 상황에 대한 평가가 국가 전체에 대한 평가에 비해 유의미하게 높았다. 논리적으로 말해서 집합적인 것이 개인 경험의 총합과 어떻게 다르게 나타날 수 있는가? 이치에 어긋나는 말처럼 들리겠지만, 이러한 패턴은 여러 가지 방대한 연구들 속에서 반복적으로 나타난다. 게다가 이러한 상이성은 개인적 차원의 판단과 비교할 때 집합적 차원의 지각이 일관되게 부정적인 방향을 갖고 나타난다.

　　그림 4-2에서는 집합적 차원의 평가가 비관적인 반면 개인적 평가는 긍정적인 패턴이 존재하며, 이러한 체계적인 패턴은 경제 이외의 영역에도 적용된

다는 점을 보여 준다. 여기서는 거의 동일하게 문장을 구성한 네 가지 질문을 가지고 자신의 주치의 및 다른 사람들의 주치의에 대해 어떻게 생각하는지 물었다. 긍정적인 말로 구성한 그림 윗 부분의 두 질문에서, 자신의 주치의에 대한 평가는 다른 사람들의 주치의에 대한 평가에 비해 더 긍정적이었다. 그림 아래의 두 질문을 부정적인 말로 물었을 때, 그 패턴은 반대가 되었으며, 사람들은 자신의 주치의에 비해 다른 사람의 주치의에 대해 좀더 부정적이었다.

이러한 패턴을 보고 있노라면, 사람들은 자신의 대표자에 대해서는 긍정적인 평가를 하는 반면 전체 국회의원에 대해서는 부정적인 평가를 한다는 사실을 상기하지 않을 수 없다(Fenno, 1974). 그런데 국회의원의 경우, 사람들이 개별 국회의원에게 거는 기대(지역구 주민에 대한 서비스)와 전체 국회의원에게 거는 기대(정책 입안)가 근본적으로 다르다는 것이 일반적으로 제시되는 설명이다. 국회는 집합적 단위로서 정책을 입안하기 때문에 이렇게 분리된 판단이 내려진다는 말은 타당하다. 국회의원들은 개별적으로 지역구 주민을 잘 대표하거나 이들에 대한 서비스를 잘하는 반면 국회의원 전체로 볼 때 집합적 성과에 대한 기대에는 미치지 못할 수 있다는 것이다(Asher & Barr, 1994).

그러나 동일한 논리가 그림 4-2에도 그대로 적용되는 것은 아니다. 의사들은 집합적으로 일하지 않기 때문에 이러한 상이성을 설명하기란 쉽지 않다. 사람들의 개인적 재정 상태가 향상되고 있을 때 국가 경제가 퇴보할 수 있다고 말하는 것은 이치에 닿지 않는다. 경제 상태는 개인 총합의 집합적인 복리로 정의되기 때문이다.

그림 4-3은 사회 지향적 패턴의 투표 행동과 같은 현상이 미국에만 국한된 것이 아님을 보여 준다. 어떤 형용사가 영국의 경제에 대한 느낌을 잘 표현하고 있으며, 그 형용사가 개인의 재정 상태에 대한 느낌에도 적용되는지 영국 시민들에게 물었을 때에도 비슷한 패턴이 나타났다. 왼편의 그림에 있는 네 가지 부정적인 형용사는 국가 경제의 맥락에서 체계적으로 사용되었다. 반면 오른편의 그림에서 세 가지 긍정적인 형용사는 개인의 재정 상태에 대한 느낌을 표현하는 데 사용되었다.

이러한 패턴을 보여 주는 사례들은 매우 많기 때문에 여기서 일일이 거론할 필요는 없다고 본다. 개인 생활 및 경험에 대한 질문과 국가 전체의 상태

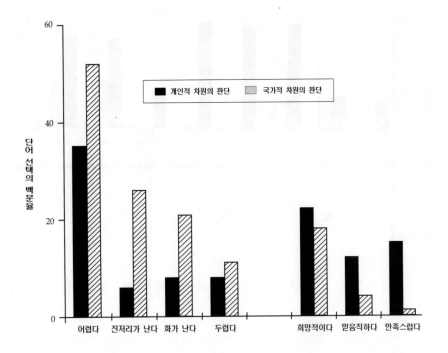

그림 4-3. 영국에서의 경제에 대한 개인적/집합적 차원의 판단

출처: Social Survey(갤럽 여론 조사), 1993. 4. 15～21. "이 카드를 보시고 국가 전체의 경제 상황에 대한 귀하의 느낌을 나타내는 단어가 있으면 말씀해 주십시오. 만일 있다면 무엇입니까? 다시한 번 이 카드를 보시고 귀하 가정의 재정 상태에 대한 귀하의 느낌을 나타내는 단어가 있으면 말씀해 주십시오. 만일 있다면 무엇입니까?"

에 대한 질문을 병행하여 던졌을 때, 사람들은 개인적 요소의 총합보다 집합적인 것을 좀더 부정적으로 지각하는 일관된 모순을 보여 준다. 그러나 이것이 상대적으로 최근에 등장한 현상인가, 아니면 과거 역사를 뒤져볼 때 상당수의 반대되는 예들을 발견할 수 있지 않은가의 문제는 궁금할 수 있다.

불행히도, 동일한 표본에게 두 가지 항목을 병치시켜 질문했던 시계열 연구는 거의 찾아볼 수 없다. 제한적이나마 이와 관련해서 비교를 해 볼 만한 두 가지 예외가 있기는 한데, 여기서는 그림 4-1, 4-2, 4-3처럼 질문 문항을 구성하는 데 있어 두 가지 질문을 병치시키진 않았지만 비슷한 항목의 질문을 사용했다. 하나는 '미국 전국 선거 연구 American National Election Studies'로 1980년 이후 2년에 한 번씩 경제에 대한 전망적 지각과 회고적 지각을 개인적 차원과 국

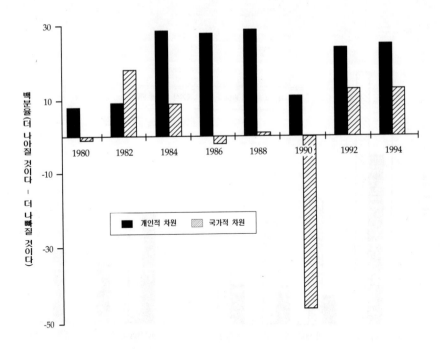

그림 4-4. 경제 상황에 대한 전망적 평가

출처: National Election Studies(1980~94). 개인적 차원: "이제 미래를 생각해 볼 때, 귀하[및 귀하의 가족]의 재정 사정은 1년 후에 더 나아질 것이라고 생각하십니까, 더 나빠질 것이라고 생각하십니까, 지금과 비슷할 것이라고 생각하십니까?" 국가적 차원: "1년 뒤는 어떻습니까? 귀하는 (1986년, 1988년, 1992년의) 국가 경제가 더 나아질 것이라고 생각하십니까, 더 나빠질 것이라고 생각하십니까, 지금과 비슷할 것이라고 생각하십니까?"

가적 차원에서 질문한 것이다. 경제가 좋아지고 있다고 응답한 사람의 비율에서 나빠지고 있다고 응답한 사람의 비율을 뺀 차이를 측정한 값이 그림 4-4와 그림 4-5에 제시되어 있는데, 이 그림들은 대체적으로 복지에 대한 지각이 개인적인 평가에 비해 일관되게 비관적임을 보여 준다.

　　　그림 4-4는 특히 개인의 경제 상태 및 국가 경제에 대한 전망적 평가를 보여 준다. 여기서 우리는 8번의 조사 가운데 7번의 경우에서 개인적 낙관론이 국가적 상황에 대한 낙관론을 크게 앞지른다는 사실을 보게 된다. 1990년의 경우 이 차이는 절대적으로 크다. 이 패턴에서 한가지 예외라면 레이건이 처음 집권했던 1982년을 들 수 있는데, 이 시기에 국가 경제에 대한 낙관론이 개인의 경제 상황에 대한 낙관론을 실제로 앞지르고 있다.

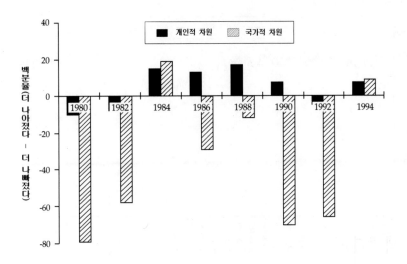

그림 4-5. 경제 상황에 대한 회고적 평가

출처: National Election Studies(1980~94). 개인적 차원: "요즘 사람들의 재정 상태가 어떤지에 대해서 저희는 연구하고 있습니다. 귀하[및 귀하의 가족]의 재정적 상태는 1년 전에 비해 더 나아졌습니까 아니면 더 나빠졌습니까?" 국가적 차원: "(1990년, 1994년의 국가 전체) 경제는 어떻습니까? 귀하는 국가 경제가 지난 해에 비해 더 나아졌다고 생각하십니까, 비슷하다고 생각하십니까, 더 나빠졌다고 생각하십니까?"

그림 4-5는 개인의 경제 상태 및 국가 경제에 대한 회고적 평가에 있어서도 비슷한 패턴이 나타남을 보여 준다. 미래에 대한 전망을 막연하게 상상하는 것이 아니라, 실제 과거에 일어났던 일에 대해 사람들이 보고하는 것이기 때문에 미래에 대한 평가가 보다 왜곡 요인으로부터 자유롭다고 생각할 수도 있을 것이다. 그러나 여기서도 우리는 기본적으로 비슷한 패턴을 관찰하게 된다. 한가지 예외라면 1984년을 들 수 있는데, 이 시기에 국가의 경제 변화에 대한 판단은 개인적인 재정 상태의 변화에 대한 평가에 비해 긍정적이었다. 1994년의 경우 두 측정치가 오차 한계 안에 들기 때문에 어느 방향으로든 유의미한 차이가 있다고 볼 수 없다.

마지막으로 그림 4-6은 ABC 뉴스와 <머니 매거진 *Money Magazine*>이 실시한 일련의 단면적 서베이 자료에서 도출한 것으로, 개인의 경제 상황 및 국가 경제에 대한 평가를 장기간에 걸쳐 비교한 것이다. 그림 4-6은 1986~96년까

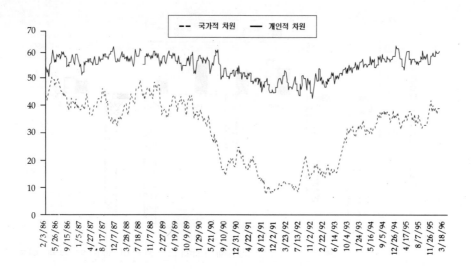

그림 4-6. 개인적 / 국가적 경제 상황에 대한 평가(1986 ~ 96)

출처: ABC News / *Money Magazine* 의 주간 데이터에 기초한 4주 평균치. 국가적 차원: "귀하는 요즘의 국가 경제 상황이 매우 좋다고 생각하십니까, 좋다고 생각하십니까, 좋지 않다고 생각하십니까, 나쁘다고 생각하십니까?" 개인적 차원: "귀하는 요즘 귀하 개인의 재정 상태가 매우 좋다고 생각하십니까, 좋다고 생각하십니까, 좋지 않다고 생각하십니까, 나쁘다고 생각하십니까?"

지 수집한 400개의 자료를 집약한 것이다. 이 시계열 연구에서 첫눈에 들어오는 것은 10년에 걸친 기간 동안 예외 없이 일관되게 개인의 재정 상태에 대한 지각에 비해 집합적 상태에 대한 지각이 부정적이었다는 점이다. 경제가 좋은 시기이든 나쁜 시기이든 이 차이가 나타났다. 대다수의 사람들이 국가의 경제 상태가 "별로 좋지 않다"거나 "나쁘다"고 평가한 반면, 50% 이상의 사람들이 개인의 재정 상태가 "좋다"거나 "매우 좋다"고 일관되게 평가하였다. 10년 내내 국가 전체 상황과 비교하여 개인적 상황에 대해 더 비관적으로 평가한 적은 한 번도 없다. 비록 두 가지 시계열이 총합적인 측면으로 관계를 살펴볼 때 매우 높은 상관 관계(r = .86)를 보였지만, 국가 경제 상황에 대한 지각은 개인적 차원에서 자신의 경제 상황에 대한 지각에 비해 변화의 정도가 훨씬 크다. 국가 경제에 대해 "좋다"거나 "매우 좋다"고 평가한 사람들의 비율의 표준 편차는 12%였지만 개인과 관련한 평가에서는 4%에 불과했다.

직접적인 생활 공간 외부에 존재하는 비개인적 세계에 대한 지각은 개인 경험에 대한 지각에 비해 부침浮沈의 정도가 크다. 다시 말해, 비개인적 지각은 정신 분열증이나 조울증 비슷한 증상을 보여 준다. 일단 공중에게 보도되기만 한다면, 집합적 상태에서 발생하는 조그마한 파장이 국가적 상황에 대한 지각에 커다란 파장을 일으킬 수 있는 것이다.

이러한 사실은 언론인들이 경제에서 발생하는 변화들을 확대 해석하여 조그마한 우연적 변화도 의미 있는 경향으로 보도한다는 일반적인 주장과도 잘 맞아떨어진다. 또한 경제 뉴스를 잘 본다고 응답한 사람들은 국가 경제를 지각하는 데 있어 상당한 변화 양상을 경험한다는 '미시간 소비자 조사' 결과와도 부합한다(Haller & Norpoth, 1996).

개인적 견해와 집합적 견해 사이에 나타나는 분화의 패턴은 경제 외적 이슈를 이용해 조사한 자료와도 일치하며, 이 자료들은 개인적 차원의 판단과 사회적 차원에 대한 판단 사이에 상대적인 독립성이 존재한다는 것을 보여 준다. 예를 들어, 개인적인 기회, 지위, 성취에 대한 사람들의 견해는 이와 관련한 사회 전체에 대한 판단과 별개의 것이다(Kluegel & Smith, 1978). 이와 비슷하게 임금에 있어 성 차별이 존재한다는 여성들의 견해는 개인의 임금에 대한 판단과 별로 관계가 없다(Major, 1982). 또한 한 개인이 직접 강간당할 위험에 대해 평가한 수치는 여성들이 지각하고 있는 강간 사건의 수와 전혀 관계가 없다(Gordon et al., 1980). 범죄에 노출될 위험에 대한 개인적 평가치 역시 대도시에서 발생한 범죄의 빈도나 심각성에 대한 판단과 관련이 없다는 사실이 밝혀졌으며(Tyler, 1980), 다른 사회 문제에서도 동일한 패턴이 반복되어 나타난다(Tyler & Cook, 1984). 개인적인 우려와 집합적 차원에서 사회에 대한 우려가 어떻게 심리적으로 분화되는가에 대해 위에서 소개한 연구들에서 내린 결론은 경제 변동이 정치에 미치는 영향에 대한 연구에서 내린 결론과 매우 비슷하다(Kahneman & Tversky, 1982; Borgida & Brekke, 1981; Lyon & Slovic, 1976; Tyler, 1980; Tyler & Lavrakas, 1985). 즉, 다중에 대한 지각은 개인 경험의 총합을 반영하지 않는다는 것이다.

이러한 논의에서 출발하여 개인의 경험에 기초한 정치가 집합적 상황에 대한 정확한 지각에 의존하는 정치에 비해 훨씬 바람직하다는 결론으로 나아가는 경우가 더러 있다. 그 이유는 개인 경험이 현실에 뿌리를 내리고 있는 데 반해 비개인적 지각은 그렇지 않다는 것이다. 하지만 과연 개인 경험이 정말로 정치적 책임 소재의 심판을 하는 데 있어 더 바람직한 토대라고 볼 수 있는가? 이 질문에 답하기 위해서는 개인적 판단과 비개인적 판단 사이에 존재하는 차이의 방향 외에도 이들을 낳는 원천이 무엇인가를 알아야 한다. 분명히 사람들은 집합적 상태 — 최소한 국가 전체의 규모일 때 — 보다는 개인적 상황에 대해 보다 긍정적인 평가를 하는 경향이 있다. 여기서 미디어를 통한 재앙의 예언이 국가 상황에 대한 사람들의 지각을 왜곡시킨다는 결론으로 빠지기 쉬울 수 있다. 그러나 이론적으로 이러한 유형의 패턴은 집합적 차원의 판단에서나 개인적 차원의 판단에서나 또는 두 가지가 혼합된 상태에서 발생하는 편향으로부터 나타난 것일 수 있다.

1) 개인적 낙관주의를 지향하는 데서 오는 편향

개인적 차원에서의 지수가 사람들의 경험을 정확하게 대표한다고 보는 경향은 이해할 만한 것이기는 하지만(Gavin & Sanders, 1996), 개인적인 평가 역시 편향적인 측면을 가지고 있어서 개인적 차원의 판단과 집합적 차원의 판단, 이 두 가지 사이의 차이를 심화시키는 방향으로 몰고 나아갈 수 있다. 위험에 대한 지각과 관련한 많은 연구들은 개인 자신을 평가할 때 비현실적인 낙관적 편향이 사람들에게 나타난다는 사실을 지적해 왔다(Weinstein, 1980, 1989). 이것은 잠재적으로 발생할 수 있는 위험에만 국한되는 것이 아니다. 사람들은 개인적으로는 긍정적인 사건이 자신에게 발생할 것이라고 생각한다. 예컨대, 사람들은 자신의 임금이 평균 이상으로 상승할 것이라고 생각한다. 개리슨 케일러 Garrison Keilor 가 묘사한 바와 같이, 모든 시민이 평균 이상이거나 적어도 그럴 것이라고 지각하는 사회에서 우리는 살고 있다.

이와 같은 현상과 관련해서 두 가지 유형의 설명이 가능하다. 첫번째는 인간의 동기를 강조하는 설명이다. 즉, 개인적 비관주의가 자신감이나 자존심과 같은 느낌을 위협하기 때문에 사람들은 공포로부터 자신을 방어하고 자아를 보호하기 위해 과도하게 낙관적인 평가를 하게 된다(Weinstein, 1989). 사람들이 자신의 특이성을 과장하는 사례도 여기에 해당한다(Funder, 1980). 많은 심리학자들은 이러한 경향이 정신 건강에 긍정적으로 작용하는 방어적 반응이라고 주장한다(D.

G. Taylor, 1982; Alloy & Abramson, 1980).

두 번째 설명에서는 개인적 낙관주의가 단순한 인지적 오류의 결과라고 본다. 애매 모호하게 규정된 '타자'에 대해 생각할 때, 사람들은 타자의 원형으로 매우 많은 위험에 처한 사람을 생각하게 된다. 그리하여 자신과 타자를 비교했을 때 불가피하게 자신이 더 나아 보이는 것이다. 이러한 설명은 "대표성의 휴리스틱 *representativeness heuristic*"과 잘 맞아떨어진다(Kahneman & Tversky, 1973). 즉, 모종의 부정적인 결과에 대해 생각할 때, 사람들은 자신보다 위험 요소가 더 많은 사람을 정형화된 이미지로 떠올리게된다. 여러 연구에서 애매하게 규정된 '타자'를 생각하면서 자기에 대해 더 낙관적인 생각을 갖게된다는 점이 나타났다. 사람들이 구체적인 타자에 대해 생각할 때 비로소 이러한 편향된 지각이 사라진다(Perloff & Fetzer, 1986). 뉴스 가치라는 요인 때문에 언론 보도상에서 사람들이 일상적으로 부딪히는 일반적인 사건이나 위험보다는 매우 비일상적인 사건에 대한 보도가 우세하게 나타난다. 이런 이유로 뉴스 보도는 위험에 대한 개인적 차원의 판단과 지각이 과도하게 낙관주의적인 것이 되도록 부추길 수 있다.

개인적 차원의 낙관주의를 설명하는 데 있어서 동기와 관련한 설명, 즉 사람들이 자신이나 주변 사람들이 부정적인 사건을 당하리라고 생각하고 싶어하지 않는다는 주장과 부합하는 연구 결과는 일반적으로 많지 않다(Perloff & Fetzer, 1986). 예를 들어, 이 이론에서 예상하는 것과는 반대로 사람들은 심각한 위험과 또한 상대적으로 사소한 위험에 낙관적인 태도를 취하지 않았다(Weinstein, 1987, 1980). 반면 개인에 대한 낙관주의는 사건의 결과에 대한 통제 가능성과 강한 상관관계를 가지고 있으며, 부정적 사건을 통제할 수 있다고 더 많이 지각할수록 사람들은 그것을 피할 수 있다는 낙관주의를 갖게된다. 이러한 연구를 통해 알 수 있는 것은 편향이 어느 정도 선에서는 자아 보호적 반응이라는 것이다(Weinstein, 1987). 이러한 편향을 완전히 설명해 보기 위해서는 일단 자아 보호적 동기와 인지적 편향을 결합해 볼 필요가 있다. 암에 걸린 환자가 자신의 마음 속에 '가상적인 나쁜 세상'을 상정하여 상대적으로 자신이 괜찮다는 위안을 얻는 경우처럼 말이다(Taylor, Wood, & Lichtman, 1983: 31).

흥미롭게도 개인에 대한 낙관적 편향이라는 개념은 '전망적인' 것에 초점을 맞추는데, 이를 통해 사람들은 자신이 위험에 처할 가능성이 줄어들거나 직업적인 성공을 이룰 것이라고 기대한다. 아직 발생하지 않은 사건에 있어서 어떻게 사람들이 소망을 자신의 판단에 투입하는가를 이해하기란 어렵지 않은 일이다. 그러나 이러한 패턴은 미래 사건에 대한 낙관주의에만 국한되지 않는다. 그림 4-1, 4-2, 4-3, 4-5, 4-6에서 보여 준 바와 같이, 시종일관 사람들은 '과거'의 개인 경험에 대해서도 그 평가를 낙관적으로 하였다.[18]

개인에 대한 판단과 집합적 차원에 대한 판단 사이의 격차가 크게 나타나고 대체로 일관성을 보인다는 점을 통해서 우리가 분명히 알 수 있는 것은, 매우 상이한 객관적인 환경 속에서도 사람들은 개인적 세계가 자신이 소속된 집합적 세계에 비해 모양새가 더 좋다고 믿는 경향이 있다는 사실이다. 이와 반대로, 개인에 대한 평가에서 비관적인 편향은 매우 드물게 나타난다. 달리 말해서, 전망적 낙관주의 및 과거에 대한 낭만화는 사람들이 자신의 직접적인 생활 공간을 장미 빛으로 채색하는 동일한 경향의 서로 다른 일부분이라 할 수 있다.[19] 타일러와 라브라카스는 다음과 같이 말한다. "시민들이 본인 개인에 대한 판단과 사회에 대한 판단을 분리하여 취급한다는 사실이 처음에는 이상하게 받아들여질 것이다. 그러나 이 사실을 통해 알 수 있는 것은 개인적 신념을 형성시키는 두 가지 기본적인 심리적 동기가 상호 작용한다는 점이다. 그 하나는 세계에 대한 신념을 수정하려는 욕구이고, 다른 하나는 자신과 환경에 대해 개인적으로 위안을 얻을 수 있는 환상을 유지하려는 욕구이다"(Tyler & Lavrakas, 1985: 145). 그 심층의 원인이 무엇이건 간에 이러한 패턴은 점점 더 일반적인 것이 되어 가고 있다. 그러나 불행히도 이것이 미국인의 정치적 행동에 미치는 영향에 대해서는 우리가 이해하고 있는 바가 많지 않다.

---

18. 물론 이러한 측정치에 기초하여 지각의 정확도를 평가하는 것은 겉보기와는 달리 그리 간단한 문제가 아니다. 공식적인 통계는 결코 '현실을 높은 순도로 증류한 것'이 아니기 때문이다(Harrison, 1985: 43).

19. 몇 가지 유형의 질문에는 주관적인 내용이 포함되어 있다. 예컨대, 과거의 실직 경험에 대한 추정치는 개인적 재정 상태의 변화에 대한 일반적 평가에 비해 어느 정도는 실업 통계를 더 정확하게 반영한다. 흥미롭게도, 주관적 추정치가 역시 주관적인 정치 태도를 더 잘 반영한다고 예상할 수 있겠지만, 경제 상황에 대한 개인 경험 및 개인적 평가를 동시에 종합하여 질문한 연구를 보면 주관적 추정치가 미치는 정치적 효과는 별로 없는 것으로 나타난다(Kinder, Adams, & Groke, 1989).

2) 개인적 판단 및 비개인적 판단에 있어서 편향의 효과

시민들의 지각에 있어 집합적인 것과 개인적인 것의 분리가 낳은 결과에 대해 과연 어떤 결론을 도출해야만 할까? 무엇보다도 사람들이 자신의 정치 태도와 행동의 근거를 개인적인 경험에 두지 않는다면 그 결과는 결코 민주주의에 바람직하지 않을 수 있다는 점을 지적할 수 있다. "나는 우리보다 더 나은 삶을 살고 있다"는 인식을 가지고 사는 것은 정치적 권위의 고삐를 정치 지도자들에게 쥐어주면서 침묵하려는 공중에게는 완벽한 공식이다. 만일 자신의 가족이 다른 사람에 비해 상대적으로 잘 살고 있다고 각각의 개인이 느낀다면, 불만을 표시할 이유가 없을 것이며 개인적 낙관주의라는 편향은 사회가 최악의 시점에서 있을 때도 긍정적인 공중의 태도를 떠 받치는 요인이 될 수 있을 것이다. 집합적 차원에 대한 지각과 비교해 볼 때 개인적인 경험이 조작된 정보원으로 기능할 가능성은 적다. 하지만 사람들이 개인에 대해 낙관적인 편향을 보이는 경향 덕분에 위정자들은 더 큰 이점을 누릴 수 있으며 공직자들은 선거에서 그동안의 책임에 대한 심판을 받지 않을 수 있다. 대중의 정치적 행동 모델이 국가적인 차원에 대한 지각이 아니라 개인적인 차원에서의 평가로만 국한될 경우, 이 모델은 현상 유지를 부추기면서 책임 심판을 방해할 수 있다.

하지만 대중의 만족도를 이런 방식으로 묘사하는 것은 분명히 진실과는 거리가 멀다. 미국의 공중이 자족감을 느끼거나 정치인이나 정책에 만족하는 경우는 거의 없다. 사실 미국에서 정치인을 겨냥하여 표현되는 분노는 미국인의 정치적 견해가 집합적 현실에 대한 지각에서 도출된다는 사실과 부분적으로 관계가 있다. 즉, 미국인들의 정치적 견해는 과도한 낙관주의에 물든 개인적 판단만을 통해 고무되지는 않는다. 조지 거브너의 말을 재인용하면, 개인의 경험 밖 저편에 있는 것은 비열하고 무서운 세상이다(Gerbner, 1976). 그러나 현실적으로 나타나고 있는 사회적 사실은 겉으로 보는 것만큼 나쁘지 않은데, 그 까닭은 우리 가운데 어느 누구도 '세상 저편'에 살고 있는 사람이 아니기 때문이다. 대신 우리는 우리의 정신 속에 존재하는 비개인적 세계와 연속선상에 있지 않는 지역적이고 개인적인 세상에 살고 있는 것이다. 따라서 우리는 범죄율이 높아지고 있더라도 개인적으로 볼 때 반드시 범죄에 대한 공포를 더 많이 경험하지 않는다고 생각할 수 있다. 그러나 투표소에서 우리는 비개인적 지각 때문에 이와 전혀 다르게 행동할 가능성도 있다. 이러한 사태에서 논리적으로 도출할 수 있는 또 하나의 결과는 국가 전체의 정치가 이루어지는 보다 큰 세상은 개인의 생활이나 경험과 매우 거리가 멀다는 점이다. 이러한 거리감은 불가피하게 정치를 '구경거리 스포츠'로 보도록 만든다.

국가 전체의 상태에 대해 부당하게 부정적으로 평가하도록 만드는 미디어의 역할에 대해서는 아직까지 논의가 완전히 확립된 것은 아니다. 하지만 이와 같은 가설을 지지하는 증거는 여러 군데에서 찾아볼 수 있다. 미디어가 긍정적인 뉴스보다는 부정적인 뉴스를 더 강조한다는 점이 일관되게 나타난 것은 아니지만, 사회 문제를 보도할 때 미디어가 긍정적 편향을 가진다는 점을 옹호하는 주장은 거의 없다. 즉, 언론 보도가 편향성을 갖는다고 할 때, 그 편향성은 부정적 방향으로 경도되는 경향이 있다.

개인적 낙관주의의 편향은 미디어의 부정성이 낳을 수 있는 잠재적인 결과에 대해 새롭게 접근할 수 있게 한다. 지각을 왜곡시키는 재앙의 예언자로서 기능하는 대신 미디어는 개인적 낙관주의를 가진 공중에게 해독제의 역할을 할 수 있다. 공중은 자신이 잠정적으로 부정적인 사건에 희생당하지 않을 것이라고 생각하거나 개인적 문제에 대해 정부 지도자들은 책임이 없다고 생각하기 때문이다. 이러한 분석을 통해 볼 때 미디어는 과거나 미래에 있어서 부정적 결과를 강조함으로써 자신은 그 부정적 결과의 영향을 받지 않을 것이라고 생각하는 공중을 일깨울 수 있다. 또한 이와 같은 반작용은 정치적 행동을 유발하여 개인이 몸소 부정적인 사건을 경험하지 않도록 예방할 수 있다.

위에서 제시한 이상적인 결과를 달성할 수 있어도, 개인적 지각에 기초한 모델이나 국가와 같이 커다란 실체에 대한 지각에만 기초한 모델 모두 책임의 심판을 보장하지 않는다는 것은 분명한 사실이다. 물론 최종적으로 우리가 중요하게 생각해야 할 부분은 개인적 판단 및 집합적 판단에서 나타나는 편향이 어떤 긍정적 혹은 부정적 역할을 하는지에 대한 손익 계산을 해야 한다는 점이다.

4. 책임 심판을 향한 다른 길?

개인적 판단이 정치적 효과를 유발하는 경우가 드물다는 전형적인 연구 결과를 보면서, 그리고 개인에 대한 판단이든 국가적 차원에 대한 판단이든 그 정확도가 떨어진다는 분석을 보면서, 우리가 논리적으로 생각할 수 있는 것은 중계 집단 *intermediate group* 이 중요한 연결 고리가 될 수 있다는 점이다. 사람들의 정체성을 나타내는 집단 ― 가령 중산층, 히스패닉, 빈곤층 ― 은 직접적이고 쉽게 검증될 수있는 개인 경험과 집합적 차원에 대한 지각의 정치적 적합성을 서로 연결시킬 수 있다. 더구나 집단의 복리에 대한 지각은 국가적 평가나 개인 적 평가와는 다른 별도의 차원에서 나타날 수 있다(Conover, 1985; Kinder, Adams, & Gronke, 1989). 개인적 현저성과 접근 가능성, 정치적 연관성, 이 세 가지가 연결될 때 집단은 "일반적인 미국인이 복잡한 정치 세계를 이해하는 준거의 틀"이 될 수 있다(Kinder, Adams, & Gronke, 1989: 493). 예를 들어, 경제적인 문제에 대한 책임 심판의 경우 집단은 필수적인 매개체로서 작용하며, 반드시 개인적인 경험을 정 치화시키지 않더라도 사람들이 자신과 비슷한 사람들의 경제적 관심을 정치화시 킬 수 있는 길을 마련해 준다(Hensler & Speer, 1979). 바꾸어 말하면, 집단은 개인 자신의 이해 관계에 대해 대리자로서 기능하며(Campbell et al., 1960), 따라서 정치 적 책임의 심판을 촉진시킬 수 있는 규범적으로 바람직한 토대를 제공한다.

두 선행 연구에서 이러한 가능성을 보여 주었다. 두 연구에서 지역 표본 과 전국 표본을 대상으로 응답자들에게 자신이 친근감을 느낀다고 생각하는 집 단이 무엇이며, 이 집단의 경제적 상태가 어떠한가에 대해 물었다(Conover, 1985; Kinder, Adams, & Gronke, 1989). 이 문항들의 패턴은 개인적 차원의 판단과 국가적 차원의 판단을 비교하는 질문들과 유사했다. 두 가지 연구 모두에서 그리고 각 연구에서 이용한 다양한 측정치에 있어서, 집단의 경제 상태에 대한 지각은 개 인적 상태에 대한 평가에 비해 체계적으로 덜 긍정적이었다. 한편 정치적 판단 에 미치는 영향과 관련하여, 코노버는 집단과 관련한 평가가 직무 수행 평가에 독립적인 영향을 미치고 있음을 발견했다(Conover, 1985). 그러나 킨더 등은 레이건 대통령에 대한 지지를 나타내는 지수들이 집단의 경제 상태와 연관성이 없다고 말한다(Kinder et al., 1989).

표 4-3. 대통령 선거 투표 결정 요소로서 사회 지향적, 주머니 시정 및 각 집단의 경제 상황에 대한 지각

	모델 I		모델 II	
	계수	표준 오차	계수	표준 오차
상수	0.47*	0.23	1.13**	0.35
통제 변인				
민주당원	−1.82***	0.19	−2.10***	0.24
공화당원	2.75***	0.41	2.51***	0.50
자유주의자	−0.70**	0.24	−0.60*	0.29
보수주의자	0.84***	0.21	0.62*	0.25
교육	−0.03	0.05	−0.01	0.06
성별	−0.27	0.18	−0.33	0.22
인종	−1.79	0.71	−1.50*	0.72
경제 지각 변인				
가족	0.70***	0.15	0.66***	0.19
국가	0.99***	0.14	0.76***	0.17
여성			0.10	0.22
흑인			0.43*	0.18
히스패닉			−0.16	0.20
빈곤층			0.67***	0.19
노동자			0.06	0.22
중산층			0.28	0.21
부유층			−0.58*	0.24
(n)	(1,101)		(848)	
초기 log likelihood	−751.04		−581.40	
종료 log likelihood	−381.87		−274.42	
모델 chi-square	738.35		613.95	
오차 감소 비율	.61		.67	

종속 변인은 대통령 선거에서의 투표(1 = 레이건, 0 = 먼데일)이다.

* $p < .05$, ** $p < .01$, *** $p < .001$

출처: 1984년 South Bend Study

위의 두 연구에서 설정한 전제는 집단의 영향력이 집단 일체감의 기제를 통해 행사된다는 것이었다. 즉, 집단에 대한 판단이 개인의 정치 태도에 영향을 미치는 이유는 집단이 일종의 개인의 이해 관계를 반영하기 때문이다. 위의 두 가지 연구에서는 모두 1인당 한 집단만을 선택하도록 제한시켰기 때문에 사람들이 일체감을 느끼는 집단과 그렇지 않은 집단에 대한 판단이 미치는 영향에 대해서는 비교할 수 없었다. 바꾸어 말하면 이 연구들에서는 집단 일체감을 직접적으로 검증하지 않고 영향력이 행사되는 기제라고 가정했던 것이다.

다양한 집단의 경제 상황에 대한 지각을 분석한 나의 연구에서는 위의 해석과는 대비되는 경향을 발견할 수 있었다. 즉, 집단과 관련한 측정치가 별도의 영향을 미친다고 하더라도 그것은 기본적으로 사회 지향적 성격을 지닌다는 점이다(Mutz & Mondak, 1997). 제프 몬닥과 내가 연구에서 사용한 자료는 1984년 사우스 벤드 South Bend 에서 1500명의 응답자를 대상으로 한 세 차례의 패널 서베이를 통해 얻은 것이다. 비록 자료가 지역의 표본을 대상으로 얻어지기는 했지만, 사우스 벤드 연구는 이 장에서 초점 맞추고 있는 이슈와 부합하는 몇 가지 특징을 가지고 있다. 그 중 가장 큰 특징은 국가적 혹은 개인적 차원을 평가하는 것 이외에도 구체적인 집단의 경제 상황과 관련해서 매우 다양한 문항을 제시했다는 데 있다. 구체적으로 말해서 이 서베이의 문항에는 여성, 흑인, 히스패닉, 빈곤층, 노동자, 중산층, 상류층의 경제적 상황 변화에 대해서 응답자들이 어떻게 지각하고 있는지 물었다. 그리고 각 집단에 대해서 사람들이 얼마나 친밀감을 느끼고 있는지에 대해 물었을 뿐만 아니라 이 집단에 주관적으로 관련되어 있는지 아니면 객관적으로 소속되어 있는지도 물었다.

앞의 두 연구에서처럼, 우리는 집단에 기초한 판단이 개인적 판단이나 국가적 판단과는 별도의 것임을 발견했다(자세한 사항은 Mutz & Mondak, 1997 참조). 게다가 자신이 특정 집단에게 친밀감을 느끼거나 직접 소속되어 있지 않더라도 사람들은 다양한 집단이 경제적으로 얼마나 잘 살고 있는가에 대해 어려움 없이 평가해 주었다. 집단에 기초한 판단이 독립적인 것이라는 증거는 표 4–3에 잘 나타나 있다. 우리는 7가지 집단에 기초한 판단을 가지고 대통령 선거의 투표를 예측하기 위해 두 가지 로지스틱 회귀 모델을 마련하여 이 둘을 비교하였다.[20] 이 비교에서 (1) 집단에 기초한 판단이 포함되더라도 개인 변인과 국가 변인의 효과는 거의 줄지 않았다는 것, (2) 몇 가지 집단의 경제적 상황에 대한 관심은 실제로 정치적 견해에 유의미한 영향을 미치고 있다는 것이 나타났다. 특히, 세 집단(흑인, 빈곤층, 상류층)의 경제 상태에 대한 지각은 대통령 선거에서 투표에 영향을 미치고 있었고 그 영향력의 정도는 국가의 경제 상태에 대한 지각과 비교해 볼 때 비슷한 정도였다.[21]

전체적으로 이와 같은 패턴은 집단에 기초하여 책임 심판이 이루어진다는 주장에 부합하는 결과였다. 그러나 표 4-3에서 나타난 패턴 가운데 지적해야 할 사항이 있다. 바로 상류층의 경제 상황에 대한 지각이라는 변인의 계수의 부호가 마이너스라는 점이다. 경제 문제에 기초한 투표와 관련하여 경제가 잘 되고 있을 때 집권당이 유리하다는 것이 통념이다. 그러나 상류층의 계수는 수치가 높고, 통계적으로 유의미하며, 그 방향이 마이너스이다. 경제적 성과 덕분에 현직 대통령이 유리할 것이라고 흔히들 생각하지만 유권자를 사회 속의 개별 집단으로 구체화시켜 보면, 특정 집단만의 경제적 성취는 집권당에 대한 칭찬이 아닌 비판으로 이어진다. 이러한 독특한 특성 이외에도 이 연구는 또 다른 의문을 남긴다. 집단의 영향력과 관련한 이론에서는 일반적으로 다양한 집단의 평가를 비교함으로써 특정 집단의 효과가 발생할 것이라고 예측하지 않는다. 대신 특정 집단에 소속되어 있거나 친밀감을 느끼는 사람들만이 정치적 평가의 기초로서 집단의 평가를 활용한다고 본다. 간단히 말해서 표 4-3의 이론적 해석은 그다지 명쾌하지 않다.

다음으로 우리는 집단의 영향이 구체적인 메커니즘을 가진다는 가정을 검증하기 위해 일련의 모델의 적합성으로 살펴보았다. 먼저, 표 4-4에서 우리는 집단 소속을 나타내는 주관적 지수와 객관적 지수를 사용하였으며, 7가지의 집단이 경제적으로 얼마나 잘 살고 있는지에 대한 지각과 이 지수들이 어떻게 상

---

20. 두 모델의 차이는 7가지 집단에 대한 경제적인 상황을 지각한 것을 측정한 변인을 독립 변인에 포함시켰는지의 여부였다.

21. 대부분의 선행 연구들과는 달리, 우리는 사회 지향적 효과 이외에도 개인적 평가에 기초하여 회고적 투표가 이루어진다는 사실을 보여 주는 유의미한 증거를 발견하였다. 이 점은 로, 시어스와 제서의 연구와도 일치한다(Lau, Sears, & Jessor, 1990). 이들은 1984년이 사람들이 개인의 재정 상태를 정치화시킨 정말로 '예외적인 경우'라고 결론지은 바 있다. 1984년이 독특하다는 점은 그림 4-5에도 나타나 있다. 이 그림을 보면 1984년은 개인적 평가와 국가적 차원에 대한 평가가 서로 매우 근접했던 유일한 해이다.

표 **4-4.** 객관적/주관적 집단 소속의 효과

	모델 I (객관적)		모델 II (주관적)	
	계수	표준 오차	계수	표준 오차
상수	0.92**	0.35	0.66*	0.31
경제 지각 변인				
가족	0.58**	0.18	0.62***	0.16
국가	0.77***	0.16	0.80***	0.15
여성	0.05	0.27	−0.06	0.26
흑인	0.24	0.17	0.41**	0.15
빈곤층	0.68***	0.19	—	
노동자	—		0.15	0.21
중산층	0.28	0.31	0.26	0.23
부유층	−0.40	0.25		
집단 소속 변인				
성별(1 = 여성)	−0.41	0.27	−0.28	0.25
인종(1 = 흑인)	−1.55*	0.74	−1.81*	0.76
저소득층	−0.32	0.36	—	
고소득층	−0.19	0.51		
자칭 노동자층	—		−0.52#	0.28
자칭 중산층	—		−0.52*	0.25
상호 작용(경제 지각 × 집단 소속)				
여성 × 성별	−0.07	0.37	−0.04	0.34
흑인 × 인종	0.44	0.91	0.31	0.90
빈곤층 × 저소득층	−0.54	0.45	—	
중산층 × 중간소득층	0.25	0.36	—	
부유층 × 고소득층	−0.32	0.59	—	
노동자 × 자칭 노동자층	—		0.29	0.35
중산층 × 자칭 중산층	—		0.44	0.31
(n)	(952)		(1,055)	
초기 log likelihood	−653.03		−720.14	
종료 log likelihood	−311.73		−349.77	
모델 chi-square	682.62		740.72	
오차 감소 비율	.68		.67	
chi-square 부가치	2.87		2.42	

종속 변인은 대통령 선거에서의 투표(1 = 레이건, 0 = 먼데일)이다. 이 모델들에는 여러 가지 통제 변인(민주당원, 공화당원, 자유주의자, 보수주의자, 교육)이 포함되어 있다(표 4-3 참조). chi-square 부가치는 상호 작용 없이 주 효과만 포함한 모델에 추가적으로 모든 상호 작용을 포함시켰을 때 추가적으로 얻어진 값이다.

* $p < .05$, ** $p < .01$, *** $p < .001$, # $p < .10$

출처: 1984년 South Bend Study

호 작용 하는지를 살펴보았다. 이 분석을 실시한 목적은 사람들이 대통령 후보를 평가하는 표준으로서 자신이 소속된 집단을 활용하는지의 여부를 알아보기 위한 것이었다. 표 4-4에 제시된 상호 작용 계수를 보면, 단순히 특정 집단에 소속되어 있다는 사실만 가지고서는 사람들이 집단에 대한 판단을 평가의 표준으로 활용한다는 주장을 충분히 설명할 수 없음을 알 수 있다. 특정 집단의 사람들은 그 집단의 경제 상태를 제대로 평가하고 그리하여 정치 지도자들의 책임을 심판하기 위하여 그 집단의 다른 구성원과 개인적으로 상호 작용을 통하거나 개인적으로 얻은 경험을 활용할 수 있다. 그러나 우리는 후보자의 책임을 심판할 때 사람들이 집단과 관련한 판단을 활용한다는 증거를 찾아내지 못했다. 놀랍게도 그 어떤 상호 작용도 통계적 유의미성에 전혀 근접하지 못했다. 백인 집단과 마찬가지로 흑인 집단 역시 그 집단 내부에서 발생한 경제적 변화에 대한 지각을 가지고 대통령의 책임을 심판하지 않았다. 마찬가지로 자신을 중산층이나 노동 계급이라고 생각하는 사람들도 자신의 집단이 경제적으로 얼마나 잘 살고 있는가에 기초하여 투표하지 않았다.

아마도 보다 중요한 것은 특정 집단에 대한 소속 여부가 아니라 집단 일체감과 같은 심리적 친밀감일 것이다. 사우스 벤드 서베이에서는 경제적 상황을 물은 다섯 가지 집단에 대해 사람들이 어느 정도나 친밀감을 느끼고 있는지를 추가적으로 측정하였다. 표 4-5에서 우리는 친밀감과 경제적 지각 사이의 상호 작용을 살펴보았는데, 그 목적은 특정 집단에 친밀감을 느끼는 사람이 부분적으로는 그 집단이 경제적으로 얼마나 잘 살고 있는가에 대한 지각에 기초하여 투표한다는 가설을 검증하기 위해서였다. 하지만 그 결과는 다시 한 번 놀라운 것이었다. 상호 작용 계수 중에서 통계적 유의미성에 도달한 것은 아무것도 없었다. 코노버가 실제적인 소속과 심리적인 친밀감 모두 집단 일체감의 효과에 필요 조건이라고 제안한 적이 있었기 때문에, 우리는 이 제안을 반영하는 모델을 검증해 보기도 했다(Conover, 1985). 하지만 세 방향 상호 작용 역시 집단 일체감의 효과가 있다는 증거를 보여 주지 못했다.

또한 사람들이 정치 지도자를 평가하는 데 있어서 자신의 집단의 경제 상태에 대해 쉽게 접근할 수 있는 정보를 활용한다는 가정 아래, 현직 정치 지도자들이 자신을 공정하게 대하고 있는지를 평가하는 기초로 집단과 관련한 정

표 4-5. 집단 일체감의 효과

	계수	표준 오차
상수	1.29**	0.41
경제 지각 변인		
가족	0.70***	0.19
국가	0.83***	0.17
흑인	0.41*	0.20
히스패닉	−0.14	0.21
빈곤층	0.94***	0.26
노동자	0.29	0.39
중산층	0.59	0.41
집단 친밀감(Group Closeness: GC) 변인		
GC−흑인	−0.18	0.14
GC−히스패닉	0.30*	0.14
GC−빈곤층	−0.03	0.13
GC−노동자	−0.07	0.17
GC−중산층	−0.29	0.18
상호 작용(경제 지각 × 집단 친밀감)		
흑인 × GC−흑인	0.04	0.15
히스패닉 × GC−히스패닉	−0.09	0.17
빈곤층 × GC−빈곤층	−0.16	0.17
노동자 × GC−노동자	−0.19	0.23
중산층 × GC−중산층	−0.18	0.24
(n)	(846)	
초기 log likelihood	−579.23	
종료 log likelihood	−271.33	
모델 chi-square	615.80	
오차 감소 비율	.70	
chi-square 부가치	3.96	

종속 변인은 대통령 선거에서의 투표(1 = 레이건, 0 = 먼데일)이다. 이 모델들에는 여러 가지 통제 변인(민주당원, 공화당원, 자유주의자, 보수주의자, 교육)이 포함되어 있다. chi-square 부가치는 상호 작용 없이 주 효과만 포함한 모델에 추가적으로 모든 상호 작용을 포함시켰을 때 추가적으로 얻어진 값이다.

* $p < .05$, ** $p < .01$, *** $p < .001$

출처: 1984년 South Bend Study

보를 활용하는지의 여부를 알아보았다. 구체적으로 사람들이 자신의 상대적인 지위를 평가하는 데 있어 집단을 비교 단위로서 이용한다는 가설을 검증하기 위해서, 우리는 테일러가 제시한 절차에 따라서 개인과 집단 사이의 경제 상황 지각에 대한 불일치도를 측정했으며, 이 값은 두 변인 간의 차이의 절대값으로 설정하였다(Taylor, 1973).[22] 다음으로 개인의 가족이 집단에 비해 상대적으로 잘 살고 있는가 못 살고 있는가 아니면 같은 수준인가를 가리키는 두 가지 가변인 *dummy variable* 을 포함시켰다. 상대적 번영 *Relative Prosperity* 은 자신의 가족이 집단에 비해 잘 산다고 판단했을 경우, 상대적 박탈 *Relative Deprivation* 은 자신의 가족이 집단에 비해 더 못 산다고 판단했을 경우를 각각 의미한다. 물론 이 세 가지 변인은 7개 집단 각각에 모두에 적용되었다.

　　7개 집단 각각에 대해 우리는 상대적 박탈의 가설을 검증해 보았다. 각각의 모델은 집단과 개인의 경제 상황과 관련한 지각을 비교하는 데 필요한 위의 세 가지 변인뿐만 아니라 표 4-3의 모델 II에 이용했던 모든 변인을 포함하고 있다. 여기서 우리는 상대적 번영에는 양의 계수가, 상대적 박탈에는 음의 계수가 나타날 것이라는 가설을 세웠다. 바꾸어 말해 자신의 가족이 집단에 비해 상대적으로 더 잘 살고 있을 경우 응답자들은 현직 대통령에게 투표할 것이고, 가족이 더 못산다고 파악했을 경우 그렇지 않을 것으로 예상하였다.

　　표 4-6에서는 흑인 집단에 대한 측정치에서 가설에서 제시한 패턴을 따랐으나, 흑인에게 있어 상대적 번영 가변인의 계수는 별 의미가 없는 것이었고, 상대적 박탈 계수는 역시 유의도의 정도가 약했다. 이 모델은 표 4-3의 모델 II와 비교해 볼 때 부가적으로 설명하는 부분이 미약했다. 사람들이 집단을 사회적 비교의 단위로서 사용할 가능성을 모두 배제할 수는 없겠지만, 우리가 검토한 7개의 집단에서 사람들이 개인과 집단 간의 경제 상황에 대한 비교를 통해 투표 결정을 내린다는 증거를 발견할 수 없었다.

　　추가적으로 우리는 다른 가능성을 검증해 보았다. 즉, 개인의 이익이 얼마나 잘 지켜지는가에 대한 판단의 기초로서 집단이 기능하는 것이 아니라, 전반적인 집단 간의 경제적 평등이나 '사회 지향적 공정성'에 대한 평가의 기초로

---

22. 따라서 이 변인의 값의 범위는 0(개인 변인과 집단 변인이 서로 같은 값을 가질 경우)에서 2(개인 변인과 집단 변인 가운데 하나가 좋아졌을 때, 다른 하나가 나빠진 경우)이다.

표 4-6. 상대적 박탈에 대한 지각의 효과

	여성	흑인	히스패닉	빈곤층	노동자	중산층	부유층
가족	0.88	0.16	0.47	0.84	0.77	1.44**	0.94**
	(0.58)	(0.37)	(0.42)	(0.54)	(0.51)	(0.55)	(0.32)
집단	−0.09	0.99*	0.05	0.52	−0.09	−0.50	−0.80*
	(0.58)	(0.41)	(0.44)	(0.56)	(0.54)	(0.57)	(0.38)
격차의 정도	0.36	0.15	0.16	−0.25	0.21	−0.18	0.40
	(0.56)	(0.36)	(0.40)	(0.53)	(0.50)	(0.54)	(0.31)
상대적 번영	−0.65	0.14	−0.07	0.19	−0.83	−1.29	
	(1.17)	(0.67)	(0.65)	(0.51)	(0.91)	(0.86)	
상대적 박탈	−0.17	−1.28	−0.58	0.60	−0.46	0.49	0.01
	(0.62)	(0.67)	(0.76)	(1.17)	(0.75)	(0.90)	(.52)
사례 수	848	848	848	848	848	848	848
초기 log likelihood	−581.40	−581.40	−581.40	−581.40	−581.40	−581.40	−581.40
종료 log likelihood	−274.21	−271.64	−274.02	−274.21	−272.61	−269.58	−273.31
모델 chi-square	614.36	619.52	614.76	614.38	617.57	623.64	616.17
오차 감소 비율	.68	.68	.67	.69	.70	.69	.69

종속 변인은 대통령 선거에서의 투표(1 = 데이키드, 0 = 먼데일)이다. 각각의 세로줄은 독립적인 로지스틱 회귀 모델의 결과를 나타낸다. 상대적 번영이나 상대적 박탈과 같은 변인과 더불어, 모든 모델들은 동일한 통제 변인(민주당원, 공화당원, 자유주의자, 보수주의자, 교육, 성별, 인종)을 포함하고 있다. 표준 오차는 괄호 속에 표시했다.

* p < .05   ** p < .01   출처: 1984년 South Bend Study

활용될 수 있다는 가능성에 대해 진단해 보았다. 표 4-7의 모델 I에서 우리는 경제적인 차이를 지닌 네 가지 집단에 흑인 집단을 포함하여 분석했는데, 특히 흑인 집단을 포함시킨 것은 이전 모델에서 유의미한 효과를 보였기 때문이다. 모델 II에서는 여러 경제 집단들 사이에서 불평등을 어떻게 지각하고 있는지를 측정하기 위한 변인을 설정하였다. 이 변인은 각각의 응답에 있어서 4개의 계층 집단의 표준 편차를 가지고 구성하였다. 그러므로 서로 다른 경제 집단들이 얼마나 잘 살고 있는가에 대해서 커다란 편차를 지각한 응답자에게는 높은 점수를 주었고, 반대로 모든 집단이 똑같이 잘 살고 있다고 지각한 응답자에게는 0점을 주었다.

모델 I과 모델 II의 밑에서 제시된 *chi-square* 통계치가 보여 주듯이 불평등에 대한 지각과 관련한 변인을 추가시키자 모델의 설명력이 유의미하게 향상되었다. 또한 각 경제 계층 집단의 상황에 대한 지각 변인의 주 효과는 모두 더 이상 유의미하지 않았다. 이러한 지각들 사이의 변량을 통제하자, 개인의 경제 상황에 대한 지각 역시 더 이상 의미가 없었다. 우리가 제시한 첫번째 모델에서 유권자들은 상류층의 경제적 지위가 향상되었다는 이유만으로 집권당에 반대하였음을 보여 주었다. 표 4-7에서 상류층이 더 부유해지고 있다고 지각할 때에도 유권자들은 집권당에 반대하지 않았음을 알 수 있다. 특별한 조건에서, 즉 사회에서 다른 집단이 경제적으로 나아진 것이 없거나 기반을 잃어버린 반면 부유층은 상대적으로 더 부유해질 경우 유권자들이 집권당에 반대하였다.

전체적으로 이 결과를 통해서 알 수 있는 것은 개인이 주어진 경제 집단에 대해 지각하고 있는 경제적 변화의 방향이 가장 중요한 것이 아니라는 점이다. 오히려 한 집단이 다른 집단에 비해 더 많은 이익을 누리고 있는가, 동일한 이익을 누리고 있는가 아니면 더 못한 이익을 누리고 있는가가 중요한 이슈라고 할 수 있다. 대통령 선거의 투표 결과에 영향을 미치는 요인 가운데 하나로 집단과 관련한 지각 문제 가운데 사회적 차원에서의 집단 사이의 공정성이 집단의 단순한 경제 상태에 비해 더 중요하다. 모델 II에서 비교의 기본 조건에서(교육 = 2, 나머지 변인들 = 0) 레이건에게 투표할 가능성의 추정치를 따져보면 불평등 지각 변인의 계수 −1.43은 상당히 인상적이고 투표 가능성에 대한 설명력이 높다. 더구나 이 변인의 효과는 다른 지각 관련 변인들의 효과를 감소시키는 상황에서 나타난 것이 아니다. 즉, 가족, 국가, 흑인 집단의 경제적 상황에 대한 지각 변인들의 측정치 역시 유의미한 계수를 산출하였으며, 이는 불평등에 대한 지각이 투표 결정에 미치는 효과가 대체로 경제 상태에 대한 지각이 갖는 효과와 독립적임을 보여 준다.

비록 표 4–7은 집단 차원에서의 경제적 이해 관계가 투표 결정에 개입하는 과정과 이유를 밝힐 수 있는 증거를 제공해 주지만, 이러한 기제를 연구 시작 단계에서 예상했던 것은 아니었다. 애초에 예상했던 바는, 별로 정치적 효과를 갖지 않는 개인의 경제적 경험과 책임 심판에 쉽사리 활용되지 않는 국가적 경제 상태에 대한 지각 사이의 양자의 간극을 메우는 핵심적인 요소가 집단이라는 것이었다. 그러나 이 연구 결과를 통해서 알 수 있는 것은 집단 차원의

표 4–7. 집단 차원의 불평등에 대한 지각의 효과

	모델 I		모델 II	
상수	0.95**	(0.30)	1.39**	(0.35)
경제 지각 변인				
가족	0.63***	(0.17)	0.64***	(0.17)
국가	0.78***	(0.15)	0.76***	(0.16)
흑인	0.28	(0.15)	0.28	(0.15)
빈곤층	0.63***	(0.17)	0.18	(0.23)
노동자	0.08	(0.18)	0.14	(0.19)
중산층	0.36	(0.19)	0.30	(0.19)
부유층	−0.48*	(0.22)	−0.09	(0.26)
불평등 지각			−1.43**	(0.50)
(n)	(1,026)		(1,026)	
초기 log likelihood	−702.39		−702.39	
종료 log likelihood	−331.46		−327.31	
모델 chi-square	741.87		750.16	
오차 감소 비율	.69		.70	

종속 변인은 대통령 선거에서의 투표(1 = 레이건, 0 = 먼데일)이다. 이 모델들에는 여러 가지 통제 변인(민주당원, 공화당원, 자유주의자, 보수주의자, 교육, 성별, 인종)이 포함되어 있다. 표준 오차는 괄호 속에 표시했다.

$* \ p < .05, \ ** \ p < .01, \ *** \ p < .001$

출처: 1984년 South Bend Study

효과조차도 사안에 대해 직접적인 삶의 공간 저편에 있는 사람들이 어떻게 지각하는가에 기초하고 있다는 점이었다. 이 효과는 집단에의 소속 여부, 친밀감의 여부에서 발생하지 않았다. 오히려 효과는 어떤 집단이 다른 집단에 비해 상대적으로 얼마나 잘 살고 있는가를 지각하는 데서 발생했다. 또한 여기서 집단들은 개인이 직접적으로 경험하기에는 너무 광범위한 것들이었다.

집단의 영향력을 보여 주고자 하는 대부분의 모델들에서 상정하고 있는 바는 주관적·객관적 소속이나 귀속 의식을 통해 개인과 집단이 서로 연결된다는 것이다(Conover, 1985). 이러한 관점에서는 투표를 결정할 때 자신과 관련한 이해 관계가 커다란 역할을 한다고 강조한다. 집단이 중요한 이유는 집단에 기초한 지각이 겉으로 드러나지 않는 주머니 사정 투표 pocket-book voting 를 구성하고 있거나, 또는 일체감이 집단의 경제 상태에 상징적인 이해 관계를 산출하기 때문이라는 것이다. 그러나 우리의 연구 결과는 집단에 기초한 지각이 미치는 영향은 개인 자신의 이해 관계를 극대화시키는 것이 아니라 다른 형태의 사회 지향적 판단을 반영하고 있음을 보여 주었다. 여러 계층의 집단이 경제적으로 상이한 변화보다는 비슷한 변화를 경험하고 있다고 느낄 때 응답자들은 현직 대통령에 대해서 호의적인 판단을 내리는 경향을 가지고 있었다. 그리고 여기서 집단 간의 평등에 대한 지각이 투표에 영향을 미치는 것은 국가적 차원에서 사회 지향적 측면으로 경제 상황을 판단하는 것이 투표에 미치는 영향과는 별개였다.[23] [24]

요약하면, 우선 투표와 관련하여 집단 차원의 효과가 발생한다고 볼 수 있다. 하지만 집단과 관련한 판단이 후보자나 대통령의 책임을 심판하는 데 있어서 필요한 정보나 해석의 비용이 높아지지 않도록 보장할 수 있는 대안적 수

---

23. 물론 우리의 자료가 시간적으로나 공간적으로 제한되어 있음을 상기할 필요가 있다. 선거가 실시되는 당해 연도에 분석할 경우 연구 결과를 일반화시키기 어려운 문제가 존재한다. 특히, 1984년은 집단 간의 형평성에 대한 지각이 특이한 역할을 했던 해이다. 분명히 불평등은 1984년 선거에서 중요한 관심사였지만 이것에 대한 지각이 1984년에만 존재했던 것은 아니다(자세한 논의는 Mutz & Mondak, 1997 참조).

24. 여러 집단들이 평등하게 살고 있는가에 대한 사람들의 지각이 당파적 합리화에서 비롯된 것일 수도 있다. 바꾸어 말하면, 불평등에 대한 지각 변인은 단순히 이데올로기의 산물일 수 있다. 가령 공화당이 집권했을 때 자유주의자들은 경제 발전이 불평등하게 이루어지고 있다고 보는 반면 보수주의자들은 반대로 본다. 그러나 우리의 증거는 그렇지 않음을 보여 준다. 첫째, 모델 I에서 이데올로기를 통제하고 모델 II에 불평등에 대한 지각을 추가했을 때 모델의 설명력이 향상되었다. 둘째, 이데올로기 변인의 계수는 모델 II에 불평등에 대한 지각 변인을 추가하더라도 그 정도가 감소하지 않았다. 셋째, 가장 중요하게는 불평등에 대한 지각은 이데올로기를 비롯한 다른 통제 변인과 상관 관계가 없었다.

단을 제공하는 것은 아니다. 오히려 집단 차원의 효과는 더욱더 언론 보도의 중요성을 강조한다고 볼 수 있다. 여기서 언론 보도란 한 사회에서 다양한 집단이 얼마나 잘 살고 있는가에 대한 것이다. 오래 전에 조지 허버트 미드가 관찰한 바에 따르면, 점점 산업화되는 사회에서 사람들이 소속되어 있지 않거나, 참여하지 않는 집단, 심지어는 존재하지 않는 집단을 자신의 표준 집단으로 삼을 경우 특별한 문제가 발생한다(Mead, 1934). 다양한 집단을 평가하는데 있어서 몇몇 집단은 불가피하게 개인의 경험이나 유대 관계의 범위를 넘어서게 된다. 따라서 다중의 상태에 대한 정확한 표상을 제공하기 위해서 미디어 정보는 상대적으로 소규모이기는 하지만 여전히 비개인적인 다중에 의존할 수밖에 없다.

집단의 갈등에 대한 언론 보도는 집단 일체감의 과정을 자극시키는 데 있어 중요한 역할을 한다(Price, 1989). 그렇지만 집단에 대한 지각이 개인에 대한 판단이나 국가적 차원의 문제에 대한 지각에 비해 반드시 정확하다거나, 아니면 편향을 갖고 있지 않다고 이야기하기 어렵다. 사실 제한적이지만 몇 가지 증거들을 보면, 판단의 범위가 자신의 가정 — 개인의 경험에 대한 의존도가 커지고, 좀더 검증하기 쉬운 정보가 존재하며, 언론 보도의 영향을 덜 받는다고 예상할 수 있는 수준 — 에 가까워질수록, 사람들의 판단은 점점 개인에 대한 판단에서 문제점으로 나타나고 있는 긍정적 편향에 감염된다는 점을 알 수 있다. 따라서 지역 차원에서 정보의 비용이 낮다는 장점은 개인이나 지역 차원에 대한 판단에 편향이 내재하고 있다는 사실에 의해 상쇄된다.

미국의 지역 차원에서 이루어지는 정부나 정치적 이슈에 대한 평가를 살펴본 연구들은 위에서 제시한 바를 뒷받침한다. 예를 들어, 지방 정부에 대한 사람들의 평가는 주 정부에 대한 평가에 비해 더 긍정적이며, 연방 정부와 비교했을 때는 더욱더 긍정적인 경향이 나타난다(Conlan, 1993). 마찬가지로 1970년대 초에서 1990년대 초반에 이르기까지 정부에 대한 사람들의 신뢰도가 떨어지고 있다고 보고되는데, 그 하락의 폭을 보면 연방 정부(32%), 주 정부(16%), 지방 정부(4%)의 순이었다. 비슷한 패턴을 보여 주고 있는 그림 4-7을 보면 대다수의 미국인들은 범죄, 실업, 빈곤, 폭력, 약물 남용, 인종 차별주의 및 도덕 기준의 쇠퇴가 사회 저변의 문제가 되고 있다고 지각하는 반면, 매우 소수만이 지역적인 문제라고 지각하고 있음을 알 수 있다.[25] 만일 이 사안들이 국가적 차원에서

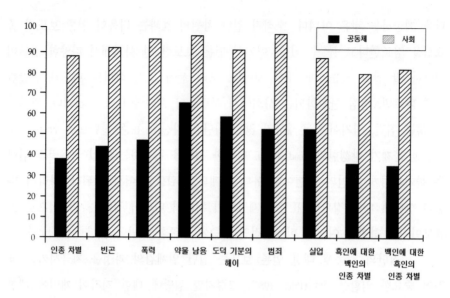

그림 4-7. 공동체와 사회 문제의 심각성에 대한 지각

출처: 성인 1016명을 대상으로 한 <위싱턴 포스트>의 전국 서베이(1996. 6. 28~7. 2). 공동체: "귀하가 살고 계신 공동체는 어떻습니까? 귀하의 공동체에서…… 문제는 얼마나 크다고 생각하십니까? 그 문제는 큰 문제입니까, 보통 문제입니까, 전혀 문제가 안됩니까? 사회: 오늘날 우리 사회에서 다음과 같은 이슈들은 얼마나 큰 문제라고 생각하십니까? 오늘날 우리 사회에서…… 문제는 얼마나 크다고 생각하십니까? 그 문제는 큰 문제입니까, 보통 문제입니까, 전혀 문제가 안됩니까?"

문제가 되고 있다면 누군가는 지역 공동체에서 그 문제를 경험해야만 한다. 그림 4-7에서 보여 주듯이, 사람들의 지각은 그렇지 않음을 암시한다. 광범위한 사회 문제와 관련한 진실은 과연 어디에 해당되는 것인가? 아마 직접적인 생활 공간과 지역 공동체에 대한 장미 빛 지각과 더 광범위하고 더 비개인적인 집합체에 대한 묵시론적 판단 사이의 어디쯤일 것이다.

정치적 책임 심판을 향한 대안적인 길을 발견해 보려는 많은 시도들이 있었지만, 정치적 책임 심판을 하는 데 있어서 미국 공중은 여전히 개인 경험과

---

25. '사회'에 대한 지각을 묻는 질문의 용어를 사용함에 있어 이 서베이는 매우 폭넓고 애매 모호한 말을 사용하였기 때문에 이러한 패턴이 나왔다고 볼 수도 있다. 그러나 낙관주의 편향과 관련한 연구에서 지적되어 온 바와 같이, '다른 사람'에 대한 정의를 애매 모호하게 제시하는 것은 자기 자신에 대한 판단과 다른 사람의 판단을 보다 분명하게 대비시키는 것일 수 있다.

개인적 접촉의 영역 저편에 있는 대규모 집합체에 대한 지각에 주로 의존하고 있다. 집합체란 개인의 경험이나 대인 접촉의 영역을 넘어서는 것이기 때문에, 집합체에 대한 인상을 형성하는 데 있어서 불가피하게 미디어가 중요한 역할을 담당하게 된다. 그러므로 책임 심판은 집합체의 상태를 알려 주는 언론 보도량 이외에도 그 성격에 의존할 것이다. 매개된 지각에 기초한 민주적 책임 심판 모델이 개인 경험에 기초한 모델에 비해 열등할 수밖에 없다고 비판하는 것이 일반적인 조류이다. 그러나 두 가지 모델 가운데 하나만 활용하는 것은 집합적 현실에 근거하지 않고서 정치 지도자를 반대하거나 개인의 상황에 대한 편향된 지각에 근거하여 호의적으로 평가하는 결과를 낳을 수 있다.

　　동시에 3장의 일반 모델에서 지적했듯이, 집합적 차원의 지각 그 자체가 개인 경험의 영향과 완전히 별개로 존재하지 않는다는 점도 상기해야 한다. 정치 지도자들의 정책이 시민 생활에 영향을 미친다고 할 때, 사람들이 이 정치 지도자들의 책임을 심판하는 데 있어 미디어가 어떤 영향을 미치는가에 관한 두 가지 이론이 있다. 다음 장에서는 널리 알려져 있지만 서로 상충되는 그 두 가지 이론을 검토할 것이다.

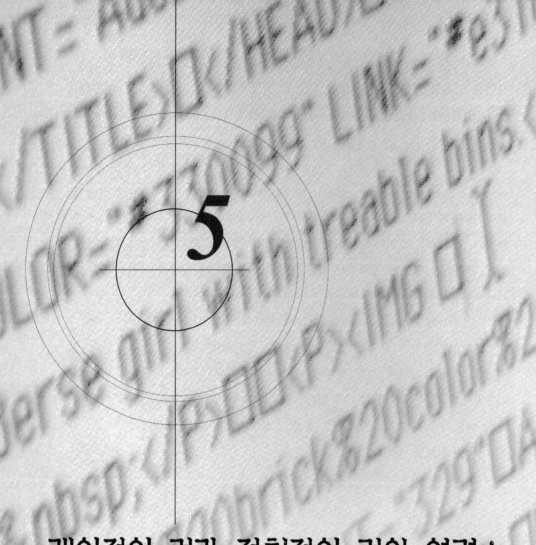

5

개인적인 것과 정치적인 것의 연결 :
미디어는 과연 이것을 촉진하는가
아니면 방해하는가 ?

이제까지 논의된 이론적 모델에서 매스 미디어에 부과된 역할은 매우 분명하다. 미디어는 정치적 판단을 내리는 데 매우 중요한 집합적인 경험에 대한 지각을 형성하도록 돕는다. 그림 5–1은 그림 3–1에 4장에서 논의되었던 사회 지향적 패턴을 결합시켜서 모델을 확장시킨 것이다. 미디어가 사람들의 일상 경험, 개인 접촉에서 얻은 것과는 다른 정보를 알려 줄 수 있기 때문에, 미디어는 개인적 차원과 집합적 차원의 지각이 차이가 나게 만드는 능력을 가지고 있다. 이런 점에서, 미디어는 사람들의 정치적 판단을 그들의 직접적인 삶과 경험으로 부터 낯선 것으로 만들고, 일상 생활에 뿌리 박고 있는 정치로부터 거리감을 느끼게 만드는 힘을 가지고 있다. 미디어가 없다면, 집합체로서의 다수에 대한 지각은 당연히 그들 자신의 삶과 경험에서 나온 일반화에 기초를 두었을 것이다. 그러나 사람들의 정치 태도가 미디어의 영향을 받은 다중의 집합적 경험에 대한 지각에 바탕을 두고 형성 될 때, 책임 소재를 묻는 부분은 어려울 수 있다.

비록 위와 같은 결과에 대한 함의는 지금까지 상정한 모델에서 나온 것이지만, 이것이 이 모델과 일치하는 유일한 결론은 아닐 수도 있다. 사실, 동일한 이론적 모델에 기초하여, 완전히 반대의 주장을 하는 것도 가능하다. 비슷한 경험을 가진 다른 사람들에 대한 정보를 전해줌으로써, 매스 미디어는 개인 경험들의 정치화 *policitization* 를 북돋아 줄 수 있고, 책임 소재를 묻는 것을 더 활발하게 할 수 있다.

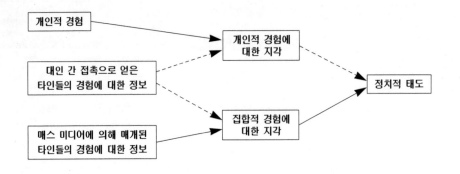

개인적 경험

대인 간 접촉으로 얻은
타인들의 경험에 대한 정보

매스 미디어에 의해 매개된
타인들의 경험에 대한 정보

개인적 경험에
대한 지각

집합적 경험에
대한 지각

정치적 태도

그림 5-1. 개인적/집합적 차원의 판단에 미치는 영향과 결과에 대한 일반 모델

이 장에서는 이 분야의 연구에서 발전해 온, 겉으로 보기에 모순적인 두 가지 이론적 시각에 기초한 주장과 그 증거를 제시하려 한다. 또한 특별히 이 문제를 다루기 위해 실시된 두 가지의 연구 결과를 제시하여 일관성 없는 증거와 예측들이 가져온 불명확한 논의를 정리한다. 만일 이런 두 가지 이론에서 가정하고 있는 상황과 개인적인 경험이 정치화된다고 가정되는 과정을 설명할 수 있다면, 위에서 지적한 모순된 문제는 해결될 수 있을 것이다. 궁극적으로, 이와 같은 논의는 정치적 책임성과 미디어의 역할에 대한 문제를 포함하기 때문에 중요하다.

1. 촉진자로서의 매스 미디어

토크빌이 지적한 바와 같이, 많은 정보를 가진 시민들이 개인 경험을 더 많이 정치 태도와 행동에 반영할 것이라는 예상을 하게 하는 설득력 있는 이유는 뉴스 미디어가 비슷한 흥미와 경험을 가진 사람들의 결합을 촉진시킬 수 있다는 점 때문이다.

신문의 영향은…… 그들만이 가지고 있는 계획을 공통적으로 실행하는 수단을 제공하는 것이다. [……] 민주주의 국가에서, 뭉치고 싶어하는 많은 사람들이,

그들의 중요성을 인정 받지 못하고, 군중 속으로 사라져 버리기 때문에, 결합하지 못하는 일은 흔하다. 그들은 어디에서 서로를 찾을 수 있는지 알 지 못한다. 신문은 그들 각각에게 동시에, 그러나 개별적으로 떠올랐던 생각이나 느낌을 화제로 삼는다. 그 모든 것은 곧 이런 봉화를 통해 인도되고, 오랫동안 어둠 속에서 서로를 찾아다니던 방황하는 마음들은 결국 만나서 뭉치게 된다(Tocqueville, 1835: 203).

래인은 이러한 과정을 개인적 사건과 경험을 '맥락화하는 것 *contextualizing*' 가운데 하나라고 말한다(Lane, 1962). 구체적인 사건을 계속되는 이야기로 엮음으로써, 미디어는 사람들에게 그들의 문제와 관심사를 더 넓은 사회 경향의 한 부분으로 볼 수 있게 한다(Lang & Lang, 1981).

이와 같은 생각에 기초해서 볼 때, 매스 미디어는 사람들을 타인들의 비슷한 경험에 노출시킴으로써 개인 경험을 정치화하는 데 기여한다. 미디어 보도를 통해, 실업자는 그녀가 전국적으로 수천 명이나 되는 사람들 가운데 하나라는 것을 알게 되고, 범죄의 희생자가 그가 겪은 강도 사건이 하나의 고립된 사건이 아니라 마약 관련 범죄의 증가 추세 속의 한 부분이라는 것을 알게 된다. 물론, 이런 개인들이 다른 방법을 통해 그들과 경험을 공유하는 사람들에 대해 알게될 수도 있다. 범죄 희생자가 비슷한 희생을 당한 이웃들과 이야기 할 수도 있으며, 실업자는 지역 실업자 고용 대책 사무소에 늘어선 긴 줄을 보고 다른 사람의 경험을 눈치챌 수도 있다.

그럼에도 불구하고, 미디어의 보도는 특히 국가적인 차원에서, 개인적인 문제들을 정치적으로 설명하게 하는 데 중요한 역할을 하는 것 같다. 미디어는 공간을 초월해서 사건들을 집합화시키고, 그 문제들을 국가 차원으로 정의 내리게 한다. 특히 많이 발생하지 않는 문제일 경우, 대인 간의 교류나 직접적으로 접하는 환경에 대한 개인적 관찰을 통해 다른 사람들의 경험을 알게 되는 것 자체는, 그 문제가 개인적·지역적인 것이 아닌, 국가적 차원의 문제라는 점을 입증하는 데 필요한 경험의 폭을 제공하기 힘들다.

또한 매스 미디어는 공공 토론의 장에서 특정한 이슈를 많이 보도함으로써 그 이슈를 집합적인 사회 차원의 문제이자 국가 지도자가 공정하게 책임져야 하는 중요한 문제로 합법화시킨다.[1] 어떤 문제를 사회적·정치적인 이슈로 만드는 데 기여하는 미디어의 역할은 이미 많은 연구에서 잘 설명되어 왔다(McLeod, Becker, & Byrnes, 1974; MacKuen, 1981). 이는 또한 그 문제의 책임에 대해, 개인 스스로에 대한 내적 귀인보다는 외적 귀인을 하게 함으로써 정치적 비난을 합법화시키는 데 일조할 수 있다(Weiner et al., 1971). 따라서 정치 행위자가 시민의 개인적 문제에 책임이 있는 것으로 간주되는 범위는 넓어진다.[2]

예를 들면, 흡연가와 비흡연가 사이에서 관찰되는, 정책과 관련한 이해 관계에 얽힌 태도는 시점에 따라 달리 나타난다. 그린과 거킨은 비흡연가들이 좀더 이해 관계에 직결되는 정책과 관련된 태도를 갖게 된 것은 그들의 주장이 최근 몇 년 동안에 사회적으로 합법성을 인정 받아 왔기 때문이라고 지적한다(Green & Gerken, 1990). 사실 비흡연가들이 이전보다 흡연을 더 싫어하게 된 것은 아니다. 그러나 지금 흡연은 사회 문제가 되었고, 이런 사실은 비흡연자의 이기심을 좀더 쉽게 정책과 관련된 태도로 연결시킨다. 마찬가지로, 자동차 사고로 아이들을 잃은 어머니들은 음주 운전에 오랫동안 반대해 왔다. 그러나 그 이슈가 음주 운전을 반대하는 어머니들(Mothers Against Drunk Driving)이라는 단체의 노력으로 많이 알려지기 전까지는, 그들의 개인 경험은 정치화되지 않았다(Reinarman, 1988). 사람들의 경험을 모아서, 그것을 추상적이고 집합적인 형태로 보여줌으로써, 매스 미디어는 사람들이 개인 경험을 보다 넓은 차원의 사회적 조류의 일부분으로 해석하도록 도울 수 있다.

이런 설명이 직관적으로 설득력이 있음에도 불구하고, 매스 미디어의 이용, 정치적 흥미나 관여 같은 관련 개념들이 개인 경험의 정치적 영향을 촉진시킨다는 가설을 검증해 보려한 실증적 연구들은 이같은 패턴을 밝히는 데 성공하지 못했다.[3] 일반적으로, 이런 연구 문제는 다른 주제를 주로 다루는 연구에서

---

1. 이것은 사람들이 항상 국가적 문제는 국가 지도자들에게, 지역 문제는 지역 지도자들에게 국한해서 책임 소재를 묻는다는 것을 의미하지는 않는다. 그러나 선행 연구들은 실제로 대통령은 전국적 범위로 지각되는 문제들에 책임이 있다고 보는 경향이 있다고 제시한다.

2. 비록 합의와 관련한 정보의 영향력에 대한 증거가 일관되지는 않지만, 분명히 영향력이 있는 영역은 능력과 관련한 성공이나 실패한 것에 대한 귀인이다(Nisbett & Ross, 1980 참조). 직장을 얻고 유지하는 것을 능력으로 보았을 때, 사람들은 타인에 대한 정보를 실업의 문제에 대한 책임을 평가하는 데 이용할 수 있다. 또한 합의와 관련한 정보의 영향력이 쉽게 타인들에 대한 매개된 정보에 의해 생겨날 수 있을 것이라는 지적도 있다(O'Connor, 1972). 그리고 많은 수의 타인들의 형태로 제시될 때, 효과가 최고로 높다는 결과도 있다(Bandura & Menlove, 1968).

3. 예를 들어, 시어스와 동료들은(1980) 이런 예측과 일치하는 일반적인 패턴을 발견했지만 전통적인 통계적 유의도 수

부차적으로 취급되는 이슈였다. 예를 들면, 텔레비전의 점화 효과에 대한 연구는 유권자가 이슈 중심적인 텔레비전 뉴스에 노출되면, 그 이슈를 다루는 대통령의 능력에 대한 평가가 대통령의 직무 수행 능력의 전반적인 평가에 영향을 미치게 된다는 것을 보여 주었다(Iyengar & Kinder, 1987). 하지만 점화 효과 연구의 경우, 특정 이슈의 정치화와 그것을 대통령의 직무 수행과 연결시키는 것은 응답자들에게 직접 대통령이 특정 이슈를 다루는 능력을 평가하라고 '요청'함으로써 만들어진다. 실제로 응답자들이 스스로 미디어에서 강조하는 이슈에 기초하여 자발적으로 대통령의 책임을 묻는지는 불명확하다. 따라서 뉴스 보도가 평가를 위한 근거로 개인적인 혹은 집합적 차원의 근거를 점화하는지의 문제는 구체적으로 점화 효과를 다룬 문헌에서 언급되지 않는다. 어떤 이슈에 대한 개인적인 경험의 정도는 의제 설정과 같은 미디어 효과를 강화 또는 약화시킨다는 것이 밝혀져 왔다(Iyengar & Kinder, 1987). 하지만 그 반대의 문제, 즉 매스 미디어가 개인 경험이 야기하는 정치적 효과를 강화시키거나 약화시키는지의 여부는 아직까지 탐구해 볼 의문점으로 남아 있다.

2. 방해자로서의 매스 미디어

자신의 직접적인 이해 관계에 기초한 정치 태도가 매개된 정보에 적게 노출된 사람들에게서 주로 나타난다는 주장은 정보 처리 이론에 바탕을 둔다. 이 이론은 대안적 정보원이 없을 경우, 사람들은 개인 경험을 정책과 정치인을 판단하는 기본 근거로 삼을 것이라고 제시한다(Weatherford, 1983; Mutz, 1992b). 예를 들어, 경제 영역과 관련된 판단을 할 경우 거시 경제와 관련한 지식을 획득하는 데 따르는 수고와 노력 등의 비용이 높기 때문에 기본 바탕 정보에 의존 경향은 커진다. 거시 경제와 관련한 정보에 접근하기 위해서는 매스 미디어를 습관적으로 이용해야 한다. 매스 미디어에 의해 전달되는 사회 상황에 대한 정보가 없을 경우, 사람들은 대표성은 적지만 접근하기가 쉬운 개인 경험이나, 주위의 정보원

준에 미치지는 못했다(Sears et al., 1983 참조).

에 많이 접근하게 되고, 이런 판단들은 필연적으로 더 편협한 시각을 반영하게 될 것이다.

이제까지, 경제와 관련된 판단을 하는 데 있어 비록 간접적이기는 하지만 기본적 수준의 정보를 사람들이 이용한다는 증거들이 제시되어 왔다. 예를 들면, 웨더포드는 정치적 정보를 얻는데 신문에 많이 의존하는 사람들과 그렇지 않은 사람들을 비교했는데, 이 연구에서 정보가 부족한 하위 집단의 경우 투표를 할 때, 개인 경험에 더 큰 가중치를 두는 것으로 나타났다(Weatherford, 1983). 반면, 충분한 정보를 가진 집단은 투표 결정에 있어 집합적 경제 상황에 대한 지각에 의존한다는 점이 발견되었다. 또한 매스 미디어에 의해 전달된 정보에 광범위하게 접근하지 못하는 사람들은 집합적 차원의 판단을 해야 할 때 그들의 개인 경험을 쉽게 기본 바탕 정보로 이용하는 것으로 나타났다. 이런 결과는 매스 미디어의 이용이 경제 현상을 주관적으로 이해하도록 도와 준다는 선행 연구의 주장과도 맞아 떨어지는 부분이 있다(Adoni & Cohen, 1978). 웨더포드의 연구에서 미디어를 정보원으로 많이 이용한 사람들은, 그것이 맞거나 틀리는가의 문제와는 상관없이, 자신의 주관적인 지각에 의존하여 정치 태도를 결정했다. 반면 미디어를 잘 이용하지 않는 사람들은 자신의 개인 경험에 의존하여 정치 태도를 결정했다.

웨더포드의 연구의 아쉬운 점은 과거에 일어난 개인적 실업의 경험과 미래의 집합적인 차원의 경제 상황에 대한 지각을 비교했다는 것이다. 이 둘을 비교하는 것은 하나는 개인적 차원을 강조하고 다른 하나는 집합적 차원을 강조하는 것일 뿐만 아니라 시간과 내용의 틀에서도 다른 것들을 비교한 것이기 때문에, 사실 정확한 비교라고 보기 어렵다. 비슷한 주제를 다룬 여타 연구 결과들도 웨더포드가 제시한 것과 대략 비슷하다. 코노버와 동료들은 실업과 인플레이션에 대해 정확하지 않은 정보를 가지고 있는 사람들은 국가 차원에서 이와 같은 문제와 관련한 지각을 형성하는 데 있어, 개인 경험에 의존한다는 것을 발견했다(Conover et al., 19860). 반면, 실업과 인플레이션에 대한 정확한 정보를 가지고 있는 집단은 그렇지 않았다. 매스 미디어에 의해 매개된 정보가 없는 상황일 경우, 이슈에 대한 개인적 관심과 사회적으로 그 이슈가 얼마나 중요한가의 구분은 덜 분명해지고, 사람들은 개인 경험을 기본 바탕 정보로 하여 사회 변화를 지각하게 된다. 전반적으로, 지금까지 수행된 연구들은 정보가 개인 경험이 정치적 판단에 미치는 영향을 약화시키면, 과거에 대한 집합적 평가를 알게함으로써 집합적인 평가가 간접적으로 정치 태도에 영향을 미친다는 것을 보여 준다(Cohen & Uhlaner, 1991; Funk & Garcia, 1995 참조).

3. 서로 반대되는 예측의 해결

위에서 지적한 겉보기에 모순적인 두 가지 설명을 이해하기 위해, 각각의 이론이 정확하게 어떤 조건에서 이론적으로 의미를 갖는지 구체화시키는 것이 필요하다. 그림 5-1 모델의 왼쪽 편은 정보 처리와 관련된 구체적인 가설들을 설명한다. 그리고 어떻게 다른 정보원들이 이 모델의 가운데 있는 개인적·집합적 판단을 형성하도록 통합될 것인가의 문제를 제기한다. 반면, 모델의 오른쪽 편에서 생각해 볼 수 있는 가설들은 사람들이 개인적·사회적 문제들에 대해 책임 소재를 묻는 여러 형태의 귀인을 다루는 연구들로부터 나올 수 있다. 미디어는 두 가지 과정에 다른 영향을 미쳐서 개인 경험이 정치 태도에 미치는 효과를 촉진하거나 방해하는 방향 모두로 작용할 수 있을 것이다.

근본적으로, 기본 바탕 정보원 이론은 모델의 왼쪽 부분의 과정에 영향을 미치는 미디어의 역할에 대한 것이다. 이 이론은 개인 경험이 집합적인 상태에 대한 판단에 개입하는 정도를 평가하는 상황을 제외하고 말이 잘 되지 않는 부분이 있다. 예를 들어, 대통령의 직무 수행 능력을 판단하는 데 적용해 보면 다음과 같이 설명할 수 있다. 사람들은 국가 경제 상황에 대한 어떠한 정보도 없는 상황에서도 대통령을 평가하는 데 이용할 많은 대안들이 있다. 그들은 대통령의 국정 수행 능력을 대통령의 성격이나 다른 분야의 이슈에 대한 판단 등 개인적인 경제 경험을 기본 바탕 정보로 이용하지 않고도 수많은 대안적 기준을 가지고 평가할 수 있다. 대조적으로, 경제 상황과 특정 문제에 대한 집합적인 상태를 평가를 할 때, 미디어에 의한 관련 거시 경제 정보가 없는 사람들은 당연히 그들의 일상 생활의 경험에 의존한다. 즉, 개인 경험이나 대인 접촉을 통해 매개된 정보를 통해 사회 전반의 경제 수준에 대한 인상을 형성하게 되는 것이다.

대조적으로, 토크빌의 가설은 미디어가 개인 경험의 정치화를 촉진시킬 것이라고 주장하며 그림 5-1의 오른쪽과 관련된 문제를 제기한다. 즉, 개인 경험이나 관심은 정치 판단과 직접적으로 연결되어 있다는 것이다. 또한 이런 주장의 바탕에 깔려있는 논리는 사람들이 노출되는 미디어 보도의 양뿐만 아니라 논조 역시 중요하다는 것이다. 사람들에게 그들의 경험이 널리 공유되고 있는 것이라는 사실을 알려 주는 미디어 보도는 일반적으로 사람들이 정부측에 책임 소재를 묻도록 도와 주는 역할을 한다. 반면, 사람들의 개인 경험이 일반적인 것이 아니라는 인상을 전달하는 언론 보도는 개인적인 것과 정치적인 것의 연결을 촉진시킬 이유가 거의 없다. 침묵하는 다수들이 비슷한 마음을 가진 타인들에 대한 정보가 없어서 침묵하는 것처럼, 뉴스는 어떤 사람의 개인적인 문제가 전형적인 것이 아니라고 제시함으로써 정치 지도자에게 그 문제에 대해 책임을 묻는 것을 어렵게 한다. 대신, 이런 보도는 사람들로 하여금 그 문제에 당면한 개인의 내재적인 특수성에 문제 발생의 원인이 있다고 귀인하도록 만든다.

궁극적으로, 토크빌의 주장과 기본 바탕 정보 가설은 이론적이나 실증적인 측면에서 한 판 승부를 벌여야만 하는 문제는 아니다. 기본 바탕 정보 이론의 테두리 안에서도 역시 개인 경험이 집합적 차원의 판단에 개입할 수 있는데, 이 과정은 개인 경험의 '간접적인' 정치화로서 볼 수 있다. 즉, 개인 경험은 집합적인 다중에 대한 판단에 영향을 미칠 수 있는데, 우선적으로는 개인 경험이 그 자신의 경험에 대한 주관적인 평가에 영향을 미침으로써 발생하게 된다는 것이다. 반면, 정치 태도에 바탕이 되는 개인 경험을 미디어가 촉진시킬 수 있다는 생각은 분명 사람들이 '직접적으로' 그들의 개인적 문제를 정치적인 행위자에게 연결시키는 영역에서 의미가 있다. 이런 귀인 과정은 어떤 사람의 문제나 행운이 널리 공유된 것이고 진정한 사회적 조건이지, 개인적인 것이 아니라고 제시하는 보도에 의해서만 조성된다. 사람들이 이런 연결을 하게 함으로써 미디어는 토크빌이 그렸던 것처럼 개인 경험의 정치화를 북돋울 지도 모른다.

예를 들면, 매스 미디어가 국가의 경제 상황이 침체되는 것으로 묘사할 때 이런 보도는 어떤 사람의 문제를 다른 사람과 공유하는 문제로 생각하게 만드는 데 기여한다. 그래서 그 문제의 원인을 한 사람의 개인적 노력의 부재로만 돌리지 않게 한다. 마찬가지로, 대부분의 사람들이 그들의 개인적 상황이 향상되어 왔고, 사회적 상황 역시 향상되고 있다고 지각할 때, 이와 같은 유사성에 대한 인식은 개인적인 것과 정치적인 것의 연결을 촉발시키고, 나아가 정치 지도자들에게 보상을 주도록 만든다.

반면에, 만일 미디어 보도의 논조가 사람들이 개인적으로 경험하고 있다고 느끼는 것과 눈에 띄게 다르다면, 미디어에 대한 노출은 그들 자신의 경험이 전형적이지 않고, 그들의 문제는 독특한 그들만의 것이라고 제시할 수 있다. 이런 시각을 갖게 된다면 사람들은 그 문제의 책임 소재가 정부나 정치인들에게 있다고 보지 않을 수 있다. 만일 국가의 경제 상황은 향상되는 반면, 개인적 경제적 상황이 침체된다면, 혹은 마찬가지로, 국가의 경제 상황은 침체되는 반면, 개인의 재정은 낙관적인 것으로 보인다면, 미디어에 대한 노출은 개인의 경험을 정치화시키는 것에 기여하지 않을 것이다. 요약하면, 대부분 정치 태도에 있어 문제가 되는 것은 비개인적 지각이다. 그리고 비개인적 세계에 대한 미디어의 보도가 개인 경험과 일치할 때 개인 경험의 정치적 중요성은 더욱 커진다.

4. 연구 설계

이제부터, 나는 서로 다른 두 시기에 개인적 실업 경험의 정치화 문제를 다룬 두 가지 서베이 연구 결과를 소개하고자 한다. 비록 두 연구는 모든 면에서 동일한 것은 아니지만 서로 상반되는 것 같은 두 가설의 예측과 관련한 이슈 문제들을 다루기 위해 특별히 고안된 것이다. 두 차례의 서베이에서 이슈, 서베이 문항, 그리고 전반적인 디자인을 동일하게 적용했으나 서베이의 정보 상황은 각기 달랐다. 구체적으로 언제 토크빌이 설명한 촉진적 기능을 미디어가 야기할 것인지를 살펴보는 것과 복리에 대한 개인적 지각과 집합적 지각을 분리시킴으로써 미디어가 언제 개인 경험을 정치화시키지 못하게 하는지에 대한 가설을 검증해 보는 것이 이 연구의 목적이었다.

첫번째 서베이는 레이건의 두 번째 재임 말기인 1987년 가을에 실시되었으며 표본은 두 차례의 시점에서 모은 약 600명의 응답자로 구성되었다(자세한 사항은 Mutz, 1992b 참조).[4] 두 번째 서베이는 1년 후, 부시의 재임 첫 해인 1988년 가을에 실시되었고 약 1200명의 응답자를 5개월 동안 인터뷰해서 얻은 결과를 포함시켰다(자세한 사항은 Mutz, 1994b 참조).[5] 두 서베이 모두, 전문적으로 훈련받은 유급 인터뷰어가 응답자에게 뉴스 미디어에 대한 노출과, 개인적 차원과 집합적인 차원의 실업에 대한 판단에 관련된 일련의 질문을 했다.[6]

또한 두 연구 모두에서 정치적 평가로는 대통령의 직무 수행에 대한 평가를 측정했다. 대통령 직무 수행 평가에 관한 측정 항목은 개인적 관심사가 정치적 선호에 직접적인 영향력을 미치는 것을 매스 미디어가 강화시킨다는 가설을 다루는 분석에서 종속 변인으로 이용되었다. 첫번째 연구에서는, 주 차원의 실업에 대한 지각과 주지사의 직무 수행에 대한 평가를 다루는 항목도 추가하여 측정했다.

연구 결과를 평가하는 데 있어서 위의 측정 항목이 실업이나 기타 특정 이슈와 관련한 대통령의 특정 직무 수행을 다루지 않았다는 점에 주목하는 것은 몇 가지 의미에서 중요하다. 첫번째, 이는 이슈에 대한 판단과 일반적인 직무 수행에 대한 평가 사이의 관계의 강도가 이슈 중심적인 직무 수행 평가와의 관계보다 덜 강하리라는 것을 의미한다. 게다가, 이 분석의 목표가 대통령 직무 수행을 설명할 수 있는 변량의 양을 극대화하기 위해서라기보다 다양한 상황적 조건에서 개인적·집합적 차원의 판단의 상대적인 중요성을 평가하는 것이라는 점과 연관되어 있다.

두 번째, 특정 이슈에 대한 판단과 전반적인 대통령의 직무 수행 평가를 연결시킴으로써, 사람들이 최우선적으로 대통령에게 그 문제에 대한 책임을 귀인시키는지의 여부와 대통령이 그 문제를 잘 처리한다고 느끼는지를 결합해서, 실제로 특정 이슈의 책임을 대통령에게 지우는 범위를 살펴볼 수 있다. 또한 이런 관계를 살펴보는 것은 매스 미디어의 중요성을 검증해 보는데 더 적합한 것이다. 보도의 양적·질적 특성이 특정한 이슈를 대통령 평가에서 하나의 요인이 되게

---

4. 두 서베이에서 데이터는 무작위 전화 번호 추출법을 이용해 추출된 인디애나 주의 300명의 응답자들을 인터뷰해서 얻었다. 이 데이터는 1987년 6월과 12월, 6개월 간격을 두고 두 차례의 연속적인 단면적 표본에서 얻은 결과였다.

5. 표본 추출에 대한 자세한 사항은 4장의 주 8 참조.

6. 전화 서베이가 사회 경제적 지위가 매우 낮은 사람들을 덜 대표하는 경향이 있음에도 불구하고, 무응답이 실업의 경험과 상관 관계가 있는 것처럼 보이지는 않는다(Schlozman & Verba, 1979). 이 서베이의 응답이 이 시기 동안 전화 아닌 다른 종류의 서베이 결과와 유사하고, 실업의 정도를 반영할 수 있도록 대표성이 있었다.

할 수 있기 때문이다. 대통령 평가에 대한 어떤 이슈의 중요성을 상수(常數)로 가정하는 것은 매스 미디어의 잠재적 영향의 일부를 놓쳐 버리는 것일 수 있다.[7]

미디어가 없을 때 사람들이 집합적 차원의 판단을 형성하기 위해 개인적 차원의 정보를 기본 바탕으로 할 것인지 알아보기 위해 쓰인 종속 변인은 집합적 차원에서 실업에 대한 회고적인 평가를 다루는 항목이었다.[8] 인구 통계학적 변인, 정당 선호 관련 변인, 개인 경험 여부를 묻는 가변인들을 제외하고, 모든 지표들은 이론적으로 예측된 관계들이 정적인 방향으로 나타나도록 코딩되었다.

1) 상황의 영향

다른 두 시점에 실시된 조사를 이 연구에서 포함시킨 것은 동일 주제에 대한 반복 연구의 기회를 갖는 것뿐만 아니라, 미디어 보도의 논조와 집합적 차원에서 사회가 어떤 경험을 하고 있는지에 대한 지각의 방향과 관련한 문제를 비교할 기회를 제공하였다. 두 시점에서 실업에 대한 언론 보도에서 나타난 차이는 그 당시의 실업에 대한 주된 지각의 차이에서도 반영되어 나타났다. 첫번째 연구의 데이터는 1987년에 수집되었는데, 그 당시 실업율이 1년 넘게 지속적으로 낮아지던 상황에서, 34%의 응답자들이 지난 해보다 실업 문제가 더 나빠졌다고 지각했고, 19%의 응답자가 더 나아졌던 것 같다고 응답했다. 반대로, 1988년 가을의 두 번째 연구에서는 40%가 넘는 응답자들이 실업 문제가 지난 해보다 나아졌다고 지각했으며, 26%가 나빠졌다고 지각했다.[9]

두 시점 모두, 개인적 차원에서 실업 문제에 대해서는 전반적으로 낙관적인 경향을 보였기 때문에 두 연구에서 상황의 차이를 쉽게 만들 수 있었다. 한 연구는 집합적 차원에서 실업 문제에 대한 지각이 전반적으로 비관적일 때

---

7. 이런 조직적인 개요 안에서 예외는 응답자가 대인 간의 커뮤니케이션을 통해 실업에 대한 정보를 받은 정도를 나타내는 변인이다. 이 측정은 둘 중 어느 쪽에 분명히 속하는 것이 아니라, 두 개의 양극단 사이에 존재하는 판단의 수준을 나타내는 것이다.

8. 코노버와 동료들은 과거의 경제 조건에 대한 평가가 전망적인 경제 예측에 많은 영향을 미치지 않았다는 것을 발견해, 간접적인 효과를 분석하는 데 이용되는 변인들의 인과적 순서를 제시하고 있다(Conover et al., 1987).

9. 선거 이후에 실시된 1988년 NES 서베이: "당신은 지난 해 동안 나라의 실업 수준이 나아졌다고, 똑같다고, 아니면 나빠졌다고 생각하십니까?"

실시되었고, 다른 연구는 국가 차원에서 실업 문제가 나아진다고 지각될 때 실시되었다. 따라서 첫번째 연구에서 사람들은 개인적·국가적 차원의 지각이 서로 대립되는 상황에 처했고, 두 번째 연구에서는 개인적 차원의 지각과 국가적 차원의 지각이 공명共鳴하고 일치하는 상황이었다고 볼 수 있다.

2) 개인 경험의 측정

정치 판단에 더 잘 개입될 수 있는 경제와 관련된 다른 유형의 개인적 경험은 분명히 여러 가지가 있다. 이 연구에서 선택한 실업의 이슈는 연구 목적에 잘 들어맞는다. 이 연구의 목적이 대통령에 대한 지지와 관련된 모든 경제 측면을 살펴보는 것이 아니라, 하나의 잘 규정된 이슈에 대한 개인적 판단과 집합적인 차원에 대한 판단의 정치화를 살펴보는 것이었기 때문이다. 이런 점에서, 실업은 이상적인 이슈라고 할 수 있다. 실업은 정치적 잠재력이 있는, 주의 깊게 규정된 형태의 개인 경험을 의미하기 때문이다.[10] 또한 객관적인 개인의 실업 경험은 자기 보고 형식의 서베이 질문에서 상대적으로 다루기 쉽다는 장점이 있다. 다른 주관적인 현상들의 측정과는 달리, 실업의 경험은 상대적으로 현재 나타나는 동시성의 문제 없이 평가될 수 있다. 예를 들면, 한 가정의 재정이 향상되었는지, 악화되고 있는지에 대한 개인적인 평가는 최근의 정치 지도자들에 대한 평가와 사회적 차원의 조건에 대한 걱정에 의해 영향을 받을 수 있다(Lau, Sears, & Jessor, 1990). 그러나 지난 해에 한 가정에서 어떤 사람이 직장을 잃었는지, 혹은 일자리를 찾지 못했는지 묻는 것은 주관성의 여지가 거의 없는 매우 직설적인 질문이다.

한편 구체적인 개인 경험만이 개인적 판단에 적합한 유일한 유형은 아니라는 점을 지적해 볼 수 있다. 특히, 주로 미래의 경제 전망과 관련한 개인적 '관심' 역시 정치적 결과를 낳을 수 있다. 그러나 개인적 관심의 측정은 개인 경험의 측정과 매우 다르다. 개인 경험은 개인적 관심의 필수 조건도, 충분 조건도 아니다. 대신, 개인적 관심은 어떤 사람의 개인 경험의 주관적인 지각이다. 따라

---

10. 그럼에도 불구하고, 선행 연구에서는 경제적 경험 중에서 특히 정치화될 것 같지 않은 것으로 제시된 바 있다(Schlozman & Verba, 1979).

서 그림 5-1의 중간에서 위에 있는 박스인 개인 경험의 지각에 대응한다고 볼 수 있다.[11] 비록 개인적 관심의 측정이 다른 모델 안의 내재적 변인과의 연관성이 발생할 수 있다는 문제가 있지만, 실업을 구체적으로 언급하지 않은 상태에서 대통령의 지지 여부에 대해 질문을 하고, 모든 분석에서 정당 일체감을 통제함으로써 이런 문제의 심각성을 감소시킬 수 있다.

주관적이거나 객관적인 개인적 평가의 한계를 피하기 위해, 이 두 연구에서는 과거의 실업 경험에 대한 객관적 측정(그 당시의 총합적으로 볼 때 실업률이 어느 수준인지 묻는)과, 개인의 실업에 대한 관심의 주관적 측정(자기 자신이나 다른 가족 구성원이 일자리를 찾거나, 잃는 것에 대해 관심이 커지는 것으로 정의되는)을 포함시켰다. 다른 경제 문제들과 마찬가지로, 실업이 특정한 사람들에게 더 영향을 줄 수 있다고 볼 수 있기 때문에, 이러한 측정을 결합하는 것은 특히 중요하다. 만일, 실제의 개인 경험만을 묻는다면, 개인 경험의 정치화는 특정 사람들이 더 영향받게 만드는 특성 때문에 혼동을 야기할 수 있다. 심지어 실업률이 높을 때에도, 이 이슈는 상대적으로 적은 수의 사람들에게만 직접적으로 영향을 줄 것이다. 두 종류의 측정을 결합함으로써 이 이슈에 대한 개인적 차원의 판단이 정치 태도에 영향을 미친 사람들의 범위를 넓힌다. 더 많은 양의 뉴스 보도에 노출된 사람들은 주로 해고에 덜 영향받는 교육 수준이 높은 사람들이다. 따라서 이들이 개인적인 판단을 정치화 시키는 데에는 아마 개인 경험보다는 실업에 대한 개인적인 관심에 바탕을 둘 것이다. 반면, 교육 수준이 낮은 사람들은 정치화시킬 경험이 상대적으로 많을 수 있고, 따라서 개인적인 경험을 정치화할 잠재력을 가질 수 있을 것이다.

실업에 대한 개인적·국가적 차원의 측정을 모두 포함시킴으로써 서베이에서 개별 응답자로부터 얻은 데이터를 이용해 1987년과 1988년의 경제적 상황이 정말 달랐다는 점을 검증해 볼 수 있었다. 개인의 응답을 합산한 것을 가지고 볼 때 1987년과 1988년 사이에 실업에 대한 개인적·국가적 차원의 지각의 방향이 바뀌었을 뿐 아니라, 1987년에 인터뷰한 응답자들에서 실업에 대한 개인적 차원의 지각과 국가적 차원의 지각 사이의 차이가 현저하게 더 크게 나

---

11. 게다가, 집합적 조건들에 대한 정보는 어떤 조건하에서는 개인적 관심의 수준에 영향을 미친다. 그러나 3장에서 보여 준 것처럼, 역관계가 더 나타나기 쉽다.

타났다. 하지만 1988년에는 1987년과 비교해 볼 때 이러한 차이가 유의미하게 줄어들었다.

3) 미디어의 독자적인 역할

다양한 방법으로 개인 경험을 측정하는 것과 함께, 이 연구에서는 매개된 정보에 노출되는 정도를 측정하는 데 특별한 관심을 기울였다. 당연히 특정 유형의 뉴스 보도에 대한 사람들의 노출 정도를 측정하는 것은 실험 상황이 아니고는 어려운 일이다. 일반적인 노출에 대한 자기 보고식의 질문을 이용하는 것은 매개된 메시지의 수용을 측정하는 데 신뢰성이 매우 낮은 방법이다(Price & Zaller, 1993). 특정한 내용 ── 예를 들면, 실업 뉴스와 같은 ── 의 수용에 대해 서베이 문항에서 질문하면 동시성의 문제가 심각하게 나타날 수 있다. 예를 들면, 실업에 대해 관심이 있는 사람들이 실업에 대한 자극을 더 많이 회고하고, 또한 보고할 것이다.

또한 미디어의 영향력에 대한 실증적 증거를 평가하는 데 중요한 문제는 '지식,' '매스 미디어,' '정보'와 같이 서로 밀접하게 관련된 용어들이 정확히 무엇을 의미하는지, 그리고 특히, 이런 용어들이 어떻게 조작적으로 정의되는지의 여부이다. 예를 들어, 웨더포드는 시민들이 정치적 이슈와 선거에 관한 정보를 얻기 위해 습관적으로 인쇄 미디어에 의존하는 정도에 따라 정보의 높고 낮음을 정의하였다(Weatherford, 1983). 코노버와 동료들의 경우, 시민들이 매스 미디어에서 실업률이나 물가 상승률에 대한 지식 같은, 정확한 정보를 추출해 내는 정도를 강조했다(Conover et al., 1986, 1987).

개념적 정의와 조작적 정의에서의 불일치 때문에 교육, 사회 경제적 지위, 정치적 흥미, 혹은 최근의 이슈에 대한 뉴스 보도에의 노출 정도가 미치는 영향력의 차이를 분명히 언급하기 힘들게 한다. 사실 이와 같은 요인들이 서로 다른 이론적인 설명과 관련되어 있기 때문에, 자주 혼동되어 제시되는 이들의 영향을 구별하는 것은 중요하다. 예를 들어, 웨더포드는 인쇄 미디어를 잘 이용하지 않는 사람들이 정치화의 정도가 높은 이유를 기본 바탕 정보 가설과, 거시 경제의 침체가 다른 사람들보다 사회 경제적 지위가 낮은 사람들에게 초기에 더 가혹한 영향을 미친다는 사실로 설명한다(Weatherford, 1983). 즉, 인쇄 미디어를 덜 이용하는 사람과 사회 경제적 지위가 낮은 사람들은 동일한 사람들로 볼 수 있고, 부분적으로 정치화할 개인적인 경험을 갖고 있다는 이유로 그들의 개인적인 경제 상황의 악화를 더 정치 문제화 할 수 있다.

이 두 연구에서 나는 일반적인 정치 지식, 흥미, 교육 수준의 차이로 예측할 수 있는 것 외에 매스 미디어의 독자적인 영향력에 초점을 맞추었다. 따라서 응답자 개인이 접한 실제 미디어 내용을 측정하고 그 정도에 있어서의 변량을 살펴보아야 했다. 또한 이상적으로는, 보도에 대한 평가를 응답자의 자기 보고나, 다른 요인들과 혼합되어 있는 일반적인 노출의 패턴보다는 미디어 내용의 직접적인 측정에 기초해야 했다.

이를 위해, 나는 실업에 대한 언론 보도량의 시간에 따른 변화를 살펴보았다. 실업 보도가 많았던 때와 적었던 때 각각 인터뷰했던 응답자 사이의 차이를 응답자 선택의 문제나 개인의 차이로 보기 어렵기 때문에, 이런 결과의 발생의 직접적인 원인은 언론 보도라고 볼 수 있다. 첫번째 연구에서 보도의 차이는 1차와 2차 데이터 수집 사이에 '블랙 먼데이 Black Monday'가 뜻하지 않게 발생한 것에서 비롯되었다. 비록 주식 시장의 붕괴가 실업 이슈와 직접적으로 관련된 것은 아니지만, 뉴스거리로서 전반적으로 엄청난 양의 경제 관련 기사가 보도되었고, 여기에는 실업에 관한 것도 포함되었다. 이 기간 동안 경제 보도 기사의 톤은 특히 부정적이었다.

또한 첫번째 연구는 응답자 개인이 접하는 신문 보도 전체를 내용 분석하는 것을 보다 용이하게 하기 위해서, 주 단위의 표본을 이용했다.[12] 비록 전국

---

12. 분명히, 신문은 사람들이 경제 변화를 지각하도록 하는 주 정보원이고 다음의 이유로 신문은 내용 분석을 위해 가장 적합하다고 볼 수 있다. 비록 서베이의 응답에서, 더 많은 사람들이 대체로 세상이 어떻게 돌아가는가를 알려 주는 그들의 '가장 중요한' 정보원으로 텔레비전을 꼽을 것이지만, 많은 연구에서, 사람들은 정보를 어떤 미디어에서 얻는다고 '지각'한다는 점을 지적하고 있다. 비록 텔레비전에서 많은 뉴스가 보도되기는 하지만, 사람들은 거의 그 뉴스를 처리하거나 떠올리지 못하는 것처럼 보인다(Robinson & Levy, 1992). 텔레비전 뉴스는 상대적으로 시간이 짧고, 주의가 산만한 시청자에게 순간적으로 전달된다는 점과 결합되어, 시청자들에게 정보를 전달하는 능력을 제한시키게 된다. 이런 패턴은 영국에서도 검증되어왔다(Gunter, 1987), 그리고 케이블 텔레비전 뉴스 시청자들에게도 확대되어 나타났다(Robinson & Levy, 1996). 일반적으로 텔레비전 수용자들이 더 많음에도 불구하고, 인쇄 미디어는 다수 공중에게 정보를 전달하는 데 더 효과적이다. 신문 독자의 감소에도 불구하고, 특별한 날에 텔레비전 뉴스를 보는 사람들의 수는 신문을 읽는 사람들보다 적다. 이런 수치들은 지역과 전국 뉴스 방송국을 포함한 것이기 때문에, 더 적은 숫자의 사람들이 국가의 상황과 관련한 뉴스에 노출된다고 볼 수 있다.

표본이 아닌 하위 차원의 표본을 쓰는 것이 연구 결과의 잠재적인 일반화 가능성에 문제일 수도 있지만, 연구 목적이 정보 환경에 대한 사람들의 변화를 보는 것일 때 장점이 문제점보다 크다고 할 수 있다. 전국 표본을 이용한 대부분의 연구는 <뉴욕 타임스>, 네트워크 방송, 뉴스 잡지 같은 미국 전역에 영향을 행사할 수 있는 주요 정보원을 일정 기간 동안 내용 분석한 것을 합하여 분석에 포함시켰다(MacKuen & Coombs, 1981; Behr & Iyengar, 1985). 하지만, 이런 총합적인 합산은 경제 상황이 투표에 미치는 영향력을 이해하는 데 있어서 생태학적 오류를 범할 위험이 있다. 한편, 일부 연구자들은 소수의 도시에서 표집한 뉴스 정보원을 이용하거나, 각 도시에서 주요 신문만을 골라 뉴스 정보원의 수를 제한한 가운데 내용 분석을 하기도 했다(McCombs & Shaw, 1972; Weaver et al., 1981; Dalton, Beck, & Huckfeldt, 1996). 하지만 이러한 접근 역시 실용적인 견지에서 보면 이해될 수 있지만, 주요 도시 신문들이 비슷한 뉴스 의제와 강조점을 보이는 경향이 있기 때문에, 뉴스 내용 변화의 정도를 제한시키는 의도하지 않은 결과를 낳을 수 있다.

전국 표본을 이용한 두 번째 연구에서, 나는 5개월에 걸친 서베이 기간 동안, 컴퓨터를 이용하여 AP 통신이 다룬 실업 보도의 양을 평가하는 내용 분석을 했다. 내용 분석에서 측정되는 실업 관련 기사가 보도가 많은 기간, 보도가 적은 기간 모두를 제대로 반영될 수 있도록 하루의 기사량에 점수를 매기는 데 있어 열흘 동안 보도된 기사량의 가중치를 감안했다. 연구 기간 전체 걸쳐 실업 관련 기사량 지표와 응답자들의 인터뷰 날짜를 조합하여 시점별 미디어 환경의 특성을 확인하였다. 특히, 인터뷰는 실업 관련 기사량의 중앙값을 중심으로, 실업 보도가 많은 시기와 적은 시기를 나눠, 각각의 기간에 충분한 응답자들을 조사하도록 했다.[13] 이런 디자인은 실업 뉴스에 많이 노출된 특정한 개인들을 밝히는 데는 만족스럽지 못할 지는 모르지만, 특정 이슈에 대한 미디어 노출 정도를 자기 보고 방식으로 측정할 때 공통적으로 나타나는 잠재적인 동시성의 문제들을 제거할 수 있는 장점이 있다. 5개월 동안 인터뷰의 날짜를 무작위로 선정하

---

13. 개인의 미디어 노출 측정치를 미디어 보도의 측정치와 결합해서, 나는 개별적으로 각각을 측정하는 것보다 한 개인이 실업 보도에 노출되는 정도를 더 잘 측정할 수 있었다. 게다가, 전국적으로 미디어가 보도하는 의제들의 비슷하기 때문에 실업에 관한 보도가 많았던 기간 동안에 뉴스 미디어에 많이 노출된 사람들이 이 뉴스에 더 많이 노출되었을 것이고, 따라서 더 많이 영향을 받을 것이라고 보았다.

여 표본을 추출했기 때문에 실업 뉴스가 많은 기간과 적은 기간 동안에 인터뷰한 집단들을 의미 있게 비교할 수 있었다.[14]

실업 보도에 대한 노출의 차이를 평가하는 것과 함께, 두 연구에서는 응답자들이 실업에 대해 최근에 알고 있는 지식에 대한 질문도 했다. 이런 측정은 실업 상황에 대해 지식이 있다고 느끼는 사람들과 그렇지 않은 사람들을 구별하는 데 이용되었다.[15]

5. 토크빌 가설의 검증: 촉진자로서의 미디어

1988년은 미디어가 개인적 관심을 정치화시키도록 도와 준다는 증거를 찾는데 이상적인 환경을 제공했다. 토크빌의 가설을 검증하는 데 필요한 조건들이 모두 충족되었기 때문이다. 이 기간 동안 개인의 지각과 집합적 차원 지각 모두 전반적으로 볼 때 낙관적인 경향이 있었고, 따라서 대부분의 사람들에게 미디어는 자신의 시각과 일치하는 세상의 모습을 전달하고 있었다.[16]

개인적 차원의 변인이 뉴스 미디어의 이용 패턴에 따라 대통령 지지에 미치는 영향이 달라지는지를, 우선 서로 다른 수준의 미디어 노출 집단에 걸쳐 모든 변인의 영향이 동일하게 억제되어 있는 제한된 모델 안에서 계산하여 알아보았다. 이후에 이 모델을 각각의 기울기와 절편이 다양한 뉴스 미디어 이용 정도에 따라 달라질 수 있는 제한되지 않은 모델과 비교했다(자세한 내용은 Wright, 1976 참조).[17] 대부분의 연구 결과와 비슷하게 이 연구에서도 미디어 이용과 관련

---

14. 연령, 성별, 인종, 교육 수준, 가족 수입 다섯 가지 인구학적 변인들을 이용해, 두 집단을 비교해 본 결과도 이 디자인이 타당성이 있음을 보여 주었다.

15. 비록 이런 동일한 측정이 실업에 대한 지식의 정확도를 측정하거나, 실업에 대한 지식을 주관적으로 이해하고 있는 사람들을 구별하는 데 이용될 수 있었지만, 분석 결과 둘 다 동일하다는 것을 보여 주었다.

16. 종종 검증된 상황처럼, 개인적, 국가적 차원의 근거가 서로 상호 작용을 함으로써 동일한 예측을 하게 하는 것이 '아님'을 지적해야 한다(예를 들어, Kinder, 1981).

17. 비스칼라 non-scalar 유형은 그것의 패턴과 가장 가까운 스칼라 패턴으로 재코딩했다. 즉, 가장 적은 변화를 하면서 스칼라 패턴으로 부합하도록 바꾸었다. 이런 재코딩을 통해 패턴 2와 3에 사람들이 가장 많이 분포하도록 하는 정규 분포의 척도를 만들었다.

표 5-1. 뉴스 미디어 이용 패턴별, 대통령 지지의 예측 요인으로서 실업에 대한 개인적 · 집합적 판단 (1988년 연구)

	제한 모델	비제한 모델			
		미디어에 전혀 노출되지 않은 집단	텔레비전만 이용하는 집단	신문과 텔레비전을 이용하는 집단	모든 미디어를 이용하는 집단
성별	-.16 (.08)	.12 (.28)	-.29 (.14)*	-.24 (.14)	.19 (.22)
인종	-.23 (.11)*	-1.34 (.41)**	-.13 (.17)	-.11 (.18)	-.25 (.32)
교육	-.12 (.04)**	-.21 (.13)	-.10 (.06)	-.11 (.06)	-.06 (.10)
연령	-.00 (.00)	-.02 (.01)*	.00 (.00)	-.01 (.00)*	.00 (.01)
수입	.04 (.02)	.10 (.10)	.07 (.04)	-.00 (.04)	.04 (.06)
민주당원	-.63 (.10)***	-.30 (.34)	-.67 (.17)***	-.68 (.17)***	-.59 (.26)*
공화당원	.71 (.10)***	.66 (.37)	.51 (.17)**	.78 (.16)***	.93 (.25)***
개인적 판단					
개인적 관심	.09 (.04)*	.04 (.14)	.10 (.07)	.10 (.08)	.20 (.12)
개인적 경험	.12 (.11)	.29 (.39)	.22 (.18)	.03 (.18)	-.25 (.32)
집합적 집단					
과거의 실업에 대한 회고적 판단	.15 (.04)***	-.02 (.14)	.14 (.07)*	.18 (.06)**	.24 (.11)*
대인간 접촉에 의해 얻은 실업에 대한 정보(interpersonal)	.10 (.04)*	-.15 (.24)	.11 (.07)	.19 (.07)**	.08 (.10)
미래의 실업에 대한 전망적 판단	.18 (.06)**	.18 (.21)	.13 (.10)	.14 (.10)	.37 (.16)*
미디어 집단					
미디어를 이용하지 않는 집단	.11 (.18)				
텔레비전만 이용하는 집단	.35 (.13)**				
신문과 텔레비전 이용하는 집단	.23 (1.2)				
상수	2.38 (.44)***	3.97 (1.89)*	1.63 (1.47)	1.80 (1.45)	.98 (1.29)
전체 R^2	.31		.34		
(n)	(992)	(150)	(358)	(335)	(149)

표에 제시된 수치는 비표준화 회귀 계수, 괄호 안의 수치는 표준 오차이다. 제한 모델과 비제한 모델 간 설명 변량의 비율에는 유의미한 차이가 발견되지 않았다($F = 1.09$, $p > .05$; 자세한 계산은 Wright, 1976을 참조).   * $p < .05$ ** $p < .01$ *** $p < .001$

한 여러 가지 측정들은 서로 간의 상관 관계가 약했기 때문에, 각 측정값을 더하여 하나의 척도로 묶는 것은 의미가 없었다.[18] 그러나 대부분의 응답자들은 거트만 Guttman 스칼라 척도의 네 가지 유형 가운데 한가지에 해당했다. 응답자들은 (1) 텔레비전, 신문, 뉴스 잡지를 포함한 세 뉴스 미디어 모두를 매우 적게 이용하거나, (2) 텔레비전만 보거나, (3) 텔레비전을 보고, 정규적으로 신문을 읽거나, (4) 세 미디어 모두를 정규적으로 이용하는 것으로 분류할 수 있었다. 뉴스 잡지를 읽는 사람이 또 신문을 읽고, 텔레비전을 보는 경향이 있거나, 신문만을 읽는 사람이 또한 텔레비전 뉴스를 보는 것 등, 이런 패턴에서 벗어나는 사람은 거의 없었다. 척도의 신뢰도 계수도 .94로, 일반적으로 이용할 수 있는 거트만 척도의 기준 신뢰도 수치를 훨씬 넘었다.[19]

표 5-1에서 나타난 것처럼, 주관적으로 평가된 실업에 대한 개인적 관심의 중요성은 미디어 노출 정도가 높을수록 점점 증가하는 패턴을 보였다(미디어에 노출되지 않는 집단의 b = .04에서부터, 모든 미디어에 노출된 집단의 b = .20까지). 하지만 이런 패턴은 통계적으로 유의미한 집단 간 상호 작용을 보여 주지`않았고, 개별 계수 차원에서도 의미 있는 결과를 보여 주지 못했다. 개인 경험의 영향은 각 미디어 노출 집단에 걸쳐 계속 감소되었으나, 미디어 이용 정도가 동일한 집단 내에서 볼 때 통계적으로 무의미했다. 전반적으로, 집합적 차원의 판단이 대

---

18. 미디어 이용을 측정하는 데 일반적인 문제는 대체로 모든 미디어에 걸쳐 상관 관계를 가지고 있지 않다는 사실에서 비롯된다. 따라서 인쇄 미디어에 많이 혹은 적게 노출된 사람들을 비교하는 것은 필연적으로 인쇄 미디어에는 적게 노출되지만, 다른 미디어에는 많이 노출되는 사람이나, 그 반대의 경우를 포함하게 된다. 전국적인 미디어 의제들이 유사성을 보일 때, 이런 전략은 미디어 전체에 퍼져있는 뉴스에 가장 많이 노출되어 왔을 것 같은 사람들을 분리시키는 것을 어렵게 만든다. 이 연구에서 원래 데이터는 긍정적인 상관 관계를 보였다(r = .12). 그러나 이것이 미디어 노출이 많고 적음을 지시하는 하나의 지표로 묶어버리는 것을 정당화할 수 있는 정도는 아니다. 이런 문제에 대한 일반적인 접근법은 각 미디어에 대해 지표들을 독립적으로 두는 것이다. 하지만 캠벨 등은 약한 상관 관계에도 불구하고, 기본적인 미디어 이용 패턴은 단일 차원적 unidimensional 개념을 보여 준다고 제시하며, 미디어 이용에 있어 개별적인 차이들은 텔레비전에서 신문, 뉴스 잡지로 이동하면서 미디어 이용이 점차 커지는 것으로 보고 스케일을 만드는 거트만 척도와 비슷하다고 지적했다(Campbell et, al., 1966).

19. 83%가 제대로 분류된 가운데 나타난 스칼라 계수는 .74였다. 각각의 미디어에 대해 두 집단의 표본 수의 균형을 맞추기 위해, 중앙값을 이용해 높고, 낮은 차원을 나눴다(자세한 내용은 Mutz, 1994을 참조). 네 집단 모두에서 개인적 실업의 경험을 정치화할 수 있는 잠재력이 있다는 것을 주목해야 한다. 전체적으로, 표본의 20%가 실업에 대한 경험이 있다고 밝혔다. 그러나 '모든 미디어를 이용하는 집단 all media'의 15%, 다른 두 집단에서 각각 20%가 개인 경험을 보고한데 비해, '미디어를 전혀 이용하지 않는 집단 no media'은 24%가 개인 경험을 보고해서 미디어 이용 집단에 따른 차이는 기대했던 것만큼 확실하게 나타나지 않았다.

통령에 대한 지지에 미치는 영향은, 특히 과거의 실업에 대한 판단의 경우, 뉴스 노출의 양에 따라 커지는 것으로 나타났다. 과거의 국가 상황에 대한 판단과 관련한 계수는 미디어를 이용하지 않는 집단에서는 $b = -.01$ 였지만, 모든 미디어를 사용하는 집단의 경우 $b = .24$ 로 통계적으로 유의미했다. 마찬가지로, 미래의 국가 실업에 대한 판단과 관련한 계수는 미디어를 이용하지 않는 집단에서는 .18로 무의미했고, 모든 미디어를 사용하는 집단에서는 .37로 통계적 유의도가 높았다. 하지만 이런 일반적인 패턴에도 불구하고, 제한된 모델과 제한되지 않은 모델을 총괄적으로 비교하면, 두 모델 사이의 예측력의 차이는 거의 무시할만 했다($F = 1.09$, $p > .05$).

미디어 이용과 관련한 지표만으로는 토크빌의 가설을 지지하는 증거를 밝힐 수 없었다. 한편, 개인적 차원의 판단이 책임 심판을 하는 데 역할을 하기 위해서는 실업에 대한 보도가 많았던 시기에 미디어에 많이 노출되어야 한다는 점을 생각해 보았다. 따라서 나는 다음 단계로, 실업 보도가 많고, 적은 기간 동안에 인터뷰했던 사람들을 밝히기 위해 미디어 내용과 관련한 측정을 분석에 이용했다.

분석 결과, 미디어 이용의 정도는 실업 보도가 적었던 기간 동안에는, 실업에 대한 개인적 관심의 정치화에 영향을 미치지 않았다. 그러나 표 5-2에 나타난 것처럼, 상대적으로 실업에 대한 보도가 많았던 기간 동안에는, 미디어를 많이 이용하는 사람들이 적게 이용하는 사람들보다 개인 경험을 더 정치화시켰다. 표 5-2는 뉴스 미디어 노출 패턴에 따라, 실업에 대한 개인적 차원의 판단의 영향력을 비교한 것이다. 각 보도 / 노출 하위 집단에서, 충분한 사례를 유지하기 위해, 뉴스 미디어 이용 정도에 따라 구분한 네 가지 집단을 다시 많이 노출된 집단, 적게 노출된 집단으로 묶어서 나누었다. 개인적 관심과 미디어 노출 사이의 유의미한 상호 작용은 특히 미디어의 잠재적 영향이 더 클 때 — 실업 보도가 많은 기간 동안 — 미디어 노출이 개인적 차원의 관심의 영향력을 미디어 노출이 증가시킨다는 것을 보여 준다.

개인적인 경험의 경우, 비록 서로 유의미한 차이를 나타내지는 않았지만, 계수들은 예측했던 방향과는 반대였다.[20] 그러나 각 변인들이 행사하는 영향력의 정도는 개인적 변인의 유형에 따라 크게 다를 수 있다는 것을 보여 준다. 미디어

표 5–2. 실업 보도가 많은 기간 동안, 실업에 대한 개인적 고려 요인들의 정치화 (1988년 연구)

	뉴스 미디어 노출이 적은 집단[a]	뉴스 미디어 노출이 많은 집단[a]
개인적 차원의 판단		
실업에 대한 개인적 관심	.06 (.09)	.31 (.09)**
실업에 대한 개인적 경험	.39 (.20)	− .23 (.23)
집합적 차원의 판단		
국가적 실업에 대한 전망적 지각	.10 (.08)	.22 (.12)
국가적 실업에 대한 회고적 지각	.10 (.08)	.22 (.08)**
실업에 대한 대인 간의 접촉에 의한 정보	.21 (.10)*	.08 (.09)
상수	.78 (.86)	2.63 (.90)**
전체 R^2	.32	.30
(n)	(252)	(277)

표에 제시된 수치는 비표준화 OLS 회귀 계수, 괄호 안의 수치는 표준 오차이다. 종속 변인은 5점 척도로 측정된 대통령직 수행에 대한 지지 여부이다. 여기서 미디어 노출의 주 효과($b = 1.35, p < .001$)뿐 아니라 미디어 노출과 개인적 관심간의 상호 작용도 유의미하게 나타났다($b = .44, p < .001$). N = 529. 위의 계수가 도출된 회귀 방정식에는 인구학적 변인과 지지 정당 변인도 포함되었다.

a: 뉴스 미디어에 적게 노출된 집단은 미디어를 전혀 이용하지 않거나 텔레비전만 이용하는 집단을 말한다. 뉴스 미디어에 많이 노출된 집단은 신문을 이용하는 집단과 모든 미디어를 다 이용하는 집단으로 구성되었다.

$* p < .05, ** p < .01$

를 많이 접하는 사람들은 정치화될 실업에 대한 개인적인 경험은 별로 가지고 있지 않지만, 이들의 개인적 관심도는 정치적으로 더 잠재력이 있다. 특히, 이들 대부분이 투표에 참여하고, 정치적으로 활동적인 유형의 사람들이기 때문이다.

지금까지 이 연구에서 나타난 결과는 실업 보도가 많은 기간 동안, 특정 유형의 사람들이 자신의 개인적 관심을 더욱더 정치화시킨다는 것을 보여 주었다. 그러나 이러한 결과는 미디어를 많이 이용한 집단과 그렇지 않은 집단 간의 비교이기 때문에, 뉴스 미디어에 대한 노출 자체인지 아니면 그것과 밀접하게 관련되어 있는 다른 속성이 이런 현상을 발생시켰는지를 말하기는 어렵다. 따라서 비록 모든 경쟁 가설을 배제하기는 어렵지만, 조금 더 확실한 결과를 도출해

20. 미디어 노출과 개인 경험의 상호 작용을 포함하는 전체 모델에서, 차이는 유의미하지 않았다.

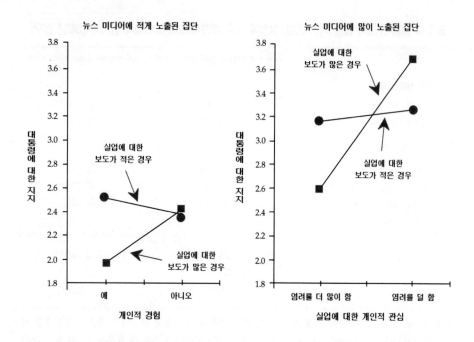

그림 5-2. 미디어의 실업 보도가 실업에 대한 개인적 고려 요인들의 정치화에 미치는 영향

보기 위해 통제 변인들을 분석에 포함시켰다. 미디어 보도가 늘어난 것은 사람들의 개인차와는 독립적으로 과연 어떤 영향력을 행사하는가?

　　표 5-2의 결과와 마찬가지로 그림 5-2는 사회적으로 실업에 대한 보도가 늘어난 것을 통해 개인적 판단의 중요성이 증가될 수 있다는 것을 보여 준다. 그러나 이런 영향은 미디어의 노출 정도에 따라 다르게 나타난다. 노출 정도의 경중에 따라 분류한 두 집단을 따로 회귀 분석하면, 미디어에 적게 노출되는 사람들에게는 개인 경험과 보도량 간의 유의미한 상호 작용이 나타나고, 미디어에 많이 노출되는 사람들에게는 개인적인 관심과 보도량 간의 유의미한 상호 작용이 나타난다. 그림 5-2는 이런 두 상호 작용을 보여 준다. 미디어에 적게 노출되는 사람들은 보도가 더 많을수록 개인 경험을 더 많이 정치화한다. 즉, 미디어 보도량이 사회 전반에 걸쳐 충분히 많을 때는 심지어 전반적으로 미디어 노출이 적은 사람들에게까지 뉴스가 전달되고, 뉴스는 그 사람들이 개인 경험을 정치화하도록 도와 준다. 실업에 대한 보도가 많았던 기간 동안 인터뷰를 했던 응답자

에게서 개인 경험의 영향력이 상대적으로 커지고, 더 유의미한 상호 작용 계수가 나타났다(b = .60(.26), $p < .05$). 그림 5–2의 오른쪽에 나타난 것처럼, 미디어에 많이 노출된 사람들의 경우, 사회 전반에 실업에 대한 보도가 많은 상황에서 주관적으로 평가한 실업에 대한 개인적 관심도가 더욱더 정치화됨을 알 수 있다(상호 작용 b = .24(.12). $p < .05$).

실업 관련 보도량의 유의미한 상호 작용은, 미디어 보도가 많을 때 개인적 차원의 판단이 정치적 선호에 강력한 영향력을 미칠 수 있다는 것을 보여 준다. 게다가, 잘 알려진 인구학적 변인과 미디어 이용의 상관 관계를 살펴보면, 정치화되는 개인적 판단의 '유형'이 다른 것에는 납득할 만한 이유가 있다. 단순히 텔레비전에 의존하거나 또는 미디어를 이용하지 않는 집단의 경우 — 사회 경제학적 상황 때문에 경제 침체에 더 영향받기 쉬운 사람들 — 실업을 개인적으로 실제 경험한 것이 정치화된다. 신문과 잡지 두 인쇄 미디어를 집중적으로 접하는 집단의 경우, 사회 전반에 실업과 관련한 보도가 많은 기간 동안 정치화된 것은 실제 경험보다는 주관적인 개인적 관심도이다.

미디어가 대통령의 직무 수행 평가에 미치는 영향을 살펴볼 때, 미디어 이용과 미디어 보도는 유의미한 상호 작용뿐만 아니라, 각각 유의미한 직접적 영향력도 행사한다는 것을 그림 5–2와 표 5–2에서 눈여겨 봐야 한다. 두 경우 모두에서, 영향력의 방향은 마이너스였다. 예를 들어, 실업에 대한 보도가 많았던 기간 동안 일반적으로 미디어를 잘 이용하지 않는 사람들을 인터뷰했을 때, 전국적 실업율이 낮았음에도 불구하고, 레이건에 대한 지지는 척도상에서 1.16만큼 낮았다. 미디어 이용 정도를 분석한 데에서 나타난 전반적인 패턴은 다른 집단들보다 상대적으로 레이건을 열광적으로 지지하는 텔레비전만 보는 집단에 의해 주로 이끌어진 결과이다. 이런 결과는 "레이건은 실수를 말로 잘 둘러대서 *teflon-like*" 그 자신이 문제에 대한 책임을 지지 않도록 도와 주는 좋은 텔레비전 이미지를 만드는 능력이 있다는, 대중적이지만 일반적으로 증명되지 않은 주장과 잘 조화를 이룬다(Weisman, 1984; King & Schudson, 1995 참조). 이는 또한 미디어 이용이 더 높은 부정성을 만들어 낸다는 헤더링턴의 연구 결과와도 일치하는 점이 있다(Hetherington, 1996).

이 연구 결과의 패턴은 이런 결과가 잘 나타나는 조건에서 특별히 검증

표 5-3. 실업 보도가 많은 기간 동안, 실업에 대한 개인적 고려 요인들의 정치화 (1987년 연구)

	뉴스 미디어 노출이 적은 집단[a]	뉴스 미디어 노출이 많은 집단[a]
개인적 차원의 판단		
실업에 대한 개인적 관심	50* (.21)	−.05 (.28)
집합적 차원의 판단		
국가적 실업에 대한 회고적 지각	.34 (.26)	.63* (.27)
전체 R^2	.33	.43
(n)	(198)	(132)

표에 제시된 수치는 비표준화 OLS 회귀 계수이고, 괄호 안의 수치는 표준 오차이다. 종속 변인은 5점 척도로 측정된 대통령직 수행에 대한 지지 여부이다. 위의 계수가 도출된 회귀 방정식에는 인구학적 변인과 지지 정당 변인도 포함되었다.

a: 뉴스 미디어에 많이 노출된 집단은 1주일에 날마다 신문을 읽는 사람들을 말하며, 표본의 약 44%에 해당한다. 뉴스 미디어에 적게 노출된 집단은 신문을 가끔 읽거나, 전혀 읽지 않는 사람들이다.

* $p < .05$, ** $p < .01$, *** $p < .001$

되었고, 토크빌의 가설과 부합하는 증거를 보여 주었다. 즉, 개인적 차원과 사회적 차원에 대한 지각이 비슷한 조건에서 잘 나타난다. 그러나 그렇지 않은 상황에서는 어떤 결과가 나타나는지를 살펴보는 것도 우리가 이해하는 데 도움이 된다. 실업에 대한 보도가 많았지만, 개인에 대한 지각과 집합적 차원에 대한 지각이 일치하지 않는 상황에서는 어떤 결과가 나타나는가?

표 5-3은 표 5-2의 분석을, 개인에 대한 지각과 집합적 차원에 대한 지각이 차이가 나는 1987년의 데이터로 바꾸어서 다시 분석해 본 결과를 보여 준다. 이 분석에서 개인 경험과 관심을 1988년 연구와 똑같이 측정했고, 동일한 인구학적 변인과 정당 변인을 분석에 포함시켰다. 표 5-3에서 나타난 것처럼 패턴은 1988년 연구 결과와 반대로 나타난다. 미디어를 '많이' 이용하는 사람들은 그들의 개인적 관심을 상대적으로 '덜' 정치화하는 경향이 있었다. 대신, 이들은 국가 전체로 보아 경제 상황이 어떤지에 대한 판단에 의존하는 경향이 있었다.

전체적으로 볼 때, 토크빌의 가설은 장점이 있지만, 그것이 적용되는 조건은 매우 특수하다는 것을 이 연구의 결과를 통해 알 수 있다. 미디어를 통해 전달된 국가 전반에 대한 '우리 머리 속의 그림들'이 우리가 직접적으로 지각한 것과 유사해야만 하는 조건에서만 가설의 타당성이 있다. 미디어가 개인적 판단과 집합적 차원에 대한 판단을 일치하지 않게 하고, 분절시키는 데 기여할 때, 미디어에 많이 노출된 사람들이 더 많이 정치화한다고 예측할 수 없다.[21] 사실, 이런 조건에서 논리적인 결과는 정확히 반대여야 한다. 사람들의 개인적인 관심이 일반적인 것이 아니고 개인의 특수한 것이라고 전하는 미디어 보도는 사람들이 특정 이슈에 대한 책임을 국가 지도자에게 돌리지 않게 만들어야 한다.

6. 기본 바탕 정보원 가설의 검증: 방해자로서의 미디어

미디어가 개인 경험의 정치화를 방해한다는 주장은 개인적인 고려 사항이 유발하는 간접적인 효과와 직접적인 관련이 있다. 즉, 이런 주장은 개인적 관심이 집합적 차원에서의 관심도에 대한 지각에 영향을 미치고, 이를 통해 간접적으로 개인 경험의 정치화를 발생시킨다고 본다. 이 가설을 검증해 보기 위해, 나는 국가의 실업 상황에 대한 지각을 종속 변인으로 하고, 실업과 관련한 지식, 그리고 이러한 지식과 개인 경험의 상호 작용을 독립 변인으로 하여 회귀 분석을 실시했다. 여기서 국가적 상태에 대한 유용한 정보를 얻는 정보원의 차이를 구분해 보는 데 초점 맞추었다. 한편 쉽게 접할 수 있는 정보원에 의존하는, 정보 수준이 낮은 사람들에게서 개인적 차원의 변인들이 더 중요할 것이라는 가설을 검증하기 위해, 지식 수준을 가변인으로 코딩하여 추가적인 상호 작용 효과를 살펴보았다.

표 5-4는 1987년 표본을 이용해 분석한 결과를 보여 준다. 실업을 개인적으로 경험한 것 자체가 국가적 차원의 실업 상황에 대한 지각에 미치는 효과는 전체로 보아 유의미하지 않았지만, 지식이 별로 없는 사람들에게 있어서 개

---

21. 이런 패턴은 또한 로와 동료들의 연구 결과와도 일치하는 바가 있다(Lau et al., 1990). 이들은 선거가 있었던 1984년의 경우 개인적 관심도와 정치화의 수준이라는 측면에서 볼 때 눈에 띄는 예외였다고 밝힌다. 그림 4-5에서 보여진 것처럼, 1984년은 예외적인 측면이 또 있는데, 이 때 개인적인 경제 상태와 국가의 경제 상황에 대한 지각이 개인적 낙관주의와 사회적 비관주의의 관점에서 볼 때 일반적인 패턴과는 상이했다.

표 5–4. 실업에 대한 개인적/집합적 차원의 지각이
국가적 실업 상황에 대한 평가에 미치는 영향 (1987년 연구)

	국가적 실업
실업에 대한 개인적 경험	.12 (.16)
실업에 대한 개인적 관심	.14 (.06)*
대인 간의 접촉으로 얻은 실업에 대한 정보	$-$.14 (.06)*
지식 $\times$ 개인적 경험	$-$.20 (.09)*
실업의 경향에 대한 지식	$-$.02 (.01)*
지역의 실업률	.06 (.04)
지지 정당	
공화당원	.29 (.14)*
민주당원	$-$.19 (.13)
인구학적 통제 변인	
연령	$-$.02 (.04)
성별	$-$.20 (.11)
인종	.03 (.25)
수입	.01 (.05)
교육	.05 (.05)
R^2	.23
(n)	(300)

이 회귀 방정식에서 종속 변인은 5점 척도로 측정된 국가적 실업에 대한 회고적 지각이다. 지식은 가변인으로 처리했는데, 1은 낮은 지식 수준, 0은 높은 지식 수준을 나타낸다. 따라서 상호 작용은 낮은 지식 수준을 가진 집단에서 개인적 경험의 추가적인 영향을 나타낸다.

* $p < .05$

인적 경험은 중요한 것이었다. 즉, 상대적으로 거시 경제에 대한 지식이 없는 사람들은 개인 경험을 국가적 상황에 대한 판단에서 하나의 정보원으로 의존했다. 하지만 이들에게 개인 경험만이 유일한 정보원은 아니다. 예를 들어, 사람들은 대인 간의 정보원에도 의존한다. 이런 패턴은 중요한 외부 정보가 없을 때, 그림 5–1의 모델에서 집합적 차원에 대한 판단은 개인적이고 개인 주변의 것이 확장됨으로써 이루어진다는 것을 시사한다.

그렇다면 이와 동일한 결과가 1988년 표본을 대상으로 한 분석에서도 반복되어 나타났는가? 표 5–5는 전국 표본을 이용한 분석의 결과를 보여 준다.

표 5–5. 실업에 대한 개인적/집합적 차원의 지각이
국가적 실업 상황에 대한 평가에 미치는 영향 (1988년 연구)

	국가적 실업
실업에 대한 개인적 경험	.16 (.17)
실업에 대한 개인적 관심	.19 (.03)***
국가적 실업의 지각 예측	.18 (.05)***
대인 간의 접촉으로 얻은 실업에 대한 정보	−.14 (.03)***
실업에 대한 지식	−1.01 (.36)**
지식 × 개인적 경험	−.45 (.19)*
지지 정당	
공화당원	.08 (.08)
민주당원	−.24 (.08)**
인구학적 통제 변인	
연령	−.00 (.00)
성별	−.21 (.07)**
인종	−.14 (.09)
수입	.08 (.02)***
교육	−.00 (.03)
R^2	.20
(n)	(1, 062)

이 회귀 방정식에서 종속 변인은 5점 척도로 측정된 국가적 실업에 대한 회고적 지각이다. 지식은 가변인으로 처리했는데, 1은 낮은 지식 수준, 0은 높은 지식 수준을 나타낸다. 따라서 상호 작용은 낮은 지식 수준을 가진 집단에서 개인적 경험의 추가적인 영향을 나타낸다.

* $p < .05$

이 패턴은 1988년의 경우 오히려 더 분명히 나타났다. 예측되었던 것처럼, 개인적인 경험은 전체 표본에서 유의미한 효과를 나타내지 못했다. 그러나 실업의 경험이 있는, 지식이 적은 사람들은 전국적 실업 상황에 대한 평가를 거의 절반 가량 낮게 평가했다. 표 5–5에서 제시된 것처럼, 개인 경험의 주 효과(b = .16)를 뺀 후에도, −.29의 순효과를 보였다.

실업에 대한 지식 수준이 낮은 사람들은 개인적인 실업 경험과는 상관없이 실업 상황에 대한 평가를 더 긍정적으로 했다. 개인적으로 실업을 경험하지 않은 사람들의 경우 더욱 긍정적인 평가를 했다. 예측했던 것처럼, 실업에 대한 지식 수준이 높은 사람들은 그들의 개인 경험을 국가적 상황을 평가하는 데 이용하지 않았다. 최근의 실업 상황에 대한 지식이 없는 사람들은 대신 그들 자신의 개인적인 실업 경험에 의존했다.

최근의 상황을 평가할 때, 지식 수준이 다른 두 집단 모두 실업에 대한 그들의 개인 관심과 타인의 고용 문제에 대해 대인적으로 얻은 정보에 의존했다. 지식 수준이 낮은 사람들은 이런 유형의 정보에 상대적으로 더 의존하는 경향이 있었다. 또한 자신이 어느 정당을 지지하는가에 따른 정당 지지의 합리화 *partisan rationalization* 과정도 민주당원들이 공화당 대통령 재임 동안 고의적으로 국가적 실업 상황을 비관적으로 보는 역할을 했다.

1987년, 1988년 표본 모두에서 지식 수준이 높을수록 국가 실업 상황을 비관적으로 평가한 결과는 주목할 만한 가치가 있다. 지식 수준은 미디어 노출 정도와 마찬가지로 그 계수가 유의미한 부적인 방향으로 나타났다. 수입과 교육이 통제되었기 때문에, 실업 상황에 대한 판단에 미친 실업 관련 지식 수준의 영향은 일반 지식이나, 사회 경제학적 변인의 영향이 아니라고 볼 수 있다. 게다가 그 당시 실업률이 특별히 높지 않았으므로, 이런 결과가 나타나는 것은 매우 이상한 것이었다. 실업과 관련한 지식 수준이 높고, 정치 뉴스에 더 많이 노출된 사람들이 사회적 차원의 실업 문제에 더 부정적 평가를 내리는 경향이 있다는 결과가 되풀이해서 나타나는 것은, 현재 미국에서 정치적 '정교화 *sophistication*'의 정도가 심각한 냉소주의와 맥을 같이 한다는 사실을 반영하는 것일 수 있다. 적어도 낮은 구호를 외치는 수준 정도에서 말이다. 즉, 정기적으로 미디어에 노출된 사람들은 동시대의 언론이 밝혀지지 않은 뒷얘기, 주로 부정적인 이야기를 강조한다는 것을 잘 알고 있다.

1) 텔레비전의 역할: 보도의 질적 차이의 결과

지금까지 분석한 결과들은 이 장에서 제시한 일반적인 이론적 틀과 대체로 부합하는 것으로 나타났다. 하지만 분석 결과들은 또한 미디어 이용과 정치적 책임 소재의 심판 간의 관계에 대해 잘 알려진 주장과는 모순되는 것처럼 보이기도 한다. 아이엔가는 ≪누가 책임져야 하는가? *Is Anyone Responsible?*≫에서

독보적인 정치 정보원인 텔레비전이 오늘날 정치 지도자들의 책임성을 심판하는 문제를 절연絶緣시킨다는 설득력 있는 주장을 전개하고 있다(Iyengar, 1991). 간단히 말해, 아이엔가는 텔레비전 뉴스가 이슈를 틀 짓는 방법의 차이가 시민들이 개인적·국가적 문제에 관하여 정부 지도자들에게 책임을 돌리게 만드는 정도에 중요한 영향을 미친다고 주장한다. 즉, 사회나 정부에 책임 소재를 귀인시키기보다는 개인에게 책임을 돌리게 함으로써, 텔레비전 보도는 현재 정치 지도자들을 책임의 심판으로부터 자유롭게 하고 현상 유지를 이끄는 데 영향력을 행사한다는 것이다.

　　아이엔가는 응답자들을 일화적이고 *episodic*, 사건 중심적 텔레비전 보도와 사회적·집합적 결과를 강조하는 주제적 *thematic* 묘사에 노출시키는 독창적인 일련의 실험을 통해, 동일한 이슈 대한 주제적 묘사가 정부에 책임 소재를 돌리는 것을 촉진시키는 데 반해, 일화적 묘사는 개인에게 책임을 돌리는 일반적인 패턴을 발견했다. 아이엔가는 궁극적으로 일화적 묘사를 강조하는 미디어인 텔레비전은 현체제에 친화적이고, 비록 의도적이지는 않지만 현 정치 상태의 유지를 이끌어 낼 수 있다는 결론을 내렸다. 이와 같은 결론은 지금까지 살펴본 토크빌의 가설과는 상충되는 면이 있다. 일화적 미디어인 텔레비전과 같은 매스 미디어의 이용은 결과적으로 정치 지도자의 책임 소재의 심판에 도움이 되지 않는다는 점은 촉진자로서의 매스 미디어를 강조한 토크빌의 가설과는 반대되는 주장이다.

　　그렇다면 아이엔가의 위와 같은 주장에 대한, 결정적이고 확실한 증거가 과연 얼마만큼 있는가? 아이엔가는 일화적 묘사와 주제적 묘사를 각 실험 조건으로 비교했고, 그 결과는 주제적 이슈 묘사를 더 많이 할수록, 책임성에 대한 심판이 강화된다는 것을 제시한다. 그러나 이 연구에서는 통제 집단을 사용하지 않았고, 따라서 이 연구 결과는 사람들이 텔레비전 보도에 노출이 없는 상태에서 어떤 반응을 하는지에 대해 말해 주지 못하고 있다. 즉, 텔레비전이 책임 소재에 대한 심판을 억압한다는 증거는 그의 데이터에서 확인되지 않았다. 아이엔가는 텔레비전에서 정보를 얻는 사람들이 그들이 텔레비전 뉴스를 보지 않았다면, 지도자들에게 책임 소재를 더 적극적으로 물을 수 있다는 가정에서, 텔레비전 보도가 정치 지도자들을 책임성으로부터 절연시킨다고 결론을 내린 것으로 볼 수 있다.

그렇다면 텔레비전은 다른 미디어와 정말 질적으로 다른 것인가? 비록 이러한 연구 문제를 특별히 다루기 위해 설계된 것은 아니지만, 1988년 서베이에서는 이런 연구 문제를 다룰 수 있는 데이터를 수집했었다. 뉴스 미디어 노출을 다양한 방법으로 측정함과 동시에 미디어 이용의 스칼라 패턴을 포함했기 때문이다.

표 5-1을 다시 보면, 특히 텔레비전의 문제와 관련해서 주목할만한 두 가지 연구 결과가 있다. 먼저 표 5-1의 첫번째 열을 볼 때, 텔레비전이 질적으로 다르다는 가설을 지지하는 것으로 해석할 수 있다. 앞에서 지적한 미디어 이용과 관련한 네 가지 집단 중, 대통령을 다른 집단보다 유의미하게 긍정적으로 평가하는 집단은 텔레비전만 보는 집단이었다. 심지어 교육, 수입 등의 차이를 통제하고 난 뒤에도 이런 결과는 지속되어 나타났다. 이는 현상 유지를 지지하는 편향이 있다는 주장을 지지하는 결과로 볼 수 있다.

반면, 텔레비전만 보는 집단이 대통령을 더 지지하는 것은 분명히 그들이 텔레비전을 보지 않는 사람들보다 대통령에게 책임을 덜 돌리기 때문은 아니라는 점을 지적할 수 있다. 네 집단이 지각하는 개인 문제와 국가 문제의 책임을 대통령에게 돌리는 정도를 비교해 보면, 텔레비전 이용 집단에서 책임 소재 심판이 억제되어 나타난다는 증거는 거의 없다는 것을 알 수 있다. 인쇄 미디어를 더 많이 이용하는 것은 분명히 대통령에게 책임 소재를 묻는 것과 높은 연관성이 있다. 하지만 텔레비전에서만 정보를 얻는 사람들은 전혀 미디어를 이용하지 않는 사람부터, 모두 이용하는 사람들까지 이어지는 일반적인 연속선상의 한 점에 놓일 수 있는 것처럼 보여진다. 개인적인 관심과의 대통령에 대한 지지와의 관련성을 나타내는 계수들은 어떤 미디어도 이용하지 않는 집단으로부터 모든 미디어를 이용하는 집단으로 옮겨가면서 점점 더 커진다. 마찬가지로, 개인 경험 역시 적어도 일반적인 책임 소재를 묻는 방향으로 미디어의 이용 정도에 따라 바뀌고 있다.

집합적 차원에 대한 문제의 지각에서 나타나는 패턴도 비슷하다. 텔레비전만 보는 집단은 어떤 미디어도 이용하지 않는 집단보다 국가적인 차원에서 실업 문제에 대해 지각한 변화를 대통령의 책임이라고 생각하는 경향이 더 크다. 비록 이런 경향이 다양한 미디어를 이용하는 집단들에서 더 확실하게 나타나지만, 텔레비전이 책임 소재에 대한 심판을 억압시킨다는 증거는 없다. 개인적인 경험을 통해 얻은 실업에 대한 지식과 미래의 국가 상황에 대한 전망적 평가의 경우도 비슷한 패턴을 보였다.

비록 대안적인 정보원을 이용하는 경우 책임성을 더 담보할 수 있지만, 텔레비전이 책임 소재의 심판을 억누른다는 어떠한 증거는 발견되지 않았다. 이런 패턴은 미디어의 내용상의 특성에 대한 논리적 가정과도 일치한다. 비록 텔레비전 뉴스와 신문 뉴스 그리고 뉴스 잡지 보도에서의 일화적인 것과 주제적인 것의 정도를 비교 평가하는 내용 분석을 하지는 않았지만, 텔레비전과 잡지를 일화적 보도와 주제적인 보도의 연속선상에서 생각해 볼 수 있다. 뉴먼, 저스트 그리고 크리글러는 뉴스 잡지, 신문, 텔레비전의 순으로 상황을 강조하는 뉴스 보도가 진행되고 있음을 보고하고 있다(Neuman, Just, & Crigler, 1992).

텔레비전 뉴스는 특히, 사건 중심적인 보도가 지배적이라고 볼 수 있는데 이는 날마다 지속적으로 일어나는 사건들에 빨리 대응하기 위해서, 역사적 상황이나 배경을 제공할 시간적 여유가 없기 때문이다(Iyengar, 1990). 주제적인 프레임과 대비되게 텔레비전에서 사건 중심적인 보도가 강조되는 것은 아마도 미디어의 시각적인 특성에 부분적으로 기인한다고 볼 수 있다(Postman, 1985). 또한 사건을 공중에게 상대적으로 재빨리 전달할 수 있는, 다른 미디어를 능가하는 텔레비전의 장점을 이용할 필요가 있다는 데도 부분적으로 이유가 있다. 텔레비전의 언론인들에게 공평하게 말하면, 텔레비전은 아마도 래인이 지적한 것처럼 "상황을 설명하기"에 가장 힘든 미디어라고 할 수 있다.

일간 신문의 경우에도 시의성은 중요한 기준이다. 일간 신문에도 마감 시간이 있지만 그래도 상대적으로 볼 때 사건의 상황을 설명할 조금의 시간적 여유는 있다. 중요한 문제는 평균적인 신문의 보도 지면이 30분짜리 방송 뉴스보다 더 많은 정보를 담을 수 있다는 점이다. 평균적인 네트워크 방송 뉴스의 스크립트는 <뉴욕 타임스> 1면의 1/3에서 반 정도를 차지할 뿐이다. 물론 이런 공간적 여유 자체가 상황을 설명하는 정보를 포함한 이야기를 그 자체로 보장하는 것은 아니지만, 주제적인 상황 설명의 정보를 제공할 기회가 텔레비전 뉴스보다 신문에 더 많다는 것이다. 현재 많은 신문이 상황 설명을 제공하는 것을 텔레비전과 경쟁하는 신문의 강점으로 이용한다. 게다가 2장에서 지적했던 것처럼, 특히 지난 20년 동안, 신문의 보도 스타일은 하나의 사건을 보도하는 것에서 총괄적 뉴스로 포장하는 것으로 변화해 갔고, 개인 사건을 큰 이슈의 사례로 다루는 분석 쪽으로 바뀌어 갔다

또한 이와 같은 현상은 또한 신문보다는 뉴스 잡지에서 더 확실히 나타나는데, 이는 뉴스 잡지가 상대적으로 긴 준비 시간을 가질 수 있기 때문이다. "뉴스 잡지사 기자들은 일간 신문들을 채우는 구체적인 아이템의 흐름에서 벗어나는 것을 배웠다. 더 지속적인 경향을 보기 위해서⋯⋯ 구체적인 새로운 뉴스 아이템을 변하지 않은 과거의 지식과 연관시킨다"(Wills, 1983: xii). 뉴스 잡지들은 전혀 다른 뉴스 사건들을 요약하고 연결시켜보려는 명확한 목적을 가지고 있다. 따라서 이런 정보원에 더 많이 노출될수록, 사람들은 주제적 이슈 정보를 더 가지게 된다. 이러한 정보는 궁극적으로 책임 소재의 심판에 도움을 주어 정치 지도자의 책임성을 담보할 수 있는 것이다.

궁극적으로, 텔레비전이 책임성을 억압한다는 시각은 만일 텔레비전이 없었다면, 텔레비전만 보는 사람들이 신문과 뉴스 잡지를 정규적으로 읽었을 것이라는 주장에 의존해야만 한다. 하지만 이런 주장은 결코 받아들이기 쉬운 것이 아니다. 미디어 이용 습관의 기초적인 거트만 패턴을 보면 그 이유를 알 수 있다. 표 5-6은 전국 표본을 대상으로 분석한 미디어 이용의 패턴을 보여 준다. 캠벨과 그의 동료들이 30여년 전에 지적했던 것처럼, 잡지는 가장 "딱딱한" 미디어인 경향이 있고, 구어 미디어 *spoken media* 는 사람들의 정보 습득에 요구되는 노력의 차원에서 보면 '가장 쉬운' 것으로 말해지는 미디어라고 볼 수 있다 (Campbell et al., 1966). 만일 어떤 사람이 오직 한 미디어만 이용한다면, 그것은 아마 텔레비전일 것이다. 신문을 읽는 사람은 또한 텔레비전을 보는 경향이 있다. 뉴스 잡지를 보는 사람은 아마 신문과 텔레비전을 볼 것이다. 스칼라 패턴에서 빈도수의 집중과 스칼라의 인구학적 상관 관계는 미디어 이용의 패턴이 정보 습득과 관련한 다양한 수준의 개인의 노력에 기초한다는 것을 제시한다.[22]

만일 텔레비전만 본 집단이 텔레비전이 없을 때, 신문을 읽을 것인가? 이렇게 하기 위해서는 더 많은 시간과 노력이 필요하다고 가정하면, 아마 거의

---

22. 당연히 이런 척도는 정치적 흥미도의 수준과 상관 관계가 있었고, 4점 척도에서 미디어를 전혀 이용하지 않는 집단은 2.4, 모든 미디어를 이용한 집단의 3.8의 점수 분포를 보였다.

표 5-6. 미디어 이용 항목의 거트만 척도

뉴스 잡지	신문	텔레비전	빈도	유형
0	0	0	101	스칼라
0	0	1	361	스칼라
0	1	0	73	비스칼라
0	1	1	336	스칼라
1	0	0	15	비스칼라
1	0	1	92	비스칼라
1	1	0	22	비스칼라
1	1	1	150	스칼라

1은 해당 미디어를 많이 이용한다, 0은 적게 이용한다는 것을 말한다. 표본의 5%는 하나 이상 응답하지 않은 항목을 가지고 있었기 때문에, 분류에서 제외하였다. 각 미디어에 대한 노출 정도의 높고 낮음은 다음과 같은 기준에 따랐다. 신문 노출: 1주일을 기준으로 했을 때 날마다 읽는다(높음), 1~6일 읽는다(낮음); 뉴스 잡지: 정기적으로 읽는다(높음) 정기적으로 읽지 않는다(낮음); 텔레비전 뉴스: 거의 또는 전혀 주목하지 않는다(낮음), 어느 정도 또는 많이 주목한다(높음).

읽지 않을 것이다. 게다가, 텔레비전 뉴스 시청과 신문 읽기는, 텔레비전 시청이 신문 읽기를 대체한다는 차원에서 상호 간에 부정적인 상관 관계가 있다기보다는 서로 독립적이다(Greenberg & Kumata, 1968). 비록 신문 읽는 시간이 직업과 관련한 활동이나 아이 키우기에 시간에 의해 대체되기는 했지만, 텔레비전 뉴스 시청이 신문 읽는 시간을 대체했다는 증거는 거의 없다(Samuelson, Carter, & Ruggels, 1963; McCombs, 1972 참조). 텔레비전이 신문을 대체했다는 주장이 있어 왔지만, 오랜 시간에 걸쳐 모아진 데이터 분석 결과와 미국에 텔레비전이 도입된 초기의 연구의 결과는 이런 주장의 근거를 제시하지 않았다. 대신 텔레비전의 대체 효과는 라디오와 영화, 그리고 비슷한 오락 기능을 가진 활동들에서 나타나왔던 것처럼 보인다(Walker, 1950; *Editor & Publisher*, 1949a, 1949b).

한편, 텔레비전만 보는 사람들에게 텔레비전이 없을 때, 그들은 모든 종류의 뉴스 미디어를 매우 적게 이용하는 집단, 즉 정부 지도자들에게 책임을 덜 돌리는 사람들이 될 가능성이 크다. 물론 이것은 역사적으로 살펴보아야 할 연구 문제이고, 동시대 신문을 괴롭히는 공적公賊으로 텔레비전을 비난하는 경향에도 불구하고, 이런 견해에 대해 동의하는 주장은 거의 없으며, 더욱이 실증적 증거도 거의 없다(Schudson, 1992; Converse, 1962). 텔레비전을 보지 않았다면 어떤 정보도 가지지 못하고 책임을 정부에 돌릴 어떤 능력도 없었을 사람들에게, 텔레비전은 정보를 제공하고, 정부에 책임을 돌릴 능력을 확장시킨다는 점에서 텔레비전은 긍정적인 면을 가진다. 이 문제에 대한 최종 판단은 아직 할 수 없지만, 지금까지 나타난 증거들은 텔레비전이 시청자들의 책임 소재를 심판하는 것을 억압한다는 주장을 직접적으로 지지하지 않는다. 우리가 이런 동일한 사람들이 그렇지 않았으면 신문이나 뉴스 잡지를 읽을 것이라고 당연히 가정할 수 있는 상황에서야 어떤 적합성을 이야기 할 수 있다.

　　이 장에서는 민주적 책임성을 촉진하는지, 아니면 방해하는지를 다루는 겉보기에 모순 되어 보이는 미디어의 역할에 관한 두 가지 이론들의 문제를 해결해 보려 했다. 한 이론은 미디어가 개인적인 경험과 정치 태도의 연결 관계를 촉진시킨다는 것이고(Sears, Steck, & Garhart, 1983; Sears, Lau, Tyler, & Allen, 1980), 다른 이론은 완전히 반대를 예측한다(Weatherford, 1983; Conover, Feldman, & Knight, 1986; Cohen & Uhlancer, 1991). 자세히 살펴보면, 이런 가설들과 증거들이 일반적으로 전체적인 과정에서 다른 부분에 속한다는 것이 분명해진다. 게다가, 이론들은 개인 차원의 평가와 집합적 차원에 대한 평가를 알려 주는 국가 경제 상황에 대한 미디어의 매개된 정보 간에 특정한 가정을 설정할 경우에만 단지 의미가 있다는 점을 알 수 있었다.

　　이 장에서의 제시된 연구들에서는 비슷한 생각을 가진 타인들에 대한 정보를 미디어가 제공하여 개인의 경험을 정치화하도록 돕는다는 토크빌의 단언과, 집합적 상태에 대한 정보가 없을 때 국가적 상황에 대한 기본 바탕 정보원으로 사람들은 개인 경험에 의존한다는 주장 모두를 지지하는 결과가 나타났다. 게다가, 개인적 지각과 집합적 차원에 대한 지각의 분절화가 정치적 선호에 결과적으로 영향을 미칠 수 있음을 보여 주었다. 실제적으로 모든 정보가 지역에 바탕을 둘 때에는, 사람들이 그들의 국가적인 정치 문제에 대한 태도에 바탕이 되는 지각을 형성하는 데 있어 매우 개인적이고 편협한 정보에만 의존할 수밖에 없었다. 이런 과정에 영향을 미칠 수 있는 미디어의 역할은 유권자를 둘러 싼 최근의 지각 상황의 특성에 의존한다고 할 수 있다.

　　텔레비전과 신문의 뉴스 모두가 새로운 장문의 저널리즘과 이슈를 더욱

더 주제적으로 다루는 보도쪽으로 이동하는 한, 집합적 차원의 지각을 구성하는 매스 미디어의 능력은 증가되어 왔고, 따라서 토크빌이 가정했던 것처럼 매스 미디어가 민주 정치 과정의 책임성 담보를 촉진시킬 수 있는 능력 또한 증가되어 왔다고 볼 수 있다. 그러나 이러한 주장은 미디어가 집합적인 경험을 정확하게 묘사한다는 조건과, 사람들이 그들 자신의 경험과 전국 미디어 보도에서 집합적 문제로 묘사된 것 사이의 유사성을 지각하는 범위 내에서라는 조건을 달고 있다. 미디어 보도가 세상에서 벌어지고 있는 사건을 사람들의 일상적인 삶과 유리된 '바깥에 있는 것'으로 점점 더 보여 준다면, 민주적 체계에서 미디어가 촉진해야 하는 것으로 가정된 중요한 과정 가운데 하나를 오히려 방해할 수 있다. 바로 시민들이 정책 효과에 대해 정부의 지도자들에게 책임을 올바로 돌리게 하는 능력말이다.

3부

대중 의견에 대한 지각이 낳는 효과

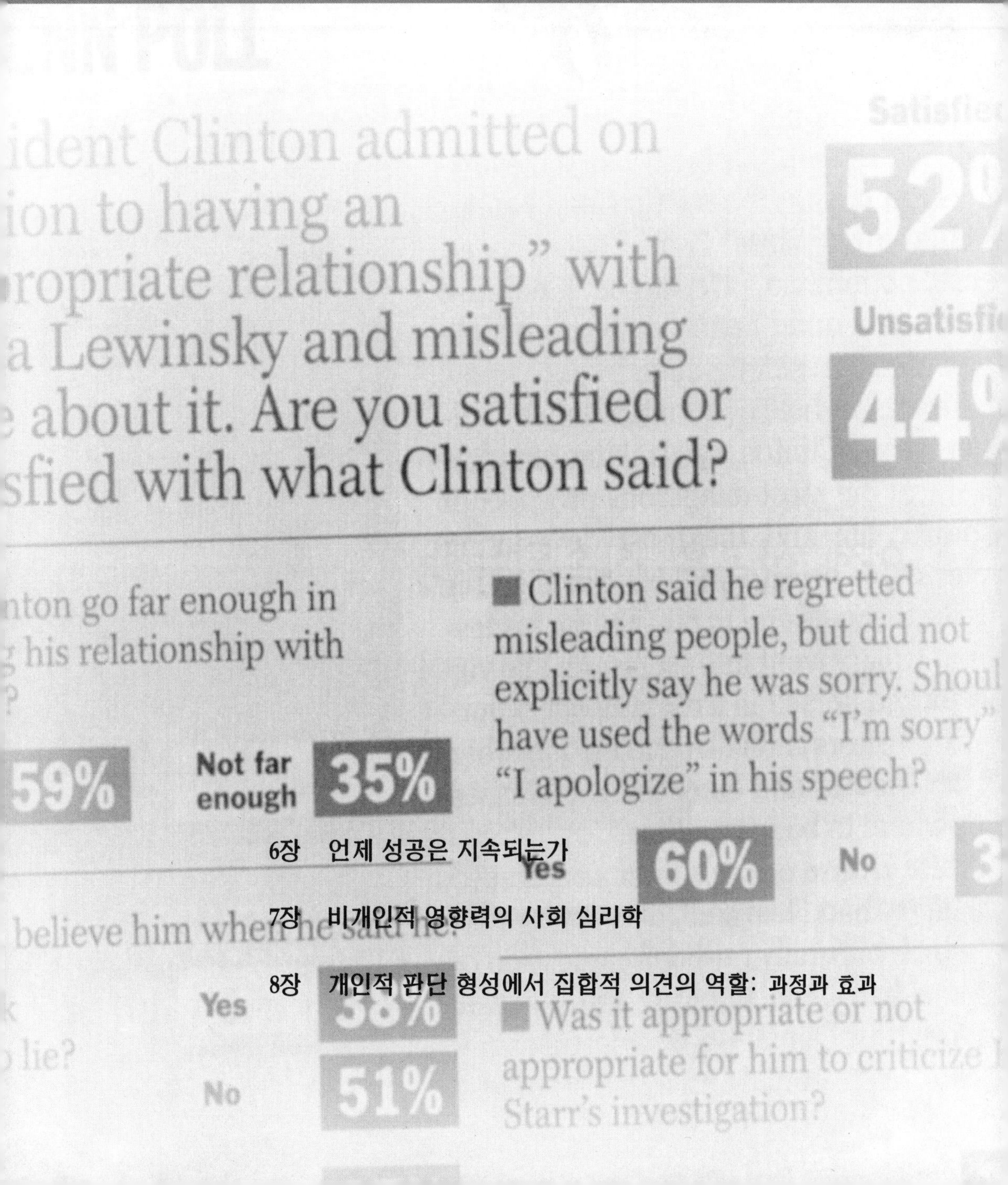

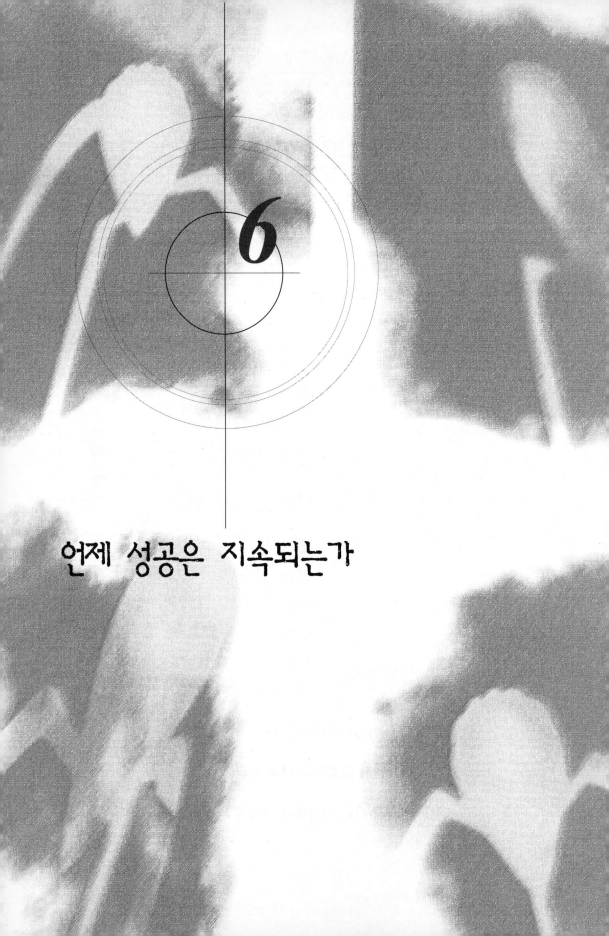

6

언제 성공은 지속되는가

"어떤 것도 성공처럼 지속되지 않는다"[1]는 유명한 프랑스 격언이 있다. 미국 정치에서 '성공'은 흔히 다수의 대중적 지지를 얻는 것으로 정의된다.[2] 그리고 대중적 지지에 대한 지각이 나아가 더 큰 지지를 낳는다는 믿음은 전통적으로 중요한 교의敎義가 되어 왔다.

3부의 목적은 집합적 의견에 대한 지각이 정치 태도와 행동에 미치는 영향력과 관련한 이론, 그리고 그 증거를 검토하는 것이다. 이러한 목적을 위해, 6장에서는 이 일반적인 가설과 관련하여 제시할 증거의 범위와 한계를 검토한다. 이런 증거는 다양한 정치 현상에 대한 연구에서 서로 다른 꼬리표를 달고 나타나기 때문에, 여러 문헌들을 이해하는 것은 그리 간단한 일은 아니다. 더구나 이런 문제들을 다루기 위해서 사용된 방법론적 다원주의는 도출될 수 있는 결과의 일반화를 강화시키기는 하지만, 동시에 반복 연구의 기회를 제한하는 측면이 있다. 7장은 집합적 의견에 대한 지각이 개인의 의견과 행동의 변화를 야기하는 기제를 이해하기 위해 이와 관련한 이론적 설명들을 정리한다. 8장에서는 대표성 있는 전국 서베이에서 일련의 실험 방법을 적용하여 7장에서 제안되는 주장들을 검증해 보는 기회를 갖겠다.

---

1. 이는 Alexandre Dumas, Ange Pitou(1854), 1권에서 소개된 말이다.

2. 몇몇 두드러진 예외가 있다. 예를 들면, 한 이슈가 법원에 의해 결정될 때, 대중의 의견은 판결에서 지는 편을 지지할 수 있다. 마찬가지로, 전쟁 같은 경우, 다수 공중의 지지가 승리를 보장할 수는 없다.

타인들이 무엇을 생각하는가에 사람들이 주의를 기울인다는 직관적인 아이디어는 학문적 관심뿐만 아니라 중요한 공식 법규와 관련해서도 많은 논의를 가져왔다. 미국과 여타 국가에서 여론에 대한 지각이 정치적 결과를 낳을 것에 대한 강한 믿음에 기초하여 정책 결정자들은 집합적 타인의 견해와 관련된 정보를 유포하는 데 많은 제한을 부가했다. 예를 들면, 프랑스, 스페인, 포르투갈, 브라질, 베네수엘라와 같은 국가에서는 선거 직전에 실시된 여론 조사 결과 공표에 대한 유예령이 있다(Rohme, 1985). 표현의 자유를 강조하는 수정 헌법 1조가 넘기 힘든 장벽으로 버티고 있는 미국에서조차, 비록 성공하지는 못했지만 선거 당일 출구 조사를 금지하자는 주장도 제기되어 왔다(Milavsky et al., 1985). 최근 연구를 보면, 언론 자유라는 측면을 고려함에도 불구하고, 대부분의 미국인들은 여론 조사를 정치적 과정에 해로운 것으로 여기며(Lavrakas, Holley, & Miller, 1991), 이런 종류의 정보 공표를 제한하는 것이 좋다고 생각한다.

여론 연구의 역사를 볼 때도 대중 의견에 대한 지각이 정치 태도와 행동에 미치는 영향에 대해서는 연구자들이 지속적인 관심을 보여 왔음을 알 수 있다. 사실 이런 학문적 관심은 때로 실용적인 정책에 대한 관심에서 비롯되기도 한다. 예를 들면, 미국 전역에 걸친 여론 조사를 같은 시간에 마감해야 하는가의 문제가 여기에 해당할 수 있다(Milavsky, Swift, Roper, Salant, et al., 1985). 많은 연구자들은 한편에서는, 사람들이 대중 의견을 아는 것이 장기적으로 미국 사회와 정치에 어떤 결과를 낳을 것인가에 관심을 가져왔다. 예를 들면, 기어는 여론 조사에 의해 제공된 정보는 정당 선호의 재편성이라는 말을 옛말이 되게 했다고 주장한다(Geer, 1991). 또한 다른 한편에서는 정치적 전략을 세우는 데 도움을 주기 위한 목적으로 이런 문제에 관심을 가진다. 아이오와와 뉴햄프셔에서 선거 운동 초기에 얼마나 많은 돈을 써야 하는가? 대통령 예비 선거에서 초반 승리가 가져올 파급 효과에 대한 믿음이 주 예비 선거의 초반전에 전력 투구를 하게 하고, 이러한 믿음이 전체 후보 지명 과정을 재조직하게 하는가? 하지만 트라고트가 지적하듯이, 대중 의견에 관한 정보 유포를 반대하는 것은 일반적으로 정보 유포의 부정적 영향에 대한 실증적 증거에 바탕을 두고 있다기보다 규범적 논의에 바탕을 둔다(Traugott, 1992).

비개인적 영향력이라는 개념은 다른 사람의 태도와 믿음, 행동에 대한 사람들의 지각이 궁극적으로 그들의 정치 태도와 행동에 영향을 미친다는 점을 제안한다. 그러나 이와 같은 영향력과 관련하여 얼마만큼의 실제적인 증거가 있는가? 지속적인 관심에도 불구하고, 실증적 증거는 대중의 피드백 기제의 발달, 커뮤니케이션 기술의 진보, 여론 조사의 일상화에 의한 새로운 관심사의 부상과 보조를 맞추지 못한다.

오늘날, 몇몇 연구 영역에서의 연구 관심사는 근본적으로 같은 현상을 다루고 있다. 예를 들면, 대통령 예비 선거에서 모멘텀 *momentum* 과 여론 조사 결과 공표의 영향력에 대한 연구는 모두 대중 선호에 대한 지식이, 이어서 일어나는 정치적 행동에 미치는 영향에 초점을 맞춘다. 그리고 '침묵의 나선' 이론과 '제3자 효과' 또한, 비록 분명히 다른 연구 전통에 따른 문헌들에서 찾아볼 수 있지만, 다른 사람들의 견해를 아는 것의 영향력과 관련되어 있다. 또한 출구 조사의 영향력과 선거가 끝나기 전에 개표 결과를 미리 예측 보도를 하는 것에 대한 연구도 다른 사람들의 의견에 대한 지각이 결과적으로 정치 태도와 행동을 변화시킨다는 믿음에서 비롯된 것이다.

다양한 유형의 효과들이 뚜렷한 공통점을 가졌음에도 불구하고, 그 증거의 범위와 학자 간의 합의의 정도는 연구가 행해지는 정치 맥락에 따라 크게 바뀐다. 예를 들어, 선거 당일 조기 승자 발표의 영향과 관련해서 이 영향을 확증시켜 주는 선거는 상대적으로 거의 없다는 데 결론이 모아진다. 선거 시기 여론 조사 공표로 인해 사람들의 의견이 다수 의견 쪽으로 또는 이로부터 멀어지는 방향으로 움직인다고 동시에 모두 보고된다. 반면, 대통령 예비 선거에서는 여론의 역동성이 성공적인 입후보 과정에 중요하다는 주장이 널리 받아들여진다. 예비 선거 초기에 지지를 이끌어 내면 이어지는 예비 선거에서 더 많은 지지를 얻도록 촉진시킨다는 것이다. 각각의 연구 분야에서 이런 일반화에 예외가 있겠지만, 그럼에도 각 연구 분야에서 내린 결론들은 서로 매우 다르다.

서로 다른 맥락에서 실시된 연구 결과들을 비교하면서 평가하는 작업은 각 연구들이 채택한 연구 방법의 다양성으로 인해 방법론상의 장단점이 서로 다른 관계로 사실 쉽지 않다. 상이한 정치적 맥락 안에서 동일한 문제를 다룬 연구 결과를 해석하는 것이 쉽지 않다는 전제 아래 우선 방법론적인 다양성의 문제에 대해 논의하고자 한다. 그 이후에, 대중적 지지에 대한 지각이 사후에 더 큰 대중적 지지를 발생시킨다는 동일한 전제를 토대로 수행된 다양한 연구의 실증적 증거를 간략히 검토하려 한다.

1. 방법론의 문제

지각된 의견의 영향력을 연구할 때 직면하는 가장 중요한 문제는 인과 관계의 방향 설정이다. 개인의 정치 태도와 대중 지지에 대한 지각 사이의 상관 관계 자체는 사실 명확하고, 어디서나 발견할 수 있다. 그러나 그 인과 관계의 방향은 대체적으로 모호하다. 이런 모호성은 3장에서 설명했듯이, 의사 합의 또는 투사 효과라는 문제로 인해 거꾸로 자신의 의견이 다른 사람의 의견을 지각하는 데 영향을 미친다는 예측을 하게 한다. 투사 효과는 다른 사람의 의견에 대한 지각이 정치적 선호에 영향을 미친다는 가능성을 배제하지 않는다. 이같은 지적은 인과적 순서와 방향을 증명하는 것이 더욱 중요하고 어렵다는 것을 보여주고 있다. 심지어 시간적인 선후 관계가 성립될 때에도, 겉으로 보이는 인과 관계는 여전히 의사적擬似的일 수 있다. 예를 들면, 만일 후보자가 어떤 새로운 프로그램을 매스 미디어를 통해 홍보하고, 이 프로그램에 대한 지각된 대중 지지와 실제 대중 지지가 함께 높아진 것을 발견했을 때, 우리는 이와 같은 관계를 대중들의 의견에 대한 지각이 유발한 효과로 잘못 해석할 수도 있다.

꽤 오래 전에, 캠벨은 이런 혼란을 풀기 위해 실험이나 필드 실험 디자인의 필요성을 역설했다(Campbell, 1951). 그러나 그의 제안은 어느 정도 관심을 끌기는 했지만, 실험 연구는 그 자체에 여러 가지 어려움이 있었다. 특히 비개인적 영향력과 관련한 현상이 일어나는 정치적 맥락은 필드 실험의 여지를 거의 주지 않았다. 또 많은 실험 연구들은 대학생을 피험자로 사용했기 때문에 일반화에 문제가 있었다. 비록 대학생 표본이 심리학 과정을 연구하는 데는 유용한 모집단이기는 하지만, 학생들의 정치적 관심과 관여의 정도가 일반인들과는 차이가 있어, 정치 태도를 연구하면서 학생들만을 대상으로 하는 것은 문제가 있었다.

정치 의견에 미치는 비개인적 영향력을 연구한 결과들의 비일관성을 놓고 볼 때 개별 연구 각각의 장점을 주시하기보다는, 다양한 방법을 이용한 연구 결과에서 일반 경향을 고찰하는 것이 더 유용하다는 것을 알 수 있다. 이 장에서 관련된 문헌을 간략히 검토를 하면서 부득이하게 주요 독립 변인과 종속 변인의 구분을 명확히 할 수 없었다. 예를 들어, 어떤 연구에서 종속 변인은 투표 선택이고, 다른 연구에서는 이슈에 대한 의견, 그리고 또 다른 연구에서는 어떤 이슈와 후보자에 대한 의견을 공적으로 표현하는 것이 종속 변인이다. 마찬가지로, 각 이론적 접근에서 상정하고 있는 가설에서 독립 변인 역시 조금씩 다르다. 독립 변인은 때때로 어떤 이슈와 후보의 성공에 대한 예상으로 개념화되기도 하고, 다른 연구에서는 대중적 의견의 분포, 추이에 대한 지각으로 개념화되기도 한다.

이제부터 대중 의견에 대한 지각이 유발하는 영향력을 보여 주는 실증적 증거가 가장 약하다고 판단되는 것부터 시작하여, 이론적 접근들을 대략 순서를 매기면서, 이런 가설을 검토하는데 중요한 이론적 패러다임들을 검토하려 한다. 물론, 소개하는 이론과 관련해 실증적 증거의 부재가 반드시 이론의 부재를 뜻하는 것은 아니라는 것을 지적하고 싶다. 사실 여러 이론들이 공통적으로 기반하고 있는 이론적 가정은 가장 엄밀한 디자인을 이용한다고 하더라도 조사하기 어려운 부분이 있다. 심지어, 널리 알려진 연구들에서도 — 대부분은 유의미한 결과를 소개하고 있지만 — 연구자들이 일반적으로 이론에 기대하는 바에 비해 실증적 증거들이 미흡한 점이 있다.

이 장의 나머지 부분을 우선 침묵의 나선 이론과 제3자 효과 가설을 언급하면서 시작하려 한다. 이어서 조기 선거 개표 결과 보도의 영향과 예비 선거에서의 여론 조사 공표와 후보자 인기에 대한 영향을 검토하고, 대통령 선거 예비 선거에서 모멘텀의 영향력에 대한 증거를 제시할 것이다. 마지막으로 법률이 비개인적 타인의 시각을 고려하게 하는 영역에서 정치 판단이 어떻게 내려지는지의 문제를 다루는 독특한 유형을 살펴보려 한다.

2. 침묵의 나선

침묵의 나선 이론에 따르면, 대중 의견에 대한 지각에서 비롯된 어떤 사람의 행동은 그 사람의 견해의 공적인 표현이거나 아니면 그것의 결핍이다

(Noelle-Neumann, 1974). 간단히 말하면, 침묵의 나선 이론은 사람들이 어떤 이슈를 둘러싼 의견 분위기를 평가하는 데 미디어를 사용하고, 그들 자신이 소수 의견에 속한다고 생각할 때 그들 의견을 공개적으로 표현하는 것을 꺼리게 될 것이라고 가정한다. 자신의 의견에 대한 지지의 징후를 찾기 위해, 주위 환경을 살피는 사람들은 자신과 같은 의견을 지지하는 사람들이 소수라는 것을 깨닫게 될 것이고, 따라서 공적 토론에서 한쪽 측을 침묵시키는 나선 현상을 낳게 된다.

이 이론을 검증한 많은 연구 결과는 종종 해석하기가 쉽지 않은 모호한 경우가 많다. 검증 결과의 비일관성은 아마 침묵의 나선 이론 자체가 다면성을 갖고 있기 때문이기도 하다. 글린과 매클라우드가 지적한 것처럼, 침묵의 나선 이론에서 주장한 이론적 논의는 몇 가지의 독립적인 실증적 검증을 필요로 한다 (Glynn & McLeod, 1985). 이 장에서 검토하기에 적합한 침묵의 나선 이론의 이론적 논의 가운데 일부는 어떤 이슈, 정당 또는 후보자에 대한 공적인 지지에 대한 지각이 이것들에 대한 공적인 의견 표현을 변화시키는 데에 국한해서 보아야 할 것이다.

그러나 이런 좁게 제한된 영역 안에서라도, 침묵의 나선을 검증한 결과는 가설을 지지하기에 미약하고, 잘 보아도 혼란스러운 것이다. 예를 들면, 비록 노엘레노이만은 사람들 자신의 의견과 다른 사람들의 견해에 대한 지각 사이의 중요한 관계를 보여 주지만, 단면적 서베이 데이터만으로는 인과 관계의 순서를 알 수 없다(Noelle-Neumann, 1974, 1977). 그녀는 침묵의 나선에서 제시하는 가설을 지지하는 증거로 선거 결과에 대한 사람들의 기대가 선거전 여론 조사보다 선거 결과를 더 잘 예측한다는 것을 제시한다(Noelle-Neumann, 1985). 이런 패턴으로부터, 노엘레노이만은 어떤 당에 대한 사람들의 지지가 확대될 것을 예상하는 것이 결과적으로 투표 선택과 연결된다고 추론했다. 하지만 투표라는 것이 본질적으로 사적 행위이기 때문에, 위와 같은 사례가 실제로 그녀의 이론에서 설명된 나선화 과정과 사회 고립에 대한 두려움에 의해 발생한 것이라고 생각하기에는 매우 어려운 점이 있다(Salmon & Kline, 1985). 그 외 다른 검증은 대부분 서베이에서 실험 처치를 함께 병행해 실시되었는데, 여기서 사람들에게 열차 칸과 같은 공간에서 자신들과 같거나 혹은 다른 견해를 가진 사람들과 함께 있는 직접적이고, 면 대 면적인 상황에서 그들이 얼마나 기꺼이 자신의 견해를 공개적으로 표명하고자 하는가를 물었다. 비록 이런 방법을 채택한 몇몇 연구들에서, 사람들이 자신 견해를 공개적으로 표현하려는 것과 관련한 침묵의 나선 이론에 입각한 결과가 나타나기는 했지만, 이와 같은 연구 결과들은 대중 의견에 대한 지각이 개인의 정치 의견이나 행동에 영향을 미치는 상황에서라기보다는 면 대 면의 상황에 더 적합할 수도 있다(Kennamer, 1990).

독일에서 실시된 노엘레노이만 연구를 미국에서 복사 연구를 실시한, 글린과 매클라우드는 적대적인 다수에 대한 지각이 소수 견해들을 침묵시키지 않는다는 것을 발견했다(Glynn & McLeod, 1982). 새먼과 누워스는 자신이 전국적으로 볼 때 다수에 속한다고 지각하는 사람들이 소수에 속한다고 지각한 사람들보다 공개적으로 의견 표명을 더 하고자 한다는 점을 발견하기는 했다(Salmon & Neuwirth, 1990). 하지만 이런 결과들은 다양한 형태의 의견 표명에서 모두 나타나지는 않았으며, 지역 사회에서 나타난 의견에 대한 지각의 경우 적용되지 않았다. 미국 신문 서베이 조사의 한 부분으로 응답자들에게 기자들이 기명의 인터뷰를 하여 기사로 다룰 경우 기자에게 본인의 의견을 표명하겠는지의 여부를 살펴본 한 연구에서도, 소수가 지지하는 견해를 가진 사람들이 다수 견해를 유지하는 사람들보다 인터뷰를 더 꺼리지 않는다는 결과가 나타났다(Katz & Baldassre, 1992). 하지만 불행히도, 이와 같은 연구 결과들은 단면적 서베이 데이터에서 얻어졌다는 한계가 있다. 침묵의 나선 이론에서 주장하는 바를 보여 준 연구의 경우에도, 연구 결과 해석에 있어 다른 가능한 설명들을 배제시키지 못하는 제한점이 있다.

긴 시간에 걸쳐서, 분석 단위를 집합적인 데이터에 근거하여 비교를 해 본 영국 선거 연구 결과는 침묵의 나선 이론에서 제시하는 가설을 지지하는 것처럼 보이기는 한다. 아직 몇 개월 남은 선거의 결과에 대한 공중의 예측이 대체로 맞았고, 따라서 여론에 대한 지각이 집합적 차원에서 실제 의견을 예측한다고 볼 수 있다(Webb & Wybrow, 1986). 그러나 사적인 행동에 대해 침묵의 나선 이론에서 지적하는 영향력의 이론적 근거는 불명확한 채로 남아 있다. 사람들은 손쉽게 사적 견해와 공적으로 표현된 견해를 다르게 유지할 수 있기 때문이다. 또한 분석 단위를 개인으로 해서 검증할 경우, 발견된 결과는 가설의 지지 여부를 수긍하기 어렵게 하는 측면이 있다. 예를 들면, 비록 어떤 달의 예측과 다음 달의 투표 의사 사이의 상관 관계가 강력하다고 해도, 그것은 투표 의사 간의 연속적인 상관 관계나, 같은 달 동안의 투표 의사와 예측의 상관 관계, 다음달의 예측과 투표 간의 상관 관계보다 낮았다(Webb & Wybrow, 1986: 278). 즉, 개인 응답을 기초로 하여 분석한 증거는 의견 분위기 지각이 연이어 형성되는 의견에 중요한 영향을 미친다는 침묵의 나선 이론의 주장을 지지하지 않았다. 또한 노엘레노이만이 처음 이 이론을 생각하게 했던 "마지막 순간의 변화 *last minute swing*" 같은 현상은 이론이 예측하는 방식과 일치하게 나타나지 않았다(Merten, 1985, Noelle-Neumann, 1980 참조).

글린과 매클라우드는 어떤 주어진 시점에서, 그들의 입장이 지지를 얻고 있다고 지각한 사람들은 그들의 입장이 지지를 잃어가고 있다고 지각한 사람들보다 그 이슈에 대해서 더 토론하고 싶어한다는 것을 발견하기는 했다(Glynn & McLeod, 1984). 하지만 투표 결정과 관련한 문제는 침묵의 나선과 관련한 이들의 연구에서 발견되지 않았다. 비록 1980년 미국 대통령 선거에서 패널 연구를 통해 10월의 카터에 대한 지지도에 대한 지각이 11월 카터에 대한 투표 선호에 있어 4%의 변량을 예측할 수 있다는 것을 보여 주기는 했지만, 이와 같은 패턴은 그 당시 후보자였던 레이건이나 앤더슨에 대한 지지와 관련해서는 나타나지 않았다. 종합적으로, 의견 분위기의 분포나 추이에 대한 지각과 관련한 변인들은 장시간에 걸친 투표 선택의 변화를 거의 설명하지 못한다는 점을 알 수 있다.

비록 그의 연구가 명시적으로 침묵의 나선 이론에 대한 검증이라고 규정되지는 않았지만, 깁슨은 사람들이 인기가 없다고 생각하는 견해를 표현하기 두려워한다는 가정을 실증적으로 검증해 보았다(Gibson, 1992). 깁슨은 특히 다양한 정치 견해에 대한 제한된 노출이 사람들의 정치적 자유, 특히 정치 표현에 관련된 정치적 자유를 억제하는 불관용 *intolerance* 의 문화에 기여한다는 가설을 세웠다. 그는 지역 사회 내의 정치적 관용의 정도가 낮을수록 정치 견해를 논의하는 것을 꺼리게 된다는 것을 발견했다. 깁슨은 침묵의 나선 이론과 유사한 주장을 다음과 같이 전개한다(Gibson, 1992: 339). "사람들은 정치 문화에서 불관용이 널리 퍼져있다는 것을 배운다. 어떤 것들은 받아들여지고 받아들여지지 않는지를. 관용성이 낮은 문화에서 반박될 만한 견해를 주장하는 것이 얼마나 위험하다는 것을 정치 문화를 통해서 배운다." 다른 사람들에 대한 불관용을 지각하는 결과로, 사람들은 그들이 그 지역 사회에서 인기가 없다고 생각하는 견해를 밝히기를 꺼리게 된다는 것이다.

지역 사회에 바탕을 둔 연구 결과들을 더 비개인적인 거시적 환경으로 무리 없이 확장하는 것은 사실 어렵다고 볼 수 있다. 그러나 허크펠트와 동료들은 더 광범위한 사회적인 의견 환경이 대인적 접촉으로 알게 되는 의견에 대한 사람들의 예측을 변화시킬 것이라고 주장한다(Huckfeldt et al., 1995a; Huckfeldt & Sprague, 1995). 달리 말해, 사람들은 함께 정치 토론을 하는 사람들이 사회적으로 지배적인 의견을 가진다고 생각하는 경향이 있다는 것이다. 하지만 이런 연구들에서 지적하는 더 광범위한 환경은 매스 미디어에서 다루어지는 사회 전반이라기보다는 이웃 혹은 카운티 단위의 지역이었다. 또한 대부분의 침묵의 나선 연구와는 달리, 허클펠트 등은 이런 집단들에 대해 지각한 의견 분포의 영향 대신 '실제' 의견의 분포의 영향을 연구했다. 그럼에도, 이들이 이끌어낸 함의는 침묵의 나선 이론의 주장과 비슷하다. 즉, 사람들의 면 대 면 상호 작용은 더 큰 사회 환경에 의해 변화될 수 있다는 것이다. 비록 이런 결론이 명시적인 검증 절차를 거쳐 나온 것은 아니지만 소수 집단들이 상대적으로 견해를 덜 밝히게 됨으로써 나타나게 된다는 것이다.[3]

침묵의 나선 이론에서 제시하는 기본 가정은 확실히 매력적이기는 하지만, 이론에서 상정하는 실제적인 영향력에 대한 증거는 아직까지 미흡하다. 여론 환경에서 나타난 의견 분위기에 대한 지각과 공개적인 의견 표명과의 관계를 다룬 연구 결과를 메타 분석한 한 연구는 이 둘 사이에 매우 작기는 하지만 통계적으로 유의미한 상관 관계(평균 = .05)가 있다고 하지만 전반적으로 볼 때 "선행 연구들의 결과가 침묵의 나선 이론의 주장을 지지하는 데 한계가 있다"고 결론내렸다(Glynn, Hayes, & Shanahan, 1997: 461). 메타 분석을 한 연구자들은 실험 연구 방법을 적극적으로 이용하는 것과 함께 가상적 상황에서의 의견 표명 여부보다 실제 상황에서 공개적인 의견 표명 여부를 측정하는 것이 향후 연구에서 필요하다는 점을 지적하고 있다. 이런 노력들은 언젠가는 결실을 맺을 것이다. 하지만

---

3. 1장의 주 9에서 밝힌 것처럼, 사회적 영향의 비개인적 형태와 개인적인 영향을 구별하기 위해서, 나는 한 개인이 개인적 관계를 통해 영향을 행사하는 상황과 사회적 비난을 피하려는 욕구에 의해 다른 사람에게 영향을 주는 것은 비개인적 영향력 상황 정의에서 배제했다. 따라서 만일 어떤 사람이 다른 사람이 그를 나쁘게 생각할까 두려워서, 다른 사람 앞에서 견해를 밝히는 것을 꺼린다면, 이 과정에 포함되는 기제는 개인적 영향의 하나이다. 7장에서 규범적 / 정보적인 기제들의 비교와, 개인적 / 비개인적 영향 간의 비교를 참고하기 바란다.

아직까지는 방법론적으로 가장 엄밀한 연구 디자인을 이용한 연구에서 나타난 결과는 일반적으로 이 이론의 주장을 지지하지 않고 있다(Salmon & Kline, 1985).

3. 제3자 효과

2장에서 잠시 설명했지만, 사람들이 자신보다 다른 사람들에게 미디어가 더 큰 영향을 미친다고 지각하는 경향에 대한 연구는 제3자 효과 가설의 일부분 가운데 가장 많이 연구된 부분이고, 여러 분야에 걸쳐 검증되면서 매우 분명한 결과를 보여 준다(Cohen et al., 1988; Tiedge et al., 1991; Vallone, Ross, & Lepper, 1985).

그러나 이런 지각이 정치 태도와 행동에 미치는 영향에 관한 증거는 매우 미약하다. 많은 연구에서 다른 사람들에 나타난 변화된 의견 변화에 대한 지각이 미칠 수 있는 영향력을 암시했을 뿐 검증하지는 않았다. 예를 들어, 코헨과 그의 동료들은 상대방을 비방하는 뉴스가 여론에 미치는 영향을 과대 평가하는 경향은 명예 훼손 재판의 배심원들이 명예에 대한 피해를 판단하는 데 중요한 함의를 가진다고 지적하였다(Cohen et al., 1988). 하지만 이들은 특정 판결이나 배상 결정을 내리는 데 관계되는 이와 같은 영향력을 검증하지는 않았다. 인종 문제를 다룬 텔레비전 미니시리즈 <아메리카 *Amerika*>와 관련한 준실험 연구에서, 라소사는 스스로 식견이 있다고 생각하는 사람들이 이 프로그램 시청으로 인한 다른 사람들의 의견 변화의 정도를 과대 평가한다는 점을 보여 주었다(Lasorsa, 1989). 라소사는 이와 같은 지각이 다른 미디어 프로그램에 대한 검열 요구를 설명하는 데 유용할 것이라는 꽤 논리적인 주장을 폈지만 직접적인 증거는 보여 주지 못했다.

제3자 효과 가설의 한 부분인 태도 / 행동 요소, 즉 미디어의 효과를 과대 평가함으로써 나타난, 다른 사람들의 견해에 대한 지각의 변화를 태도와 행동의 변화와 연결시켜보려는 연구 시도가 있어 왔지만 그 결과는 아직까지 성공적이지 못했다고 볼 수 있다. 예를 들면, 루신스키와 새먼은 다른 사람의 투표 결정에 정치 광고가 미치는 영향력에 대해 지각한 것이 미디어 내용을 감시하는 독립 위원회의 설치를 지지하는 것으로 이어지지는 않았다고 보고한다(Rucinski &

Salmon, 1990). 건서 역시 다른 사람들에게 미치는 미디어의 영향력에 대한 평가와 이에 기반한 행동이나 태도의 변화를 살펴보았다(Gunther, 1991). 그러나 이 연구에서 명예 훼손을 야기할 만한 신문 기사가 다른 사람에게 미칠 영향력에 대한 평가와 응답자들이 적절한 벌칙으로 판단하는 손해 배상 액수 사이에는 특별한 관계를 나타내지 않았다. 한편 또 다른 연구에서는, 포르노 금지에 대한 지지와 제3자인 타인이 자신보다 포르노에 더 영향을 받을 것이라고 판단하는 지각적 편향과 의미 있는 상관 관계가 나타나기는 했다(Gunther, 1995). 그러나 전반적으로 볼 때, 아직까지는 미디어 효과에 대한 제3자 효과 지각이 많은 사람들에게 있어 중요한 정치적 결과를 야기하는 증거는 그리 많지 않다(Perloff, 1993).

4. 출구 조사와 조기 선거 개표 보도

투표 당일의 선거 결과를 미리 아는 것이 야기하는 영향력을 연구한 결과들을 보면, 이런 정보의 영향은 너무 약해서 거의 없는 것과 다름없다는 것을 보여 준다(Marsh, 1984; Meier & Saunders, 1949; Sudman, 1986). 이와 같은 결론은 미국 서부 지역에서 투표가 끝나기 전에 이미 실시한 투표 결과와 출구 조사로 조기 승자 발표를 한 것을 살펴본 연구들에서 도출된 것이다. 많은 연구자들은 출구 조사 결과, 조기 선거 개표 보도 등을 통해 투표 당일 전달되는 정보가 아직 투표하지 않은 사람들에게 영향을 미치기에는 너무 늦은 감이 있다는 것을 지적했다(Fuchs, 1966; Mendelsohn, 1966). 1964년 미국 선거를 배경으로 한 연구에서, 랭과 랭은 존슨이 승리했다는 소식을 듣고 이 소식에 놀란 사람들의 투표 의욕이 감소했다는 것을 발견했다(Lang & Lang, 1968). 그러나 이들은 이런 효과가 매우 제한적이고, 특히 이와 같은 결과가 대부분의 사람들이 투표 전날까지 존슨이 승리할 것으로 예상했기 때문이라고 결론 지었다. 월핑거와 링퀴티는 1972년 선거에서 미국 지역의 시차 관계로 발생하는 차이를 살펴보았는데, 투표가 늦게 진행되는 서부 지역 최종 투표자 수와 다른 지역의 투표자 사이에 매우 작지만 유의미한 차이를 발견했다(Wolfinger & Linquiti, 1981). 이들은 이 차이를 설명할 수 있는 여타 요인이 있을 수 있었지만, 차이 발생의 이유를 1972년 당시 선거의 사전 승자 발표에 돌렸다(더 자세한 설명은 Tannenbaum, 1983 참조).

1980년 선거에서 이와 관련한 이슈가 다시 부각되었는데, 문제는 레이건이 카터와의 승부에서 승리했다는 소식이 미국 서부 지역의 투표가 마감되기 전에 방송되었던 것이다. 결국에 1980년 선거에서 투표가 끝나기 전 미리 승자를 알려 준 것이 '승자 편승 효과 bandwagon effect'를 유발하지는 않았지만, 서부 지역의 투표자 수가 감소되었다는 연구 결과도 보고되고 있어, 조기에 선거전의 승자를 매스 미디어가 발표하는 것이 주나 지역 선거의 결과에는 중요한 영향을 미칠 가능성도 있다(Delli Carpini, 1984; Sudman, 1986).

5. 선거전 여론 조사 결과의 보도

다수의 대중 의견에 대한 지각의 정치적 영향은 아마도 공표된 여론 조사의 효과, 흔히 '승자 편승 bandwagon'이나 '열패자 underdog' 효과라고 불리는 것들을 평가할 때, 가장 혼란스럽게 나타난다. 간단한 관찰 방법에서 복잡한 실험 연구와 준실험 연구 설계에 이르는 다양한 연구 방법들을 볼 때, 이런 혼란 중 일부는 이 연구 문제를 다루는 방법론적 접근에서 비롯된다.[4]

지금까지 소개된 연구 결과 역시 이런 효과가 과연 있는지에 대한 평가를 어렵게 한다. 이런 현상에 대한 초기 연구들을 검토한 클래퍼는 다수의 견해를 향한 또는 여기에서 벗어나려는 사람들의 움직임과 관련한 증거는 별로 중요해 보이지 않는다는 결론을 내렸다(Klapper, 1964). 최근까지 축적된 연구 결과들을 분석한 몇몇 연구자들도 이와 비슷한 견해를 밝히고 있다. 1988년 캐나다 선거를 배경으로 연구한 존스톤 등은 공표된 여론 조사 결과가 사람들의 기대를 움직이기는 하나, 투표 선호에 대한 영향은 상대적으로 약하다는 결과를 발표했다(Johnston et al., 1992). 여덟 번에 걸친 미국 대통령 선거의 결과를 분석한 그랜버그

---

4. 예를 들면, 어떤 연구는 여론 조사 결과를 실제 선거 결과와 비교한다. 만일, 선거전 여론 조사가 당선 표차를 과소평가 한다면, 여론 조사는 우세한 견해에 대한 추가적인 지지를 유발했어야만 한다. 반면, 실제 지지를 과대 평가한 여론 조사는 열패자 가설을 지지한다는 것이다. 이런 방법을 이용한 분석 결과는 몇 차례의 영국 선거에서 열패자 효과가 나타났다는 것을 보여 준다(Economist, 1974; Marsh, 1984b).

와 브렌트는 이 가운데 두 차례의 선거에서 미약하나마 '승자 편승 효과'의 증거를 발견했다고 보고하고 있다(Granberg & Brent, 1983).[5] 또한 특히 선거 상황과 관련해서 몇몇 연구자들은 일반적으로 이런 효과는 존재하지 않거나 존재하더라도 너무 사소해서 정치적으로 중요하지 않다는 데 동의한다(Atkin, 1969; Fleitas, 1971; Roshwalb & Resnicoff, 1971).

반면 일련의 연구자들은 지각된 다수 견해의 방향으로 사람들의 의견이 움직인다는 것을 지적해 왔다. 1941년 초기 실험 연구에서 알라드는 국가적 차원에서 국민들이 어떻게 생각하고 있는가에 따라 사람들의 의견이 변함을 발견했다. 세 차례의 영국 선거의 출구 조사 데이터를 토대로 매칼리스터와 스터드라는 세 경우 모두에서 승자 편승 효과가 발생했다는 증거를 찾아 냈다(McAllister & Studlar, 1991). 패널 디자인을 이용한 스칼라반 역시 자신의 견해가 확고하지 않은 투표자들 사이에서 투사 효과를 통제하고 난 후에도, 작지만 유의미한 승자 편승 효과가 있다는 것을 보고하고 있다(Skalaban, 1988). 또한 서베이 조사에 실험연구의 방식을 덧붙인 마시는 응답자들이 낙태에 대한 의견을 밝힐 때, 그들은 낙태에 대한 논의에서 나타나는 최근 경향 쪽의 의견을 표명한다는 것을 발견했다(Marsh, 1984).

일부 연구들은 다른 학생들의 의견에 체계적으로 노출된 대학생 피험자들을 이용했다(Ceci & Kain, 1982; Kaplowitz et al., 1983). 하지만 이런 연구들을 실제의 여론 조사 상황으로 확대하는 것은 어려운 일이다. 이런 실험들에서 집단 의견과 관련한 사항은 피험자가 갖는 집단 일체감을 촉발시킬 수도 있기 때문이다. 이에 반해 일반적으로 여론 조사가 보여 주고 있는, 뿔뿔이 흩어져 있고 집단 간 비차별적인 집합적 의견에 대한 표현에서는, 집단 일체감이 유발될 가능성은 매우 낮다. 매스 미디어에 의해 전달되는 집합적 의견은 정당, 성, 인종 등의 변인에 따른 분류 정도 외에, 특정한 집단의 의견을 분류하여 제시하지는 않는다. 이러한 문제점과 더불어 학생들의 정치와 관련한 관심도가 매우 낮다는 점 역시 대학생을 피험자로 한 실험 연구 결과의 해석을 어렵게 만든다.

이런 문제점을 고려하는 것이 일단 필요하다는 전제를 한 후에 연구 결

---

5. 이런 사례는 특히 1960년에 닉슨에게 투표하려 했던 사람들과 1976년 선거에서 특정 후보를 좋아하지 않는 사람들에게서 나타났다.

과를 이해하는 것이 중요하다. 학생들을 이용한 초기 실험 연구에서 대학생 집단 사이의 상호 작용이 없는 상태에서도 집단의 의견으로 피험자들이 따라가는 움직임을 보고하고 있다(Wheeler & Jordan, 1929). 캐플로위츠와 동료들은 관여도가 낮은 이슈에 대해서 학생들의 의견이 여론 조사 결과의 다수 쪽으로 움직이는 것을 발견했으며(Kaplowitz et al., 1983), 프라이스는 또한 학생들의 의견이 뉴스에서 학생들의 의견을 묘사하는 방향에 따라 양극화된다는 사실을 발견했다(Price, 1989).

많은 연구들이 다수 의견 쪽으로의 움직임을 보여 준 것과 더불어 한편에서 다수 견해로부터 멀어지려는 열패자 효과도 제시하기 때문에 여론 조사와 관련한 결과를 이해하는 것은 쉽지 않다(Gaskill, 1974; LaPonce, 1966). 웨스트는 여론 조사 결과의 보도가 대통령 후보 결정에 미미한 영향을 미쳤지만, 낙태와 관련한 주 투표에서는 상대적으로 뒤처져 있었던 견해가 부상하는 데 유의미한 영향을 미쳤다는 것을 발견했다(West, 1991). 플레이타스는 수량화된 여론 조사 결과 자체만으로는 의미 있는 효과를 발견할 수 없고, 여론 조사 결과가 "혜택 받은 선두 주자와 혜택 받지 못한 후보자 간의 대결"로 이해될 때, 사람들이 열패자 쪽을 더 지지하도록 한다는 점을 발견했다(Fleitas, 1971: 436). 이와 같은 연구 결과는 민주당 대통령 후보 경선에 나섰던 게리 하트가 열패자 효과를 이용해서 먼데일과 경쟁할 수 있었다는 웨스트의 설명과도 맞아떨어진다(West, 1991). 먼데일은 하트보다 후보 지명 이전의 모든 여론 조사에서 앞서 나갔다. 그러나 하트는 유권자들에게 먼데일이 민주당의 막후 인물들로부터 혜택을 받았다는 인상을 강하게 심어서 여론의 반전을 꾀할 수 있었다.

한편 다른 연구들에서는 의견이 다수의 견해 쪽으로 이동하거나 또는 멀어지는 증거들을 동시에 발견하고 있다. 북미 자유 무역 협약에 대한 학생들의 태도를 살펴본 준실험 연구에서는, 비록 다수 쪽으로 이동하는 측면이 더 많았지만 승자 편승과 열패자 효과가 모두 동시에 나타났다(Cloutier, Nadeau & Guay, 1989, 이와 관련해서는 Navazio, 1977 참조). 또한, 전국적 서베이에 실험 자극을 끼워 넣는 방법을 이용한 라브라카스, 홀리와 밀러도 응답자의 교육 수준에 따라 승자 편승, 열패자 효과가 각각 나타날 수 있음을 발견했다(Lavrakas, Holley, & Miller, 1991). 이와 관련한 모든 연구에서, 승자 편승, 열패자 효과의 동시 발생으로 인해, 즉 두 방향으로 모두 움직이는 경향이 실제로 나타난 특정 효과의 순효과를 감소시켰다(Ceci & Kain, 1982; Cantril, 1980; Marsh, 1984a).

여론 조사의 효과가 천천히 발생하고, 누적적이거나 간접적 효과일 수 있기 때문에 단기간에 실시된 연구 디자인의 부적합성을 지적하는 연구자들도 있다(Beniger, 1976; Shapiro et al., 1991). 단기간에 실시된 연구들은 비록 간접적이지만 가장 강력한 여론 조사 결과의 효과를 포착하기에는 적합하지 못하다는 것이다. 예를 들어, 여론 조사 결과는 정치 자금 모금, 자원 봉사자 모집, 무료로 미디어의 주목을 끄는 일, 그리고 그 밖에 후보자의 당선 가능성에 영향을 미치는 선거 유세에 필요한 자원의 조달에 영향을 미칠 수 있기 때문이다(Henshel & Johnston, 1987).

두 주요 정당의 후보가 출마해 온 미국의 대통령 선거에서 여론 조사와 관련한 비개인적 영향력은 발생하기 어렵다고 여겨져 왔다. 후보자 개인이 매우 현저하게 부각되어 있고 유권자들이 정당과 관련한 단서를 주위에서 쉽게 얻을 수 있기 때문이다. 영국 선거를 배경으로 일련의 연구자들은 후보자의 인기에 근거한 사람들의 예상이 투표 선호에도 영향을 미친다는 것을 지적하고 있다(Nadeau, Niemi & Amato, 1994). 케인은 1970년 영국의 선거에서 제일 좋아하는 후보가 이길 확률이 매우 적으면 두 번째로 좋아하는 후보에게 투표하는 경향이 있다는 것을 발견하기도 했다. 반면 존스톤과 동료들은 캐나다의 선거에서 지각된 인기도가 유발하는 효과에 대한 실제적인 증거가 발견되지 않았다고 보고한다(Johnston et al,. 1992).

비록 많은 연구자들이 여론 조사가 후보자와 이슈의 선호도에 미치는 영향에 주로 초점을 맞추었지만, 몇몇 소수의 연구자들은 투표 참여에 미치는 영향 또한 중요함을 지적한다. 드복은 여론 조사 결과를 가지고 1972년 대통령 선거에서 승리한 후보가 얼마만큼의 득표차로 승리하게 되는지를 예측했는데, 선거전이 일방적 양상을 보일 때 뒤따르는 후보의 지지자들이 덜 열정적이 되며, 투표 참여의 적극적인 동기를 갖지 못하게 된다는 결론을 내렸다(DeBock, 1972). 이 연구 결과와 마찬가지로, 1988년 대통령 선거에서 투표에 참여하지 않은 사람들을 분석한 한 연구는 약 20%의 기권자가 부시의 승리가 이미 기정 사실로 생각되었기 때문에 투표하지 않았음을 보여 준다(Lavrakas, Holley, & Miller, 1991).

전반적으로, 선거 캠페인 기간 동안 여론 조사의 영향력에 대한 연구 결과는 비개인적 영향력이 일어날 수 있는 다른 상황과 비교해 볼 때 상대적으로 더 확실한 증거들을 보였다. 엄밀한 방법론을 이용한 연구들은 지각된 대중의 의견으로의, 혹은 거기서 벗어나려는 움직임이 동시에 일어날 수 있는 잠재성을 보여 주었다. 이런 패턴은 여론 조사와 같은 유형의 정보에 상이하게 답변한 하위 집단을 함께 묶어 연구함으로써 여전히 많은 중요한 발견들이 묻혀버릴 수 있음도 암시한다.

6. 미국 대통령 후보 선출 예비 선거에서의 모멘텀

대통령 선거 후보 지명 체계의 구조적 변화는 다른 사람의 견해에 대한 지각이 잠재적으로 영향력을 행사할 수 있는 새로운 장을 열었다고 할 수 있다. 직접 예비 선거의 확산은 주별 경선의 순서가 선거 운동의 역동성에 일조하는 것을 더욱 심화시켜 왔다. 이런 예비 선거와 당원 대회 — 일상적 여론 조사와 예측들에 덧붙인 — 의 결과에 대한 언론 보도는 대중의 의견과 최근의 후보 위치에 대한 대중의 지각을 확대시킨다. 이와 관련한 역동적 과정은 모든 선거 캠페인에서 가장 중요한 부분이며(Aldrich, 1980), 특히 예비 선거라는 특정 상황에서 좀더 눈에 띄고, 더 폭넓게 연구되기도 했다. 정가의 통념에 따르면, 이런 모멘텀으로 인해 1976년 카터, 1980년 앤더슨, 1984년 하트 후보가 덕을 보았다고 한다.

1970년대 후반에 들어서는 후보자가 초기에 강한 모습을 보여야 한다는 생각이 복음처럼 받아들여졌다. 마셜은 이와 관련하여 선거 초기 후보자에 대한 미디어의 부정적인 평가는 "후보자를 완전히 파괴시키지는 않겠지만, 절름발이로 만들 것이다"라고 지적한 바 있다(Mashall, 1983). 하지만 예비 선거의 문제를 계속적으로 다루어 온 연구들은, 예비 선거에서 지지도가 증가하고 있는 후보자들이 더 큰 지지를 얻는 경향이 있는 반면, 몰락하고 있는 후보자들은 앞으로 더 큰 몰락을 향해 나아가는 경향이 있다는 주장과 관련해서 일관된 결과를 보여 주지는 않았다(Bartles, 1988; Brady & Johnston, 1987; Sigelman, 1989). 이러한 비일관성과 관련하여 쉐퍼는 1988년까지 이 분야의 연구들은 "후보 지명 정치의 근본적이고 믿을 만한 비예측성"을 단지 반영하는 것이고, "예상되지 않은 결과에 대한 제도

242

화"가 특징이라고 지적하기도 했다(Shafer, 1988: 995∼6).

대통령 예비 선거를 배경으로 한 모멘텀에 대한 연구들은 일반적으로 후보자의 승리 가능성에 대한 예상이 투표 선택에 미치는 영향을 집중적으로 살펴보고 있다. 서베이 방법을 통해 사람들에게 각 후보들이 당 후보 지명전에서 이길 가능성이 얼마나 되는지 물었고, 이런 측정은 후보자 호감도와 투표 선택에 관련된 일련의 설문 항목과 연결되어 분석되었다.[6] 앞 장에서 검토한 다른 연구에서처럼, 선호하는 후보자와 관련한 예상에서 투사 효과도 발생했고, 일반적으로 유권자가 그들의 예상과 선호를 일치하는 경향이 있었다(Granberg & Brent, 1983). 브래디와 존스톤은 선호와 예상 간의 잠재적인 쌍방향 영향력의 문제를 해결하기 위해 2단계 최소 자승법을 이용한 분석을 했는데, 여기서 일단 투사의 증거가 나타나기는 했다(Johnston & Brady, 1987). 하지만 투사 효과가 투표 선택에 직접적으로 미치는 영향은 나타나지 않았다. 패터슨은 1976년 선거 기간 유권자들을 대상으로한 패널 연구에서, 민주당 대통령 예비 선거의 경우 먼저 실시된 서베이 인터뷰에서 보여 준 특정 후보자에 대한 유권자의 예측이, 이어지는 인터뷰에서 그 후보자에 대한 호의적인 태도와 관련성이 있다는 점을 발견했다. 반면 공화당 지지자의 경우 투사 효과가 발생했음이 제시되었다(Patterson, 1980).

모멘텀과 관련한 초기 가설에 많은 수정과 정교화 작업이 있어 왔지만, 사람들이 후보자의 인기와 이길 가능성을 지각하면, 이는 종종 투표로 이어진다는 것이 연구자들의 공통적인 의견이다(Bartles, 1988; Abramowitz, 1987; Abramson et al., 1992). 그러나 최근의 선거를 놓고 볼 때 과거에 모멘텀의 절대적인 힘을 주장했던 것과 비교하면 상대적으로 그 영향력이 그렇게 강할 수 있는지는 생각해 볼 문제이다.

---

6. 비록 모멘텀과 이길 가능성 *viability* 은 비슷하지만, 연구자들은 이길 가능성을 대게 선거에서 후보자 선택에 영향을 미치는 장기적이고, 상대적으로 안정된 힘을 지적할 때 사용한 반면, 모멘텀은 주마다 단기간에 빠르게 바뀌는 것을 지적할 때 사용하면서 구분해 왔다(Haynes& Gurian, 1992).

7. 타인의 견해에 대한 법적 고려

어떤 경우에는, 사람들이 지각된 의견에 대한 정보를 참작하도록 지시 받았기 때문에 instructed, 정치적 결정이 지각된 의견에 의해 영향을 받는다. 특히, 사람들은 때때로 법적 의사 결정을 할 때 다른 사람들의 견해를 고려하도록 요구받는다. 이런 경우에는, 지각된 의견은 단순히 개인들의 태도에 미세한 영향을 주는 것이 아니다. 이것은 법적 절차의 제도적인 부분이다.

타인의 견해를 고려한 법적 판단은 다양한 영역에서 행해질 수 있는데 그 가운데 가장 분명한 부분이 바로 외설에 관한 법률이다. 성적으로 노골적인 음란물의 외설성에 대한 '밀러의 기준' 요소들은 분명히 다른 사람들의 견해에 대한 판단을 포함하고 있다(Miller v California, 1973). 무엇이 외설성을 구성하는가에 대해서는 세 가지 정도의 고려 사항이 있다. 먼저 '동시대 공동체의 규범'이 적용되는 '평균적인 사람들'이 그 작품이 음란한 흥미를 불러일으킴을 발견해야 한다. 이에 덧붙여, 어떤 작품이 야기하는 '명백한 도덕적 불쾌감'은 동시대 사회 규범에 근거해서 판단되어야 한다. 마지막으로, 그 작품이 진지한 문학적, 예술적, 정치적 혹은 과학적 가치가 결여되어 있는지는 '분별 있는 합리적인 사람'의 기준으로 결정해야 한다는 것이다. 이 기준의 각 항목에 대해, 판사들이나 배심원들은 더욱 자주 그들의 개인적 판단보다는 다른 사람들의 견해에 대한 지각에 의지하라고 요구 받았다.

한 판결에서, "동시대 공동체의 규범"이란 구절은 국가 전체를 포함한다고 결정되었다(Jacobellis v Ohio, 1964). 하지만 밀러 사례를 다룬 법정은 이후에 "수정 헌법의 어떠한 조항도 외설물 판단에 있어, 배심원이 반드시 가상적이고 불확실한 '전국적 규범'을 고려해야 한다고 요구하지 않는다"고 지적하면서, 이전의 결정을 잘못된 해석으로 간주했다(Miller v California, 1973, 31에서 인용). 대신, 그것이 주 범위의 규범인지, 어떤 작은 단위에서의 규범인지, 혹은 구체적이지 않는 공동체의 규범인지, 상대적인 공동체의 범위를 결정하는 것은 개인의 입장에 맡겨두었다.

비슷한 방식으로, 명예 훼손 재판에서 배심원들은 상당 수의 '바른 생각을 가진' 사람들의 의견이 매스 미디어에 의해 제공된 정보의 영향을 받았는지를 판단하도록 요구받는다(Sack, 1980: 49; Loring, 1986). 여기에서 배심원들이 다른 사람들의 견해에 대해 지각한 바는 명예 훼손의 정도에 대한 적절한 배상액을 고려하는 데 중요한 영향을 미친다(Cohen at al., 1988). 명예 훼손과 외설에 대한 재판에서 증언을 하는 전문가가 때로는 여론 조사의 결과를 인용하면서 비개인적 타인의 시각에 대한 배심원의 평가에 영향을 미치고 있다는 것은 놀랄만한 일이 아니다. 제3자 효과와 마찬가지로, 이 분야에서 지각의 정확성과 관련한 연구들은 명예 훼손 기사를 통해 다른 사람들의 견해가 더 영향을 받고(Cohen et al., 1988) 공동체의 다른 사람들이 명백한 음란물에 대해 더 불관용을 보일 것이라고 생각한다는 결과들을 공통적으로 보여 준다(Linz et al., 1991).

직장 성 희롱 판정에 관한 규범도 마찬가지로 다른 사람들의 의견이 어떠한지를 평가할 것을 요구한다. 성적 관계가 고용상의 혜택과 이어지는 보상 희롱인 *Quid pro quo* 경우에는 어느 정도 명확하다. 하지만 "도덕적으로 불쾌감을 낳고, 적대적인 근무 환경을 만드는" 것과 같은 성 희롱의 두 번째 유형에서는 매우 애매하다(Meritor Savings Bank v Vinson, 1986; Equal Employment Opportunity Commission, 1990). 희롱에 대한 여론은 이제 법원이 근무 환경이 적대적이라는 개인의 주장이 타당한지를 판결하는 과정에 없어서는 안될 부분이다. 적대적인 근무 환경에 관한 성 희롱을 정의하는 데 정확한 지침이 부재한 상태에서, 법원은 '분별력 있음'의 기준, 즉 적대적 환경이라는 주장에 분별력 있는 사람들이 동의하는가의 기준을 적용해 왔다.

최근의 법원 판결들은 이 말을 바꿔서, "분별력 있는 여성"의 기준을 적용했다(Ellison v Brady, 1991; Robinson v Jacksonville Shipyards, 1988). 이는 "법원이 성 희롱 주장이 사소하거나 하찮은 것인지를 판단할 때, 대표성 있는 여성의 성적 행동에 대한 해석을 기준으로 결정하려는 시도"이다(Thacker & Gohmann, 1993: 462). 다른 말로 하면, 특정 행동에 대해 분별력 있는 여성이 희롱이라고 판단할 만한 것인가의 문제다.

위에서 제시한 외설, 명예 훼손, 성 희롱의 세 경우에서 모두, 사람들은 비개인적 타인의 견해에 대해 판단할 것을 요구받는다. 법은 사람들이 평균적이고 분별력 있는 사람의 견해를 평가하고 그런 문제들과 직접적으로 접촉하거나 경험하지 않은 흩어져 있는 많은 수의 타인들의 동의 여부를 평가할 수 있는 능력을 가졌다고 가정한다. 물론 어떤 경우에는, 배심원들이 공동체를 그 구성원 사이에 어느 정도의 직접적인 접촉이 있을 수 있는 충분히 작은 것으로 간주하도록 지시받을 수도 있다. 그러나 대부분의 경우에는 그렇지 않다. 게다가 대부분의 사람들은 설사 그것이 바로 이웃이라는 공동체라 하더라도, 편향된 개인 접촉을 한다. 따라서 정확성은 배심원들이 다른 사람들의 견해에 대한 판단을 고려하는 것이 바람직하다고 여겨지는 상황에서도 여전히 문제거리로 남는다.

법적인 판결은 전통적으로 비개인적 영향력의 과정이 연구되어 온 정치적 결정의 문제와는 동떨어진 것처럼 보일 수도 있다. 그러나 이 둘은 두 가지 연관점을 가진다. 첫째, 다른 사람들의 견해를 고려하는 것이 후보 지명 과정이나 선거 결과에 대한 무책임한 언론 보도의 의도되지 않고, 바람직하지도 않은 부산물이 아니라, 정치적 결정의 '가치' 있는 요인으로 고려될 수 있다는 차원에서 그 범위를 조명해 준다. 집합적인 의견에 대한 지각은 법적 의사 결정 과정에서 큰 가치를 가진다고 가정되기 때문에, 사회적으로 볼 때 적극적으로 사람들이 타인들의 견해에 대한 인상을 고려해야 한다는 점을 일깨워 주고 북돋우게 된다. 둘째, 위의 예들은 집합적인 의견에 대한 지각과 사회 규범 사이의 관계를 보여 준다. 정식 법 절차에 있어서 집합적인 타인의 견해를 참조하는 것은 사회적 규범을 법적 기준으로 성문화하려는 시도이다. 지금까지 계속적으로 논의되어 온 이슈는 커뮤니케이션이 쉽게 지역 사회, 국가, 국제적 경계를 가로지르는 상황에서, 과연 어떤 공동체 사회 규범을 상정해야 하는가의 문제이다. 즉, 관련된 집합체를 얼마만큼 확대 해석해야 하는 문제로 귀착된다.

최근 커뮤니케이션 품위법(Communication Decency Act)과 관련한 미국 대법원의 판결은 정확하게 위와 관련한 이슈를 전면에 부각시켰다(Reno v American Civil Liberties Union, 1997). 커뮤니케이션 품위법을 토대로 인터넷에서의 음란물을 제거하려는 노력에 반대하는 이유의 하나는 '공동체의 기준'이 위헌 소지가 있을 정도로 애매하다는 것이다. 어떤 미디어가 국제적으로 자유롭게 국경을 넘나들 때, 과연 어떤 공동체의 규범을 정의할 수 있는가?

8. 효과와 관련한 제한 조건들

지각된 의견이 유발하는 효과에 대한 연구에서 가장 흥미로운 점은 효과를 직접적으로 밝힌 연구 결과가 부족했음에도 불구하고, 이 주제에 대한 지속적인 관심이 있었다는 것이다. 1920년대부터 현재에 이르기까지, 사회 과학자들은 계속해서 일반적으로 이 효과에 대한 큰 기대를 거의 충족시키지 못하는 결과들을 대량 생산해 왔다. 비록 이 주제와 관련한 연구 투자에 비하면 턱없이 부족하긴 하지만, 이 과정에서 다양한 정치적 상황에 걸쳐 지식이 축적된 것은 사실이다. 방법과 연구의 배경, 그리고 심지어 종속 변인도 일치하지 않는 경우가 있기 때문에, 지금까지의 연구 결과로부터 일반화를 이끌어 낸다는 것은 무의미한 것처럼 보일 수도 있다. 그러나 이런 불일치에도 불구하고 규칙성이 나타났기 때문에 지금까지의 연구를 다시 한번 정리해 보는 작업은 가치가 있는 것이다.

첫째, 대중 의견의 묘사에 대한 사람들의 반응은 일반적으로 기대했던 것보다는 작다. 일반적으로 정보가 적고 특정 이슈에 대한 한 개인의 초기 입장이 약할 경우에, 지각된 다수의 견해 방향으로 변화가 일어난다. 정당과 같은 다른 단서가 없을 때 역시 사람들은 대중의 의견을 지침으로 삼는다. 예를 들면, 대안적 단서가 제한되어 있는, 정보가 별로 없는 정치적 상황에서 여론 조사에 관한 정보의 효과는 더욱 잘 나타난다(West, 1991). 또한 여론 조사에 의한 승자 편승 반응은 사람들의 선호도가 약할 때 더 자주 나타난다.

비록 많은 연구들이 예비 선거가 투표 선택에 미치는 영향의 중요성을 지적하지만, 연구 결과의 불일치로 인해 연구자들은 위와 비슷한 제한적·조건적 요인들을 제시하게 되었다. 어떤 연구자들은 이런 효과가 사람들이 이전에 잘 몰랐던 새로운 후보들에 대해서만 일어난다고 주장한다(Narrander, 1991; Geer, 1989; Patterson, 1980). 또한 선거전 여론 조사 효과의 경우, 모멘텀은 정보 수준이 매우 낮고 불확실성이 매우 높은, 즉 예비 선거 기간의 초기에 큰 잠재력을 갖는다고 본다(Bartels, 1988).

위의 지적을 생각해 볼 때, 지각된 의견의 효과에 대한 연구에는 이 영향이 선거 캠페인의 초기에 크게 나타나는가 아니면 후기에 매우 크게 나타나는

가와 관련해 명백한 모순이 존재한다. 이런 문제를 다룬 연구들은 효과를 미치는 과정과 관련한 다른 요인이나 효과가 발생하는 서로 다른 기제에 의한 것이라고 그 이유를 돌린다. 한편, 교육 수준이 높고, 정치적 관심도가 높으며, 정치적으로 박식한 사람일수록 대중의 의견에 대한 정보에 더욱 많이 노출되거나 알아차리는 경향이 있다. 따라서 서베이를 이용한 연구에서는 정치적으로 더 관여되어 있고, 박식한 사람들 사이에서 더 큰 효과가 나타나는 경향이 있다. 반면, 매스 미디어의 정보에 일단 노출되면, 덜 박식하고 정치적으로 덜 확고한 주장을 가지고 있는 사람들이 더 영향을 받는다(Zaller, 1992). 따라서 사람들 사이에 매스 미디어에의 노출을 똑같이 만드는 실험 연구에서는 정치적으로 관여가 덜된 사람들이 더 영향을 받는 것처럼 보이는 경향이 있다.

다른 사람들의 견해를 가장 잘 알아차리는 사람이 가장 적게 영향을 받는 경향이 있다는 이런 이중 관계는 다른 사람들이 자기 자신과 비슷한 견해를 가진다고 지각하는 경향과 결합된다. 따라서 전반적으로 비개인적 영향력은 별로 크지 않은 것으로 나타나게 된다. 대통령 예비 선거와 같이, 대중의 의견에 대한 언급이 정보 채널 여기저기에 가득한 경우에는 다른 상황과 달리 위에서 언급된 이중의 관계를 극복할 수 있을지도 모른다.

지배적 견해로 지각되는 방향 쪽으로의 움직임과 함께, 열패자 효과의 증거는 이제 너무나 광범위하게 나타나서 이제는 더 이상 우연의 산물로 여겨지지 않는다. 비록 열패자 효과가 잘 예측되지는 않지만, 승자 편승 현상을 증명하려는 시도에서 매우 규칙적으로 등장한다. 열패자 패턴은 사람들의 견해가 매우 확고할 때, 특히 어느 한편이 불공정하게 혜택을 받고 있다고 지각될 때 가장 잘 일어나는 것으로 보인다(Fleitas, 1971).

제한적인 조건 요인은 비슷하게 나타남에도 불구하고, 다양한 맥락에 걸쳐 비개인적 속성의 영향력을 살펴본 연구들은 기본적으로 영향력이 발생하는 매커니즘을 상이하게 가정하고 있다. 예를 들면, 침묵의 나선 이론에서는 "고립에 대한 두려움"이 사람들로 하여금 인기가 없다고 지각한 자신들의 의견을 표명하는 것을 꺼리게 만드는 원동력이라고 가정한다(Noelle-Neumann, 1984). 동조성에 기반한 심리적 기제는 심지어 투표와 같은 사적 행동에까지 영향을 미칠 정도로 내면화된 것으로 언급된다. 마시는 또한 사회적으로 인정 받고, 받지 못하는 것이 여론 조사 결과가 여론에 미치는 영향을 설명한다고 지적한다(Marsh, 1984a). 제3자 효과 연구의 경우, 잠재적으로 해롭거나 오도시킬 가능성이 있는 미디어의 영향으로부터 타인들을 보호하려는 욕구를 정책과 관련한 태도 변화를 야기하는 동기로 가정하기는 하지만, 어떤 특정한 설명을 효과가 나타나는 기제로 단언하지는 않는다.

출구 조사 결과와 조기 선거 개표 보도의 영향에 관한 연구들은 예상되는 실용성이 얼마나 되는가를 따지는 사람들의 경향을 지적한다. 즉, 투표하려고 하는 시점에 선거 결과가 이미 결정되었다는 것을 알게 된 사람들은 굳이 투표하는 노력을 할 필요가 없다고 매우 이성적으로 판단한다는 것이다. 여전히 투표를 하려는 사람들의 경우, 3파전인 선거에서 이미 확실히 진 사람에게 표를 던지는 것이 낭비라는 생각은 그들의 투표에 영향을 줄 수 있다. 마찬가지로, 여러 후보가 나오는 예비 선거나 국회의원 선거에서 이길 가능성이 거의 없는 후보자를 지지함으로써 선거 결과에 영향을 미칠 수 있는 잠재력을 아예 포기하는 경우도 있다. 하지만 선거전 여론 조사의 영향과 관련해서는 "투표자가 승리하는 후보자 편에 섬으로써 얻을 수 있는 암묵적인 보너스에 반응한다"는 아이디어가 영향력의 기제와 관련해서 중심적인 위치를 차지하고 있다(Nadeau, Niemi, & Amato, 1994: 378).

지각된 여론이 개인의 정치 태도와 행동에 미치는 영향에 대한 관심으로 인해 많은 연구가 지금까지 계속되어 왔다. 비록 이런 연구들이 하나의 문헌으로 정리되어 있지는 않지만, 다양한 맥락에서 행해진 실험과 서베이의 결과는 누가 어떤 조건하서 가장 영향을 많이 받을 것인가에 대해 상당히 일관성 있는 증거들을 보여 왔다. 연구 결과를 놓고 볼 때 가장 눈에 띄는 점은 집합적 타인의 견해를 아는 것이 유발하는 효과는 이와 관련하여 일반적으로 이야기되는 주장보다 훨씬 더 적다는 것이다.

과장된 예측의 문제 외에도, 두 가지 다른 요인들이 이런 차이를 설명할 수 있다. 이런 효과가 주로 사람들이 가지고 있는 정보의 수준 같은 개인적 요인들에 의해 제한되기 때문에, 일률적으로 집합적 영향만을 살펴보는 연구에서는 간과되기 쉽다. 게다가 이제는 열패자 효과로 잘 알려진, 어떤 상황에서 다수의 견해로부터 멀어지려는 경향이 동시에 발생함으로써 실제 발생하는 순효과의 정도를 가릴 수 있다. 즉, 두 가지 다른 방향으로의 의미 있는 영향이 발생할 경우 어떠한 집합적인 영향도 일어나지 않는다고 보여질 수 있기 때문이다.

이 장에서 논의된 이론들과 효과의 형태들 사이의 유사성에도 불구하고, 이것들은 하나의 이론적인 골격으로 통합되지 않았을 뿐만 아니라, 이런 연구의 개별 영역 안에서도 영향력이 행사되는 기본 과정에 대해 알려진 것이 많지 않다. 7장에서는 사람들이 영향을 받는지와 그 방향은 어떠한지에 대한 이슈 뿐만 아니라, 왜, 어떤 이유로 영향력이 발생하게 되는지를 이야기하려 한다. 즉, 지각된 다른 사람들의 의견이 개인의 정치 태도와 행동에 미치는 효과를 설명하는 영향력의 기제나 과정의 바탕에는 무엇이 있는가? 비록 과정을 밝히는 문제가 단순히 제한적 조건을 밝히는 것과는 별개일 수 있지만, 비개인적 형태의 영향력이 발생하게 되는 기제를 이해하는 것은 그 영향이 언제 일어나야 하는가를 아는 데 도움을 준다. 더 중요한 것은 집합적인 의견에 대한 지각을 통해 발생하는 비개인적 영향력이 바람직할 수도 있다는 것을 이해하는 데 귀중한 시각을 추가해 줄 수 있다는 것이다.

7

비개인적 영향력의 사회 심리학

대중 의견에 대한 지각이 야기하는 효과에 관한 연구는 언제, 어떤 조건에서, 누가 가장 영향을 많이 받는가를 알려 주는 이론적 틀이 없기 때문에, 일치하지 않는 증거들을 해석하기란 쉽지가 않다. 사회가 모든 것을 결정한다는 식의 예측은 사회적 영향의 미묘한 부분을 설명하지 못하고, 사회적 영향과 관련한 선행 연구들의 결과들과도 잘 맞지 않는다. 많은 연구들은 이런 효과가 어떤 과정에 의해 일어나는지 명확하게 밝히지 못한 채, 효과가 과연 존재하는지 여부에만 초점을 맞추어 왔다. 모순된 결과로 가득 찬 연구 영역에서, 특정 결과가 나올 과정에 초점을 맞춰 살펴보는 것은 특히 중요하다. 영향력의 기제를 밝히려는 연구들은 왜 그 효과가 일어나는지 그리고 어떤 근원적인 모델에 의해 언제, 왜 어떤 효과가 일어나지 않는가를 이해하는 데도 도움을 줄 것이다. 이를 통해서, 겉보기에 모순된 것처럼 보이는 증거들을 해석할 수 있게 되고, 신뢰할 만한 예측도 할 수 있다.

이 장에서는 이런 현상들을 이해하는 데 있어 가장 적절하다고 판단되는 심리학 이론들을 분석하려 한다. 비개인적 영향에 관한 축적된 이해가 결여된 가장 중요한 이유는 이런 효과들을 설명하고, 예측하는 사회 심리학적인 이론이 부족하다는 데 있다. 게다가, 관련 이론들에 대한 연구가 특정 유형의 사회적 영향에 관심을 가지고 나머지는 무시해 왔다는 문화적인 측면도 비개인적 영향력에 대한 이해의 부족과 관련되어 있다.

1. 동조성에 대한 강조

왜 사람들이 대중 의견에 대한 지각을 통해 영향을 받는지 그 이론적 토대를 찾아 보려한 연구자들은 자연스럽게 동조성에 관한 문헌에 관심을 가졌다. 그러나 불행하게도, 가장 널리 인용되는 동조성이라는 기제는 비개인적 맥락에서 잘 적용되지 않는다. 이런 부조화는 오히려 비개인적 사회적 영향에 관한 이론적 모델의 발전을 방해해 왔다.

이런 맥락을 이해하기 위해, 나는 20세기 초 미국에서 논의된 동조성에 대한 견해들을 검토하는 것으로 이 장을 시작하려 한다. 이어서 사회 심리학 분야의 한 획을 그은 대표적인 동조성 연구들을 검토하고, 그 연구들이 비개인적 영향력에 대해 가지는 함의를 진단해 보겠다. 즉, 동조성과 관련한 선행 연구 결과와 관심들이 비개인적 영향력이라는 맥락과 관련해서 얼마만큼 우리의 이해의 폭을 넓힐 수 있는가의 문제를 다룬다. 비개인적 영향력이라는 맥락에 적합한 이론적 모델의 부재 문제를 해소하기 위해, 이 장의 마지막 부분에서 비개인적 영향력이 행사되는 과정을 설명하는 데 더 적합한 사회 심리학적 기제들을 설명하겠다. 이런 매커니즘과 관련한 모델들은 다음 장에서 실증적 분석을 통해 평가될 것이다.

1) 양같이 순한 국민

20세기 미국의 사회, 정치 문제를 다룬 논평을 보면 미국 사회가 동조성의 문제에 지속적인 관심을 가져왔다는 것을 알 수 있다. 윈스톤 화이트는 20세기 중반의 사회 비평 주제의 대부분은 동조성에 대한 두려움이나 또는 그에 대한 공격이었다고 밝힌바 있다(White, 1961; Lane & Sears, 1964). 이와 관련해서 데이비드 리즈만은 미국인의 특성이 변해왔다고 주장한다. 즉, 19세기에는 사람들의 행동 지침이 바로 자신의 양심이었지만, 20세기에는 동료 집단으로 옮겨 오게 되었고 따라서 동조성에 대한 걱정을 더 부추겼다는 것이다. 즉, "우리가 특징지은 19세기 시민의 상은 — '내면 지향적 inner directed' 타입 — 우리 시대(20세기)의 압력에서 점점 더 드물어진다"라고 지적했다(Riesman & Glazer, 1954: 495).

그러나 몇몇 학자들은 이런 주장에 반대한다. 다니엘 벨은 특히 미국 문화가 동조성에 대해 지나친 압력을 가해 왔다는 주장을 강력하게 비판한다(Bell, 1960: 34). 벨은 미국 문화를 '조직인'과 '이익만을 추구하는 중산층의 속물 근성'이라는 용어로 규정지을 수 있다는 점은 인정하지만, "역사적으로 볼 때, 미국의 지난 반세기 동안 어떠한 시기보다도, 오늘날 [1950년대] 전반적인 행동 양식에 동조성이 덜 작용하고 있다"고 주장했다. 그러나 미국인들은 본래 '생각과 분별력이 없는 사람들'로 특징 지워지는 양 같이 순한 국민이라는 것이 미국인들에 대한 전통적인 사회 통념이었다. "자치권을 빼앗기고, 행동이 자신의 내면에서 나온 것이 아니라 외부적 영향에서 비롯된 개인이 이런 예가 될 수 있다. [……] 사실, 사회적 행동이 마치 '조작'과 동의어인 것처럼, 완전히 '비이성적인' 것으로 묘사하는 것은 바로 이런 연상 작용에서 온 것이었다"(Asch, 1952: 400~1).

동조성에 바탕을 둔 기제는 규범적인 사회적 영향이 동조적인 행동으로 보상을 받고, 다른 사람들의 기대에 동조함으로써 사회적 문책을 피하려는 개인적 욕구에 기인한다고 본다. 즉, 동조적 행동은 "다른 사람들로부터 나오는 신호들에 대해 큰 관심을 가짐"으로써 나타나게 된다(Riesman, Glazer, & Denney, 1950: 22). 이와 같은 동조성이 강조되며 미국인들은 "비난을 두려워하고, 필사적으로 위안을 찾는 불안한 약자"로 특징 지워졌다(Bell, 1960: 13). 또한 '타자 지향적 인간'은 "그들 자신의 목적과 다른 사람들로부터 인정 받으려는 욕구가 서로 충돌하는 것을 피하고, 이를 같이 맞추는 것을 당연한 것으로 여긴다"고 지적되었다. 즉, "모든 사람들은 때로 다른 사람들이 자신을 좋아하기를 바라고 또 이를 필요로 하지만 이것을 그들의 행동 지침으로, 또 민감하게 받아들여야 할 중요한 부분으로 만든 것은 바로 근대의 타자 지향적 인간형"이라는 것이다(Riesman, Glazer, & Denney, 1950: 38). 이런 형태의 동조성은 "다른 사람들과 보조를 맞추려고" 겉으로 꾸미는 것을 넘어, 세상을 대하는 사람들의 가장 내면적인 태도와 신념으로 확장되었다고 주장되었다.

어떤 측면에서 보면, 동조성에 많은 관심을 보인 것은 매우 아이러니컬하다고 볼 수 있다. 동일한 한 사회에서 대중 사회 이론을 황급히 받아들이는 동시에, 원자화된 개인들을 바람직하지 못한 산업화의 결과라고 생각하기도 했다. 또한 이 사회는 강한 사회적 규범과 밀접하게 결합된 관계를 유지하는 전통적 공동체 개념을 낭만적으로 미화시키는 동시에 근대 사회를 가장 크게 위협하는 것이 바로 동조성이라고 고발하는 사회이기도 했다. 비록 대중 사회 이론이 마르크스주의 외에 "서구 세계에서 가장 영향력 있는 사회 이론"이라고 알려졌지만(Bell, 1960: 24), 개인주의와 동조성이라는 두 관심사 사이에서 균형을 맞추려는 계속된 갈등 가운데, 20세기에는 동조성을 지나치게 더 경계한 것처럼 보인다.

이런 점에서, 비개인적 영향력과 관련해서는 행동 지침으로서 동료 집단을 중요하게 여기는 것으로부터 비개인적인 타인으로 그 중요성이 옮아가는 단계를 맞게 된다고 할 수 있다. 리즈만과 동료들은 "모든 타자 지향적인 사람들의 공통점은 그들의 동시대 사람들이 ─ 그가 아는 사람이든, 그가 친구들과 매스 미디어를 통해 간접적으로 알게된 사람이든 간에 ─ 개인의 행동의 지침이 될 수 있다"고 언급하면서, '타자 지향성'의 정의에 비개인적 타자의 가능성을 포함시킨다(Riesman, Glazer, & Denney, 1950: 22). 그러나 이들 연구자들의 주된 관심은 사람들의 행동에 대해 보상하거나 처벌할 능력을 가진 대면적 1차 집단이었다.

2) 동조성의 사회 심리학적 증명

동조성이 만연하고 있다는 주장을 뒷받침하는 사회 심리학적 증거는 과연 어떤 것이 있었는가? 사회 심리학에서 동조성을 가장 잘 설명하는 증거로 솔로몬 애쉬 Soloman Asch 의 실험이 있다. 애쉬의 실험들은 만장일치의 다수가 개인의 판단에 미치는 효과에 대한 소집단 연구로, 사회 심리학에서 가장 자주 인용되는 것 가운데 하나이다. 일반적으로 이 실험들은 동조성의 엄청난 힘을 멋지게 보여 주는 것으로 언급된다. 연구의 상세한 면들을 짧게 요약해 보면, 동조성의 영향을 이해하는 데 도움이 될 것이다. 간단하게 말하면, 이 실험에서는 7∼9명으로 구성된 집단에게 주어진 선의 길이를 다른 세 선 중 하나와 짝지어 보라는 질문을 한다. 보기 가운데 두 개는 실험 선과 길이가 매우 다르고, 나머지 하나는 거의 같은 길이였다. 실험에서 미리 정해진 공모자 confederate 들은 피험자가 자신의 판단을 말 할 순서가 되기 전에, 그들의 의견들을 공개적으로 발표한다. 7∼9명의 전체 집단 구성원 가운데 6∼8명의 실험 공모자는 18번의 계속되는 실험에서 12번째에서 틀린 대답을 하도록 지시 받는다.

이 실험 결과를 요약하면 대략 2/3의 피험자들은 옳은 응답을 했고, 1/3이 다수 의견에 동조했다. 전체 피험자의 대략 1/4이 지속적으로 독립적이었다. 즉, 다른 1/4은 여덟 번에서 열두 번 가량 다수의 의견을 따랐다. 간단히 요약하면, 비록 동조성의 증거가 있긴 하지만, 피험자들은 또한 독립성의 정도도 높다는 것을 보여 주었다.

원래 애쉬는 "동조성이 사회적 삶을 지배한다는 것을 의심하는" 사람들 가운데 하나였다(Friend, Rafferty, & Bramel, 1990: 30). 그리고 이러한 의심을 해결하기 위해 일련의 실험을 계획했다.[1] 애쉬는 사회 과학에서 동조성에 대한 지배적인 이론적 해석에 의문을 가졌고, 그의 연구에서 확인한 것처럼, 사람들은 수동적이고 변하기 쉽거나, 복종적이지 않다고 주장했다. "최근에는 사회적 조건의 힘만이 심리학적인 변화를 이끈다는 생각이 강조되어 왔다. 집단의 힘에 대한 노예적 굴종을 보인다는 것을 일반적인 사실로 받아들이고, 사람들의 독립성을 무시하거나 암묵적으로 부정해 온 것이다"(Asch, 1952: 451).

그럼에도 불구하고, 애쉬의 실험은 그가 반박해 온 바로 그 주장, 즉 사람들이 본질적으로 사회적 압력과 직면할 때 허약하다는 점을 검증한 것으로 널리 해석되었다. 1953~84년 사이에 출판된 사회 심리학 교과서들은 피험자들이 보여 준 오류의 횟수만 제시하고, 정답을 말한 횟수를 보여 주지 않음으로써 애쉬의 연구 결과가 동조성을 강조하고, 독립성을 경시하는 것으로 더 많이 해석된다는 것을 보여 준다(Friend, Rafferty, & Bramel, 1990). 교과서에서는 95%의 피험자들이 적어도 한번은 독립적이었다는 것이나 2/3의 실험에서 어떠한 동조성도 명백하게 나타나지 않았다는 것을 언급하는 대신에, 75%가 적어도 한번은 동조했다거나, 다수가 한두 번은 동조했다는 것을 언급하는 식으로 이 실험을 다룬다. 동조성과 관련한 모스코비치의 설명에서도 애쉬 연구 결과에 대한 이런 취급을 알 수 있다.

---

1. "사회적 조건의 영향력을 부인할 수 없다는 주장이 20세기 초기의 미국에서는 특별한 의미로 받아들여져 왔다. 즉, 사회적 조건은 개인이 독립성을 추구하는 것을 의심하게 하는 근거가 된다는 것이었다. 여기에 우리의 생각에 잘못된 점이 있다……. 나의 주장은 개인이 독립성을 추구하는 정도가 동조성을 야기하는 정도와 비교해 볼 때 결코 약하지 않다는 것이었다(Asch, 1989).

심지어 명백히 틀린 답을 마주했을 때조차, 사람들은 그들의 시각적 지각의 증거에 의존하기보다는 다른 사람들이 말하는 것을 더 믿으려는 경향이 있었다는 것을 애쉬는 발견했다. [……] 이는…… 가장 극적인 동조성의 예 가운데 하나이고, 맹목적으로 집단에 찬성하려는 예이다. 심지어 개인이 그가 다른 사람의 의견을 따름으로써 실체와 진실에서 등을 돌리게 된다는 것을 깨달았을 때조차도 그러했다(Moscovici, 1985: 348~9).

3) 하한선인가 상한선인가?

왜 이성에 대한 동조성의 승리의 증거로서 애쉬의 연구를 보는 해석이 그토록 많은가? 이런 해석에 대한 가장 그럴듯한 설명은 애쉬의 연구가 동조성에 작용하는 힘들을 잘못 이해했다는 것이다. 사회 비교의 시각에서, 애쉬의 실험 조건은 동조성 효과를 증명하는 데 적합하지 못한 상황이라고 볼 수 있다. 집단 구성원들은 서로 잘 알지도 못했고, 매우 응집력이 높지도 않았으며, 실험에서 주어진 작업은 단순한 선의 길이를 판단하는 것으로, 애매하지도 않았고, 주관적이지도 않았다. 또한 그 상황에서, 다른 참가자들은 피험자에게 미래의 사회적 보복의 위협을 가하거나, 보상을 약속하지도 않았다. 이런 조건들 중에서 어떤 것이라도 추가된 상황에서는 동조성의 정도가 커질 것이라고 연구자들은 일반적으로 예측한다. 이는 애쉬가 실험을 한 그 당시 동시대 사람들 사이에서 받아들여진 공통적인 가정이었다. 즉, "만일 애쉬의 실험 조건에서 보통 정도의 동조성이라도 얻을 수 있다면, 더 유리한 상황에서는 더 큰 동조성을 얻을 수 있을 것"이라는 전제가 있었다는 것이다(Ross, Bierbrauer & Hoffman, 1976: 148).

애쉬의 연구 결과를 실제 세계에서, 특히 정치 태도의 문제와 관련하여 일반화시킬 수 있는가? 그의 연구 결과를 동조성의 기준선으로 간주해야 하는가, 아니면 상한선으로 간주해야 하는가? 실험실 연구가 아니라면, 어떤 사람이 애쉬의 실험 조건과 같은 상황에 처할 일은 거의 없을 것 같다. 주위 환경의 구체적인 측면들을 판단하는 능력에 대해 사람들로부터 도전 받는 일, 특히 만장일치인 다수에 의해 도전 받는 일은 그리 자주 일어나지 않는다. 미국의 정치 환경에서는, 아무리 그 사람의 견해가 급진적인 것일지라도, 그는 항상 한두 명의 마음 맞는 타인들을 찾을 수 있다. 애쉬의 예에서 보면 심지어 한 사람이라도 자신과 동조하는 사람이 있다면, 피험자가 다수에 동조하는 비율은 전체 32%에서 다수의 크기에 따라 5~10%로 큰 감소를 보였다(Asch, 1951). 재미있는 사실은, 세 명의 만장일치의 다수가 있는 상황에서 여덟 명의 다수와 피험자에 동조하는 단 한 명의 외로운 반대자가 있는 상황보다 더 높은 동조성이 나타났다. 다른 사람들로부터의 최소한의 지지만 있어도, 소집단 상황에서 동조성의 정도는 명백히 감소했다. 실제 현실과 비슷한 일련의 반복 연구에서, 다수에 반대하는 사람이 친구일 경우, 동조성의 압력은 완전히 사라졌다(Pollis & Cammaller, 1968).

더 중요한 것은, 애쉬의 실험 상황이 실험 참가자들에게 독특한 "귀인 위기 *attribution crisis*"를 겪게 했다는 특징이 있다는 점이다(Ross et al., 1976). 대부분 일상 상황에서, 다른 사람들에게 동의하지 않는 사람은 다른 사람들이 자신과 다른 행동을 하는 이유를 가정함으로써 직면할 문제를 해결해 간다. 다른 사람들이 그와 대립되는 견해를 표현하는 이유를 어떤 잠재적인 보상에 돌리는 사람도 있고("만일 클린턴이 당선된다면, 존의 세금이 올라갈 거야, 그래서 존은 당연히 부시에게 투표할 거라구"), 다른 사람과 그 자신 사이의 개인적인 중요도의 차이에 원인을 돌리기도 한다("그녀는 국내 이슈보다는 외교 정책에 더 관심 있기 때문에 부시를 지지하는 거야"). 귀인은 인지적으로 능력이 없어서 생긴 것이 아니라 판단의 차이에 대한 논리적인 이유를 밝혀줌으로써 동조성의 압력을 감소시킨다. 그러나 애쉬의 실험은 피험자가 다른 사람이 왜 특정한 입장을 갖는지 원인을 찾기 힘든 상황이었다. 보통 일상적인 사회적 영향의 상황과는 다르게, 애쉬의 예는 매우 비일상적인 상황을 구성했다. 즉, 반대자들은 왜 그/그녀의 판단이 다른 사람들과 다른지, 어떤 요인이 다른 사람들과 비교하여 이런 판단의 차이를 낳게 만들었는지 적절한 설명을 할 수 없었다. 선의 길이를 비교하는 것 같이 애매하지 않은 작업에서 왜 다른 사람들이 다른 의견을 가지고 있는지, 그 차이를 설명해야 하는 것은 매우 힘든 일이었고, 집단 의견에 반대해서 생길 수 있는 위험을 오히려 증가시켰다. 이런 의견 차이의 이유를 찾는 것보다 더 맹목적이고 어리석은 일이 또 있을까? 애쉬의 피험자들이 경험한 반응의 강도와 가혹한 스트레스는 이런 시각에서 매우 이해할 만 하다.

애쉬의 연구 결과를 극적인 것으로 무조건 수용하는 것은 바람직하지 않다. 집단이 크다고 해서 동조성 효과가 반드시 확대되는 것은 아니고, 이런 독특한 실험 상황을 실험실 밖으로 쉽게 일반화시킬 수도 없다. 피험자들이 왜 지각에 차이가 났는지에 대해 사리에 맞는 근거를 찾아야 하는 어려움은 분명히 실험 조작의 힘을 강화시켰다. 애쉬의 연구가 동조성 효과의 하한선이라는 시각에 반대하는 연구자들은, 애쉬의 연구 결과가 실제 세계의 동조성이 나타나는 비율보다 높은, 즉 동조성의 상한선으로 생각되어야 한다고 주장한다(Ross, Bierbrauer, & Hoffman, 1976).

실제 세계에서 사람들이 지속적 관계를 맺어 온 타인들로부터 사회적인 압력을 경험하고, 논리적으로 볼 때 이런 경험이 사회적 영향으로부터 사람들을 약하게 만드는 것은 사실이다. 한편, 구조적인 요인과 개인적인 동기의 결합 때문에 사람들은 자신들과 비슷하거나 마음이 잘 맞는 타인들과 더 많이 상호 작용하는 경향이 있다는 것 역시 사실이다(Freedman & Sears, 1965; Huckfeldt & Sprague, 1995). 이런 요인들은 사람들이 반대 견해를 가진 다른 사람들에 노출되는 정도를 제한한다. 비록 사람들이 조금은 다른 견해들에 노출되기는 하지만, 실제 세계의 정치 환경에서 개인적인 영향력에 관한 최근의 연구 결과는 사람들이 사회적 환경의 희생물이 아니고, 심지어 면 대 면 관계에서도 친한 친구들이나 잘 아는 사람들의 정치적 견해를 자동적으로 받아들이지는 않는다는 애쉬의 주장과 매우 일치한다(Huckfeldt & Sprague, 1995).

애쉬보다 더 먼저 실시된 초기 연구지만 상대적으로 극적인 결과를 보여주지 않은 셰리프의 실험들은 오히려 정치 태도에 대한 사회적 영향을 이해하는 데 더 많은 도움을 준다. 셰리프의 실험에서는 — 애쉬의 실험과는 달리 — 이용된 자극이 정책 이슈에 대한 대다수의 입장이나 어떤 직책에 맞는 최고의 후보자에 관한 사람들의 평가와 비슷할 수 있는 모호한 것이었다. 셰리프의 피험자들은 자동 효과 *autokinetic effect* — 완전히 깜깜한 방에서, 움직이는 것처럼 보이지만 실제로 정지된 불빛을 보는 일 — 를 경험했다. 그리고 계속되는 실험에서 피험자들은 불빛이 움직인 거리를 예측해 보라는 질문을 받았다. 그들 자신의 눈으로는 아무것도 알 수 없었고, 움직임의 거리를 판단할 만한 눈에 보이는 다른 물체가 없었기 때문에, 피험자들은 자신의 개인적 판단을 확신할 수 없었다. 비록, 정치의 영역에서는 기본적 판단을 할 때, 대안적인 행동을 유도하는 단서가 완전히 없는 상황이 거의 없긴 하지만,[2] 자극의 모호성은 피험자들이 그들 자신과 다른 사람들의 판단의 차이를 귀인 할 수 있는 많은 잠재적 설명이 있다는 것을 의미했다. 게다가, 한 명의 개인이 자신과 다른 의견을 가지고 있는 다수와 마주치게 하지 않고, 셰리프는 한 집단의 피험자들이 반복적으로 며칠 동안 여러 세션에 걸쳐 상호 작용하도록 했다. 그들 각각이 서로 다른 사람들에게 계속해서 영향을 주도록 말이다.

애쉬와 마찬가지로, 셰리프는 일단 확립된 집단의 규칙은 개인의 판단에 중요한 영향을 준다는 것을 발견했다. "일단 개인이 참고할 틀 같은 것이 확립된 다음에는, 그 틀이 그가 나중에 마주치게 될 상황에 대한 반응을 결정하고 수정하는 데 중요한 요인이 된다"는 것이다(Sheif, 1936: 227). 게다가, 셰리프는 집단 규범에 대한 수렴성의 정도가 개인이 집단에 노출되기 이전에 독립적으로 의견을 형성했는지에 따라 크게 달라진다는 사실을 발견했다. 피험자가 처음부터 작업에 혼자 참여할 경우, 수렴의 정도는 크게 떨어졌다.

셰리프의 결과가 애쉬의 것처럼 극적이지 않게 보이는 이유는 그가 피험자들이 그들의 눈과 다른 사람들의 판단 사이에서 선택해야 하는 이분법적이고 강제적인 상황을 만들지 않았다는 데 있다. 대신, 피험자들은 그들 자신과 다른 사람의 견해를 결합해서 판단을 내릴 수 있었고, 다소 차이가 나는 의견을 가질 수도 있었다. 이렇게 완전히 자신의 견해를 버리는 사람이 없이, 다른 사람들의 견해에 자신의 견해를 동화시키는 것은 덜 충격적인 결과를 낳았다. 하지만 이런 것이 아마 일상적인 정치 상황에서의 사회적 영향의 매커니즘에 더 가까울 것이다.

4) 비개인적 영향의 일반화

애쉬나 셰리프의 연구를 실제 세계에 일반화시키는 데는 분명한 어려움이 있지만, '동조하는 사회'라는 입증되지 않은 주장의 기저에는 이런 초기 사회 심리학적 연구 해석이 자리잡고 있는 것처럼 보인다. 집단이 행사할 수 있는 독재와 관련한 생각들을 기반으로 대중 의견의 표현이 유발하는 효과에 대해 많은

---

2. 자동 효과의 정도를 측정하는 데 있어서는 사람들에게 동일 작업을 하는 다른 사람들에 대한 판단 외에 어떠한 외적인 행동의 지침도 주지 않았다.

연구자들이 관심을 가지기 시작하면서 연구 영역은 확대되었다.

만일 동조성이 사회 비평가나 학자들이 생각해 왔던 것보다 비개인적 관계에 강력한 힘을 미치지 않는다면, 이는 비개인적 영향력의 크기와 관련해서 어떤 문제점을 제시하는가? 6장에서 논의된 바와 같이, 이런 단계의 영향과 관련해서, 자주 인용되어 온 사회 결정주의를 지지하는 증거는 없었다. 그러나 이것이 비개인적인 사회적 영향을 무시할 만큼 중요하지 않다는 증거는 아니다. 비개인적 영향력이 행사되는 과정을 이해하는 데 있어서 나타나는 문제는 바로 비개인적 형태의 영향력을 똑같은 사회 심리학적 기제에 의존하여 해석하려 하는 데 있다. 즉, 사회적 승인에 대한 욕구에 기저를 둔 동조성이 바로 그것이다.

다수의 영향에 대한 연구에서 사람들의 의견이 타인들의 의견들을 알게 됨으로써 변화할 수 있다는 증거를 발견할 때(예컨대, Hovland & Pritzker, 1957; White, 1975), 일반적으로 이런 영향을 일으키는 것으로 주장 되어 온 기제는 "다른 사람들처럼 행동하는 것은 승인을 유도하지만 다른 사람과 다른 행동은 부정적인 결과를 가져올 것이라는 암묵적인 가정"에 기초하고 있다(Cialdini & Petty, 1981). 비록 초기에 사회적 영향에 대한 소그룹 연구에서 대중 의견의 표현이 잠재적으로 유발하는 효과가 나타나기는 했지만,[3] 실험실 상황에서 동조성의 정도에 영향을 미치는 많은 주요 요인들은 사실 실제의 여론 상황에서는 없어져 버린다. 심지어 소집단 상황에서도 동조성이 압도적으로 나타나지 않는다. 그렇다면 매스 미디어의 보도와 여론 조사의 결과에 의해 제시된 분화되지 않은 공중이 준거로 이용될 경우 왜 이런 영향이 나타나야 하는가? 결국, 이런 경우에 집합체로서의 공중은 특별히 호감이 가고, 밀접한 관계를 맺고 있거나, 상호 의존적이지 않기 때문에, 실험실 상황에서 동조성을 강화시킬 수 있었던 요인이 결여되어 있다. 게다가, 사람들은 익명적 상황에서, 개인적으로 그들의 판단이 밝혀지지 않을 때, 타인의 견해에 동조할 가능성이 적다(Deutsch & Gerard, 1955; Crutchfield, 1955). 비개인적 타인들은 물리적으로 존재하지 않고, 전통적인 관점에서 보상을 주거나 처벌을 할 힘을 가지고 있지 않은 것으로 정의된다. 따라서 비개인적 타인에 대한

---

3. 예를 들면, 마시는 영국을 배경으로 여론 조사 결과의 영향에 대해 연구하면서, 다수 의견 쪽으로의 움직임을 '동조성 효과'와 같은 것으로 간주했다(Marsh, 1984a). 노엘레노이만도 애쉬의 동조성 패러다임을 사회적 고립이라는 규범적인 영향에 의존하는 침묵의 나선 이론의 이론적 바탕으로 삼았다(Noelle-Nenmann, 1974).

표상에 반응하려는 사람들의 동기는 그들 자신이 웃음거리가 되는 것을 피하거나, 환심을 사려는 욕망에서 비롯된 것 같지는 않다.[4] 요약하자면, 규범적인 형태의 사회적 영향에 관한 연구는 물리적으로 거리가 있고, 익명적인 타인의 의견에 대한 지각에서 비롯된 변화를 이해하는 데 매우 제한적이라고 할 수 있다.

심리학자들이 어떤 주어진 상황에 내재된 사회적 압력을 고려할 때, 그들은 일반적으로 특정한 물리적 장소 안에서 일어나는 면 대 면 상호 작용을 언급하고 있다. 만일 우리가 사회적 상황이 면 대 면 상황에서만 발생해서 부딪치게 되는 것이 아닌, 좀더 포괄적으로 사람들이 다른 사람들의 행동에 대한 정보에 접근하는 것이라고 생각을 바꾼다면(Meyrowitz, 1985), 매스 미디어에 의해 매개된 사회적 환경과 면 대 면의 사회 환경 간의 차이는, 사회적 영향을 연구하려는 목적에서 보면, 매우 자의적인 것이다. 그러나 개인적 영향과 비개인적 영향의 차이는 사회적 영향을 연구하려는 목적에서 볼 때 분명히 완전하게 자의적이지는 않다. 개인적이고, 면 대 면적 상황에서, 관찰자와 피관찰자는 계속해서 서로를 지켜볼 수 있다. 그래서 규범적인 사회적 영향은 엄청난 잠재력을 가진다. 반면에, 한 사람이 다른 사람의 행동을 매스 미디어를 통해 목격할 때, 피관찰자들은 관찰자들이 규범에 동조하는지에 따라 관찰자들에게 보상하거나 처벌하지 못한다. 결과적으로 비개인적 영향은 다른 종류의 사회적 영향의 패러다임을 요구한다. 그 중에는 공적인 것뿐만 아니라 사적으로 유지되는 태도와 행동에 대한 영향을 강조하는 패러다임도 있고, 사회적 영향의 규범적 형태 외의 다른 문제에 관심을 돌려야 한다는 주장을 전개하는 패러다임도 있다.

5) 비개인적인 사회적 영향의 기제

겉으로는 비개인적인 사회적 영향 연구의 기본적 가설들의 장점에 대해서는 동의하지만, 연구자들은 대중적 지지를 많이 받는 것으로 지각되는 이슈나 후보자가 더 유리한 위치를 점점 차지하게 되는 그 심리학적 근원에 대해서 거

---

4. 만일 비개인적 정보가 어떤 사람으로 하여금 그들의 친구들과 동료들이 특정 견해를 가지고 있다고 추론하게 하고 (Huckfeldt et al., 1995a), 그 지각된 친구들의 의견이 규범적인 형태의 사회적 영향을 일으키게 한다면, 이는 예외가 될 수 있다.

의. 이해하지 못하고 있다. 영향력이 행사되는 기제를 이해하지 않고, 대중 의견의 지각을 통해 일어날 것 같은 정치적 상황이나 조건들을 밝히는 것은 어렵다. 영향의 기제를 밝히는 것은 이런 현상들의 함의를 이해하는 데 중요하다. 대중 의견에 대한 지각이 유발하는 영향과 관련한 대부분의 연구에는 강한 경멸적인 어조가 늘 등장한다. 특히 대중 의견의 지각에 대한 반응은 주로 민주주의의 결정 요인으로 암시된다. "양처럼 순하고 맹목적으로 군중을 따르는 행동과 같은 것"이라는 설명이 이러한 유형이다. 침묵의 나선 이론 역시 허위 의식을 지속시키는 기제가 연관된 것으로 간주되며(Noelle-Neumann, 1974), 여론 조사 결과는 "중요하지 않은 정보…… [그것은] 미국 선거 체계의 특성을 약화시킬 것"으로 지적되기도 한다(West, 1991: 152). 또한 모멘텀이 꼭 "비이성적으로 무리를 따라가는 것"(Achen, 1989: 212)을 만드는 것은 아니지만, 많은 관찰자들은 "이와 같은 현상이 일어나며, 또한 매우 해롭다고 확신한다"(Brady & Johnston, 1987: 129). "한번 승자 편승 효과가 시작되면, 사람들은 자신의 정치적 본능에 개의치 않고, 흥분, 새로운 얼굴, 놀라운 승리, 텔레비전 인터뷰, 잡지 표지에 휩쓸려 버릴 수 있다는 것"이다(Bartel, 1987: 19).

이런 형태의 영향이 정말로 해롭고 비이성적인 것인지는 의사 결정 과정의 바탕에 있는 심리학적 과정에 달려있다. 따라서 다음에서 나는 대중 의견에 대한 지각이 정치 태도에 미치는 영향과 관련해 그 과정을 논의한 몇 가지 다른 유형의 설명들을 평가해 보겠다.

6) 전략적 영향

가장 널리 연구되고, 잘 정리되어 온 비개인적 영향력의 기제 가운데 하나는 '전략적'이나 '기술적인 *tactical*' 투표에 관련된 것이다. 즉, 두세 명이나 그 이상의 후보들이 나오는 선거에서, 유권자들은 사람들로부터 더 많은 지지를 받는 것으로 지각된 후보쪽으로 지지의 변화를 보이게 된다. 자신의 한 표를 이길 가능성이 없는 후보에 던져 낭비하고 싶어하지 않기 때문이다. 대통령 예비 선거에서, 유권자들은 또한 대중 지지도를 특정 후보가 대통령 선거에서 이길 수 있는지를 고려하는 데 전략적으로 이용할 수 있다(Abramowitz, 1989; Johnston & Pattie,

1990). 이런 설명에는 사람들을 기대 효율을 극대화시키려는 이성적인 행위자로 보는 가정이 내재되어 있다.[5] 조기 승자 발표의 영향이 발생하게 되는 것 역시 효율 극대화의 바탕에서 이해되어 왔다. 즉, 이와 같은 입장에서 볼 때, 선거 결과가 일단 발표되면 투표의 효율성이 감소하고 따라서 투표자 수도 감소해야 한다. 마찬가지로, 각축전에서 많은 사람들이 투표에 참여하게 되는데, 이는 한 사람의 투표에 의해 선거 결과에 차이가 날 수 있는 가능성이 증가하기 때문이다.

　　하지만 이런 해석에 있어서 중요한 문제는 선거가 각축전이든 일방적인 것이든 간에, 혹은 어떤 측의 후보가 이기고 있든 뒤쳐져 있든 간에 한 사람의 투표가 선거를 뒤집을 가능성은 극히 작다는 점이다. 전략적인 투표자는 다른 사람들 또한 전략적으로 행동할 것이라고 가정해야만 할 것이다. 이런 제한점에도 불구하고, 일단 전략적 투표와 관련한 모델은 시민들이 다른 사람들의 의견에 대해 매우 이성적으로 대응한다는 시나리오를 밝혀주는 데 큰 기여를 했다. 확실히 전략적 투표는 복잡한 투표 상황에서 유권자의 면밀한 대응이다. 이런 점에서 볼 때, 대중 의견의 지각에 반응하는 것이 꼭 비이성적이거나 아무 생각 없는 정치적 행동을 나타내지는 않는다는 것은 명백하다. 대신 이는 매우 정교한 정치적 사고의 사례라고 할 수 있다(Popkin, 1991 참조).

　　전략적 투표의 증거 자체는 논란의 여지가 될만한 것은 아니다. 그러나 이것은 비개인적 영향력의 매우 작은 부분을 설명해 줄 뿐이다. 전략적 투표는 어떤 조건들, 특히 다수의 후보 가운데 선택하는 것 등 다양한 선택이 존재하는 상황에서, 정치 엘리트 같이 매우 생각 깊은 사람들이라는 조건에서만 일어나기 때문이다(Stone & Abramowitz, 1983). 아브람슨과 동료들은 전략적 투표는 대통령 예비 선거에서 정치적인 관여도가 매우 높은 유권자들 사이에서, 단지 약 10%의 투표 변화를 설명해 줄 뿐이라고 밝혔다(Abramson et al., 1992). 따라서 비개인적 영

---

5. 전략적 사고는 세 명이나 그 이상의 후보가 나오는 경선에서 선택의 변화를 설명해 주고 또한 이슈에 대한 두 가지 입장이나 두 명의 후보자가 있을 때, 여론 조사 결과의 공표와 관련된 승자 편승 현상을 설명하는 모델로 제시되어 왔다. 이런 모델의 기본적인 아이디어는 확고한 생각을 가지고 있지 않은 투표자는, 만일 이 투표자가 가세함으로 인해 늘어나는 힘이 확신이 없는 상태로 남음으로 인해 가질 수 있는 힘보다 크다면, 두 개의 선택 중에서 하나를 지지하게 될 것이라는 것이다. 유권자들은 이기고 있는 후보에게 단지 투표만 함으로써 추가적인 이득을 얻는다는 것이다(Brams & Riker, 1972; Straffin, 1977; Zech, 1975의 예 참조). 이후의 연구는 승자 편승 효과가 반드시 일어나야 할 때 뿐만 아니라 열패자 효과가 나타나야 하는 조건에서도, '승자 편승 곡선' 예측을 하게 해 왔다.

향력이 발생하는 과정을 밝히기 위한 대안적 설명이 반드시 있어야 한다.

또한 전략적 기제는 태도의 변화를 설명하는 데도 문제가 있다. 전략적 기제를 살펴본 연구들은 대중 의견에 대한 지각이 행동에는 영향을 미칠지 모르나, 태도에는 영향을 미치지 않는다는 점을 보여 주고 있다. 예를 들면, 전략적인 유권자들은 그들이 가장 좋아하는 후보자에 대한 원래의 선호는 유지한다. 즉, 투표자들은 덜 좋아하긴 하지만 이길 가능성이 더 큰 후보자에게 단순히 투표를 할 뿐이다. 따라서 비개인적 영향력과 관련한 이론을 행동뿐만 아니라 의견에까지 확장 적용시키기 위해서는, 더 다양한 기제들을 탐색할 필요가 있다.

7) 승자 편승의 동기: 승자와 함께 가기

전통적인 '승자 편승'의 아이디어 밑에 깔려있는 생각은 이기는 팀이나 이기는 후보와 같이 하는 것이 본질적으로 기쁘고 만족스럽다는 것이다. 바텔은 이를 모멘텀을 발생하게 하는 심리적 기제의 하나로 언급한다(Bartels, 1988). 그리고 선거전 여론 조사의 영향에 대한 대부분의 연구도 이와 같은 설명에 의존한다. 하지만 아쉽게도, 이런 심리학적 보상의 본질은 정치나 다른 차원에서 어떠한 방식으로도 다루어지지 않았다. 이 기제에 대한 대부분의 실증적 증거들은 실제로 유권자가 추구하거나 획득한 기쁨을 검증하기보다는, 다른 가능성을 배제한 다음 추론하는 논리에 근거해 왔다. 예를 들어, 바텔은 승리에 대한 예측이 후보자 선택에 미치는 어떠한 직접적인 영향도(더 호의적인 후보의 평가에 의해 매개되는 효과를 통제한 후에도) "승자와 함께 하고 싶다"는 욕구 때문이라고 돌렸다(Bartels, 1988). 마찬가지로, 아브라모위츠도 승리 가능성에 대한 지각이 미치는 영향이 전략적인 판단의 결과가 아닐 경우 전통적인 승자 편승의 기쁨으로 인해 발생한 것으로 가정했다(Abramowitz, 1989).

이와 같은 연구 결과들은 우리에게 시사하는 바가 있기는 하지만, 연구에서 제시된 증거들은 기껏해야 간접적인 증거이고, 다른 유형의 대안적 기제들을 무시하는 것이다. 게다가 승자 편승의 기쁨에 기초한 논리는 후보자 선호가 아닌 이슈와 관련한 의견에 영향을 미치는 상황으로 확장시키기 어렵다고 할 수 있다. 승자 편승이라는 생각은 정치적 후원자가 많았던 시대에 큰 의미가 있었다. 이런 환경에서, 시끄럽게 지껄이는 지지자들과 자원 봉사자들은 이기는 후보를 지지함으로 얻을 수 있는 가시적인 보상을 기대한다. 그러나 일반적으로, 최근의 선거의 경우 지지자들은 단순한 심리적 보상의 기쁨에 만족해야 한다.

간접적인 연대에서 오는 기쁨이 사람들의 선호를 바꾸기에 과연 충분한 것인가? 아직까지, 이런 영향의 기제와 관련한 연구는 대학생을 대상으로 소속 대학 미식 축구팀이 승리했을 경우를 살펴본 것에 국한되어 있다. 치알디니와 동료 연구자들은 승리한 팀에 대한 간접적인 연대를 맺는 것을 "반사된 영광의 은혜를 입는 것"이라 부른다(Cialdini et al., 1976: 366). 즉, 사람들이 "어떤 방식으로든 협력했던 타인의 성공의 영광을 공유할 수 있다고 느끼는 것"이라고 말하면서. 세 차례의 현장 실험 연구에서, 이들은 학생들이 소속 학교 운동 팀이 승리하지 않을 때보다는 승리할 때, 학교 문양이 새겨진 옷을 입음으로써 학교에 대한 연대를 공개적으로 선언하려는 경향이 있다는 것을 발견했다.

표면상으로, 이와 같은 증거는 잠재적으로 정치적 승자 편승 현상에 적용할 수 있을 것처럼 보인다. 그러나 사람들이 대리 연대를 통해 얻는 기쁨의 형태는 이 기제의 적용성을 한정시킨다. 치알디니 등은 사람들이 그들의 견해를 공개적으로 밝힐 때, 비슷하거나 동일한 견해를 가진 다른 사람들 앞에서 밝히게 되는 다소 제한된 상황에서만 이런 기제가 작동한다고 지적하고 있다(Cialdini et al., 1976: 384). 또한 사람들이 연대를 '공개적으로' 더 주장하는 이유가 그들 팀의 승리로 인해 그 대학에 대해 더 긍정적으로 생각하게 되었기 때문이 아니라고 본다. 대신 다음과 같은 이유를 제시한다. "사람들은 긍정적인 것과 관련되어 있다는 것을 공표한다. 일반 사람들이 긍정적인 것에 관련된 대상도 긍정적으로 평가하려는 경향이 있다는 것을 알기 때문이다." 대학 캠퍼스에서, 학생들은 면대 면 상황에서 마주치는 사람들 역시 학교 팀을 지지하고, 따라서 사람들이 그 학교 팀에 대해 가지는 긍정적인 감정들이 그들 자신에게도 옮아온다고 생각한다는 것이다.

정치에서, 매우 통제된 상황을 제외한다면, 어떤 사람이 보거나 듣는 범위 내의 모든 사람들이 동일한 이슈나 후보를 지지하게 되는 상황은 거의 일어나지 않는다. 더 중요한 것은, 지금까지 이 책 전반에서 비개인적 영향력이라는 개념을 한정지어 온 것처럼, 비개인적 성격을 지닌 사회적 영향이 일어나는 조건으로 완전히 지지적인 사회 환경과 면 대 면 접촉이 필요하지 않다는 점을 상기할 필요가 있다. 이런 이유들 때문에, 반사된 영광의 은혜를 입으려는 욕구만으로는 대중 의견에 대한 지각이 유발하는 영향에 대한 여러 가지 실증적 증거들을 다 설명할 수 없다. 승자에 편승하려는 사람들이 승자와의 연대를 공적으로 선언함으로써 얻는 것은 다른 사람이 볼 때, 그들을 더 좋게 생각하도록 만들 것 같은 눈에 비치는 공적으로 강화된 이미지이다.[6] 만일 반사된 영광에서 은혜를 입는 것이 정치적 승자 편승을 야기하는 심리적 기제라면, 이는 공적으로 표현된 행동에만 국한될 뿐이지, 투표와 같은 사적인 행동에는 적용되지 못할 것이다. 자신의 이미지를 좋게 만드는 것 자체는 개인의 의견 변화를 일으킬 수 있는 강력한 동기가 될 수 없기 때문이다.

승자와 함께 하고 싶다는 욕구도, 전략적인 고려들도, 규범적인 동조성도 대중 의견에 대한 지각에서 기인한 영향과 관련한 다양한 실증적 사례들을 모두 설명할 수 없다. 따라서 이제 나는 심리적 기제와 관련하여 또 다른 세 가지의 설명을 소개하고자 한다. 이 세 가지는 사람들이 마주 치게 되는 동질적인 사회 상황뿐만 아니라 이질적인 상황에서도, 공적이고 사적인 정치 태도에 미치는 영향을 설명할 수 있는 잠재력이 있다고 생각한다.

8) 합의의 휴리스틱

1992년 공화당원들의 정당 강령을 놓고 싸우는 동안, 낙태할 권리를 지지하는 사람들은 "낙태를 지지하는 공화당원: 우리당의 68%가 틀릴 리 없다"라는 슬로건을 쓴 플래카드를 들고 있었다(Pear, 1992). 낙태를 찬성하는 공화당원들이 이용한 호소 전략은 사실 미국 문화를 두고 볼 때 유서 깊은 것이었다. 1931년 처음 사용된 슬로건인 "50%의 프랑스 인들이 틀릴 리 없다"[7]로부터 시작하여 1960

---

6. 치알디니는 사람들의 공적 위신이 문제시되거나 성공한 집단에 대한 연대가 다른 수용자에 의해 공유되지 않을 때, 이런 효과들이 더 많이 발생한다고 지적한다. 승리하는 팀에 단순히 크게 끌린다는 데 바탕을 둔 설명은 이런 결과들을 해결 할 수 없다.

7. 이 슬로건은 텍사스 귀난 Texas Guinan 이 사용한 데서 비롯되었다. 그녀의 무용단은 1차 대전 중 미군들에게 매우 인기가 있었다. 그녀와 그녀의 무용단이 1931년 프랑스 입국을 거부당했을 때, 그녀는 "파리를 강타하다! 5000만의 프랑스인들이 틀릴 리 없다!"는 광고 슬로건을 이용했다(*New York World Telegram*, March 21, 1931).

년의 "5000만의 엘비스 팬들이 틀릴 리 없다"는 제목의 레코드 앨범까지, 또한 보다 최근의 "25만 명의 견실한 뉴햄프셔 사람들이 완전히 틀릴 순 없다"에 이르기까지(Bartles, 1988: 110), 심지어 익명의 숫자들도 설득력 있는 행동의 지침의 근거가 될 수 있다는 생각은 오랫동안 미국 사회에 자리잡아 왔다.

한편 사회 과학자들은 다른 관찰자가 존재하지 않는 상황에서 발생하는 사회적 압력의 유형에 대한 이론화 작업도 진행해 왔다. 예를 들면, 페스팅거의 사회 비교 이론은 사람들이 다른 사람들의 믿음에 의존하는 경우 그것은 다른 사람들이 그들을 인정하지 않거나 덜 좋아하지 않을까 하는 두려움에서 발생하기보다는 "옳은" 선택을 결정하려는 욕구에 기인한다고 보고 있다(Festinger, 1950, 1954). 마찬가지로, 도이치와 제라드는 규범적인 사회적 영향과 정보적인 사회적 영향을 구별하고, 후자를 다른 사람들의 견해를 현실에 대한 유효한 정보로 간주하는 사회화된 경향으로 파악했다(Deutsch & Gerard, 1955: 635). 즉, 가장 인기 있는 견해는 최고의, 가장 옳은, 바람직한 선택으로 간주된다. 여기서 "승자들"은 암묵적으로 선한 사람들로 가정된다. 그리고 그림 7-1의 시사 만화에서 제시된 바와 같이, 사람들은 그들이 대중의 행동과 의견의 "규범들" 속에 안주하는 데 안도감을 느끼는 것으로 간주된다.

≪세계 대전에서의 선전 기술 *Propaganda Technique in the World War*≫에서 라스웰은 이기는 것을 좋거나 옳은 것으로 연결시키려는 사회화된 경향을 "사고의 원초적 습관"이라고 지적한 바 있다(Lasswell, 1927: 102). "강한 자와 좋은 자 사이의 밀접한 관계 때문에, 승리에 대한 묘사는 풍요로워야 한다. 만일 우리가 이긴다면, 신은 우리 편이다. 만일 우리가 진다면, 신은 아마 다른 편일 것이다." 최근에는 이와 같은 아이디어를 공식적인 용어로 사람들이 합의의 휴리스틱 *consensus heuristic* 을 사용한다고 표현한다. 즉, 합의된 관점에 대한 정보는 사람들에게 인기 있는 것을 좋은 것이나 지적인 선택으로 결합시키도록 하는 사회화된 경향을 유발시킨다는 것이다(Axsom, Yates, & Chaiken, 1987; Chaiken, 1987). 한 후보나 이슈에 대한 동의를 나타내는 정보는 그 시각이 유효하다는 것을 나타내는 단순한 스키마로 작용할 수 있다. 미디어가 누구를 혹은 이슈나 쟁점의 어느 편이 앞섰다거나 뒤쳐졌다는 것을 강조할 때, 그것은 우연히 합의의 휴리스틱을 이용하도록 단초를 제공하고, 따라서 특정 후보나 이슈에 대한 태도를 변화시킬 수

이런 것이 요즘 세상 *This Modern World*

Tom Tomorrow

그림 7-1. 사회적 비교를 위해 주요 정보원으로 사용되는 뉴스 미디어

있다는 것이다.

합의가 의미하는 수사학적 가치에 대해서는 인정하고 있음에도 불구하고, 합의의 휴리스틱을 검증한 실증적인 데이터는 그리 많지 않다. 니스벳과 로스는 이를 두고 "잘 검증되지 않는 스키마에 대한 연구에서 매우 많이 언급된 사례"라고 말하기도 한다(Nisbett & Ross, 1980: 130). 이들은 합의의 휴리스틱의 기제와 관련한 연구 증거가 제한적인 데 대해 두 가지 잠재적인 이유를 들고 있다. 첫번째, 대부분의 연구에서 사용된 합의와 관련한 실험 처치가 효과를 유발하기에는 너무나 약하고 분명치 않았을 수 있다. 두 번째, 사람들이 이런 종류의 정보를 사용하는 데는 너무 많은 추론적인 단계가 필요할 수 있기 때문이다.[8]

---

8. 어떤 이유에서든, 사람들은 능력을 평가하는 데 합의와 관련한 정보를 사용하는 것처럼 보인다. 예를 들어, 사람들은

어떤 이유에서든, 대부분의 실험 연구는 합의의 휴리스틱이 심리적 기제로 작동하는 것을 제대로 검증하지 못해 왔다. 그러나 예외적으로, 액솜, 예이츠와 채이켄은 다수의 사람들이 지지하고 있는 방향으로서의 의견 변화가 이슈에 대해 관여도가 낮고, 인지의 필요가 낮은 사람들에게 나타난다는 실험 결과를 보고하고 있는데, 이는 합의의 휴리스틱과 연관될 수 있는 연구 결과이다(Axsom, Yates, & Chaiken, 1987). 즉, 사람들은 타인들의 반응을 단서로 이용해 이슈에 대한 주장을 형성하는 체계적인 과정을 거치려 하지 않는다는 것이다.

정치 외의 일상 경험에서, 의사 결정을 위해 정신적인 노력을 많이 하고 싶지 않을 때, 타인들의 의견으로부터 단서를 얻는 것은 매우 이성적인 의사 결정 전략일 수 있다. 사실 많은 삶의 영역에서 합의의 휴리스틱은 사람들에게 도움을 준다. 만일 한 도시에서, 대부분의 사람들이 한 레스토랑에서 지저분한 음식을 제공한다고 생각한다면, 그건 아마 사실일 것이다. 정치적인 결정이 필요한 영역에서 합의의 휴리스틱을 규범적인 관점에서 본다면, 분명히 논쟁의 여지가 많기는 하다. 휴리스틱이라는 것이 정보와 관여도가 낮은 경우 쉽게 이용될 수 있기 때문에 정치 영역에서도 휴리스틱은 의사 결정 과정에 잘 적용될 수 있다고 생각된다. 합의의 정보가 정치적 견해에 어떻게 영향을 미치는지를 설명하는 데 유용한 이론적 틀이 될 것이다. 하지만 이론적인 잠재력에도 불구하고, 정치적 견해를 형성하는 데 작동하는 합의의 휴리스틱의 역할은 아직까지 확실히 검증되지 않았다.

한 개인이 다른 대부분의 사람들이 실패한 것을 성공했다는 소식을 듣는다면, 이는 특정 개인이 뛰어나서 그렇다고 추론할 것이다. 반면 한 개인이 실패하고 다른 사람도 실패했다면, 그 원인을 그 일의 어려움에 돌릴 것이다. 이 경우에, 합의의 힘은 개인의 행동과 대부분 다른 사람들의 행동을 대조하는 데서 비롯된다. 만일, 선거에 이기고, 대중적 지지를 얻는 것을 능력이라 한다면, 우리는 이런 결과를 많은 후보자들이 경쟁하는 정치적 상황에서 적용될 수 있는 잠재적 이론으로 일반화시킬 수 있다. 한 후보자가 예비 선거에서 많은 지지를 끌어올 때, 투표자들은 이런 승리를 그 후보자의 우수한 능력 때문이라고 귀인하게 할 수 있다.

9) 인지 반응 기제

　　사람들이 자신과 멀리 떨어져 있는, 비개인적 타인의 의견과 관련한 정보에 반응하게 되는 또 다른 이유는 사람들이 타인의 생각을 알게 됨으로써 자신의 머릿속에 만들어 내는 생각들 때문이다(Petty & Cacioppo, 1981, 1986). 설득적 논증이나 인지 반응 이론이라 불리는 일련의 이론적 설명에 따르면, 사람들이 타인들의 견해를 알게될 때, 그들의 태도가 변화하게 되는 이유 가운데 하나는 다른 사람들의 의견을 아는 것이, 다른 사람들의 입장을 설명하는 주장을 떠올리게 하기 때문이다. 이런 주장들을 머릿속에 떠올림으로 인해, 그렇지 않았다면 기억하지 않았을 다른 사람들의 견해와 주장은 그 주장 쪽으로 자신의 태도를 변화하도록 점화시키는 자기 설득의 과정을 거치게 한다.

　　예를 들어, 대통령 예비 선거의 경우에, 더 많은 사람들이 특정 후보를 지지한다는 소식을 들을 때, 유권자들은 마음 속으로 다른 사람들이 그런 후보자를 지지하는 한 이유를 열거하면서 떠올릴 수 있다. 자신의 견해를 확실히 가지고 있지 않은 사람의 마음 속에 떠오르는 생각들은 특정 후보를 지지하는 것일 가능성이 크다. 대중들이 어떤 후보를 지지한다는 정보는 긍정적인 생각을 하게 만들기 때문에, 대중 의견에 대한 정보는 사람들이 자신의 견해를 형성시키는 데 영향을 미친다. 즉, 유권자의 마음 속에서 특정 후보에 대한 호의적인 주장들이 그렇지 않은 주장들보다 더 분명하게 잘 떠올려 질 수 있다는 것이다.

　　이 이론과 관련한 연구로서는, 타인의 입장에 관한 정보에 노출시키는 상황과 노출시키지 않는 상황에 피험자들을 무작위로 배당해서, 이에 따라 어떤 생각들을 떠올리지 않게 되거나, 반대로 인지적으로 정교화되는 과정들을 살펴보는 실험 연구를 들 수 있다. 이와 같은 절차를 거친 실험 결과는, 피험자들이 다른 사람들의 입장을 알고 또 그것을 떠올려 생각할 경우 실험 처치가 태도 변화 효과를 가져온다는 것을 알려 주고 있다. 피험자들은 다른 사람들이 왜 그런 입장을 가지게 되었는지를 설명해 주는 주장을 더 많이 기억할 수록, 그들의 태도를 다른 사람의 입장과 일치하도록 수정하게 된다는 것이다(Burnstein & Sentis, 1981; Burnstein, Vinokur & Trope, 1973).

　　반면 자신의 견해가 확실한 사람들은 다수의 의견때문에 휘둘리지 않는다. 캐신은 사람들에게 자신이 동의하지 않는 합의된 정보의 가치를 깎아 내리려는 경향이 있다는 것을 지적한다(Kassin, 1979a). 다른 사람들에 의해 합의된 정보가 자신의 견해와 다를 때, 이런 정보가 소수의, 믿을 수 없는 타인의 것이라고 가정하려는 경향이 있다는 것이다. 마찬가지로, 웰스와 하비 역시 합의된 정보가 유권자 자신의 견해와 다를 때, 사람들은 그 정보가 편향되어 있다고 쉽게 가정해 버린다는 것을 보여 주었다(Wells & Harvey, 1978). 정치 영역에서, 미국인들은 여론 조사에 근거한 정보에 대해 계속적으로 많은 회의를 표시해 왔다. 그리고 이런 회의주의는 아마도 반갑지 않은 뉴스일 때 가장 클 것이다. 이러한 깎아 내리기 전략은 시민들이 정보 그 자체의 타당성을 거부함으로써 표현된 대중 의견이 유발할 수 있는 영향에 저항하게 한다. 하지만 이러한 저항만이 매우 강한 신념을 가진 시민들에게 발생하는 유일한 결과는 아니다. 자신의 견해와 다른 합의된 정보를 접할 때 사람들은 대항 논리를 떠올릴 수 있고 오히려 자신의 견해를 더욱 강화하는 결과를 초래할 수 있다. 이 과정에서 시민들은 대체로 이분법적인 정치 선택을 매스 미디어를 통해 접하기 때문에 사실 이와 같은 효과를 실제로 관찰하기는 쉽지 않다.

부메랑과 열패자

비록 다수 의견 쪽으로 여론이 움직이는 현상에 대해 더 큰 대중적·정책적 관심이 모아져 왔지만, 비개인적 영향력의 심리학적 토대를 설명하는 이론을 완성하기 위해서는, 소수 입장으로 이동하려는 현상을 밝힌 많은 연구들을 역시 설명해야 한다. 소수의 견해를 따라가는 혼란스런 연구 결과들은 후보자에 대한 태도뿐만 아니라 이슈에 대한 태도 연구에서도 반복적으로 나타났다(Cloutier, Nadeau, & Guay, 1989; Lavrakas, Holley, & Miller, 1991).

합의의 휴리스틱은 '부메랑 Boomerangs'이나 '열패자 Underdogs' 효과를 쉽게 설명하지 못한다. 이는 합의를 바람직한 선택이라고 생각하게 만드는, 안정적이고 사회화된 경향을 제시하기 때문이다. 반면, 인지 반응 모델에 의한 태도 변화는 일방향적이지 않다. 이 모델은 합의와 관련한 단서가 사람들에게 타인들의 견해와 일치하거나 일치하지 않는 생각을 만들기 때문에, 사람들의 태도가 타인들의 의견 쪽이나 여기서 멀어지려는 쪽으로 동시에 변화할 수 있다는 것을 상정한다. 자신의 입장과 다른 타인의 의견에 노출되었을 때, 확고한 견해를 가진 사람은 자신의 입장을 지키려는 반론들을 머릿속에 준비할 가능성이 크다. 이런 반론들을 떠올림으로써 개인 자신이 원래 가지고 있던 의견을 강화시키고, 다수의 다른 사람들의 의견들로부터 더 멀리 떨어지게 된다(Petty & Cacioppo, 1979b, 1981). 즉, 효과에 저항하는 과정에서 대부분의 경우 이슈에 대한 관여도가 높은 사람들은 오히려 반대 방향으로 영향을 받을 수 있다. 이러한 예측은 열패자 효과가 사람들이 그들의 견해에 많이 집착해 있을 때 주로 일어난다는 선행 연구와도 잘 조화된다(Kaplowitz et al., 1983; Geer, 1989; Patterson, 1980).

또한 인지 반응 이론의 예측은 후보자들에 대한 중요한 정보가 같이 제공될 때에만 여론 조사 결과가 의견의 변화를 일으킨다는 이전의 연구 결과들과 잘 맞아 떨어진다. 공개적으로 표명된 대중 의견의 영향은 이슈나 후보자의 인기에 대해 노골적인 성격을 제공하는 정보에 의해 극적으로 변화할 수 있다. 예를 들면, 플레이타스는 여론 조사 결과가 선두 주자의 인기에 대한 부정적인 설명과 결합되면, 열패자 효과를 유발할 수 있다는 것을 발견했다(Fleitas, 1971: 436). 마찬가지로 웨스트도 게리 하트의 경우 먼데일의 대중적 지지도에 부정성을 가미하여 열패자 효과를 이용했다고 지적한다(West, 1991). 달리 말해, 만일 합의와 관련한 단서에 반응해서 열거되는 생각들이 이기고 있는 후보자에 대해 비호의적인 것이 된다면 열패자 효과가 잘 일어난다.

인지 반응에 기초하여 비개인적 영향을 해석해 보면 대통령 예비 선거에서의 모멘텀 연구가 계속해서 일치하지 않는 연구 결과를 보여 준 것도 설명할 수 있다. 사람들이 이슈나 후보자에 대해 가지고 있는 견해의 강도, 대안적 주장들의 가용성, 방향, 설득성에 따라 다수의 견해를 말해 주는 정보는 사람들의 의견을 다수 의견 쪽으로 움직이게 할 수 있고 오히려 소수의 의견 방향으로 전이시킬 수도 있다(Burnstein & Sentis, 1981). 만일 합의와 관련한 단서가 확실한 주장과 반론들을 떠올리게 하지 않는다면, 그 영향력은 매우 작아야 한다. 간단히 말해, 이 모델은 어떤 상황에서도 합의된 다수의 견해에 노출되기만 하면 태도 변화가 생긴다고 주장하지 않는다. 개인적·정치적 환경에 따라, 인지 정교화로 인한 변화의 정도는 다르다. 집합적으로 합산해 보면, 이런 효과들은 때때로 서로 상쇄되어 효과가 없는 것처럼 보이게 한다(Marsh, 1984a; Henshel & Johnston, 1987).

많은 실험 연구에서 인지 반응이 설득을 매개한다는 것이 발견되었다. 하지만 인지 반응 이론 자체는 대중 의견에 대한 정보가 인지 정교화와 자신의 견해에 대한 재평가를 자극시켜서 태도 변화를 가져오는 단서로 작용하는 역할에 대한 구체적인 언급이 없다. 합의의 휴리스틱의 경우와 마찬가지로, 인지 반응 모델은 집합적 의견이 개인의 정치 태도에 영향을 미치는 기제의 하나로서 더 검증을 해 보아야 할 접근이라 하겠다. 집합적 차원에서의 대중이 개인의 의견에 영향을 주는 과정은 매우 믿을 만한 정보원 한 사람이 개인의 의견에 영향 미치는 과정과 어떻게 다른가?

하킨스와 페티는 대학 졸업 종합 시험을 제도화하는 의견에 찬성하는 주장의 수와 그런 주장을 제공한 정보원의 수를 조작해서 실험 연구를 실시 했다(Harkins & Petty, 1981). 이들은 다수가 지지하는 정보원이 다수의 주장을 할 때 설득 효과가 강화되는 것을 발견했다. 두 독립 변인 각각의 효과를 따로 합한 것으로는 이런 영향을 설명할 수 없었다. 즉, 다른 사람들의 의견이 특정한 논리적 이유를 수반할 때, 태도 변화를 더 잘 일으킨다는 것이다. 하킨스와 페티는 다수의 정보원과 주장이 결합되면 그 주장이 사람들의 인지 구조 속에서 더 잘 처리된다고 결론 지었다(Harkins & Petty, 1981). 실험 결과, 다수의 정보원과 주장이 있는 조건에 노출된 피험자들은 다른 조건에 노출된 피험자들보다 그 이슈에 대해 더 호의적으로 생각했고 태도 변화를 크게 일으켰다.[9] 비록, 이 연구에 사용

9. 이미 언급된 것들 외에, 몇몇 다른 가능성 있는 기제들이 있다. "친밀성 *familiarity*," "전염 *contagion*"(Bartels, 1988)이나 "암시성 *suggestibility*"이라 불리는 기제(Geer, 1989; Norrander, 1991)에서는 사람들이 이길 가능성나 선출 가능성과 같은 요인들을 의식적으로 고려하는 것이 아니라고 본다. 대신, 예비 선거 승자들이 미디어의 주목을 받고, 따라서 다른 후보자들 보다 투표자들에게 더 친밀성을 주기 때문에 비개인적 영향이 일어난다는 것이다. 패터슨은 카터가 1976년 대통령 예비 선거에서 초기에 승리함에 따라 인기를 더 얻게 된 것을 친밀감으로 비개인적 영향을 해석하는 예로 든다(Patterson, 1980: 116). 바텔은 전염은 미디어에서 그 후보를 거론하는 회수의 기능이라고 본다(Bartels, 1988). 반면, 미디어의 주목을 많이 받을수록, 후보자의 입장을 띄워 주는 것으로 보기 힘든 비판적인 주목 또한 늘게 된다(Hagen, 1996).

단순한 노출만으로 긍정적인 감정을 만들어 내고(Zajonc, 1996), 단순한 제시가 행동에 영향을 미칠 수 있다(Phillips, 1980의 예는 예들이 있긴 하지만, 이와 관련된 연구들은 일반적으로 이런 효과들이 왜 발생하는지를 설명하는 정확한 기제를 제시하지 못하고 있다. 예를 들면, 자살 소식을 공표하면 자살이 잇따른다는 증거는 인지 반응 기제와 비슷한 기능이다. 자살 소식에 대한 공표는 사람들이 머릿속에 그렇지 않으면 떠올리지 않을 생각들을 하게 만들고, 이는 그들 스스로 자살을 고려할 할 가능성을 증가시킨다.

정확한 기제가 있는지 불명확함에도 불구하고, 암시성은 이성적인 정치적 의사 결정의 시각에서 볼 때 가장 덜 바람직한 것으로 확실하게 묘사된다. 바텔은 이러한 견지에서 모멘텀이 "정치적 과정이라기보다는 커뮤니케이션되는 질병으로 보이게 된다"고 지적한 바 있다(Bartels, 1988: 111).

된 다수의 정보원과 대중 의견이 똑같은 차원은 아니지만, 이 연구 결과는 수가 적어도 부분적으로는 인지 반응 과정에 영향을 미친다는 것을 보여 준다.

2. 다양한 이론들의 통합

위에서 살펴본 심리적 기제와 관련한 가능한 설명들은 우리가 비개인적 영향력의 과정을 설명하기 위해 상호 배타적으로 선택해야 할 옵션은 아니다. 비개인적 영향은 다소 다른 상황이나 다른 하위 집단에서 동시에 작용하는 다른 종류의 사회적 영향의 기제가 결합되어 발생할 가능성이 더 크다. 일반적인 이론적 틀을 마련하기 위하여, 나는 위에서 세 가지의 가장 적합한 설명들을 추려 내려 했다. 이것들은 공적 태도 변화 뿐 아니라 사적 태도 변화와도 결합되며 면 대 면이나 대인 간의 상호 작용이 필요한 조건도 상정할 필요가 없다.

먼저 특정 조건에서 전략적 사고가 정치적 행동에 영향을 미친다는 증거와 이러한 전략적 영향이 집합적 의견 쪽으로, 혹은 거기서 멀어지는 쪽으로 움직이게 만든다는 증거는 분명히 나타난다. 그러나 전략적 사고에 의해 행동에 영향을 받는 사람들은 엘리트나 정치적으로 관여도가 높은 시민들이라는 점 또한 명확하다. 만일 전략적 영향만이 유일하게 작용하는 기제이고, 정치적으로 관여도가 높은 사람들만이 유일하게 영향을 받는다면, 비개인적 영향의 정도는 그리 크지 않을 것이다. 이는 상대적으로 적은 수의 공중의 행동에는 영향을 미치지만, 의견에는 영향을 미치지 않는다.

스펙트럼의 다른 끝에는, 지식 수준이 매우 낮은 사람들이 다른 사람들의 의견을 '옳거나' 더 식견 있는 선택을 나타내는 단서로서 이용하는 것처럼 보인다. 즉, 이들은 정치와 관련한 지식이 별로 없고 불확실성이 높은 조건에서, 합의된 정보를 휴리스틱 단서로 이용한다.

또 다른 사람들은 대중 의견에 대한 정보가 그들에게 다른 사람들이 특정한 견해를 가지게 하는 이유에 대해 생각하게 만들기 때문에 공표된 대중 의견으로부터 영향을 받을 수 있다. 이런 기제에 의해 더 영향을 받는 사람들은 정치 지식이나 관여에 있어 중간 정도의 수준에 있는 사람들이다. 이런 사람들은 인지 반응을 머릿속에 반복하는 데 필요한 최소한의 정보를 가지고 있지만, 특정한 견해를 미리 가지고 있을 만큼 관여도가 높지 않다.

이와 같은 일반적인 틀은 비록 비개인적 영향력이 제한된 사람들에게만 나타나지만, 이를 유발하는 기제는 시민들의 다양한 정보 수준과 정치 의사 결정 과정에 대한 관여 정도에 따라 다르다는 것을 기초로 마련한 것이다. 나는 다음으로 대중 의견에 대한 지각이 정치 태도와 행동을 바꾸는 데 중요한 역할을 한다는 실증적 증거들을 제공하고, 비개인적 영향력이 발생하는 과정에 대해 적절한 설명을 제공할 수 있는 이론들에 대한 실증적 검증을 시도하려 한다.

3부의 남은 부분에서, 대중 의견에 대한 표상이 정치 태도와 행동에 미치는 영향을 살펴보기 위해 실시된 7개의 연구 결과들을 종합하여 제시하려 한다. 각각의 연구에서 다른 사람들의 시각을 지각하게 되는 것이 정치 이슈와 후보자들에 대한 정치 태도에 중대한 영향을 미친다는 것이 발견되었다. 또한 이 장에서 개략적으로 설명한 세 가지의 다른 심리적 기제를 정치 관여도가 서로 다른 세 집단에 적용해서 분석하려 한다. 대선 예비 선거 후보의 잠재적 선거 자금 기부자로 구성된 매우 관여도가 높은 집단과 대통령 예비 선거에 투표할 것 같으나, 그 결과에 대해 상대적으로 신경을 쓰지 않는 중간 정도의 관여도를 가진 집단, 그리고 익숙하지 않은 정치 후보자들에 대해 판단을 내려야 하는 유권자로 구성된 매우 관여도가 낮은 집단을 중심으로 살펴본다.

1961년에 켈만은 사회적 영향에 관한 주요 이론들을 크게 세 가지 큰 범주로 정리하려는 시도를 했다. 먼저, 규범적인 동조성이나 그가 순종의 획득 *compliance gaining* 이라 부른 것을 강조하는 이론들이 있다. 이 기제는 "한 개인이 다른 사람들로부터 호의적인 반응을 얻길 바라기 때문에, 다른 사람이나 집단으로부터의 영향을 받아들일 때" 작동된다. 사회적 영향의 두 번째 기제는 일체감과 관련되어 있다. 즉, "한 개인이 다른 사람이나 집단의 행동을 받아들이는 것은 이러한 행동이 스스로 정의한 다른 사람 또는 집단과의 관계를 만족시키게 하기 때문"이라는 설명이 이와 관련되어 있다. 그리고 켈만이 "내면화 *internalization*"라고 부르는 세 번째 기제는 "그 행동이 한 개인의 가치 체계와 일치하기 때문에 영향을 받아들일 때" 일어난다(Kelman, 1961: 63~5). 즉, 어떤 행동을 하게 되는 것에 기본적으로 만족해야 할 보상이 따르고, 한 사람이나 집단은 그/그녀에게 마음을 바꿀 수 있는 설득적 근거를 제공함으로써 개인에게 영향을 줄 수 있다는 것이다.

분명히, 내가 "비개인적 영향력"이라고 명명한 사회적 영향의 과정은 이런 세 가지 유형 중 어느 것과도 꼭 들어맞지는 않는다. 비개인적 영향은 집단에 대한 긍정적이거나 부정적인 감정을 제공해야 하는 것도 아니고, 집단적인 의견에 대한 순종을 강화시키는 감시의 기제를 강제하지도 않는다. 동시에, 다수 대중의 집합적 입장을 내세우는 설득력 있는 주장이 이런 영향을 직접적으로 일으키는 것도 아니다.

집합체로서의 다수 대중에 대한 지각이 개인의 의견과 행동에 영향을 미치는 상황을 설명하기 위해서는 또 다른 설명이 필요하다. 비록 비개인적 맥락에 적용되는 이론들이 한동안 사회 심리학자들의 실험실을 맴돌긴 했지만, 집단 일체감, 논증을 통한 설득, 규범적인 사회적 영향과 관련해서는 많은 연구들이 수행된 반면 아직까지 정치 태도와 관련해서는 적용된 것이 드물다. 8장에서는 특별히 정치적 상황에서 이런 이론들을 평가하고, 일반적인 사회 심리학 기제들의 검증뿐만 아니라 구체적인 정치 맥락에서의 적용 가능성을 평가해 볼 기회를 갖도록 하겠다.

8

개인적 판단 형성에서
집단적 의견의 역할 : 과정과 효과

7장을 다시 한 번 개괄해 보면, 모든 사람들은 비개인적인 영향을 받을 수 있지만, 이런 영향의 발생에는 사람들마다 근본적으로 다른 이유가 있으며 또한 다른 과정을 거치게 된다는 것이다. 자세히 말하면, 정치적인 관여도가 매우 높은 사람들은 전략적인 이유로 타인들의 견해를 고려하는 경향이 있다. 관여도가 중간 정도인 사람들은 대중 의견에 대한 단서를 머릿속에 떠올리게 하는 논의의 강도와 유의성誘意性때문에 타인들의 견해에 대한 지각에 반응한다. 마지막으로, 관여도가 가장 낮은 사람들은 대중 의견에 대한 정보를 '옳거나,' 가장 타당한 정치적 선택으로 여기는 휴리스틱으로 사용한다. 이러한 차이를 고려하여, 이 장은 세 부분으로 나뉜다. 첫번째와 두 번째 부분에서는, 개인의 판단에 영향을 미치는 비개인적 영향의 기제들 가운데 아직까지 많이 검증되지 않은 인지 반응 기제와 합의의 휴리스틱에 대한 실증적 연구 결과가 제시된다. 그리고 세 번째 부분에서는 대중 의견에 대한 정보를 전략적으로 이용하게 되는 상황에 대한 사례를 소개한다. 엄밀히 말하면, 전략적인 기제는 태도 변화보다 행동 변화를 설명한다. 따라서 마지막 연구에서는 후보자나 이슈에 대한 태도 측정보다는 실제 현실에 있어 정치적 행동을 분석하고 있다.

지각된 의견이 개인의 판단에 미치는 영향에 대한 수많은 선행 연구들에서 나타난 방법론적인 문제를 피하기 위해, 정치적 의견에 대한 효과 연구에서는 서베이와 실험을 결합한 연구 디자인을 채택했다. 이러한 연구 디자인은 피험자들을 무작위 배정하여 통제 집단을 마련했고, 무작위로 추출된 전국 서베이 표본을 사용했으므로 연구 결과에 대한 일반화의 가능성도 있었다. 앞으로 제시될 각각의 연구들은 세부적으로는 조금씩 다르긴 하지만, 대중 지지도를 다르게 조작하여 후보자나 이슈의 대중적 인기와 관련한 여론의 단서를 가상으로 제작된 뉴스에 끼워 넣어 응답자들에게 제시하는 방법을 이용했다. 이러한 여론과 관련한 단서를 응답자에게 제공한 바로 다음 응답자의 태도를 측정했다. 모든 경우에, 각각의 응답자들은 컴퓨터를 이용한 전화 인터뷰를 통해 오직 하나의 조건에 무작위로 배정되어, 오직 하나의 실험 자극에만 노출되었다.

비록 실험 설계가 인과 관계의 방향을 쉽게 확립할 수 있게 만들어졌고, 인과 관계의 설정을 위협하는 요인들을 배제하도록 고안되었지만, 이것만으로는 태도 변화의 기저에 있는 심리학적 과정들을 모두 통찰할 수는 없다. 따라서 서베이 실험을 결합한 연구에서는 전통적인 심리학 실험에서 이용되어 온 "생각 목록 *thought-list*" 질문 항목도 포함하여 측정했다(Brock, 1967; Greenwald, 1968). 이 항목은 후보자나 이슈에 대한 의견을 묻는 질문 직후에 주어졌는데, 응답자들에게 그들의 의견을 묻는 질문에 답하는 동안 머릿속에 생각했던 것을 말하도록 하는 것이었다. 이런 개방형 질문에 대한 응답은 대답한 그대로 기록하였고, 나중에 인지적인 차원의 하부 단위로 나누어(Meichenbaum, Henshaw, & Himel, 1980), 의견이나 생각의 방향 또는 유형에 따라 코딩하였다.

인지적 정교화 *cognitive elaboration* 의 측정을 통해 심리 기제를 밝히는 데 필요한 두 가지 문제를 다룰 수 있었다. 첫번째는 대중 의견에 대한 정보가 응답자들의 머릿속에 떠올리게 되는 주장의 수와 종류에 영향을 미치는지의 문제이다. 인지 반응 이론에 기초한 해석에 의하면, 대중 의견에 대한 뉴스는 응답자가 찬반의 다양한 입장들에 대한 이유를 생각하게 만든다. 이런 해석에 따르면, 통제 집단의 응답자들은 거의 아무 생각도 떠올리지 않아야 한다. 두 번째는 생각 떠올리기 — 대중 의견에 대한 단서와 일치하는 생각이든 그렇지 않든 간에 — 는 다중의 의견에 대한 정보가 개인의 태도에 영향을 미치는 데 필요 조건인가에 대한 문제이다. 인지 반응 이론은 의견의 변화가 응답자들이 이슈나 후보자에 관련된 생각들을 가지고 있을 때에만 일어난다고 주장한다. 그 생각들은 대중 의견에 대한 단서에 반응하여 머릿속에 떠올려지게 된다는 것이다. 반면, 만일 합의의 휴리스틱이 작동된다면, 상대적으로 적은 생각을 떠올리는 응답자들이 의견을 더 잘 바꿔야 된다.

1. 중간 정도로 관여된 사람들의 인지 반응 기제:
민주당 예비 선거에서의 실험

정치적으로 중간 정도 관여된 투표자들의 태도에 미치는 대중 의견의 영향에 대한 인지 반응 이론을 1992년 민주당 대통령 예비 선거 기간 동안 실시된 전국 서베이와 함께 진행한 실험 디자인을 이용하여[1] 검증해 보았다. 실험 자극은 1992년 민주당 대통령 후보 지명전에 나온 몇몇 후보자들에 관한 것이었는데,[2] 자극들의 신뢰도를 높이기 위해서, 후보자들의 최근 인기도에 관한 주장을 당시 실시된 여러 여론 조사 결과를 바탕으로 만들었다.[3]

3×3 디자인에서 나온 9개의 조건 가운데 하나에, 스스로 민주당원이라고 밝힌 사람들을 무작위로 배정했다.[4] 후보에 대한 지지도는 긍정, 부정, 통제

---

1. 순환 단면 서베이 *rolling cross-sectional survey* 에서 표본을 추출하는 과정은 날마다 실시한 인터뷰들을 다른 날의 인터뷰들과 합쳐서, 자의적으로 나눈 시기 동안의 확률 표본을 얻을 수 있도록 했다. 데이터는 1991년 12월에 모으기 시작하였고, 1992년 6월까지 계속되었다. 마지막 데이터 수집은 언제 특정 후보자가 선거전에서 손을 떼는지에 따라 약간씩 달랐다.

2. 단서는 다음과 같은 표현을 이용하여 구성했다. "귀하가 들어 알고 있는 것처럼, 최근의 여론 조사들은 (많은 수의／매우 소수의) 민주당원이 민주당 대통령 후보로 (후보자 이름) 지지한다는 것을 보여 준다." 연구 윤리적인 측면을 고려할 때 응답자에게 알려 준 정보는 연구를 진행하던 당시 정치 환경에서 실제로 구할 수 있었던 것이어야 했다. 이런 정보는 신문과 그 외 정기 간행물을 넥시스 Nexis 컴퓨터 검색을 통해 얻을 수 있었다. 주 예비 선거와 당원 대회가 서로 약간씩 다른 규칙과 대의원 선출 방식을 가지고 여러 곳에서 진행되는 상황에서 그 당시에 전국적으로 보아 어느 후보가 진짜 앞서는지 결정하는 것은 매우 어려웠다. 이 실험에 사용된 단서들은 비록 서로 명백히 모순되는 내용이긴 했지만, 응답자들이 선거 운동 기간에 뉴스 미디어를 숙독하면 쉽게 얻을 수 있는 정보를 사용했다. 즉, 미디어 보도에서는 누가 선두에 있는지에 대한 공통된 의견을 얻기가 사실 어려웠다.

3. 여론 조사에 바탕을 둔 경마식 정보에 어떤 특별한 지위를 부여하지는 않는다. 즉, 유권자의 인상은 특정 예비 선거 결과에 대한 언론인의 해석이나 또는 단순한 숙고로부터 변할 수 있었다. 그러나 이 기간 동안 예비 선거 여론 조사가 증가했고 그 결과들이 서로 달랐다는 점에서 여론 조사 결과들이 이런 인상들을 전달한 수단이라고 믿을 수 있었다. 지금까지 대중 의견의 상태나 여론 변화 방향을 지각하는 것이 더 큰 효과를 낳는지에 대한 연구 결과들은 일치되지 않고 있다(Kaplowitz et al., 1083; West, 1991; McAllister & Studlar, 1991; Marsh, 1984b). 따라서 이런 실험 조작을 하면서 그 당시의 후보자 지지도를 참조했다.

4. 투표 참여 가능성에 대한 자기 보고식 응답의 문제점과 함께, 전국 표본에서 예비 선거의 예상 투표자들을 골라 내는

집단의 세 가지로 나누어 조작했다.[5] 긍정적 지지 조건의 단서로는 최근의 여론 조사에서 많은 수의 민주당원들이 그 후보를 민주당 대통령 후보로 지지한다는 내용을 제시했다. 반면 부정적 지지 조건은 여론 조사에서 '매우 소수'의 민주당원이 그 후보를 지지한다는 내용을 제시했다. 단서 제시 후 곧바로 이어서, 응답자들에게 어떤 후보자가 민주당 대통령 후보로 가장 마음에 드는지 대답하게 했다.[6] 통제 조건에서는 질문 전에 응답자에게 어떠한 단서도 주지 않았다. 두 번째 실험 요인으로는 후보자에 대한 '대중 의견이 언급된 단서'를 이용했다. 세 명의 후보자들 — 클린턴, 브라운, 하킨 — 연구에 이용했다. 마지막으로 정치적 관여의 수준이 설득될 가능성에 중요한 함의를 지니기 때문에, 태도의 중요성에 대한 추가 질문을 서베이에 포함하였다.[7] 당원들이라는 표본의 성격에서 예측할 수 있듯이, 이 질문에 대한 응답은 응답자들이 예비 선거 후보의 선택을 그들에게 "매우 중요한" 결정이라고 생각하는 쪽으로 많이 기울어져 있었다. 43%가 "매우 중요한" 결정이라고 응답한 반면, 단지 3%이 "전혀 중요지 않다"고 응답했다. 전체적으로 보았을 때에도, 표본의 83%가 "중요하다"나 "매우 중요하다"의 범주에 집중되어 있었다. 이런 패턴은 심지어 상대적으로 덜 관여된 잠재적 예비 선거 투표자들도, 적어도 정치적으로 중간 정도는 관여되어 있음을 확인시켜 주었다.

관여의 수준 사이에 의미 있는 차이를 만들고, 연구의 각 셀 *cell*에 충분한 수의 사람들을 유지시키기 위해 태도의 중요도를 측정한 것을 기초로 응답자

것은 모든 주에서 직접 예비 선거를 실시하지는 않는다는 점과 각 주가 약간씩 다른 자격 규정을 적용해 예비 선거를 진행한다는 사실 때문에 매우 어려운 일이다(Nelson, 1993 참조). 이 연구에서 이런 복잡한 문제들은 모든 민주당원들을 잠재적인 예비 선거 투표자로 포함시킴으로서 해결하였다.

5. 비록 이런 데이터가 예비 선거 기간 초반부터 모아지기 시작했지만, 어떤 지지의 단서가 다른 것들보다 더 믿을 만하다고 생각하는 사람이 있을 수도 있다. 단서가 그럴듯한 지를 평가하기 위해, 단서를 제시하지 않은 조건의 응답자들에게 서베이 후반부에서 그들이 생각하기에 누가 민주당 예비 선거전에서 앞서나가고 있는 것 같은가 물었다. 이 연구에서 살펴본 세 후보 모두 두 자리 숫자 퍼센트로 언급되었다. 이 결과는 일부 단서만이 그럴듯해 보인다는 주장에 대해 어떤 명백한 합의가 존재하지 않는다는 것을 말해 주는 것이었다.

6. "귀하의 생각은 어떻습니까? 당신은 현재 민주당 대통령 후보 지명전에서 나온 후보 중 누구를 가장 좋아합니까? 더그 와일더 Doug Wilder, 폴 송가스 Paul Tsongas, 빌 클린턴 Bill Clinton, 밥 케리 Bob Kerrey, 톰 하킨 Tom Harkin, 아니면 제리 브라운 Jerry Brown?" 후보자 이름은 무작위로 배열되었으나, 목록에서 후보자의 번호는 후보자들이 선거전에서 손을 뗌에 따라 바뀌었다(자세한 사항은 Mutz, 1997 참조).

7. "어떤 후보를 지지하는가를 결정하는 것이 당신에게 매우 중요한지, 중요한지, 별로 중요하지 않은지, 전혀 중요하지 않은지를 말씀해 주시겠습니까?"

들을 두 집단으로 나누었다. 지지할 후보의 결정을 매우 중요하게 생각하는 집단(관여도가 매우 높은 사람들)과 매우 중요하게는 생각하지 않는 사람들로 나누었다. 즉, 관여도가 높은 사람들과 나머지 응답자로 구분하여 집단을 나누었다. 이 나머지 집단의 압도적인 다수는 중요한 결정이라고 생각하는 사람들(중간 정도의 관여도를 갖는 사람들)이었다.

1) 인지적 정교화의 효과

인지 반응 기제는 다른 사람들의 견해에 대한 정보가 먼저, 후보자나 이슈의 인기에 관한 생각들을 떠올리게 한다고 설명한다. 그리고 이런 생각들이 이후에 의견 변화를 촉진시킨다는 것이다. 인지적 정교화 측정치를 종속 변인으로 하여,[8] 먼저 이 과정의 첫번째 요소를 살펴보았다. 연구 결과, 긍정적·부정적 단서의 방향은 사람들이 떠올리는 긍정적·부정적 생각의 전반적인 균형에 영향을 미치지 않았다. 오히려 사람들은 그들이 받은 단서와 일치하는 생각만큼이나 반대하는 생각도 떠올리는 경향이 있었다.

그러나 인지적 정교화의 정도는 실험 조건에 의거해서 가정한 방향과 일치했다. 통제 집단에 배정된 사람들 가운데 73%가 후보자와 관련된 생각을 했다. 반면, 긍정적이거나 부정적인 단서를 제공한 조건에 포함된 사람들은 각각

---

8. "귀하가 후보자 선택에 대해 생각하는 동안에, 어떤 종류의 생각들이 떠올랐습니까?"에 대한 응답은 다음과 같이 분류되어 코딩되었다. (1) 피험자의 실험 조건과 일치하는 후보자에 지지적인 생각이나 주장 혹은 그 후보의 경쟁자에 대해 반대하는 생각이나 주장, (2) 실험 조건에 일치하는 후보자에 반대하는 생각이나 주장, 혹은 그의 정적 중 한 명에 대해 분명히 지지하는 생각이나 주장. 예비 선거 후보자 선택과 전혀 관계없는 생각과 주장들은 제외되었다(예, "나는 네브라스카에 갔다 왔다").

예를 들어, 클린턴에 대한 긍정적, 부정적, 혹은 통제 조건에 있는 사람이 클린턴에게 호의적이거나 그의 경쟁자에 반대하는 생각을 떠올리는 것은 클린턴을 지지하는 것으로 간주되었다("그[클린턴]는 중산층이나 노동자들의 생각을 확실히 알고 있다. 나는 제리 브라운 같은 사람보다는 그가 더욱 믿을 만하다고 생각한다. 만일 그가 평범한 사람이라면, 이런 스캔들이 생겨나지 않을 것이다"). 마찬가지로 클린턴에 반대하는 논평이나 다른 후보자들에게 분명히 호의적인 생각들은 반클린턴으로 간주되었다("그[클린턴]는 진보적이지 않다. 브라운이 더 진보적인 대통령이 될 것이다. 어떤 사람도 그 사람[케리]에 대해 험담하는 것을 본적이 없다").

(이번 경우처럼) 특정 이슈에 대해 생각 목록 질문을 한 실험 조건에서는 응답자들이 그 이슈와 관련된 응답을 더 많이 하게 된다. 반면, 좀더 일반적인 사항에 대해 생각 목록을 질문하면 응답자들은 많은 생각을 제시하기는 하지만 많은 부분이 이슈와 관련 없는 것인 경향이 있다(Cacioppo & Petty, 1981). 접근 방법의 선택은 일반적으로 연구 목적에 달려 있다. 이번 경우에는 되도록 후보자와 관련 있는 생각들을 많이 얻는 것이 중요했다.

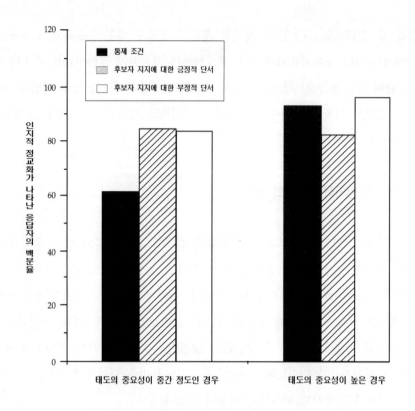

그림 8–1. 실험 조건과 태도의 중요성의 수준에 따른 인지적 정교화 정도
(민주당 예비 선거 실험)

84%와 89%가 후보자와 관련된 생각을 했다. 후보 지지 단서는 사람들에게 다른 사람들이 주어진 후보를 왜 지지하거나 반대하는지 생각하게 함으로써 인지 반응을 하게 유도하는 것으로 여겨진다. 비록 대중 의견에 의해 뒷받침된 입장을 항상 지지하는 것은 아니지만, 후보자 지지에 대한 정보는 모든 종류의 인지적 정교화의 수준을 높일 수 있었다. 로지스틱 회귀 분석은 이러한 패턴이 유의미하다는 것을 보여 주었다(전체 결과표는 Mutz, 1997 참조). 그리고 응답자의 관여 수준도 중요하게 작용한다는 것도 발견되었다. 태도의 중요성은 우리가 예상했던 방향으로 중요한 독립적인 영향을 미쳤다. 후보자 선택 결정이 중요하다고 생각하는 사람들이 전반적으로 더 많은 인지 반응을 보여 주었던 것이다.[9] 그러나 지

---

9. 사람에 따라 인지 반응 숫자의 분포는 매우 치우쳐 있다. 후보자를 지지하는 단서가 더 큰 인지적 정교화를 촉진시킨다는 가설을 검증하기 위해, 응답자들이 한 후보자나 후보자의 선택과 관련 인지 반응을 보였는지 여부에 따라 양분했

지적인 단서와 정교화의 정도(양적 측면) 사이의 관계는 주로 이 결정이 중요하지 않다고 생각하는 응답자들에게서 나타났다. 이와 같은 상호 작용은 후보자 결정을 상대적으로 중요하지 않다고 여기는 사람들이 후보자 지지와 관련한 단서에 의해 높은 수준의 정교화로 유도된다는 것을 보여 준다. 또한, 후보자 지지의 단서는 상호 작용을 배제시켰을 때, 전체 표본 모두에서 인지적 정교화의 정도에 통계적으로 유의미한 영향을 미쳤다. 그러나 태도의 중요성이라는 변인과 이 변인과의 상호 작용을 분석에 포함시키면, 이 효과가 주로 태도의 중요성이 낮은 수준에 있는 사람들에 의해 나타나게 되었다는 것이 명확해진다.

그림 8–1은 실험 조건과 태도의 중요성 정도에 따른 인지적 정교화의 차이를 보여 준다.[10] 태도의 중요성이 높은 응답자들은 긍정적인 단서와 부정적인 단서 그리고 통제 조건 여하에 따라 인지적 정교화 정도에 거의 차이를 보이지 않았다. 그러나 후보자 결정이 덜 중요하다고 생각하는 사람들의 경우, 후보자 지지의 단서를 제공받은 사람들에게서 인지적 정교화의 정도가 유의미하게 커진다. 즉, 처음에는 이 결정에 대한 생각을 많이 확대시킬 것 같지 않던 사람들 사이에서, 후보자 지지에 관한 정보는 더 높은 인지적 정교화를 촉발시켰다.

2) 후보자들에 대한 의견의 영향

인지 반응 이론의 두 번째 요소는 지지적 단서가 후보자들에 대한 긍정적이거나 부정적인 생각을 떠올리게 해서 결과적으로 태도 변화를 일으킨다는 것이다. 후보자를 지지하거나 반대하는 생각의 균형을 보여 주는 세 가지 수준의 생각 목록과 태도의 중요성이라는 두 개의 실험 요인을 변량 분석해서 이런 가설을 검증해 보았다.[11] 태도 변화와 관련한 인지 반응 이론의 설명은 지지적 단서와 후보자 — 지지 생각이나 후보자 — 반대 생각이 상호 작용한다고 예측

다. 정교화가 후보자 선호에 미치는 영향을 살펴보기 위해, 정교화의 방향성도 고려했다. '후보자 지지'와 관련된 생각에서 '후보자 반대' 생각의 수를 뺀 수를 3등분해서, 음의 수는 –1, 양의 수는 +1, 전혀 정교화를 보이지 않은 사람들을 0으로 하였다. 이는 태도 변화를 예측하는 데 중요한 차이인 어떤 사람이 그 후보자를 지지하는 생각을 더 떠올리는지, 그 후보자에 반대하는 생각을 더 떠올리는지, 혹은 정교화하는 데 실패했는지에 기초해 분류한 것이다.

10. 그림 8–1과 이후의 그림에서, 둥근 괄호 안에 있는 숫자들은 분류된 각 실험 조건에 속한 응답자 숫자를 나타낸다.

11. 인지 반응의 균형이 정적인지, 부정적인지, 중립적인지에 대한 코더간 동의도는 .95였다.

한다. 후보자 지지적 단서는 사람들이 그들을 설득하려는 주장을 떠올릴 때만 후보자 선호를 단서의 방향으로 이동시킨다. 이런 과정은 특히 후보자 선택이 덜 중요하다고 생각하는 사람들에게 일어날 가능성이 높다. 만일 단서가 1차적으로 반대 주장을 떠올리게 한다면, 이들은 단서가 제공하는 지지의 반대 방향으로 움직여 열패자 효과가 일어날 수 있다.

이 같은 결과는 지지의 단서가 후보자의 선호에 어떠한 직접적인 영향도 미치지 못한다는 것을 보여 준다(통계적인 세부 사항은 Mutz, 1997 참조).[12] 후보자가 누구인가에 따라 다르게 나타날 수 있는가를 검증해 본 결과, 이 연구에서 이용된 세 명의 후보에 대한 지지도에 차이가 있었다는 것만 확증되었다. 인지적 정교화가 후보자의 선택과 밀접한 관련이 있다는 것은 놀랄만한 일도, 특별히 중요한 일도 아니다. 응답자들은 어떤 후보자를 선택할 것인지를 질문 받은 직후에 바로 이런 생각들을 떠올렸다. 따라서 응답자 자신의 선호와 일치되는 생각을 합리화하고, 떠올리는 것은 당연한 일일 수 있다.

그러나 인지적 정교화와 다른 실험 요인들의 직접 효과를 고려한 '이후에도,' 지지의 단서와 인지적 정교화의 상호 작용은 후보자 선호를 예측하는 데 중요한 요인이었다. 지지적 단서와 인지적 정교화, 태도의 중요성 이 세 변인 간의 3차 상호 작용이 유의미하다는 사실에서 두 변인 사이의 2차 상호 작용은, 특히 태도의 중요성이 중간 정도인 사람들 사이에서 나타난 것으로 볼 수 있다. 이 두 가지 결과를 함께 보면, 인지 반응의 해석은 신빙성이 있다고 할 수 있겠다.

그림 8-2는 이 연구의 가장 중요한 결과를 보여 준다. 이 그림은 각 실험 조건의 평균값이 대응하는 통제 집단의 평균에서 벗어나는 정도를 보여 준다.[13] 그림의 오른쪽에서, 후보자 선호는 주어진 단서의 방향대로 나타난다. 긍정적인 지지 단서는 응답자들이 그 단서에서 나타난 후보자를 선호하도록 만든 반면, 부정적인 지지 단서는 거명된 후보를 덜 지지하도록 만든다. 그러나 이런 패턴은 단지 제공 받았던 지지 단서와 일치하는 생각을 떠올렸던 사람들 사이에서

---

12. 공통적인 종속 변인은 세 후보자 조건 모두에서, 각 응답자들이 선호하는 후보자가 그들의 실험 조건에 따른 후보자와 일치하는지에 기초해 점수를 배당해서 만들었다. 예를 들면, "클린턴"의 세 조건에 배당된 응답자들이 좋아하는 후보로 클린턴을 골랐다면 1을, 다른 후보를 골랐을 때는 0을 부여받는다.

13. 세 통제 집단에서 후보자 선호 점수의 평균은 클린턴(.0145), 브라운(.4386), 하킨(.3043)이었다.

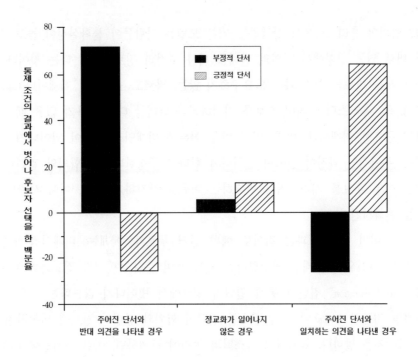

그림 8-2. 인지적 정교화가 후보자 지지 단서에 대한 반응에 미치는 효과
(민주당 예비 선거 실험)

만 나타난다. 단서에서 묘사된 의견에 반론을 펴거나 반대되는 생각을 떠올린 사람들의 후보자 선호는 당연히 그들이 받았던 단서와 반대되거나, 반대의 주장을 하는 방향쪽이었다. 정교화가 일어나지 않았을 때의 응답자 견해가 통제 집단 응답자들의 견해와 크게 다르지 않다는 점은 인지 반응 모델을 확증하는 데 매우 중요한 발견이었다.

　만일 사람들이 후보자 선호를 표현할 때 필연적으로 나타나는 선호의 합리화를 통제한 '이후에도' 여전히 이런 패턴이 나타난다는 사실(즉, 인지적 정교화의 주 효과 없이)이 없었다면, 그림 8-2에서 제시된 점은 그 자체만으로는 놀랄만한 것이 아니다. 그리고 인지적 정교화의 정도에 미치는 지지 단서의 효과와의 유의미한 3차 상호 작용은, 이 전체적 패턴을 중간 정도의 태도의 중요성을 보인 사람들이 주도했다는 사실을 보여 준다.

　그렇다면 합의의 휴리스틱도 이런 효과들을 똑같이 잘 설명할 수 있을까? 합의의 휴리스틱에서 상정하는 기본 모델은 사람들이 불확실성이 높고 정보가 별로 없는 상황에서 합의의 견해를 의사 결정의 정보로 삼는다는 것이다. 이런 단서는 별도의 인지 과정을 요구하지 않는, 빠르고 효과적인 기제이다(Chaiken, 1987). 즉, 휴리스틱은 어떤 후보를 지지하거나 반대할 다른 이유가 없을 때 의존하는 중요한 기제이다. 반면, 인지 반응 이론은 비개인적 영향이 일어나기 위해서는, 부가적인 과정이 반드시 일어나야 한다고 주장한다. 즉, 합의와 관련한 단서는 어떤 후보를 지지하거나 반대하는 이유를 생각하게 하고, 이어 사람의 태도를 변화시킨다.

이번 실험 결과는 적어도 예비 선거 투표자들에게는, 비개인적 영향이 인지 과정이 일어날 때만 발생한다는 것을 보여 준다. "인지적 정교화를 보이지 않은 No Elaboration" 집단이 통제 집단의 평균에서 벗어나지 않는다는 것은 의사 결정의 지름길 shortcut 이 가장 필요한 집단이 합의와 관련한 정보에 의존하지 않는다는 것을 말한다. 합의의 휴리스틱의 논리에 근거하면, 이런 단서들이 태도의 중요도가 낮은 사람들에게 직접적인 영향을 줄 것이다. 즉, 우리는 지지 단서와 태도의 중요도 사이의 상호 작용을 예측할 수 있다. 이런 상호 작용은 통계적으로 유의미하지만, 결과적으로는 합의의 휴리스틱이 예측한 것과는 정확히 상반된 패턴을 보여 주었다. 비록 이 연구에서 나타난 것을 볼 때 합의의 휴리스틱이 관여도의 수준이 매우 낮은 사람들에게 중요할 수는 있으나, 예비 선거 투표자들은 이런 종류의 의사 결정의 지름길을 따르기에는 이미 너무 높은 수준의 정치적 인지를 하고 있었다.

이런 효과에 대해 집단 일체감에 기초한 대안적 해석도 있다. 민주당원들이 다른 민주당원들의 의견에 관한 뉴스에 반응하는 것은 그들이 그 집단의 명칭에 긍정적으로 동일시하기 때문이다. 모멘텀의 경우는 더 이상 설명할 필요도 없다. 만일 민주당원이 느끼는 민주당에 대한 일체감이 이런 현상을 만든다면, 더 강하게 민주당에 동일시하는 사람들에게 이런 단서는 더 큰 영향을 줄 것이라고 예상할 수 있다. 그러나 이번 연구 결과에서는 그렇지 않았다는 것이 나타났다(Mutz, 1997 참조). 간단히 말해, 집단 일체감이 이런 효과들을 발생시킨다는 증거는 없었다.

2. 관여도가 낮은 사람들의 합의의 휴리스틱:
잘 모르는 후보에 대한 실험

이제까지의 연구 결과를 놓고 볼 때 합의의 휴리스틱과 관련한 모호성은 일반적으로 이를 지지하는 데 실패한 이전의 연구들과 맥을 같이 한다. 하지만 사람들이 정치 문제에 대해 저관여 상태에 있을 때는, 합의의 휴리스틱이 의사 결정의 강력한 수단이 될 가치가 있는 것처럼 보인다. 합의와 관련한 정보가 휴리스틱으로서 가치있게 이용될 실험 상황을 만들기 위해, 극단적인 저관여 상태를 상정해 보았다. 이런 상황은 미국 전국을 대상으로 무작위로 추출된 서베이 응답자들에게 어떤 후보가 "내년에 당신이 살고 있는 주에서 하원 의원 출마를 고려하고 있다"고 전해 주고, 잘 모르는 그 잠재적 의원 후보를 평가하도록 하는 것이었다.[14] 또한 이 실험은 두 가지 요인을 이용한 3×5 디자인을 채택하고, 짧은 소개문으로 각 후보에 대해 설명했다. 그리고 소개문의 모든 정보는 한 후보의 이슈에 대한 입장과 그 후보에 대한 공중의 지지 정도를 실험 목적으로 조작한 것을 제외하고는 동일했다. 첫번째 요인은 세 가지 수준으로 구성된 합의와 관련한 정보로(대중적 인기도), 응답자들에게 그 후보자가 선거구 사람들에게 인기가 있는지 혹은 없는지를 말해 주거나, 인기에 대한 어떠한 정보도 제공하지 않는 방식으로 실험 조작을 했다.

합의와 관련한 정보의 조작과 함께, 각 후보는 이슈에 대한 저마다의 입장을 가지고 있는 것으로 알려 주었다. 이슈에 대한 입장이 강한지 약한지 또 긍정적인지 부정적인지를 밝히기 위해서 사전 조사를 하고,[15] 이런 조건들에 통제 조건까지 더하여, 이슈에 대한 입장을 다루는 요인을 다섯 가지 수준으로 구분했다. 이 같은 실험 조작은 응답자들에게 인지 반응 기제를 통해 잠재적으로 떠올려질 수 있는 후보자에 대한 긍정적 혹은 부정적인 정보를 조금만 주기 위

---

14. 응답자들에게 동일하게 소개문을 제시한 다음 이와 같은 설명을 했다.

15. 사전 조사를 바탕으로 두 가지 이슈를 선택하였다. 한 이슈는 러시아에 대한 경제 원조에 관한 것으로 공중에게 거의 알려져 있지 않았고, 따라서 이 이슈에 대한 입장에 따라 그 후보를 지지하거나 반대할 이유가 별로 없을 것 같았다. 이슈에 대한 강한 긍정적·부정적인 주장을 제시하기 위해 후보자가 반범죄 법안을 지지하거나 또는 반대하는 것으로 묘사했다. 이 당시 전국 서베이 조사에 의하면 다수가 경제 원조에 반대하고 반범죄 법안에 찬성하는 것으로 나타났다.

한 것이었다. 인지 반응 가설에 의하면, 중요 정보와 결부된 합의와 관련한 지지는 두 요인의 독립적인 영향 외에도, 후보자에 대한 종합적인 평가에 더 강하게 영향을 미쳐야 한다. 이슈에 대한 정보를 포함시킨 것은 실험 내용을 좀더 사실적으로 보이게 하고, 후보자의 인기도가 여러 정보 가운데 하나에 불과하다는 것을 보여 줌으로써 결과적으로 실험의 의도가 노골적으로 드러나는 것을 방지하기 위해서였다. 또한 이슈를 포함시킴으로써 합의의 정보의 효과와, 공중이 신념을 가지고 있는 각각의 이슈(범죄와 러시아 원조)에 대한 동의의 효과를 상대적으로 비교할 수도 있었다.

응답자들은 먼저 실험 조건 모두에서 동일하게 묘사된 한 후보에 대해 자신과 얼마나 친숙하게 느끼는지를 평가했다.[16] 그런 다음 실험 자극으로 등장한 후보에 대한 질문에 응답했다. 이 연구에서 모든 응답자들에게 동일하게 주어진 후보자에 대한 추가적인 정보는 일부러 최소화하였다.

다음 후보는 두 명의 아이가 있는 35세의 사람입니다. 그는 그 지역에서 오랫동안 살았고, 그동안 다양한 지역 사업에 관여했습니다. 그는 반反범죄 법안의 입법화(또는 러시아에 대한 미국 원조의 증가)에 대한 강한 지지자(또는 강한 반대자)로 알려져 있습니다. 그리고 이 법안의 입법화를 위해 워싱턴에서 활동할 계획을 가지고 있습니다. 그는 또한 지역구 사람들에게 매우 인기 있고 그를 지지하는 사람이 상당히 많습니다(또는 별로 인기가 없고 지지자가 거의 없습니다 / 또는 아무 정보도 없음).

이 후보자에 대한 평가를 한 후,[17] 응답자들이 생각 목록 만들기 질문[18]에 답하도록 하였다. 그리고 이 목록을 앞의 실험과 같은 과정을 거쳐 코딩하였다. 또한 응답자들은 소개문에서 사용된 이슈에 대한 그들 자신의 의견에 대한

---

16. "우리는 내년 우리 주에서 의원 출마를 고려하는 사람에 대한 귀하의 생각에 관심이 있습니다. 나는 당신에게 어떤 사람에 대해 설명해 주고 귀하가 그 사람을 0~100도까지 있는 온도계 상에서 어떤 점수를 줄 것인지 물어볼 것입니다. 50~100도 사이의 평가는 귀하가 호의적이고 따뜻한 감정을 가지고 있다는 것을 뜻합니다. 0~50도까지의 평가는 귀하가 그 후보에 대해 호의적이지 않고 냉담한 감정을 가지고 있다는 것을 나타냅니다."

17. "0~100 사이의 척도에서, 귀하는 이 후보를 어떻게 평가할 것입니까?" 응답자들이 100이나 5의 배수를 고르는 경향으로 응답의 분포가 고르지 않았기 때문에 점수들은 0(9보다 작은 경우)에서 10(100)으로 구성되는 10점 척도로 다시 변환되었다.

18. "당신이 이 후보에 대해 생각했을 때, 어떤 종류의 생각들이 머릿속에 떠올랐습니까?"

질문에 응답했다.[19] 사전 조사를 실시했지만, 모든 사람들이 그 이슈에 대한 입장을 똑같이 매우 긍정적이거나 부정적인 것으로 고려할 것 같지는 않았다. 따라서 응답자 자신의 의견과 후보자에 의해 제기된 입장 사이의 상호 작용을 이용해, 이슈에 대한 동의 여부가 유발하는 효과를 좀더 정확하게 살펴보았다.

1) 인지적 정교화에 미치는 효과들

이 연구에서는 대표성 있는 전국 표본을 대상으로 거의 정보가 없는 제한적 정보 상황을 설정하였다. 그 결과, 긍정적이거나 부정적인 의견 단서의 방향이 긍정적이거나 부정적인 생각을 떠올리는 수에 영향을 미친 것으로 나타났다. 긍정적인 생각에서 부정적인 생각을 뺀 수를 종속 변인으로 이용한 분석에서, 공중이 어느 정도로 지지하는가에 대한 정보가 미치는 주 효과는 매우 크고 유의미했다($F = 16.55$, $p < .001$).

그림 8-3은 합의와 관련한 단서가 인지적 정교화에 미치는 영향을 보여준다. 응답자들이 합의에 대한 단서를 제공받지 못했을 때, 긍정적 생각에서 부정적 생각을 뺀 값은 0에 가까웠다. 사실, 통제 집단의 응답자들은 어떤 유형의 생각도 떠올리지 않았다.[20] 후보자들이 대중적 지지를 받고 있는 것처럼 묘사되었을 때, 차이값은 작지만 양수로 나타났다. 그리고 부정적인 지지를 보인 단서를 받은 후보자들에 대해, 차이값은 좀더 부정적인 방향으로 많이 기울었다. 이런 패턴은 긍정적·부정적 생각의 차이값을 계산할 때, 후보자의 인기에 대해 인터뷰 진행자가 한 말을 응답자가 그대로 따라한 개방형 응답을 포함시키지 않았을 때에도 나타났다.

---

19. 실험 조건에 따라 응답자들은 러시아에 대한 경제 원조나 반범죄 법안 두 가지 중 어느 한쪽의 질문을 받았다. "당신은 미국이 러시아에 대한 경제 원조를 증가시키는 것에 찬성합니까 혹은 반대합니까? 이는 강한 (찬성 / 반대)입니까 혹은 약간의 (찬성 / 반대)입니까?" "당신은 반범죄 법안에 찬성합니까 혹은 반대합니까? 이는 강한 (찬성 / 반대)입니까 혹은 약간의 (찬성 / 반대)입니까?" 이런 항목들은 실험과 관련한 질문이 끝난 뒤, 적어도 5분 후에 질문되었고, 후보자에 대한 설명이 이슈들에 대한 태도를 변화시켰다는 증거는 없었다. 통제 집단의 응답자들은 실험 조작이 제대로 되었는지 알아보기 위해 역시 이슈에 따라 두 집단으로 나뉘었다.

20. 많지 않은 응답자들(n = 31)에서 긍정적 생각과 부정적 생각의 숫자는 똑같게 나타났고 따라서 이들은 0 유형에 해당되었다. 이런 응답자들은 그림 8-3에서 보여지는 것 같은 분석에 포함되었다. 하지만 이들을 제외시킨다고 해서 결과가 바뀌는 것은 아니었다.

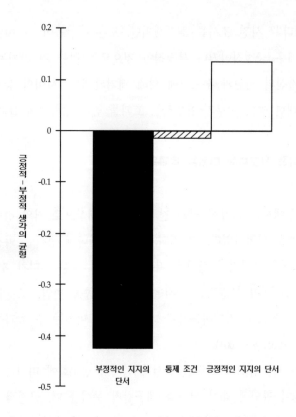

그림 8-3. 공중의 지지가 인지적 정교화의 균형에 미치는 영향
(모르는 후보에 대한 실험)

앞서 살펴본 민주당 예비 선거 실험에서는, 응답자들이 본인은 반대하지만, 다른 사람들은 지지한다는 단서를 받은 후보자에 대해서 충분한 정보를 갖고 있었다. 따라서 합의와 관련한 단서의 제공은 더 큰 인지적 정교화를 가져왔지만 어떤 특정한 방향성을 보이지는 않았다고 할 수 있다. 하지만 응답자들이 후보자들에 대한 추가 정보가 없는 이런 극단적으로 낮은 정보 상황에서, 합의와 관련한 단서는 인지적 정교화의 정도뿐만 아니라 그 방향에도 영향을 미쳤다. 어떤 개념화나 정보가 사전에 지속적으로 제시되지 않았을 경우 후보자의 인기에 대한 정보는 사람들이 떠올리는 다양한 생각들에 영향을 미쳤다.

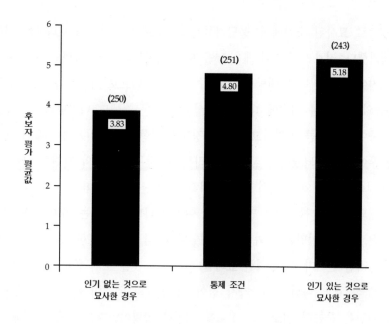

그림 8-4. 공중의 지지 단서에 따른 후보자 평가의 평균값
(모르는 후보에 대한 실험)

2) 후보자들에 대한 의견에 미치는 영향

그렇다면 머릿속에 떠올리는 생각들이 과연 합의와 관련한 단서의 영향력을 매개하는 것인가? 이전 실험과 동일하게 모든 요인들을 통제하고, 후보자에 대한 평가를 종속 변인으로 하여 변량 분석을 한 결과, 공중의 지지 수준은 후보자에 대한 평가에 매우 유의미한 영향력을 미친 것으로 나타났다($F = 34.38$, $p <$ .001).[21] 사람들이 전혀 모르는 후보를 이용해서 매우 적은 정보와 낮은 관여의 상태에서 합의의 휴리스틱이 후보자들에 대한 태도를 형성하는 데 중요한 역할을 한다는 시나리오를 만들어 냈다. 그림 8-4에서 볼 수 있듯이, 후보자가 지역구 주민들에게 인기가 있는 것으로 묘사되는 조건에 포함된 응답자들은, 통제 집단의 응답자들보다 그 후보자를 매우 긍정적으로 평가했다. 그리고 후보자가 인기가

---

21. 변량 분석에는 후보자에 대한 공중의 지지와 그 후보자의 이슈에 대한 입장 이 두 가지 변인의 주 효과가 포함되었다. 또한 응답자들 자신의 이슈에 대한 의견과 인지적 정교화, 이런 변인들과의 상호 작용을 살펴본 인구학적 변인, 정당 일체감 등의 변인이 포함되었다.

없는 것으로 묘사된 조건에서, 응답자들은 그 후보를 통제 조건보다 유의미하게 낮게 평가했다. 정보의 수준이 매우 낮을 때 응답자들은 사실 합의와 관련한 정보를 후보자에 대한 판단을 내릴 때 도와주는 휴리스틱으로 사용한다. 이런 효과는 응답자들의 후보자와 이슈에 대한 근접성을 통제한 후에도 나타났다. 더 중요한 것은 공중이 얼마만큼 지지하고 있다는 정보의 영향력이 머릿속에 떠올린 생각을 통제한 후에도 지속되었다는 점이다. 따라서 이 경우에 합의와 관련한 단서의 영향은 머릿속에 단서와 일치하거나, 일치하지 않는 생각을 떠올리는가의 여부에 의해 매개되지 않는다는 것을 말해 준다. 여기서 나타난 결과는 인지 반응 기제가 이와 같은 변화를 설명할 때와 마찬가지였다. 그림 8-4는 또한 긍정적인 단서보다는 부정적인 단서가 더 강력한 효과를 미친다는 것을 보여 준다.

분석 결과 나타난 두 가지 점이 이 연구의 조건이 사실상 사람들에게 정치적 판단을 묻는데 최소한의 정보를 제공한 상황이었다는 것을 확인해 주었다. 첫번째는 전체 30%의 응답자들이 후보자 평가를 거부해 표본에서 제외되었다는 점이다. 두 번째는 후보자를 평가한 응답자들 중에도 개방형 생각 목록 만들기 질문 항목에 대해 응답할 때, 115명이 그 후보자들을 올바로 평가하기 위해서는 더 많은 정보가 필요하다고 언급했던 점이다.

정보의 수준이 낮았지만, 공중의 지지 여부에 대한 단서와 인지적 정교화 사이의 상호 작용은 가설 검증 유의 수준의 경계점에서 제한적으로 유의미한 것($p = .068$)으로 나타났다. 이 결과를 놓고 볼 때 공중의 지지 여부에 대한 단서와 인지적 정교화 사이에 주목할 만한 점이 더 있을 것으로 보인다. 그림 8-5에서 제시된 것과 같이 생각을 떠올리든 떠올리지 않든 간에, 긍정적인 단서를 받는 사람들은 자신의 견해를 긍정적인 방향으로 옮기는 경향이 있었다. 그리고 부정적인 단서를 받은 사람들은 부정적인 방향으로 바꾸었다. 그러나 인지적 정교화와 공중의 지지 여부에 대한 단서의 상호 작용은 이전 실험과 같은 패턴을 보였다. 생각 목록 만들기 질문에 응답하면서 생각들을 떠올린 사람들에게 있어 공중의 지지 여부에 대한 단서의 효율성은 높아졌다. 아무런 생각도 떠올리지 못한 사람들에게 효과는 감소되었다. 특히, 부정적 지지의 단서가 인지적 정교화를 유발할 때, 더욱 부정적인 태도를 만들었다. 이전 실험에서와 마찬가지로, 이런 상호 작용은 인지적 정교화와 공중의 지지 여부에 대한 단서 각각의 직접적

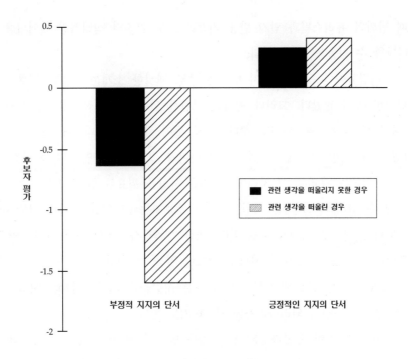

그림 8-5. 인지적 정교화에 정도에 따른 공중 지지 단서의 효과
(모르는 후보에 대한 실험)

인 영향을 통제한 후에도 여전히 큰 영향력을 발휘했다. 이번 실험의 결과는 합의의 단서가 유발하는 영향을 설명하는 데 있어 인지 반응 기제가 적합할 수 있음을 보여 주었다. 후보자에 대한 정보 수준을 인위적으로 매우 낮추었음에도 불구하고, 실험 결과는 여전히 인지 반응 기제에서 설명하는 증거들을 보여 주었다. 즉, 심지어 합의의 단서를 휴리스틱으로 사용하기 좋게 형성된 환경에서도, 사람들이 머릿속에 떠올린 인지 반응들은 여전히 부분적으로 합의와 관련한 정보의 영향을 매개하는 것으로 나타났다.

3) 질적 분석의 결과

사람들이 어떠한 합의를 이루는가에 대한 정보가 일부 응답자에게 더 많은 생각을 하도록 만든다는 주장은 양적 분석에 의해서만 직접적으로 타당성이 검토되었다. 생각 목록 만들기와 관련한 개방형 질문에 대한 응답을 분석해 볼 때 합의의 휴리스틱과 인지 반응 기제라는 두 가지의 심리적인 메커니즘 모두 타당할 수 있음을 알 수 있다.

사람들이 떠올리는 인지 반응은 주로 제시한 소개문에 있는 정보를 다시 반복한 것이 많았다. 그러나 합의와 관련한 단서는 긍정적 또는 부정적으로 정반대의 방향에서 해석되기도 했다. 예를 들어, 후보자의 나이에 관한 정보를 제시했을 때, 어떤 사람에게는 후보자의 나이가 그가 개혁적인 생각을 가졌다고 해석될 수 있고, "우리는 그 자리에 좀 젊은 사람을 필요로 한다"고 말하는 것으로 보일 수 있다. 한편 다른 사람들에게는 후보자는 그 일을 하기에 너무 어리다고 말하는 것으로 해석될 수도 있다. 또한 "지역 사회에서 여러 가지 사업"을 해 왔다는 사실을 통해, 어떤 사람들은 그런 일을 한 경험이 정치인으로서 활동하는 데 도움이 된다고 해석하는 반면, 다른 사람들은 왜 그 사람은 사업에 집중하지 않고 정치인이 되려하는가를 의심하기도 한다.

게다가, 어떤 응답자들은 생각 목록 만들기 질문에 답하면서 합의의 휴리스틱에서 상정하고 있는 논리를 그대로 되풀이하여 제시하기도 했다("당신이 이 후보자에 대해 생각하면서, 어떤 것들이 머릿속에 떠올랐습니까?").

사람들이 그에 대해 어떻게 반응하는가, 사람들은 그에 대해 어떻게 느끼는가. 만일 사람들이 그를 좋아한다면, 거기에는 이유가 있을 것이다.

그림 8-5에서 나타난 것처럼, 부정적인 지지의 단서는 특히 사람들이 합의의 휴리스틱을 이용하도록 유도하는 경향이 있었다. 즉, 대중적인 지지를 받는다는 사실은 그 사람이 틀림없이 좋은 사람이라는 것을 보증하지 않을 수도 있지만, 대중적인 지지를 받지 못한다는 사실은 '틀림없이' 그 사람이 문제가 있다는 사실을 의미한다는 것이다.

그 사람에게는 뭔가 잘못된 것이 있다. 그가 속해 있는 지역 사회의 사람들이 좋게 보지 않았기 때문이다. 그렇기 때문에 나는 그것을 확인해야 한다.

기본적으로, 어떤 사람도 그를 좋아하지 않는다. 아무도 그를 좋아하지 않는 데는 이유가 있다.

그렇게 오래 그 지역에 살아왔는데, 왜 그는 인기가 없는가?

아무도 그를 좋아하지 않는다는 말을 당신이 하기 전까지, 그는 괜찮은 것 같았다. 거기에는 분명히 이유가 있을 것이다.

나는 그가 무엇을 믿는지조차 몰랐다. 그래서 비록 왜 그런지는 모르지만, 나는 그가 인기 없다는 사실을 기준으로 삼기로 했다. 그래서 나는 인기도를 참고했다.

아무도 그를 지지하지 않는다는 사실이 나는 마음에 들지 않았다. 분명히, 그는 다른 사람들에게 별로 한일이 없을 것이다.

반면 다른 응답자들은 인지 반응 기제가 예측한 것처럼 가상의 후보에 대한 공중의 지지도를 다른 특정한 설명과 연결시키려 했다. 어떤 경우에는, 후보자의 정책과 관련한 입장 때문에 후보자의 지지도가 특별하게 유지된다고 추론되기도 했다.

마지막에 그가 지역 사회에서 인기가 없다는 평가가 있었다. 그는 범죄에 반대하지만 실제로 범죄 해결에 대한 올바른 접근법을 가지고 있지 않다. 나는 당신이 그가 인기가 없다는 말을 하기 전에는 그에게 호의적이었다. 나는 그가 잘못된 정책을 제시하기 때문에 인기가 없다고 느꼈다.

아무도 그를 좋아하거나 지지하지 않는다는 사실은…… 그가 아마 선거구민들의 일반적인 입장을 지지하지 않는다는 것을 의미한다고 본다.

지역구민 가운데 그 후보를 별로 좋아하지 않는 사람들은 범죄자를 엄하게 다스리는 것을 바라지 않는 사람들일 것이다.

어떤 사람들은 대중적인 지지도에 대한 정보를 선출 직책에 관련된 후보자의 능력과 개인적 요인과 연관시켰다.

그가 인기가 없다는 사실. 나는 망설여진다. 그가 사람들과 어울리는 데 문제가 있는 건 아닌지? 당신들은 그 문제의 원인이 무엇인지 궁금해 해야 한다.

그는 사업 경험이 있다. 딴 사람들이 그를 좋아하는 것으로 봐서, 분명 정직한 사람일 것이다.

동료들에게 인기가 없다는 것은 부정적인 것이다. 그는 정치적 배경이 없다. 그는 동료들에게 봉사하는 것처럼 보이지 않았다. 그래서 나는 그의 지도력에 대해서는 잘 모르겠다.

그는 자신이 속한 지역 사회에서 인기 없고, 사람들을 매료시키지 못한다. 나는 그의 사람을 다루는 기술이나 사회성이 의심스럽다.

소수의 경우, 대중적인 지지도와 관련한 정보는 인지 반응 가설이 제시하는 것처럼 이와 상반되는 주장을 머릿속에 떠올림으로써 지지도와 반대되는 입장을 취하게 하기도 했다.

열심히 일하는 사람. 그가 인기가 없다는 사실은 중요하지 않다. 많은 경우 돈이 인기를 만들기 때문이다. 이게 내가 생각하는 것이다.

당신이 사업을 잘 할 때, 사람들은 당신을 좋아하지 않는다. 당신이 일을 할 때, 당신은 어느 정도 이를 감안해야 한다. 이것은 사람들이 샘을 내는 경우이다. 그는 겨우 35살이고 이미 성공했기 때문이다. 아마 사람들은 그 후보자를 자기 중심적인 사람일 것이라고 볼 것이다.

적어도 후보의 인기에 대한 정보는 응답자들에게 그 후보의 인기가 있거나 없거나에 대한 잠재적인 이유나 설명을 생각하게 만들 수 있다는 점이 분명했다. 후보자가 최근에 대중적인 지지를 받지 못한다는 정보는 다른 모든 면에서는 매우 호의적인 정보와 함께 전달되었을 때도 응답자들이 후보자에 대한 자신의 견해를 다시 한번 고려하게 했다.

나는 심각하게는 생각하지 않은 것 같다. 그는 다소 젊은 것 같았고…… 글쎄, 나는 내가 왜 그가 인기가 없는지에 관심을 가졌던 것 같다. 그는 열심히 일하는 사람 같았다.

음. 나는 이유가 궁금했던 것 같다. 다른 이슈들도 있었지만, 만일 그가 인기가 없다면, 나는 그 이유가 궁금하다.

그는 젊고, 경험이 없고, 어떤 이유로 동료들에게 인기가 없다. 왜 사람들이 그를 좋아하지 않는가?

왜 아무도 그를 좋아하지 않는가? 그는 아무 데나 눈치 없이 끼어 드는 사람인가? 뭐라구? 나는 더 정보가 더 필요하다.

나는 왜 그가 인기가 없는지를 알고 싶었다. [그는] 강한 정치인 같았다.

비록 후보자 선택의 변화를 설명하는 데 있어, 합의의 휴리스틱과 인지 반응 해석이 전통적으로 경쟁적 위치에 있었지만(Axsom, Yates, & Chaiken, 1987), 개방형 응답을 보면 두 과정을 구분 짓는 선이 얼마나 희미한 것인지를 알 수 있다. 합의의 휴리스틱을 이용하는 사람은 "만일 그가 인기가 있다면, 그는 좋은, 똑똑한 또는 바람직한 후보임에 틀림없다," 혹은 반대로, "만일 그가 인기가 없다면, 그에게 무슨 문제가 있는 게 틀림없다"고 생각한다. 인지 반응 기제에 의해 영향을 받는 사람은 "왜 그가 그렇게 인기가 있는가?"를 궁금해 하고, 가장 만족스런 설명을 찾으려고 한다. "그건 그가 능력 있는 지도자이기 때문임에 틀림없다"(단서와 일치하는) 혹은 "그건 그가 돈을 많이 뿌렸거나 상대방에게 부정적인 광고를 사용했기 때문이다"(반론을 제기하는). 비록 두 과정 중, 어느 한 과정이 의견 형성에 더 중요한 영향력을 미칠 수 있겠지만, 실제로 사람들이 어느 순간 합의의 휴리스틱을 멈추고 인지 반응을 시작하는지 평가하는 것은 어렵다. 합의의 휴리스틱 기제는 단순히 인기가 있는데는 좋은 이유가 있을 것이라고 사람들이 추론한다고 설명한다. 반면 인지 반응 기제는 합의와 관련한 정보의 전반적 영향을 매개하는 하나 이상의 설명이 필요하다는 것을 주장한다.

그러나 양적 분석 결과를 볼 때, 두 과정은 매우 다른 것처럼 보인다. 인지 반응 기제는 사람들이 떠올릴 수 있는 정보가 미리 존재해야 하는 반면, 합의의 휴리스틱은 다른 정보가 없는 상태에서만 작동하는 기본적인 기제로 개념화된다. 더구나 인지 반응 기제는 합의의 단서에서 제공하는 후보자를 더 지지하게 되는 이유와 더 반대하게 되는 이유를 모두 설명할 수 있는 반면, 일반적으로 합의의 휴리스틱 기제에서는 이와 같은 두 가지를 모두 설명할 수 없는 이러한 차이가 있다. 응답자들이 모르는 알려지지 않은 후보를 이용한 실험 결과, 인지적 정교화의 측정에서 응답자에게 주어진 정보(즉, 후보자의 이슈에 대한 입장, 직업, 개인사)를 그들이 그대로 흉내내 대답한 것에 불과한 응답을 제외시킨다면, 인지 반응 기제의 증거는 완전히 사라지는 것으로 나타났다. 후보자의 직업, 개인사, 그리고 (어떤 경우에는) 이슈에 대한 입장들에 최소한의 정보가 없다면, 그 후보자에 대한 평가를 변화시킬 만한 정보는 충분하지 않다.

3. 시장 선거 실험: 실제 상황에서의 합의의 휴리스틱

순전히 합의의 휴리스틱 과정으로만 후보자 지지를 변화시키는 것을 보여 주는 증거가 별로 없는 단계에서, 이번 실험에서 만들어진 상황 — 응답자들이 후보자에 대한 어떤 사전 지식이나 인상도 없고 선거 결과와 이해 관계도 거의 없는 경우 — 이 실제와 동떨어지고, 실제의 정치 후보들과 직접적으로 연관성이 없다는 비판이 있었다. 사실 이것은 고려할만한 가치가 있는 문제이다. 이전의 연구들처럼 이번 실험 결과는 합의의 휴리스틱 기제로 설명할 수 있는 합의와 관련된 정보가 직접적이고 긍정적 영향을 유발하는 조건이 미국 정치에서 비교적 적다는 사실을 보여 준다. 그러나 이러한 조건은 아마 가끔씩은 실제 세계에서 존재할 것이다. 특히, 상대적으로 알려지지 않은 후보들 간에 조용히 치러지는 선거 *low-profile race* 를 그 예로 볼 수 있다. 하지만 역설적으로, 조용히 치러지는 선거에서는 여론 조사나 경마식 보도가 거의 없어서 사람들이 후보자에 대해 어떤 생각을 가지고 있는지를 알려 주는 단서가 일반 유권자에 미칠 수 있는 잠재적인 영향력은 제한된다. 게다가, 이런 상황에서의 연구는 매우 비효율적인 결과를 낳을 여지가 있다. 잘 알려지지 않은 모르는 후보를 이용한 실험처럼 매우 적은 정보만 가지고 판단을 내리라고 지시할 때, 많은 응답자들은 "모르겠다"는 쓸모 없는 대답을 할 것이기 때문이다.

그러나 정당 간의 경합이 아니었던 시장 선거를 배경으로 실제 후보를 대상으로 한 현장 실험은 적어도 정치적 흥미도가 매우 낮은 사람들에게 있어 합의의 휴리스틱이 작동할 수 있는 잠재력을 보여 주었다. 연구 결과의 외적 타당도를 높이기 위해, 사전/사후 조사 디자인을 이용해 인위적으로 만들어진 여론 조사 결과가 후보자 선호에 미치는 효과를 살펴보았다. 시장 선거 1주일 전에, 매디슨 시의 위스콘신 대학 학부생들을 무작위로 세 실험 조건 가운데 하나씩에 배당했다. 이보다 몇 주 전에, 선거와 관련 없는 주제에 대한 질문에 덧붙여 다가오는 시장 선거에서 학생들은 어느 후보를 선호하는지 측정했으며, 이 데이터는 투표 선호와 관련한 기초 자료로 활용되었다.[22]

선거 1주일 전에, " [……] 시장 선거에 대한 태도를 알기 위해 실시되는 매디슨 시 유권자를 대상으로 하는 조사의 일환으로," 위스콘신 대학 서베이 센터는 전화로 수업에 참여했던 학생들과 접촉했다. 설문 참여에 동의한 사람들은 실험 조건으로 상정된 세 가지 단서 가운데 하나에 무작위로 배정되었다. 단서는 "몇몇 독립적인 여론 조사 결과에 의하면", 어떤 후보가 이제 당당히 선두에 나섰다거나, 두 후보가 접전을 벌이고 있다는 내용이었다. 이런 단서를 제공한 후에 사전 조사 문항과 비슷한 일련의 질문이 이어졌다(자세한 내용은 Mutz, 1992a).

표 8–1이 보여 주는 것처럼, 사전 조사 결과는 어떤 실험 조건에 응답자가 배정되었는지에 상관없이 후보자 선호에 있어 어떠한 패턴도 보여 주지 않았다. 반면, 사후 조사 데이터는 응답자들이 받은 단서에 따라 분명한 패턴을 보여 주었다. 비록 제시된 증거는 집합적으로 데이터를 묶은 것에 기초한 것이기 때문에 개인적인 차원에서, 즉 한 개인이 태도의 변화를 보인 것을 알려 주지는 않는다. 하지만, 사람들의 선호가 한 후보에서 다른 후보로 변한 패턴은 다수 의견의 영향력으로 볼 수 있다. 센센브렌너 후보에 대한 지지도는 그가 다수에 의해 지지받는다는 단서를 제시한 실험 조건에서 14% 증가했다. 소글린 후보에 대한 지지도는 그를 선두로 묘사한 단서를 제공한 실험 조건에서 이후에, 28% 증가했다. 후보자들이 접전을 벌이고 있다는 단서를 전해 준 조건에서는, 사전/사

---

22. 사전 조사의 항목은 다음과 같다. "매디슨 시장 선거에서 귀하는 어떤 후보에 투표할 거라 생각하십니까? 조 센센브렌너 Joe Sensenbrenner, 폴 소글린 Paul Soglin, 확신하지 못하겠다/결정하지 않았다. 귀하가 선택한 후보에 대해 어떻게 느끼고 있습니까? 귀하는 매우 호의적으로, 호의적으로, 조금 호의적으로 느낍니까?, 혹은 확신을 하지 못하거나 결정하지 못했습니까?"

표 8-1. 실험 조건에 따른 후보자 선호도 (지방 시장 선거 실험)

후보자 선호도	공중 의견에 대한 단서 (단서 제시 전/후)		
	센센브렌너	소글린	두 후보 동률
센센브렌너	40%/54%	29%/23%	40%/43%
소글린	31/17	23/51	34/37
미결정	29/29	49/26	26/20
(n)	(35)	(35)	(35)

표에 제시된 수치는 공중 의견에 대한 단서를 주기 전과 후의 세로줄 백분율을 나타낸 것이다. 표본은 105명의 학부생으로 구성되었다.

후 조사값을 비교해 볼 때 단지 3%의 증가가 나타났을 뿐이다. 사전/사후 조사의 차이는 통계적으로 유의미할 뿐만 아니라 실제 선거 결과에 영향력을 미치는 측면을 고려할 때에도 중요한 의미를 갖는다.

9점 척도를 이용한 호감도 측정을 종속 변인으로 하여 후보자들에 대한 지지도의 더욱 미묘한 변화를 살펴보았다. 세 가지 수준으로 구분된 실험 조건을 집단 간 요인으로 하고, 사전/사후 조사를 구분한 것을 집단 내 요인으로 하여 변량 분석을 했다. 기대했던 것처럼, 응답자들이 받은 단서에 기초한 실험 조건의 집단 간 차이가 유의미하게 나타났다($p < .05$).

비록 이와 같은 결과는 잠재적인 비개인적 영향력이 나타나는 것에 대한 외적 타당도를 갖기는 하지만, 이 연구의 상황이 조금은 비일상적인 것이라는 데 주목해야 한다. 무당파들의 경선이었던 시장 선거는 투표 결정에 가장 큰 영향력을 미치는 정당 일체감이나 당파성이 배제된 상황이었다. 게다가, 대학생들의 정치에 대한 관심이 극단적으로 낮다는 사실 때문에 이번 연구 결과의 일반화 가능성은 제한될 수밖에 없다(Walker & Heyns, 1967; Crutchfield, 1955; Allen, 1965). 그렇지만 현장 실험 연구 결과는 합의의 휴리스틱 기제에서 설명하는 것처럼 유권자들이 다수 의견 쪽으로의 움직인다는 것을 분명하게 보여 주었다.

4. 이슈에 대한 의견에 미치는 영향

지금까지 제시해 온 연구들은 비개인적 영향력이 어떻게 '후보자'에 대한 태도와 관련되는가에 초점을 맞춘 것이었다. 그렇다면 과연 '이슈'에 대한 태도에도 동일한 과정을 적용할 수 있다고 가정해야 하는가? 이와 관련한 실증적인 증거는 아직까지 별로 많지 않지만 다수 의견 쪽으로 혹은 거기에서 벗어나려는 움직임에 대한 잠재력은 선행 연구 결과를 통해 볼 수 있었다. 이런 문제들을 다루기 위해, 논란거리가 되는 이슈를 이용한 두 번의 서베이 실험을 진행했다. 이 실험들에서, 전국 표본에서 무작위 추출된 응답자들은 체계적으로 다른 6개의 논란이 되는 이슈들에 대한 대중 의견에 노출되었다.

1) 이슈 실험 1

첫번째 연구는 세 가지 요인을 이용하여 $3 \times 2 \times 3$ 집단 간 차이를 살펴보는 디자인을 구성했다. 첫번째 요인은 사람들이 태도나 의견을 밝히는 정도가 다른 세 가지 이슈를 이용해서, 이슈에 대한 응답자의 개입도의 수준을 조작한 것이다.[23] 사전 조사에 기초해서 개입도의 정도가 높거나, 중간 정도이거나, 낮은 세 가지 이슈를 선택했다. 이슈는 사형, 투표 용지에 하나 이상의 언어를 표기해야 하는지의 여부, 선거인단 폐지에 관한 것이었다.[24]

두 번째는 두 가지로 나뉘어진 요인으로 각 이슈에 대한 "찬성," "반대"의 단서 제공 여부였다.[25] 세 번째 요인은 이런 단서에서 강조되고 있는 동기 부여의 유형이었다. 전화를 이용한 전국 서베이에서는 제공하는 단서의 정보가 인위적으로 만들어졌다는 것을 사후적으로 충분히 설명하는 과정 *debrief* 을 거치기

---

23. 비록 즉각적인 필요성 *immediacy*, 친밀성 *familiarity*, 이슈 중요도 *issue importance*, 관여도 *involvement* 등의 개념이 비슷할 수 있지만, 여기서 "개입도 *commitment*"라고 지칭하는 것은 응답자들이 실험 자극을 대하기 전에 얼마만큼 태도를 밝히고 의견을 발표해 왔는지를 가리키는 것이다.

24. 이런 이슈들의 개입도에 대한 평가를 실험 단서가 없을 경우 어떤지 이런 이슈들에 대한 개입도의 수준이 어떤지를 살펴보았다. 세 이슈들에 대한 사전 개입도의 정도는 각각 사형(8.19), 다언어 투표 용지(7.59), 선거인단 폐지(6.76)였다.

25. 예를 들어, 사형에 "찬성"하는 조건은 응답자들이 그들의 의견을 밝히기 전에 많은 사람들이 사형에 대해 호의적이라는 단서를 받는 것이다.

힘들다. 따라서 단서에서 제시한 이슈에 대한 찬성, 반대의 여부는 실제 상황에서 각 이슈에 대한 사람들의 지지 분포에서 크게 벗어나지 못했다. 하지만 제시된 단서는 다수 의견 쪽으로 태도를 변화하게 하도록 다양하게 동기를 부여하도록 했다(Bartels, 1988). 사람들이 올바른 선택을 하기 위해서 다수 의견에 동조하게 된다는 동기를 제시하는, "현명함 smart"을 강조한 단서는 여러 전문가 정보원이 특정 입장을 지지한다는 것에 초점 맞추었다.26 반면, "승리 win"의 단서는 어떤 이슈에 대한 논쟁에서 특정한 어느 한쪽이 필연적으로 승자가 될 것이라는 점을 강조하여 이기는 쪽에 가담하려는 응답자들의 욕구와 관련 있었다. 마지막으로, "경향 trend"과 관련한 단서는 특정 입장의 현명함을 지적하거나, 이길 것 같은 쪽을 특별히 언급하지 않고, 최근의 특정 경향을 묘사한 것이었다.

단서를 제시한 다음, 모든 응답자들은 그 이슈에 대한 자신의 의견과 그들의 입장이 얼마나 확고한지를 밝히도록 했다.27 사실 원칙상으로 세 가지 유형의 단서가 기본적으로 분명한 차이가 있다. 그러나 지각의 한 측면을 조작하는 것은 동일한 이슈의 또 다른 특성을 지각하게 하는 의도하지 않은 영향을 미칠 수 있다. 예를 들면, 이슈에 대한 입장 중 어느 한쪽이 우세한 것 같다고 조작하는 것은, 사람들에게 최근의 경향이 그 방향이라고 생각하게 할 수 있다. 혹은, 경향이 특정 방향으로 변하고 있다는 정보로부터 사람들은 그것이 지지할 만한 더 현명한 입장이라고 추론할 수도 있다. 여러 동기들이 섞일 가능성을 통제하기 위해, 각 응답자는 자신이 받지 않은 두 종류의 단서를 다룬 두 가지 질문을 연이어 받았다. 예를 들어, 어떤 사람이 '경향'과 관련한 단서를 받았다고 하자. 그 사람은 또한 자신이 생각하기에 자신의 입장이 과연 '현명한' 입장인지, 즉 전문가에 의해 지지 받는 입장인지, 또한 공적인 토론 과정에서 궁극적으로 이기는 입장인지를 다루는 질문에 답하도록 했다. 연이어 질문한 데에는 두 가지 목적이 있었다. 첫번째는, 이 질문들을 통해 의도적으로 조작된 동기 부여가 미치는 효과 외에 단서 자체가 가져올 수 있는 다른 효과들을 통제하기 위해서였다.28 또한 두 번째는 투사 projection 와 같은 현상에서 비롯된 비실험 효과를 고려

---

26. 대학교 4학년을 대상으로 한 사전 조사 결과, 각각의 이슈를 위해 선택된 정보원들이 이슈에 매우 적합하다는 것을 확인할 수 있었다.

27. 질문의 정확한 내용을 보려면, Mutz, 1992a 참조.

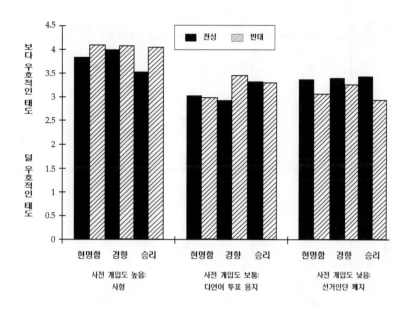

그림 8-6. 실험 조건에 따른 이슈에 대한 태도
(첫번째 이슈 실험)

함으로써 모델의 효율성을 높이기 위해서였다.

　　실험 결과, 합의와 관련된 단서의 유형은 각 단서의 설득력이라는 측면에서 볼 때 차이가 없다는 것이 나타났다. 그러나 단서에서 제시되었던 방향에서 비롯된 영향의 패턴은 이슈 입장에 대해 이전에 가지고 있던 태도나 의견에 대한 사전 개입도 precommitment 의 수준과 높은 연관성이 있었다. 그림 8-6은 이런 결과를 보여 준다. 개입도가 낮은 이슈인 선거인단에 대한 태도의 경우, 선거인단 '폐지 찬성' 단서를 받은 응답자들은 '폐지 반대' 단서를 받은 사람들보다 찬성 쪽으로 더 긍정적인 태도를 보였다. 이는 전반적인 패턴뿐만 아니라 단서의 유형별로 볼 때도 마찬가지였다.

　　하지만 이런 패턴은 사형과 같은 개입도가 높은 이슈에서는 반대로 나타났다. 대조적으로, '사형－찬성' 단서에 노출되었을 때, 단서에서 제시된 방향과는 정반대로 사형에 반대하는 의견을 갖게 되었다. 세 번째, 중간 정도의 개입도인

---

28. 물론 실제 현실에서 다수 의견의 영향은 이런 동기 부여와 자연스럽게 같이 발생하는 추론이 결합되어 일어날 수 있다. 그러나 실험의 목적을 위해서 여러 동기 부여에 따른 효과들은 분리되었다.

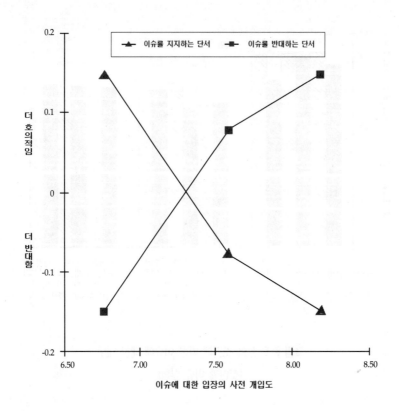

그림 8–7. 합의와 관련한 단서와 사전 개입도에 따른 이슈에 대한 의견
(첫번째 이슈 실험)

이슈의 경우, 찬성, 반대를 제시한 단서에 차이가 없이 혼합된 양상을 보여주었다.

이런 결과의 통계적인 유의미성은 세 실험 요인과 세 통제 변인을 이용한 변량 분석을 통해 검증되었다.[29] 분석의 결과는 그림 8–6에서 나타난 일반적인 패턴을 확증시켜 주었다. 이슈의 차이에 의해 생긴 의견의 차이와 함께, 이슈와 제시된 단서의 방향 사이에도 유의미한 상호 작용이 있었다. 경향을 나타내는 단서도 이슈에 대한 태도를 설명하는 데 큰 역할을 했다. 그러나 단서의 성격은 별로 중요하지 않았다. 피험자들은 현명함, 경향, 승리의 단서에 대해 모두 비슷한 패턴으로 반응했다(자세한 통계적인 사항은 Mutz, 1992a 참조).

그림 8–7은 세 가지 유형의 단서를 묶어, 각각의 이슈에 대한 찬·반

---

29. 이런 검증을 위해 각 이슈에 대한 변량 분석을 했다. 현명함, 경향, 승리에 대한 지각을 종속 변인으로 했고, 단서의 유형과 단서의 방향을 독립 변인으로 했다.

조건의 평균을 좌표에 위치시킨 분석 결과를 요약하고 있다. 이슈들은 통제 조건에서 이슈에 대한 사전 개입도의 정도를 반영하는 수평 축을 따라 일정 간격을 띄우고 있었다. 방향을 나타내는 단서는 분명히 이슈의 개입도에 따라 차이를 보여 주었다. 개입도가 낮은 이슈에 응답한 사람들은 단서에서 제시한 방향으로 의견의 변화를 보였다. 반면, 개입도가 높은 이슈에 응답한 사람들은 단서에서 제시된 의견을 따라간 것 같지 않았다. 사실, 이들의 의견은 제시된 단서의 방향에서 멀어지는 쪽으로 변했다. 이는 다수의 영향에 저항을 나타낼 뿐만 아니라 응답자들이 다수의 태도에 반대 하는 생각을 머릿속에 떠올렸을 가능성을 보여 준다.[30]

후보자에 대한 의견을 살펴본 이전의 실험과 유사하게, 이 실험에서 다룬 이슈와 관련한 의견도 합의와 관련한 단서에 영향을 받을 수 있다는 흥미 있는 결과가 나왔다. 하지만 이 실험에서 채택한 연구 디자인을 통해서는 이런 현상의 기초가 되는 과정을 검증하는 데 필요한 정보를 얻을 수 없었다. 예를 들어, 통제 집단이나 생각 목록 만들기 측정 없이, 합의와 관련한 단서에 의해 추가적인 인지 과정이 일어나는지, 혹은 응답자들이 사전에 가졌던 입장에서 얼마나 멀어지는지 알아보는 것이 불가능했다.

인지 반응 기제는 합의된 입장으로 향하거나 또는 거기에서 멀어지는 움직임에 대한 전반적인 패턴을 설명할 수 있는 가장 적합한 이론적 토대이다. 그러나 두 방향으로의 움직임을 동일한 과정으로 설명할 수 있는 것처럼 단순하게 가정하는 것은 위험하다. 사실, 여러 가지의 기제가 동시에 작동할 수도 있고, 어떤 기제는 특정한 방향으로 움직이는 현상을 설명하는 데 더욱 적합할 수 있다. 이슈를 대상으로 연속적으로 실시된 실험은 이런 문제를 다루기 위한 연구 디자인을 채택했다.

---

30. 동일한 데이터를 이용해서 의견 단서 유형의 간접적인 효과를 검증하는 것도 가능하다. 예를 들어, '경향'과 관련한 단서가 그 입장의 지혜로움을 지각하는 데도 영향을 미칠 수 있다면, 어떤 사람은 자신이 받은 단서를 통해 '현명함'을 지각한 만큼 실험 조건에 따라 달리 나타날 수 있는 차이를 보일 수도 있을 것이다. 응답자들의 의견을 묻고 난 직후에 다시 다른 질문을 해서 이런 종류의 잠재적 전이 *transasference* 를 검증하는 것이 가능하다. 하지만 결과적으로 다양한 단서의 영향력이 교차 *crossover* 하는 경우는 거의 없었다(요약은 Mutz, 1992a 참조). 합의의 휴리스틱 기제에 기초한 예측과는 대조적으로, '경향'과 관련한 단서, '승리'와 관련한 단서 모두 전문가들에 의해 더 지지 받을 것 같다는 지각을 유도하지 않았다. 간단히 말해, 이슈에 대한 전문가 의견을 명시적으로 다루지 않았던 여론과 관련한 단서는 응답자로 하여금 그 선택이 똑똑하고 '현명한' 것을 나타내는 것으로 해석하게 만들지 않았다.

2) 이슈 실험 2

두 번째 이슈 실험에서는 개입도의 수준이 다른 이슈와 통제 집단을 이용하고, 생각 목록 만들기 측정도 포함했다. 연구 디자인은 $3 \times 2 \times 2$, 피험자 간의 차이를 본 실험 방법을 이용했다. 첫번째 요인으로 개입도가 다른 세 이슈를 선정해서 응답자들에게 한가지씩 무작위로 제시했다. 세 가지 이슈는 (1) 소녀들이 보이스카웃에 가입할 수 있게 허용해야 하는지, (2) 만일 엄격한 할당제가 없는 조치라면, 연방법에 여성들과 소수 민족들에 대한 차별 철폐 조치 프로그램을 포함시켜야 하는지, (3) 미국 국기를 태우는 것을 위법으로 하는 헌법 개정안이 있어야 하는지의 여부였다.[31] 이전 실험처럼, 정책 이슈들은 전국 표본을 이용한 사전 조사에 기초해 각각 다른 개입도를 보이는 것으로 선택했다. 두 번째 요인은 사람들이 집합적 차원으로서 다른 사람들의 의견을 알게 되었는가의 여부로 조작했다. 응답자들은 아무런 단서를 받지 않는 집단과, 이슈와 관련하여 최근의 다수 의견에 대한 단서를 제공받은 집단으로 나뉘었다.[32]

서베이 인터뷰 질문의 연속적인 속성은 당연히 인지적 정교화에 도움이 되지 않는다. 사실 대부분의 실제 상황에서는 결정을 갑작스럽게 할 필요는 없다. 실험 조건이 휴리스틱 과정을 일으키는 데만 유리하게 설정되는 것을 피하기 위해 응답자들을 무작위로 두 조건 가운데 하나에 배정했다. 그것은 이슈에 관한 질문을 받기 전에 어떤 지시도 하지 않는 조건과, 대답하기 전에 그것에 대해 마음 편히 생각할 여유를 갖도록 하는 조건이었다. 이런 지시를 한 목적은 질문에 대답하기 전에 일부 응답자들에게 고의로 더 많은 생각을 하도록 유도하기 위해서였다. 생각 목록 만들기 질문에 대한 응답을 분석한 결과 사람들이 마음 편하게 생각하라고 권유 받았을 때, 더 큰 인지적 정교화를 발생시킨다는 점을 발견할 수 있었다.

---

31. 정확한 호의 / 반대 단서는 다음과 같다. "최근의 조사에 따르면 대부분의 시민들은 (소녀들이 보이스카웃에 참가하는 것을 허용하는데 / 만일 어떤 엄격한 할당제가 없는 것이라면, 여성과 소수 민족들에 대한 차별 철폐 조치를 요구하는 연방법에 / 미국 국기를 태우는 것을 처벌할 수 있는 범죄로 규정하는 헌법 수정안에) (찬성한다 / 반대한다)."

32. 보이스카웃에 소녀들이 참여하는 이슈의 경우, 통제 조건뿐만 아니라 사전 조사에서도 다수의 미국인들이 소녀들의 보이스카웃 참여를 허용하는 것을 반대했다. 또 다수가 여성들과 소수 민족을 위한 할당제 없는 차별 철폐 조치 프로그램을 요구하는 연방법에 호의적이었으며, 미국 국기를 태우는 것을 불법으로 하는 헌법 개정안에 대해서도 호의적이었다.

실험 처치 이후에, 응답자들은 이슈에 관한 자신의 선호에 대해 질문받았다.[33] 그리고 바로 다음에 이슈에 대한 개입도의 수준을 묻는 질문이 이어졌다.[34] 우리는 사전 조사에서 각 이슈의 개입도 수준을 제대로 측정했는지의 여부를 이와 같은 질문으로 다시 한번 확인할 수 있었다. 두 조사 모두에서, 국기를 태우는 것과 관련한 이슈는 가장 높은 수준의 개입도를, 보이스카웃 이슈는 중간 정도 수준의 개입도를, 차별 철폐 조치 이슈는 셋 중에 가장 낮은 개입도를 보였다.[35] 잘 모르는 후보자를 이용한 이전 실험과 같이 이슈에 대한 입장을 측정한 직후에, 응답자들에게 개방형 생각 목록 만들기 질문을 했다.[36]

여기에 응답자들이 사용할 수 있는 정보 처리와 관련한 항목이 이 연구에서 추가되었다. "인지적 욕구"라고 할 수 있는 개인적 속성은 특정 작업에 대해 더 많은 생각이나 정신적 에너지를 투자하려는 개인적 경향을 말하는 것이다(Cacioppo & Petty, 1982). 인지적 욕구를 측정하기 위해 선행 연구에서 고민한 여러 항목들 가운데 신뢰도와 타당도가 있다고 연구자들이 평가한 네 가지 항목을 조사해 포함하였다(Cacioppo, Petty, & Kao, 1984).[37]

그림 8-8은 각 실험 조건의 평균이 통제 집단 평균과 차이가 있다는 점을 보여 준다. 이러한 결과는 '이슈 실험 1'과 '민주당 예비 선거 실험'과 매우 비슷하다. 사전 개입도가 낮은 두 가지 이슈(보이스카웃과 차별 철폐 조치 이슈)에서,

---

33. "귀하는 어떻게 생각합니까? 귀하는 (소녀들이 보이스카웃에 참여하는 것을 허용하는데 / 엄격한 할당제가 없다면, 여성들과 소수 민족에 대한 차별 철폐 조치 프로그램을 요구하는 연방법에 대해 / 미국 국기를 태우는 것을 불법으로 하자는 헌법 수정안에) 찬성합니까, 혹은 반대합니까? 귀하는 이 이슈에 매우 (찬성 / 반대)합니까? 혹은 약간 (찬성 / 반대)합니까?" 응답은 강한 반대(1)부터 강한 찬성(4)까지 4점 척도로 코딩되었다.

34. "귀하는 (무작위로 선택된 이슈에 대해) (찬성 / 반대)한다고 말할 때, 귀하의 입장에 얼마나 많이 개입되어 있다고 보십니까? 10은 매우 개입도가 높은 것, 1은 전혀 개입하지 않은 것.

35. 이슈 개입도의 차이는 통계적으로 유의미했다. $F(2, 911) = 21.01, p < .001$.

36. "당신이 찬반 여부에 대해 생각할 때, 어떤 종류의 생각들이 떠올랐습니까?"

37. 이용된 항목들은 다음과 같다. "다음 진술 각각이 귀하를 얼마나 잘 설명하고 있는지 말해 주십시오: (a) 나는 문제에 대한 새로운 해결책을 얻는데 관련된 일을 정말로 좋아한다. 이 진술문이 귀하를 잘 설명하는지, 조금 설명하는지, 별로 잘 설명하지 못하는지, 전혀 잘 설명하지 못하는지 말씀해 주시겠습니까? (b) 나는 단지 해야하는 만큼 열심히 생각할 뿐이다.(제시한 척도는 위와 같다) (c) 내게는 그저 그 일을 했다는 것만으로 충분하다. 나는 어떻게, 왜 그것이 작동하는지에 신경 쓰지 않는다 (d) 나는 일단 한번 배운 후에는, 어떤 생각도 할 필요가 없는 일이 좋다." 이 네 항목의 질문(a의 경우 척도상의 점수를 반대로 함)에 대한 응답을 합산하여 측정했다. 또한 측정값의 중앙값을 중심으로 두 집단으로 구분했다.

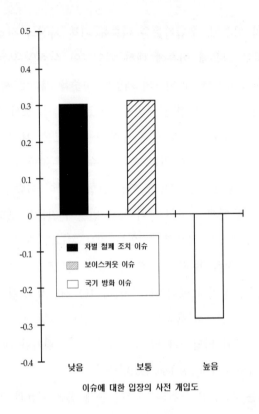

그림 8-8. 이슈에 대한 사전 개입도에 따른 의견의 변화
(두 번째 이슈 실험)

통제 집단의 평균과 공중 지지의 단서를 받은 사람들의 평균을 비교해 보면, 응답자들의 의견이 다수의 것으로 변화하는 경향이 보인다. 이런 변화는 다수 입장에 대한 호감도 측정에서도 11~12% 증가를 나타냈다. 변화의 정도는 견해의 변화 정도와 대략 비슷하다. 국기 태우기 문제 같은 개입도가 높은 이슈의 경우 응답자들은 단서에서 제시한 다수의 의견에 반대하는 방향으로 의견을 바꾸었다. 다수가 어떻게 생각하고 있다는 정보를 제공한 합의의 단서는 직접적인 주 효과가 없었다. 그러나 이슈와 공중의 지지에 대한 단서 사이에서 유의미한 상호 작용이 나타났다($F = 5.58$, $p < .01$).

다수 의견 쪽으로 또는 거기에서 멀어지는 쪽으로의 변화를 이론적으로 잘 설명해 줄 다른 기제가 있을 것으로 기대했기 때문에, 국기 태우는 문제만을 따로 분석해 보았다. 인지적 욕구와 인지적 정교화의 정도도 분석에 포함되었다.

표 8-2. 합의를 향한 움직임: 공중 지지의 단서, 인지적 정교화, 인지적 욕구가
이슈에 대한 태도에 미치는 효과 (두 번째 이슈 실험)

	sum of square	자유도	F 값
통제 변인			
교육	1.19	(1)	1.26
연령	.62	(1)	.66
인종	.81	(1)	.86
공화당원	.54	(1)	.57
민주당원	.20	(1)	.21
주 효과			
공중 지지의 단서	8.24	(1)	8.77***
응답 전 주어지는 시간	.01	(1)	.01
이슈	.10	(1)	.10
인지적 정교화	.06	(1)	.07
인지적 욕구	.00	(1)	.00
상호 작용 효과			
공중 지지의 단서 × 응답 전 주어지는 시간	.02	(1)	.01
공중 지지의 단서 × 이슈	.19	(1)	.40
공중 지지의 단서 × 인지적 정교화	3.90	(1)	4.04*
공중 지지의 단서 × 인지적 욕구	.13	(1)	.28
응답 전 주어지는 시간 × 이슈	.28	(1)	.45
응답 전 주어지는 시간 × 인지적 정교화	.66	(1)	.94
응답 전 주어지는 시간 × 인지적 욕구	1.56	(1)	1.89
이슈 × 인지적 정교화	3.92	(1)	4.95*
이슈 × 인지적 욕구	.81	(1)	.55
인지적 정교화 × 인지적 욕구	2.83	(1)	3.52

하위 표본 n = 389. 종속 변인은 4점 척도로 측정한 이슈에 대한 태도이고, 숫자가 클수록
좀더 호의적인 것을 나타낸다.
* $p < .05$ *** $p < .001$

이는 사람들이 다수 의견을 접하고 나서 보이는 변화가 합의의 휴리스틱 기제에
의한 것인지 아니면 인지 반응 기제에 의한 것인지를 파악해 보기 위해서였다.
　　표 8-2는 다수의 의견 쪽으로 변화하는 기저에 발생하는 과정에 대한 결
과를 요약하고 있다. 공중 지지의 단서가 보이는 강력한 주 효과는 합의의 휴리스

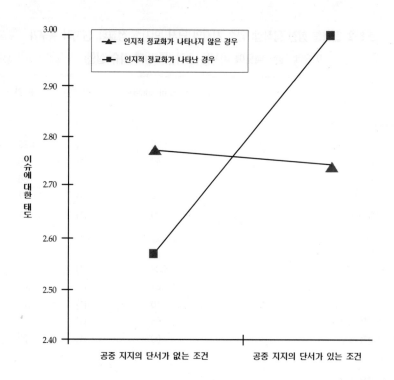

그림 8-9. 합의에 다가가는 움직임: 인지적 정교화 수준에 따른 합의와 관련한 단서의 효과
(두 번째 이슈 실험)

틱이 작동하는 것을 암시하는 것처럼 보인다. 하지만 공중 지지의 단서와 인지적 정교화 간의 유의미한 상호 작용의 발생은 전혀 다른 해석을 하게 한다. 그림 8-9 에서 나타난 것처럼, 다수가 지지하는 방향으로의 이동은 사실 이슈와 관련한 생각을 떠올린 응답자 집단에만 집중되어 있었다. 반면, 인지적 정교화의 정도가 낮은 응답자들은 다수가 지지하는 방향으로 움직이지 않았다. 이런 패턴은 합의의 휴리스틱 모델이 제시한 설명과는 정확하게 반대이다. 휴리스틱은 사람들이 이슈 관련 정보가 부족하기 때문에 작동되는 것이라는 주장과는 정반대의 결과이다.

표 8-3과 그림 8-10은 다수의 의견으로부터 멀어지는 움직임과 관련하여 비슷한 패턴을 보여 준다. 다수의 의견과 반대되는 견해를 피력한 응답자 집단은 인지적 욕구가 높은 사람들로 구성되어 있다. 즉, 이들은 대부분 휴리스틱으로 합의와 관련한 정보를 이용하기보다는 또 다른 체계적인 과정을 통해 의견을 형성하는 경향이 있는 사람들이다. 인지적 욕구가 낮은 응답자들은 다수의

표 8-3. 합의로부터 멀어지는 움직임: 공중 지지의 단서, 인지적 정교화, 인지적 욕구가 이슈에 대한 태도에 미치는 효과 (두 번째 이슈 실험)

	sum of square	(자유도)	F 값
통제 변인			
교육	10.14	(1)	7.28***
연령	.66	(1)	.47
인종	4.59	(1)	3.30
공화당원	.18	(1)	.13
민주당원	.51	(1)	.37
주 효과			
공중 지지의 단서	4.96	(1)	3.56
응답 전 주어지는 시간	1.50	(1)	1.08
인지적 정교화	.13	(1)	.10
인지적 욕구	3.65	(1)	2.62
상호 작용 효과			
공중 지지의 단서 × 응답 전 주어지는 시간	.18	(1)	.13
공중 지지의 단서 × 인지적 정교화	.91	(1)	.65
공중 지지의 단서 × 인지적 욕구	8.69	(1)	6.24*
응답 전 주어지는 시간 × 인지적 정교화	.41	(1)	.29
응답 전 주어지는 시간 × 인지적 욕구	.53	(1)	.38
인지적 정교화 × 인지적 욕구	.52	(1)	.38

하위 표본 n = 199. 종속 변인은 4점 척도로 측정한 이슈에 대한 태도이고, 숫자가 클수록 좀더 호의적인 것을 나타낸다.
* $p < .05$ *** $p < .001$

의견에 대한 단서에 거의 영향받지 않았다. 다수의 의견과 반대되는 쪽으로의 움직임은 인지적 욕구가 높은 사람들에게서 나타났다. 이들은 또한 더 많은 이슈에 관련된 생각들을 더 많이 머릿속에 떠올렸다.

요약하면, 위에서 제시한 일련의 실험 결과에서 볼 수 있듯이, 대중 의견의 지각에 의해 매개되는 영향력은 후보자나 이슈에 대한 정보의 흐름뿐만 아니라 개인의 특성에 따라 변하는 복잡한 반응이다. 또한 비슷한 과정이 후보자에 대한 태도나 의견뿐만 아니라 이슈에 대해서도 적용되고, 실험실 바깥의 실제 세계 상황에도 반복되는 것처럼 보인다. 대중 의견에 대한 정보를 완전히

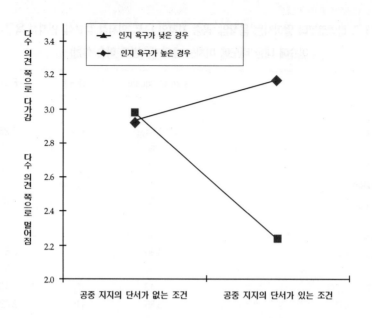

그림 8—10. 합의로부터 멀어지는 움직임: 인지적 욕구에 따른 합의와 관련한 단서의 효과
(두 번째 이슈 실험)

휴리스틱으로 이용하는 것은 정보의 수준이 절대적으로 낮을 때만 일어나는 것 같다. 많은 정치적 상황에서, 대중 의견과 관련한 정보에 대한 반응은 사람들이 타인의 견해를 듣는 데 따른 인지 반응의 유형에 따라 달라질 것이다(부록 참조. 생각 목록 만들기 측정의 타당도에 대한 논의를 위한 방법론). 어떤 유형의 인지 반응이 만들어지는가는 사람들이 후보자나 이슈에 대해 가지고 있던 사전 개입도의 수준에 의해 영향을 받을 것이다. 또한 정보 환경에서 긍정적이고 부정적인 주장을 얼마나 접하기 쉬운지에 따라서 영향을 받을 것이다.

5. 관여도가 높은 사람들의 전략적 행동:
대통령 예비 선거에서 돈을 기부하는 사람들

타인의 견해를 지각하여 의미 있는 정치적 결과를 낳게 되는 과정을 설명하는 기제 가운데 남은 하나는 대중 의견에 대한 정보의 전략적 사용이다. 이

장에서 설명한 다른 두 기제와는 달리, 전략적 기제는 정치적 상황에서 이미 잘 입증되어 왔고, 따라서 이에 대한 독립적인 검증은 더 이상 필요하지 않다고 본다. 그렇지만, 여기서 대중 의견에 대한 정보를 전략적으로 사용하는 추가적인 사례를 보여 줌으로써, 비개인적 영향력과 관련한 전반적인 사례의 폭을 넓히고자 한다. 제시할 사례에서는 대중 의견에 대한 전략적 반응에 관한 두 가지 사항을 강조한다. 먼저 대중적 지지가 '높아지고' 있다는 정보에 대한 전략적 반응이 왜 꼭 사람들의 지지를 더 높일 필요가 없는지를 보여 준다. 선거 캠페인에 돈을 기부하는 사람들은 어떤 경우 자신이 지지하는 후보자에 대한 공중의 지지도가 '낮아지고' 있다는 것을 지각하고 이에 이성적으로 반응한 결과로 돈을 기부하기도 한다. 이런 결과는 전략적 형태의 비개인적 영향력에 대한 예측을 좀 더 확장해서 볼 수 있다는 점에서 흥미롭다. 또한 대중 의견에 대한 지각이 유발하는 영향을 설명하는 특정 기제의 이론화의 중요성을 강조한다.

불분명한 전략적 행동에 대해 주목함과 동시에, 이 절에서는 원래 바텔과 다른 연구자들이 지적했던 점을 재차 강조하고자 한다(Bartels, 1988). 즉, 대중 의견에 대한 반응을 전략적 차원에서 설명하는 것이 다른 기제들에서 설명하는 것과 어떻게 다른지를 지적할 것이다. 비개인적 영향력을 설명하는 여타 기제들과는 달리, 전략적 반응은 엄밀히 말해 정치적 의견이 아니라 정치적 행동에 적용되는 것이다. 사실, 시민들은 자신의 행동이 자신의 의견과 일치하지 않을 때만 전략적으로 반응한다고 알려져 왔다. 전통적인 예로 시민들이 이길 가능성이 확실히 더 크다는 이유 때문에 자신이 가장 좋아하는 후보가 아닌 다른 후보에게 투표하는 경우를 들 수 있다. 이 연구에서는 서베이에 기초한 태도나 의도보다는 실제의 정치적 기부 행위를 측정해 종속 변인으로 사용했다. 따라서 특별히 정치적 행동에 영향을 미치는 전략적 반응의 기제를 검증하는 데 적합하다고 할 수 있다.

미국인의 투표 행동을 살펴본 연구자들은 잠재적인 기부자들이 집합적 차원의 타인의 견해를 지각한 것에 영향을 받는다고 오랫동안 가정해 왔다(Overacker, 1932). 마치 전략적 유권자가 경쟁력 없는 후보에게 표를 낭비하고 싶어하지 않는 것처럼, 기부자는 확실히 이길 가능성이 없는 후보에게 돈을 낭비하고 싶어하지 않는다. 전략적 사고는 투표보다는 선거 기부에서 더 많이 나타난다. 잠재적 기부자들의 정치 흥미도와 지식 수준은 특별하게 높기 때문에 이들은 전략적 사고를 더 많이 하리라고 예측할 수 있다. 또한 잠재적인 기부자들은 이길 가능성이 별로 없는 후보에게 돈을 낭비할 가능성을 고려한다면(단지 한 표를 행사할 때보다) 더 전략적일 수 있다. 마찬가지로, 어떤 사람이 다른 사람도 자신과 같은 후보에게 기부하고 있다는 사실을 알게 될 때, 그 사람은 후보자에 대한 자신의 투자에 대한 대가를 전략적으로 강조할 수 있다(Jacobson & Kernell, 1983).

디렉트 메일(*direct mail*: DM)을 통한 모금을 연구한 문헌을 살펴보면 전략적 반응의 기제에서 가정하고 있는 것과 정확히 반대되는 결과를 발견할 수 있다. 기부자들이 그들의 입장에 대한 대중의 지지가 감소하고 있다는 것을 지각함에 따라 오히려 동기화된다는 것이다. 케이든은 다음과 같이 지적한다. "소수의 기부자들은 선거 운동에 기여했다는 사실에 만족(도덕적 고양)한다. 이런 만족과 관련하여 기부자들은 주로 소수에 속한 경우가 많다. 아무튼, 만일 어떤 사람이 다수에 속한다면, 왜 걱정을 하겠는가?"(Kayden, 1985: 95). 많은 디렉트 메일은 사람들이 즉시 기부하지 않는다면 선거 운동을 지속할 수 없다고 하면서 기금 모금을 호소한다. 디렉트 메일을 통한 모금 활동 외에도, 후보자들은 비슷한 이유로 서로 '열패자 *underdog*'임을 밝히려고 다투는 경우가 많다(Adams, 1983). 선거가 격전을 벌이고 있고, 그들은 즉각적인 도움이 필요하다는 사실을 유권자들이 알게 하는 것은 기금 모금을 위한 효과적인 전술일 수 있다. 특히, 기부의 시점을 조절할 때 효과적이다. 다른 후보의 공격이 임박했을 때, 한 후보를 적극적으로 지지하는 유권자들은 그 후보가 공격당한다거나 입지를 잃는다는 소식을 듣고 돈을 내려할 수 있다.[38] 또한 전략적 기제는 대중적 인기도에 대한 소식을 듣고 오히려 돈을 내는 것을 보류하게 하는 상황도 잘 설명한다. 만일 한 유권자가 선택한 후보자가 선거전에서 이미 잘 하고 있다면, 추가적인 돈을 낼 이유가 있을까?

두 유형의 전략적 반응이 모두 의미가 있다. 이 사실은 비개인적 영향력의 패턴을 설명하기 위해 특정 기제를 상정하는 것이 중요하다는 점을 시사한다.

---

38. 비록 여러 후보자들이 경쟁하는 후보자 지명 이전의 상황에서는 후보자에 대한 정보가 많지 않은 경향이 있기는 하지만 잠재적 기부자들(특히, 예비 선거 단계에서)은 가장 관여도가 높고, 정보를 많이 가지고 있는 사람들 일 수 있다(Brown, Hedges, & Powell, 1980). 이런 특성은 충성도에 기초한 기부를 하게 만들 수 있다. 개입도가 매우 높은 유권자들은 다수가 그들의 견해가 다르다는 정보를 접했을 때, 뒤쳐져 있는 자신이 지지하는 후보를 더 적극적으로 성원할 수 있다(Fleitas 1971; Ceci & Kain, 1982; Price, 1989 예 참조).

두 가지 유형의 과정이 모두 발생하지만, 특정한 이론적 접근이 이 둘을 모두 설명할 수 없다면 여기에는 문제가 있다.

위협에 직면했을 때 나타나는 충성도에 기초한 기부 *loyalty-based contribution* 와 불확실성에 직면했을 때 나타나는 망설임에 기초한 기부 *hesitancy-based contribution* 는, 후보자의 지지도를 지각하고 반응하는 분명히 다른 두 가지 기부 패턴이다. 충성도에 기초한 기부는 지지자들이 후보자에 깊게 연루되어 있고, 후보자가 다른 후보들과 구분되는 이념적 입장을 보일 때 일어나야 한다. 반면, 특정 후보에 대한 선거구 주민의 지지가 약할수록, 그리고 그 후보자가 다른 후보들과 잘 구별되지 않을수록, 더 많은 기부자들이 망설임에 기초한 전략적 고려에 의해 영향을 받을 수 있다. 만일 한두 명의 후보자가 대충 비슷하게 매력적으로 보인다면, 선거에서 승리할 가능성 *viability* 은 기부의 빈도를 높이는 데 영향을 미쳐야 한다.

1988년 대통령 예비 선거와 그 이전의 기간은 공중 지지도에 대한 유권자의 지각의 변화가 전략적 기부 행동에 미치는 영향을 검토하는 데 적합한 상황이었다. 두 명의 주요 경쟁자 중 한쪽이 확실히 승기를 잡은 경선이 아니었기 때문에, 경마식 보도가 매우 많았다. 어떤 후보에게 투표할 의도가 있지만, 그 후보가 확실히 이길 것 같다는 확신을 하기 전에는 돈을 기부하지 않는 유권자들은 다른 후보가 이길 가능성이 있다면 지지할 수도 있다고 생각할 것이다. 이런 유형의 기부자는 자신이 고른 후보를 열렬히 감동적으로 지지할 것 같지는 않다. 1988년 예비 선거의 경우, 어느 후보의 지지자들이 후보와의 연계가 약하고, 이길 가능성이 크다는 것을 지각하지 못하면 금전적인 기부를 주저하겠는가? 반대로, 어느 후보의 지지자들이 경쟁이 치열한 선거전 양상의 뉴스를 듣고 충동적으로 행동을 할 것 같은가?

물론 모든 선거 운동을 놓고 볼 때 위와 같은 유형의 지지자들이 각각 조금씩은 있다. 어떤 후보의 유권자들이 모두 한 유형에 속하지는 않는다. 그러나 어떤 후보를 지지하는 유권자 중에는 이런 두 유형 가운데 한가지 유형이 다른 유형보다 더 많은 것 같다. 다른 연구에서 자세히 설명했지만(Mutz, 1995a), 민주당 예비 선거의 경우, 제시 잭슨은 충성심이 강한 추종자들을 가지고 있었고, 고어의 지지자들 역시 그에게 놀랄 만큼 강하게 연루되어 있었다. 또한, 네 명의 주요 후보들 가운데 잭슨과 고어는 가장 사상적으로 뚜렷하게 구별되는 사람들이었다. 게파트와 듀카키스는 상대적으로 지지의 정도가 약했던 후보들이었다. 따라서 이들을 지지하는 유권자들은 망설임에 기초한 전략적 기부의 행태를 보여 줄 가능성이 더 큰 것으로 가정되었다. 반면 잭슨과 고어의 지지자들은, 특히 잭슨의 경우, 충성도에 기초한 기부의 징후를 보여 줄 가능성이 더 큰 것으로 가정되었다.

이 연구는 특정 후보자를 지지하는 유권자의 수가 변화하는 것이 기부 결정에 영향을 미치는 측면보다, 후보자들에 대한 지지에 대한 지각이 기부 결정에 미치는 영향에 초점을 맞췄다. '전략적 기부'는 후보에 대한 사람들의 태도 변화나, 좋아하는 후보의 변화에 의한 영향이 아니라, 공중의 지지에 대한 지각이 직접적으로 기부의 흐름을 변화시키는 상황을 의미한다. 언론의 경마식 보도는 이미 좋아하고 있는 후보의 이길 가능성에 대한 지각을 완전히 바꿀 수 있고, 따라서 전략적 기부를 촉진시킬 수 있다.

공중의 지지에 대한 지각의 변화와 선거 운동시 기부의 흐름과의 관계 사이에서 다른 요인이 개입할 가능성을 제거하기 위해, 전략적 기제 가설을 검증하는 모델에 다양한 통제 변인을 포함하였다(자세한 통계적인 사항은 Mutz, 1995a, 1995b 참조).

이 연구의 종속 변인은 연방 선거 위원회(Federal Election Commission)의 자료를 토대로 1987년 7월 1일부터 1988년 후보자들이 경선을 포기할 때까지 42주 동안의 예비 선거 후보들에 대한 기부 정보로 구성하였다. 데이터는 1주일 단위로 각 후보가 한 주에 받은 개인들의 기부 횟수를 측정하여 합산하였다. 선거 운동을 계속 진행하기 위해 후보들이 종자돈을 모으려고 서로 다투는 기간인 '유세' 기간이 중요한 시기이기 때문에(Orren, 1985), 예비 선거를 하기 이전의 시기까지를 포함하는 것이 중요했다. 또한, 유권자의 눈길을 끄는 실제 예비 선거가 없는 상황에서 경마식 보도는 후보자의 지지도와 관련한 공중의 지각을 형성하는데 가장 중요한 요인이었다.

후보들에 대한 공중의 지지에 대한 지각은 각 후보의 가능성에 관한 경마식 보도에서의 추이推移 평가를 통해 살펴보았다. 컴퓨터를 이용한 미디어 내용 분석을 통해 각 단락별로 후보가 이기거나 지고 있다거나, 기반을 얻고 있다거나 잃고 있다고 묘사되는지에 대한 변화를 평가했다. 각 후보에 대한 부정적·긍

표 8-4. 유권자의 지지가 낮은 후보 진영(캠페인)에 대한 기부 예측 요인

	계수	T-ratio
게파트 진영		
절편	46.15	.64
게파트에 대한 경마식 보도	98.23	2.73**
게파트에 대한 유권자 지지	41.20	3.00***
예비 선거 결과	96.26	1.81
미디어 보도의 양	−1.16	1.72
활동 자금의 규모	9.10	1.54
전반적인 후보자의 경향	.43	2.03
전체 R^2		.64
듀카키스 진영		
절편	156.94	.94
듀카키스에 대한 경마식 보도	121.66	1.81
듀카키스에 대한 유권자 지지	58.51	3.16***
예비 선거 결과	−40.42	.18
미디어 보도의 양	−1.93	1.40
활동 자금의 규모	8.81	2.90***
전반적인 후보자의 경향	2.36	8.73***
전체 R^2		.76

표에 제시된 계수들은 율 워커 Yule-Walker 측정값이다. 종속 변인은 후보자 공인 캠페인 위원회에 기부한 숫자이다. 게파트 n = 39주, 듀카키스 n = 42주이다. R^2는 자기 상관 관계 *autocorrelation* 를 보정한 후 모델의 구조적인 적합도를 나타낸다.

* $p < .05$ ** $p < .01$ *** $p < .001$

정적 평가의 정도를 측정하기 위해 부정적·긍정적 평가를 내린 뉴스 수의 비율을 각 주별로 만들었다.

표 8-4에서 보이는 것처럼, 게파트와 듀카키스에게 한 기부의 변화 추이는 여러 면에서 비슷하다. 예를 들어, 두 사람 모두 유권자의 지지도를 높여서 선거 운동에서 받은 기부의 수를 증가시킬 수 있었다. 더 중요한 것은, 비록 듀카키스의 경우 계수가 제한적으로 유의미하게 나타났지만($p < .10$), 선거 운동의 보도에서 드러나는 경마식 평가가 기부의 증가에 효과를 미쳤다. 듀카키스의 경우, 분석 결과 나타난 계수는 다음과 같이 해석할 수 있다. 즉, 부정적 평가보다 긍정적 평가가 2배 많은 한 주週의 미디어 보도가 있었다면, 듀카키스 선거 운동에 대해

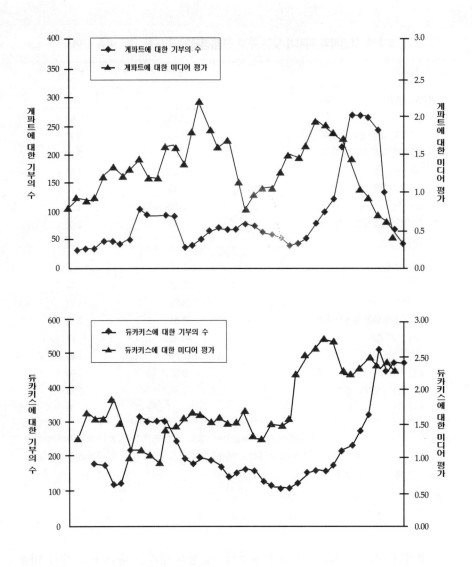

그림 8-11. 긍정적인 미디어 평가와 유권자들의 지지가 낮은 민주당 후보에 대한
기부의 수 사이의 관계

긍정적, 부정적 평가가 대략 균형을 이룬 주보다 약 120회 정도 많은 기부를 기대
할 수 있다. 같은 조건에서 게파트의 경우 약 100회 정도의 추가적인 기부를 미디
어 평가에 따라 얻을 수 있다고 나타났다 .일반적으로 유권자 지지가 약한 후보의
경우 후보자의 이길 가능성에 대한 지각의 반응으로 예측된 패턴을 살펴볼 수 있

었다. 다시 말해 지지자들은 선거 운동이 지지부진할 때 기부하는 것을 꺼렸고, 후보자의 인기가 상승하고 있다고 지각할 때 더 많이 기부했다.

그림 8-11은 미디어의 평가와 게파트, 듀카키스에게 기부한 횟수 간의 관계를 보여 준다. 게파트에 대한 기부가 정점을 이룬 세 시점은 미디어 평가가 가장 좋았던 시점과 일치한다.[39] 또한 듀카키스에게 가장 많이 기부한 두 시점 (1987년 9월과 1988년 2월 하순)은 미디어 평가가 가장 좋았던 시점 바로 뒤였다.[40] 10월에서 1월까지의 기부의 증가도 미디어의 선거 운동에 대한 긍정적 평가와 관련이 있었다.

반면 표 8-5에서 보여 주는 것처럼, 확고한 지지자를 가지고 있는 잭슨 과 고어 진영에 행한 기부는 완전히 다른 패턴을 보여 준다.[41] 가설에서는 경마

---

39. 8월 후반에 작은 정점을 형성하는 미디어의 긍정적 평가는 8월 30일 게파트가 아이오와에서 선두를 달리고 있다고 보여 준 모의 여론 조사 보도 시기와 맞물려 있다. 이것은 약 한 달의 지체를 두고 기부의 선에서도 비슷한 정점을 보이게 한다. 경마식 보도의 미디어 평가에서 가장 큰 정점을 보인 것은 기부에 약간의 영향력을 미쳤으며, 정점과 정점, 하한점과 하한점 사이는 다시 약 한 달 가량의 지체가 있었다. 11월에 미디어 평가가 급격히 낮아진 것은 게파트가 아이오와에서 자신의 입지를 잃고 있다고 한 드 모인 레지스터 Des Moines Register 의 여론 조사 발표와 밀접한 관련이 있다. 1월 들어 미디어의 긍정적 평가가 정점에 다시 올랐고 이것은 초기의 정점과 비슷했다. 이로부터 한 달쯤 후 게파트 는 연속되는 몇 주 동안 250회가 넘는 기부를 받았다.

40. 1987년 8월 듀카키스에 대한 낙관주의가 팽배했지만 9월에 있었던 일련의 불운한 사건으로 인해 긍정적 미디어 평가가 눈에 띄게 감소했다. 9월 미디어 평가가 낮아진 것의 영향으로 10월 기부는 많이 감소했다. 듀카키스에 대한 미디어 평가는 10월에 다시 좋아졌다. 뉴햄프셔 당원 대회에서 승리했고, 11월에는 CBS 와 뉴욕 타임스 공동 실시 여론 조사에서 2위로 부상했으며 뉴햄프셔 여론 조사에서는 선두가 되었다. 그가 많은 시장들과 시 의회 구성원들로부터 지지를 받아 왔기 때문에 12월에도 지지를 받는 상태였다. 그리고 <US 뉴스 앤드 월드 리포트>에 의해 최고의 주지사 6명 가운데 하나라고 인정받았고, "혁신적인 집단의 지도자"로 불렸다. 듀카키스에 대한 미디어 평가가 가장 높은 정점에 이른 시기는 1988년 1월이었다. 1월 동안, 뉴햄프셔 민주당원 대상 여론 조사가 갤럽에 의해 실시되어 <보스턴 글로브 Boston Globe>에 보도되었고 그가 확실한 선두를 유지하고 있다는 것을 보여 주었다. 게다가 그 달 하순에 있었던 드 모인 레지스터 여론 조사는 듀카키스가 아이오와 당원 대회 참가자 3명과 공동 선두라는 것을 보여 주었다. 이러한 긍정적 미디어 평가는 후에 줄어들었고 2월 초순에 듀카키스가 아이오와 당원 대회에서 3위를 차지했을 때 바닥으로 내려 앉았다. 이에 따라 2월 하순 기부의 횟수는 크게 떨어졌고 3월 초순에 바닥이 되었다. 후보들의 주요 선거 운동 이벤트 에 대한 일정은 ≪CBS 뉴스 캠페인 '88 예비 선거와 당원 대회≫ 2권에서 얻었다. 이 책은 이 연구에서 다룬 기간에 일어난 정보를 담고 있다.

41. 전반적으로 잭슨의 경우 다른 후보들과는 달리 방정식에 잘 들어 맞지 않는다. 이 모델의 약점은 여러 가지로 찾을 수 있다. 1984년 예비 선거에 대한 연구는 미디어가 잭슨의 입후보를 근본적으로 다른 후보들과 다르게 다루었다고 제시했다(Broh, 1987). 그리고 같은 상황이 1988년에도 일어났다. 잭슨 모델의 약점은 또한 많은 잭슨의 지지자들이 민주 당의 전통적인 재정적 기반을 구성하는 사람들이 아니라는 사실에서 비롯될 수 있다. 따라서 그들은 다른 생각에 의해 동기화되었을 수 있다. 여전히 가능성 있는 또 하나의 설명은 연방 선거 위원회 데이터가 잭슨이 받았던 기부의 총 수를 다른 후보들에 대한 것보다 제대로 반영하고 있지 못하다는 것이다. 잭슨은 아마 연방 선거 위원회에서 산정하지 않는 많은 수의 소액 기부를 받았을 것이다. 하지만 불행히도 200달러 이하의 기부에 대해서는 믿을 만한 정보가 없고, 각 후

표 8-5. 유권자의 지지가 높은 후보자 진영(캠페인)에 대한 기부 예측 요인

	계수	T-ratio
고어 진영		
절편	-46.93	.97
고어에 대한 경마식 보도	-28.28	2.85**
고어에 대한 유권자 지지	13.07	1.61
예비 선거 결과	-88.61	2.92**
미디어 보도의 양	1.00	2.27
활동 자금의 규모	6.41	1.75*
전반적인 후보자의 경향	.18	1.44
전체 R^2		.67
잭슨 캠페인		
절편	68.70	2.13*
잭슨에 대한 경마식 보도	-19.99	2.54**
잭슨에 대한 유권자 지지	3.22	1.56
예비 선거 결과	76.02	3.20***
미디어 보도의 양	-.41	2.33*
활동 자금의 규모	8.49	1.60
전반적인 후보자의 경향	.03	1.08
전체 R^2		.48

표에 제시된 계수들은 율 워커 측정값이다. 종속 변인은 후보자 공인 캠페인 위원에 기부한 숫자이다. 고어 n = 42주, 잭슨 n = 42주이다. R^2는 자기 상관 관계를 보정한 후 모델의 구조적인 적합도를 나타낸다.

* $p < .05$ ** $p < .01$ *** $p < .001$

식 보도에서의 평가가 부정적일 때 양 후보에 대한 기부 횟수가 늘어나는 부정적인 관계를 예측하였다. 그러나 계수의 크기를 놓고 볼 때 이런 부정적인 영향은 듀카키스와 게파트의 경우에서 관찰된 긍정적인 영향보다 훨씬 적다는 것을 알 수 있다. 잭슨과 고어 진영이 공격받거나 입지를 잃는 것으로 묘사된 보도를 통해 잭슨과 고어에 대한 기부는 약 20회나 30회의 추가되었을 뿐이다. 반면 게파트와 듀카키스는 긍정적 경마식 평가에 거의 100회 이상의 기부를 더 받았다. 비록 후보자에의 연루 정도가 높은 유권자들이 지지하는 후보가 도움이 필요한

보에게 이런 한계 이하의 기부가 전체 기부에서 몇 퍼센트를 차지하는지도 정확히 알 수 없다.

시기에 기부를 더 함으로써 힘을 모아 준다는 주장에 부합하는 증거가 있기는 하지만, 이와 같은 전략적 패턴의 강도는 유권자의 지지 정도가 낮은 후보자의 경우와 비교하면 약한 것이다.[42]

비록 민주당 후보를 살펴본 연구에서 충성도에 기초한 기부와 망설임에 기초한 기부 두 가지의 윤곽을 파악할 수 있었지만, 분석한 수가 그리 많지 않았기 때문에 결과의 신뢰도가 문제가 될 수 있다. 따라서 추가적으로 공화당 예비 선거를 배경으로 유사한 분석을 하였다.

부통령으로서 부시는 공화당 후보 지명전에서 확실한 선두 주자였다. 전략적 기부의 논리에 기초해서 생각해 볼 때 부시의 지지자들은 타인의 견해에 대한 지각에 적게 영향을 받아야 했다. 상대적으로 돌과 켐프는 덜 알려진 후보였기 때문에, 이들의 지지자들은 지명전에서 이길 가능성에 대해 관심을 가져야 했다. 팻 로버트슨의 경우는 전적으로 달랐다. 그는 정치적으로는 아웃사이더였지만, CBN(Christian Broadcasting Network)의 유명한 복음 전도사였기 때문에 기존의 유권자층이 있었다. 게다가, 종교적인 관계가 있기 때문에 잭슨의 지지자들과 마찬가지로 로버트슨의 지지자들은 그가 어려움에 처했을 때 도움을 주리라는 가능성을 예측할 수 있었다. 사실, 실제 여론 조사 결과 역시 로버트슨의 지지자들이 다른 후보의 지지자들 보다 후보자에 대한 관여가 높다는 것을 보여 주었다 (Mutz, 1995b).

---

42. 표 8-5에서 제시된 미디어 평가와 기부 간의 관계를 다른 방식으로 보는 대안적 해석들은 배제될 수 있다. 또한 충성도에 기초한 기부라는 해석에 확신을 가질 수 있다. 첫째, 긍정적 미디어 평가가 기부를 증가시킨다는 증거는 어떤 경우에도 없었다. 단지 지체 시간이 두세 달 정도라고 비논리적으로 길게 보는 사람은 미디어 평가와 기부 사이의 관계를 망설임에 기초함 기부라고 볼 수도 있을 것이다. 둘째, 비록 기부가 많을수록 긍정적인 미디어 평가를 이끌어 낼 수 있다는 생각이 그럴듯하지만(특히, 잭슨의 선거 운동에서 나온 데이터를 기초로 하면), 이러한 상황은 거의 일어날 것 같지 않아 보인다. 기자들은 기금 모금의 성공을 후보자 인기를 판단하는 기준으로 사용한다. 그러나 기금 모금의 성과에 대한 믿을 만한 정보를 기자들이 지속적으로 얻을 수 있는 것이 아니다. 연방 선거 위원회는 수개월마다 기부와 관련한 서류 제출 마감을 하도록 하고 있기 때문에 서류의 일부분만 가지고 있다. 따라서 기부와 관련한 지속되는 경향성을 이야기하기 힘들다. 게다가, 후보자 자신이 지속적으로 기금 모금에 성공했다고 주장하면 당연히 기자들은 이런 주장에 대해 의심을 갖고 기사로 취급한다. 그리고 이것이 뉴스로 다루어지지 않는다면, 이는 기자들이 승자 편승 현상을 일으키려는 후보에 의해 이용될까 두려워하기 때문이다(Artrtton 1984).

그럼에도 불구하고, 추가적으로 선거 운동의 재정을 확실히 다루고 있는 미디어 보도를 경마식 보도에서 제외시켜 이런 가능성을 배제시키려 했다. 추가 분석 결과는 원래의 것과 거의 일치했다. 또한 후보자에 대한 경마식 미디어 평가는 최근의 여론 조사 결과의 대리물이 아니었다. 여론 조사에 기초한 모든 기사를 보도 표본에서 계거해 보기도 했지만 후보자에 대한 경마식 미디어 평가와 기부 사이의 관계를 변화시키지 않았다. 그러나 여론 조사는 다른 주제에 대한 미디어 보도의 논조에 여전히 간접적인 영향을 미칠 수 있다.

민주당원들을 대상으로 한 연구 결과와 마찬가지로, 미디어가 켐프나 돌의 대중적 지지가 높아지는 것으로 묘사하였을 때, 곧이어 더 많은 기부금이 이들의 진영으로 흘러 들어왔다. 이 두 호보를 지지하는 유권자의 수와 이들에 대한 전체 보도량, 선거 운동 자금의 규모와 다른 후보들에 대한 미디어 평가의 변화를 고려한다 하더라도, 켐프와 돌이 받은 기부의 회수는 분명 선거 운동과 관련한 미디어 보도에서 나타난 이들에 대한 지지도 변화와 관련이 있었다(Mutz, 1994b). 민주당원들이 영향을 받은 정도와 대략 비슷하게 돌과 켐프의 기부자들은 그들이 지지하는 후보의 대중적 지지도에 대한 지각에 의해 영향을 받았다.

부시에 대한 기부는 예측했던 것처럼 켐프나 돌의 경우에서 나타난 패턴과는 달랐다. 선두 주자인 부시의 선거 운동에 대한 미디어의 평가는 그에 대한 잠재적 기부자들에게 어떠한 영향도 주지 않았다. 그러나 흥미롭게도 켐프의 지지도에 대해 긍정적으로 보도한 것은 부시가 받은 기부에 영향을 미쳤다. 켐프가 이길 가능성이 적다고 미디어가 묘사할수록 부시 진영에 더 많은 기부금이 흘러 들어왔다. 선거전 초기에 대부분 공화당의 보수 진영에 있는 사람들로 추측되는 켐프의 지지자들은 켐프의 이길 가능성이 낮다고 보도되자 부시 진영으로 옮겼다. 하지만 미디어가 켐프의 가능성을 제시했을 때는 부시 진영에서 떠났다.

그림 8-12는 켐프에 대한 미디어의 평가와 부시가 받은 기부 사이의 관계를 보여 준다. 다변인 분석에 의해 나타난 패턴은 명확하다. 예를 들어, 켐프에 대한 미디어의 평가가 8월에 잠시 정점에 오르자, 몇 주 후에 부시에 대한 기부는 하락세를 보였다. 9월에 켐프에 대한 미디어 평가가 좋지 않자, 몇 주 후 부시가 받은 기부는 엄청나게 증가했다. 다시 12월 초에 미디어가 켐프를 선거 운동에서 가장 이길 가능성이 높은 후보로 묘사하자, 예비 선거와 예비 선거 이전 기간 전체를 놓고 볼 때 부시에 대한 기부의 하락 폭이 가장 컸다. 선두 주자에 잠재적으로 기부할 수 있는 유권자가 마음 속에서 던지는 질문은 선두 주자가 이길 것인지의 여부라기보다는 경쟁 후보가 얼마나 이길 가능성이 있는가라고 할 수 있다.

제시 잭슨의 경우와 마찬가지로, 로버트슨의 지지도에 대한 미디어의 평가도 기부금의 흐름과 관련이 있었다. 그가 대중적 기반을 잃고 있다는 미디어 보도가 있었을 때 로버트슨이 받은 기부 횟수는 증가했으며, 반대로 미디어에서

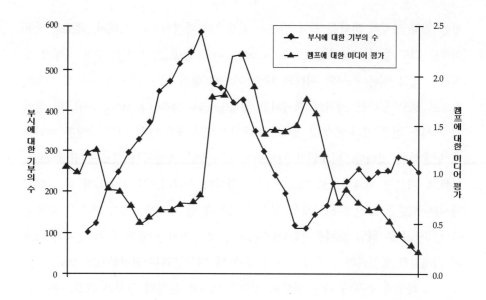

그림 8–12. 켐프에 대한 긍정적 미디어 평가와 부시에 대한 기부의 수 사이의 관계

그가 다시 입지를 확보했다고 보도되었을 때는 이런 기부의 빈도가 줄어들었다.

전반적으로, 경마식 보도에 의해 전달되는 타인들의 견해에 대한 발표를 지각함으로써 정치적 태도와는 별개로 정치적인 행동에 변화가 나타났다. 비록 대부분의 후보에 있어서 이길 가능성은 지지자들이 기부를 하도록 하는 긍정적인 인센티브가 되기는 하지만, 정치적으로 관여도가 매우 높은 예비 선거 유권자들에게 전략적 사고는 기부를 결정하는 데 부정적·긍정적 인센티브를 동시에 제공할 수 있다. 강력한 지지를 받았던 후보의 경우 열패자 입장으로 얻을 수 있는 이점은 덜 알려진 후보들이 대중적 지지가 높아지고 있다는 미디어 보도를 통해 얻을 수 있는 이점보다 확실히 적다.

6. 책임성과 관련한 함의

일반적으로 정치학자들과 평론가들은 비개인적 영향력이 어느 정도 발생한다는 데는 동의한다. 또한 이들은 비개인적 영향력이 비이성적인 의사 결정 과정을 거쳐 정치적 판단을 하게 만드는 민주주의 과정의 적신호이자, 해로운 작용이라는 데도 동의한다(Brady & Johnston, 1987). 미국 공중 역시 위와 같은 주장에 동의하고 있고 여론 조사와 여타의 대중 피드백 장치 모두 정치적 과정에 해로운 것으로 보고 있다는 지적이 제기되고 있다(Lavrakas, Holley, & Miller, 1991). 이 장에서 제시한 연구 결과를 놓고 볼 때 비개인적 영향력에 대한 이런 주장은 지나치게 단순화된 것이다. 비개인적 영향력이 민주적인 과정에서 때로는 잠재적으로 이롭고, 때로는 잠재적으로 해로울 수도 있다는 시나리오에 기초하여 이 장에서 제시한 모델을 고안했다는 점을 생각해 보아야 할 것이다. 이제 민주적 책임성, 즉 민주적으로 책임 소재를 제대로 물을 수 있는지와 관련해서 이 장에서 소개한 비개인적 영향력의 심리적 기제가 갖는 다양한 함의를 고찰하고자 한다.

타인의 견해에 대한 정보의 전략적 이용은 분명히 정보가 많고, 매우 생각이 깊은 공중들에게서 나타난다. 문제는 이런 사람들이 그리 많지 않다는 점이다. 게다가 개인적인 시각에서 볼 때 이런 과정은 분명히 합리적일 수 있음에도 불구하고, 타인의 견해에 대한 지각에 기초한 판단과 행동은 민주주의의 책임 소재를 묻는 과정에 해가 될 가능성도 있다. 예를 들어, 많은 사람들이 전략적으로 투표하고 또 후보자의 인기도에 대한 사람들의 지각이 부정확하다면, 선거전 미디어에서 보도되는 예측이 선거 결과를 변화시킬 수 있다고 상상할 수 있다. 그러나 실제 상황에서, 이런 경우가 진짜 일어난 선거 사례는 거의 없다. 비록 제3당 후보들이 유권자의 전략적 고려 때문에 피해를 입기는 하지만, 이것이 선거의 결과를 변화시키지는 않는다(Abramson et al., 1995). 선거 운동에 기부하는 것과 같은 정치적 행동이 비개인적인 미디어 정보에 의해 충분히 영향을 받을 수 있다. 그러나 책임 소재의 심판과 관련한 전략적 행동의 함의는 이런 식으로 대중 의견에 대한 정보에 반응하는 매우 적은 수의 사람들에게 한정되어 있을 뿐이다.

책임에 대한 심판을 촉진시킨다는 견지에서 볼 때 합의의 휴리스틱에 의거하여 나타나는 비개인적 영향력은 부정적으로 보여질 수 있다. 논란과 의견 차이가 합법적인 정치적 영역에서조차, 후보자에 대한 다른 시민의 지지가 없다는 점이 유권자들이 그 후보자를 다시 한번 고려하게 하는 이유가 된다. 7장에서 논의한 것처럼, 우리 삶의 여러 영역에서 다른 사람들에 대한, 즉 집합적 판단에 의존하는 것은 완전한 정보가 없을 경우에 결정을 내리는 데 있어 분별 있는 방법이다. 그러나 정치적 영역에서 정치와 관련한 정보를 충분히 가지고 있는 시민들에게 이와 같은 판단이 반드시 생겨야 하는 것은 아니다. 이슈와 후보자에 대한 정보를 기초로 대중적인 지지가 형성될 수 있다. 게다가, 정치인들이 지지를 확대시키기 위해 자신의 인기도를 왜곡하려고 하기 때문에 대중 지지도에 대한 인상은 정확하지 않을 수 있다. 이런 인상에 의존하는 언론 보도는 대중 지지도에 대한 부정확한 지각이 발생하는 데 한몫 할 수 있다. 결국 타인의 견해에 대한 자신의 인상을 정치적 태도를 형성하는 데 유일한 지침으로 삼는 시민들에 의해 책임 소재에 대한 심판에 문제가 발생한다.

다행히도 합의의 휴리스틱이 발동되기 위해서는 정보의 수준이 매우 낮아야 한다. 비록 두 이슈 실험에서 합의의 휴리스틱을 지지하는 어떠한 확실한 증거가 없었지만, 사람들이 잘 모르는 후보를 제시해 극단적으로 낮은 정보 상황을 만든 것처럼 낯설은 이슈를 이용한다면 비슷한 효과를 낳을 수도 있다. 그러나 합의의 휴리스틱과 관련한 부정적인 함의들은 대중 의견에 대한 정보의 전략적 이용과 같은 요인들에 의해 제한된다. 잘 모르는 후보를 제시한 실험처럼 극단적으로 낮은 정보 수준은 정치적 상황에서 거의 찾아보기 힘들다. 그리고 후보자나 이슈에 대한 정보의 수준이 낮은 흔치 않은 상황에서, 정보 수준이 매우 낮은 시민들이 일부로 번거로움을 무릅쓰고 어떤 이슈를 위해 투표하거나 공개적으로 표현할 만큼 정치적으로 높이 관여할 가능성은 매우 작다. 대답을 요구하는 서베이 인터뷰 상황에서도 1 / 3의 응답자들이 매우 적은 정보를 가지고 후보자를 평가하는 것을 거부했다는 점은 기억할 만한 가치가 있다. 책임 심판에 부정적인 함의를 비판하는 데 예외적인 경우는 아마 매우 시시한 직책에 대한 경선 상황 같은 것이다. 이런 선거에서는 정치적으로 관여도가 높은 사람들조차도 후보자에 대한 정보가 많지 않아서, 후보를 선택하는 데 합의의 휴리스틱에 의지해 버리게 될 것이다. 하지만 정보의 수준이 극도로 낮은 상황에서 사람들은 집합적 타인들의 견해에 대한 정보조차도 얻지 못할 것이다. 따라서 집합적 의견을 판단의 근거로 이용하는 휴리스틱의 기회도 한정될 것이다.

대중 의견에 대한 지각에 의한 비개인적 영향력은 대체로 후보자와 이슈에 대한 지식과 합의와 관련한 정보를 결합시킴으로써 일어난다. 이 장에서 제시한 연구들은 양같이 순하다는 평판과는 동떨어진 방법으로 어떻게 합의에 대한 정보를 이용하는지를 보여 주었다. 인지 반응 기제는 타인의 견해에 대한 정보를 통해 정치 문제에 대해 더 많은 생각을 하게 하고 원래 가졌던 견해를 재고하고 숙고하도록 한다는 것을 제시한다. 간단히 말해 사람들은 대중 의견의 경향에 대한 이유를 깊이 생각하게 된다. 책임성을 촉진시키려는 견지에서 보면, 숙고를 많이 하게 하는 것은 좋은 것이다. 왜 정치적 견해의 차이가 발생하는지 그 이유를 곰곰이 따져 보는 것은 사람들이 마음을 변화시키고 규범적으로 더 나은 견해에 맞추게 하는 기회뿐만 아니라, 그 사람 자신의 입장에 대해 더 깊게 이해하게 하는 기회를 제공한다. 사람들이 다른 견해를 가지게 된 이유를 머릿속으로 떠올리는 것은 잠재적으로 바람직하지 않은 정치적 결과에 정당성을 제공해 줄 수 있다.

집합적 타인들의 의견을 지각하고 보인 태도 변화는 부분적으로 사람들이 이에 반응하여 만들어 내는 주장과 반론의 특성에 의존하는 인지적 정교화에 의해 일어났다. 잘 모르는 후보를 이용한 실험에서, 응답은 분명히 소개문에서 제시된 정보의 성격과 양에 의해 제한되었다. 표 8-6의 오른쪽에 나타난 것처럼 응답자들의 생각은 후보자의 개인적 특성(경력, 가정적인 사람 등)과, 그 후보가 지지하는 이슈에 대한 입장에 대한 숙고가 대부분이었다. 그러나 이 연구에서는 응답자 자신의 견해를 묻기 전에 후보에 대한 정보를 제공했기 때문에 이슈와 관련한 생각을 떠올린 수치가 비현실적으로 높았을 수 있다.

민주당 예비 선거 실험의 경우 실제 후보자들을 이용했고, 응답자들에게 후보자들에 대한 정보를 제공하지 않았기 때문에 이 실험에서 생각 떠올리기에서 나타나는 실제 생각을 더 분별력 있게 평가했다고 볼 수 있다. 분명히 이 실험에서 사람들이 떠올린 생각은 매우 이슈 중심적인 것("그는 세율을 떨어뜨리고자 한다. 그는 환경에 대해 관심이 있다. 나는 정부의 부패에 대한 그의 견해에 동의한다. 그는 사회주의적 의료 정책을 선호하고, 대선 레이스에서 기업의 기금이 배제되기를 원한다")에서 매우 이미지 중심적인 것("나는 그가 투지가 있다는 것 때문에 그를 더 좋아한다. 아무도 그를 괴롭힐 수 없을 것이다. 나는 브라운이 겁쟁이라고 생각한다. 그는 나에게 작은 소녀를 연상시킨다") 그리고 약간은 우스꽝스런 것("사실 내가 말하려는 것은…… 나는 클린턴이 KKK과 같은 집단에서 도망치려고 하는 사람처럼 보인다")까지 다양했다. 사실 예비 선거 후보들이 이

표 8-6. 후보자에 대한 선호도를 묻는 질문에 대한 인지 반응의 유형

	민주당 예비 선거 실험		모르는 후보에 대한 실험	
	인지 반응의 %	응답자의 %	인지 반응의 %	응답자의 %
이미지 / 개인적 속성이나 특성	41	44	45	51
이슈에 대한 입장 / 강조하는 정책	31	39	52	35
캠페인의 특성	9	13	—	—
생존 능력 / 당선 가능성 / 전략	7	10	2	3
정보 / 친밀성의 부족	5	8	7	21
이데올로기적 요인들	3	6	—	—
정당의 특성	1	1	—	—
인기도 / 공중의 지지	—	—	9	24
(n)	(496)	(309)	(1.350)	(869)

슈에 대한 입장을 바꾸고 불확실하게 입장을 표명하기 때문에 인지 반응의 정확성을 평가하는 것은 쉽지 않은 문제이다. 하지만 사람들이 떠올린 여러 유형의 생각을 일반적으로 분류한 표 8-6을 볼 때, 후보의 개인적 특성과 특징에 대한 언급이 제일 많았고 이슈에 대한 입장이나 이슈 선호도에 대한 언급이 바로 그 다음이었다. 비록 후보에 따라 많이 떠올려지는 생각의 유형이 달랐지만, 흥미롭게도 후보자의 지지도가 높다는 식의 지지적 조건에 반응하여 떠올려진 응답 유형은 후보자별로 유의미한 차이를 보이지 않았다. 간단히 말해, 두 실험 모두에서 집합적 타인들에 대한 견해에 반응하면서 사람들은 후보자의 여러 가지 측면에 초점을 맞춘 생각을 머릿속에 떠올렸다. 이와 같은 생각이 집합적 차원의 대중 의견에 대한 지각의 영향력을 매개하는 한에서는 우리는 안도의 한숨을 쉴 수 있다.

하지만 궁극적으로 합의와 관련한 정보의 영향력을 매개하는 생각의 질적 측면은 시민들을 둘러싼 정보 환경의 수준에 의존할 수밖에 없다. 후보자에 대한 보도를 통해 우리는 후보자에 대한 다양한 종류의 많은 정보를 얻을 수 있다는 것을 알고 있다. 인지 반응 기제와 비슷한 과정으로, 언론인들은(일반 공중들과 마찬가지로) 특정 후보가 인기가 있고, 없는 이유에 대해 설명하고 싶어한다. 하지만 대개 언론인들은 후보자들이 펼치는 선거 캠페인의 핵심이 무엇인지를 설

명하기보다는 선거 운동의 전략과 기술과 관련된 설명을 주로 하는 경향이 있다 (Greenfield, 1982; Popkin, 1991). 언론인들은 한 후보가 지지를 많이 받는 이유는 그 후보의 정책이 유권자들로부터 환영받기 때문이라고 설명하지 않는다. 만일 존스 후보가 스미스 후보보다 확실히 앞선다면 이는 분명히 존스의 캠페인 전략가들이 훨씬 유능하고, 부정적 광고를 사용했기 때문이며, 뉴스 보도가 더 호의적이었기 때문으로 본다. 대중적인 지지에 대한 설명을 하면서 언론인들은 이와 같은 지지를 비합법화시키려는 경향이 있다. 물론 시민들이 한 후보의 대중적 인기도에 대한 언론인들의 설명을 반드시 고려할 필요는 없다. 유권자들은 대안적 이론을 만들어 내기 위해 다른 정보원을 자유롭게 이용할 수도 있다. 그러나 어떤 후보를 위한 설득적인 주장을 다른 후보의 것보다 더 잘 얻을 수 있다면, 집합적 차원의 타인들의 견해가 우리와 다르지 않다고 지각한 유권자들이 얻을 수 있는 이득은 후보자에 따라, 이슈에 따라 다를 수 있다.[43]

지금까지의 논의를 요약하면, 비개인적 영향력이 발생하는 과정에는 몇 몇 기제가 동시에 관련 있는 것으로 보인다. 이 가운데 인지 반응 기제는 정치적 상황에 가장 널리 적용할 수 있는 것으로 보인다. 전략적 행동은 극단적으로 정치와 관련한 정보를 많이 가지고 있는 매우 적은 수의 사람들로 한정된다. 그리고 완전히 휴리스틱에 의존한 과정은 극단적으로 적은 정보를 가지고 있는 사람이나 상황에 한정된다. 대부분의 사람들과 정치적 상황은 이렇게 극단적이지 않기 때문에 인지 반응 모델은 가장 넓은 범위에서 후보자와 이슈에 대한 태도의 변화를 설명하고 예측할 수 있는 틀을 제공한다. 게다가, 인지 반응 이론은 지금까지 밝혀진 실험 연구 결과와 최근 선거 데이터 모두에 잘 들어맞는다. 인지 반응 이론은 집합적 차원의 타인들의 의견에 대한 지각이 발생시키는 영향력이 후보자나 입장에 호의적이거나 반대하는 다양한 정보의 가획성과 사람들의 관여 정도에 따라 달리 예측될 수 있다고 제시한다. 타인의 견해에 대한 정보가

---

43. 비록 언론은 선두 주자들에 대해 일관되게 더 많은 보도를 하지만, 내용 분석 결과, 이런 상태(더 많은 언론의 집중을 받는 상태)가 그들에게 더 긍정적이거나 더 부정적인 보도를 하게 하는지에 대한 의견은 일치되고 있지 않다. 하겐은 1984년 민주당 예비 선거 경선자들에 대한 연구에서 선두에 대해서는 언론이 그의 정책에 대한 견해와 개인적 특성에 대해 더 엄격하고, 덜 긍정적인 보도를 한다는 것을 발견했다(Hagan, 1996).

미치는 영향은 개인 스스로가 주변 환경에서 정치적 정보를 표집해서 자신의 입장을 재평가하도록 하는 것과는 다르다. 인지적 정교화의 정도를 측정한 세 실험 모두에서 인지 반응 기제를 통해 비개인적 영향력이 정치적 태도 변화를 야기시킨다는 것이 밝혀졌다.

또한 이런 결과들은 채이켄(1987)이 제시한 휴리스틱에 의존한 과정과 체계적인 과정의 구분, 페티와 캐시오포(Petty & Cacioppo, 1981)가 지적한 설득 과정에서의 주 경로와 주변 경로의 구분 등 사회 심리학 이론의 주장과도 일치한다(Chaiken & Maheswaran, 1994). 전형적으로 휴리스틱에 의존한 과정과 체계적 과정은 각각 독립적으로 설득을 위한 대안적 경로로 검토되어 왔다. 그러나 잘 모르는 후보를 이용한 실험에서 명확히 보여진 것처럼, 휴리스틱을 발생시키려한 단서 역시 체계적인 과정에 영향을 줄 수 있다. 동일한 후보에 대해 동일한 정보를 담은 설명도 응답자들에 따라 달리 해석되었다. 지금까지 정치적 의사 결정이라는 측면에서 볼 때 체계적인 경로를 통한 결정은 대개 바람직한 것으로 여겨졌다. 반면 휴리스틱 과정을 이용하여 내린 결정은 그 질적 수준에 대해 의문을 제기하는 경우가 많았다. 하지만 이 두 가지 유형의 상호 연관성은 이것 아니면 저것 식의 생각이 맞지 않다는 것을 말해 준다. 이슈나 후보에 대한 공중의 지지도에 대한 정보는 시민들이 주어진 어떤 이슈나 후보에 대해 알고 있는 것과 결합되어야 하는 정보의 하나이다. 시민들의 견해가 영향을 받는 것은 어떤 때는 일치하고 어떤 때는 모순적인 정보를 통해 이슈와 후보자를 이해하고자 하는 일상적인 과정 중의 한 부분이다.

민주적 결정 과정의 최선의 상태는 자신과 타인들의 견해에 대한 세심한 고려를 하는 것이라고 주장되어 왔다(즉, 한 사람이 축적해 온 정보를 다시 생각하며, 다양한 주장을 구성·재구성하며, 찬반의 주장을 재고하는 것으로). 대조적으로, 비개인적 영향력이 발생하는 대부분의 상황은 그 극단처럼 보이는 것으로 특징지워져 왔다(즉, 제한이 필요하거나 법적 제재가 가해져야할 선정적인 선거 운동 뉴스에 대한 알맹이 없고, 무지한 반응으로). 이 장에서 소개한 연구들은 비개인적 영향력을 발생시키는 과정이 한가지가 아니라는 것을 보여 주었다. 예비 선거와 여론 조사 결과 같은 대중 피드백 기제를 성급하게 비난하고 있는 사람들은 적어도 지각된 의견이 정치적 행동을 촉진하기도 하고 제한하기도 하는 영향력의 실제 기제를 더 자세히 검토해야 한다. 종종 대중 의견에 대한 정보에 대한 반응은 개인이 만들어 내는 인지 반응에 의해 매개될 수 있다.

이런 결론을 내리면서 자연스럽게 떠오르는 의문은 과연 여론 조사와 다른 대중 피드백 기제에 의해 발생하는 사회적 영향이 친구나 이웃의 영향과 비슷한가이다. 아마도 사람들은 직접적이고 즉각적인 사회 환경에서 마주치는 사람들의 견해에 대한 정보에 반응하는 것과 거의 같은 방식으로, 집합적 타인들의 견해에 대한 정보에 반응한다고 볼 수 있다. "직접적이고 즉각적인 사회 환경에서 다른 사람이 다른 선택을 했거나 다른 의견을 가지고 있다는 사실을 알게 될 때 분별력 있는 시민이라면 무엇을 해야 하나? [……] 이런 상황에서 자신의 후보 선택이 옳은 것인지를 재평가하는 것은 매우 분별력 있고 논리적인 것으로 보일 수 있다"(Huckfeldt & Sprague, 1995: 49).

대인적인 상황에서 사람들은 친구나 지인知人의 믿음에 자동적으로 동조하지 않는다. 대신 그들은 논리적으로 자신의 견해를 새로운 정보에 비추어 재검토한다(Huckfeldt & Sprague, 1995). 인지 반응 기제는 이런 동일한 과정이 집합적이고 대중적인, 비개인적 타인들의 견해에 대한 정보에 의해서도 일어날 수 있다고 주장한다. 인지 반응 기제가 비개인적 영향력을 설명하는 한 비개인적 영향력에 대한 두려움은 근거가 없다고 볼 수 있다. 이런 효과는 후보나 이슈에 대해 찬성 또는 반대하는 현존하는 의견의 설득력과 책임성에 의해 제한되기 때문이다. 게다가, 오랫동안 유권자의 관심사였던 타인들의 견해를 아는 것은 정치와 관련한 생각을 더 많이 자극함으로 인해 값진 목적을 수행할 수 있다.

4부

결론

9

비개인적 영향력과 대중 사회 전통

'대중 사회'라는 용어는 점차적으로 별로 많이 사용되지 않고 있다.[1] 그럼에도, 대중 사회 이론의 기본 교의들은 우리가 21세기에 들어서는 이 때에도 여전히 살아 있다. 예를 들어, 로버트 퍼트남은 최근의 연구에서 텔레비전이 정치, 사회 문제에 대한 시민의 관심과 참여를 떨어뜨리고, 사람들이 서로에 갖는 신뢰를 감소시키고 있다고 주장한다(Putnam, 1995). 이런 주장에 대한 증거는 아직까지는 모호한 채 남아 있지만[2], 이 주장은 명백히 대중 사회 전통에 기반하고 있다. 즉, 매스 미디어는 밀접한 대인 간의 네트워크를 대체하고 따라서 소외된 공중을 만드는 것으로 상정된다. 또한 '위축된 공공 담론'을 둘러싼 우려와 공공 토론이 부활해야 한다는 논의는(예컨대, Fishkin, 1991, 1995) 대중 사회와 관련한 주제가 현대 정치학 이론에서도 지속적인 관심사라는 것을 보여 준다. 라쉬와 엘슈타인은 최

---

1. 뉴먼은 사회 과학 인용 색인 *Social Science Citation Index* 분석을 통해 이 용어의 사용이 1980년대와 1990년대에 급격히 줄어들었다는 것을 보여 주었다(Neuman, 1991). 이 연구에서 그는 또한 영향력 있는 대중 사회 전통의 역사를 점검해 보고, 몇몇 대중 사회 이론의 소멸과 관련해서 언급하고 있다.

2. 이런 증거는 몇 가지 점에서 확실하지 않다. 먼저, 일반 사회 조사(General Social Survey: GSS)의 자료에 의하면, 퍼트남이 주장한 '감소'는 개인들이 소속된 자원 봉사 집단의 수가 감소되었다는 것을 말하는 것은 아니다. 대신, 이 역사적 기간에 걸쳐 나타난 교육 수준의 증가에 근거해서 기대된 증가가 없었다는 말이다. GSS 자료에 의하면, 사람들이 속한 집단의 절대적인 숫자는 그 기간 동안 유의미하게 변하지 않았다. 두 번째로, 텔레비전을 이런 경향과 상관 관계나 인과 관계로 묶을 수 있는 증거는 아직 부족하다(Norris, 1996; Ladd, 1996). 집합적 행동의 유형이 다양화한 현재 자발적 단체를 예전과 같은 방식으로 측정하는 것이 오늘날에 적절한 가를 문제삼는 비판도 제기된다. 비록 대인 간의 믿음이라는 측정을 볼 때 감소의 증거가 있기는 하지만(이런 비교에 있어서의 문제점을 보려면 Smith, 1996 참조), 대인 간의 신뢰도 감소와 텔레비전 이용 간의 인과적 관계를 맺으려는 노력은 성공적이지 못했다(Potter, 1991).

근의 책에서 대화는 과거의 일일뿐이라고 말하며, "공공 담론의 소멸"이 임박했다고 단정했다(Lasch & Elshtain, 1995). 민주주의는 "시민들이 그들의 은신처에서 나와서, 이야기를 시작 할 때에만, 미래가 있다고 할 수 있다"(Gray, 1995: 1). 정치 평론가들은 이의 없이 과거를 공중이 활발하게 그들 자신에 대한 정보를 주고 받고, 일상의 토대인 정치적 주제들에 대해 끝없이 이야기했던 시대라고 간주한다(예컨대, Bloom, 1987). 또한, 이제 싹트기 시작한 사회적 자원에 대한 연구에서는 민주주의의 성공의 열쇠로서 면 대 면 교제의 재활성화와 상호 믿음에 기초한 두터운 대인 간의 망을 구축해야함을 요구한다. 이런 것들이 분명히 가치 있는 목표이기는 하지만, 사회적 자원을 옹호하는 자들의 주된 의견은 20세기 중반의 대중 사회 이론가들에 의해 발전되어 온 의견과 놀랍게도 흡사하다.

대중 사회 이론이라는 이름은 아니더라도 그 정신은 분명히 이어지고 있다. 이 주제와 관련하여 변화가 있었지만 중심이 되는 교의는 일관되게 남아 있다. 교통과 커뮤니케이션 혁명은 지리적으로 떨어져 있는 사람들을 서로 접하게 만들어 새로운 종류의 사회적 관계를 형성하게 했다. 가족과 지역 사회에 이어져 있던 옛날 1차 집단은 이제 지역을 초월한 관계 *supralocal affiliation* 로 대체되었다. 현대의 삶은 중요한 사회적 관계들을 파괴시키고, 소원화시키고, 개인들을 원자화시켜, 대중 설득에 좌지우지되게 했다. 사람들이 그들과 강력한 국가적 미디어에 의해 지지된 정보 사이에 완충제로 작용했던 대인적 관계를 더 이상 맺지 않기 때문에, 그들은 필연적으로 미디어가 제공하는 허위 의식의 희생물이 되었다는 것이다.

일반적으로 저자들이 언제 상황이 좋아질지 정확하게 밝히지 않았지만, 이들이 제기하는 문제들은 중요한 것이었다. 그러나 이러한 문제들에 대한 답은 우리를 설득할 만큼 명확하지는 않다(Schudson, 1992의 예 참조). 대중 사회 연구의 전성기에는 대부분의 사회 과학자들이 궁극적으로 '공동 사회,' '이익 사회'가 미국 역사에서 시간상으로 연속되는 단계라는 생각을 거부했었다. 그러나 대중 사회 이론의 중심 주제 — 공동체의 붕괴와 비개인적 영향의 등장 — 는 다시 부상浮上했다. 사실, 퍼트남의 이론과 같은 이론들의 대중적 인기는 대중 사회의 교의가 사람들이 현대 사회를 이해하는 데 얼마나 적합한지를 바로 입증해 준다. 또한 대중 사회 이론의 잔재는 과거를 현재보다 일반적으로 더 좋게 가정하는 과거(의 일들)에 대한 향수에서도 명확히 볼 수 있다. 오늘날 공동체의 붕괴와 약화를 주장하는 사람들은 쉽게 찾을 수 있다. 대중 사회 이론의 핵심인 냉혹한 쇠퇴라는 주제는 지금 학문의 영역뿐만 아니라 대중적인 서적과 논문들, 그리고 정치적 논평에서도 유행되어 메아리치고 있다.

이제, 2장에서 설명한 역사적 전환과 이후의 장에서 보여 준 연구 결과들을 대중 사회의 틀 안에서 함께 해석해 보려 한다. 매스 미디어는 개인적이고 대인적인 관계를 대신하고, 사람들을 대중적 집합체라는 매개된 형태의 새롭고 좀더 강력한 준거 집단에 영향받기 쉽도록 방치해 왔다. 다수의 타인의 상태에 대한 왜곡된 지각은 책임 소재를 심판하는 데 문제가 있으며, 중앙 집중화된 권위에 쉽게 영향받게 만든다. 이전 장의 분석에서도 지적했듯이 비개인적 영향력의 근본 과정의 기제들을 면밀히 검토해 보면 이와 같은 해석이 아마도 잘못된 것이라고 생각할 수 있다. 대중 집합체에 대한 지각은 정치적 태도를 형성하는 데 분명히 위험 요소로 작용할 수도 있지만, 자세히 살펴보면 이것이 민주주의적 책임성을 보장하는 데 도움이 될 수 있다는 점을 지적하려 한다.

마지막 장은 20세기와 아마도 21세기의 미국에서 정치 태도와 행동에 미치는 사회적 영향으로서의 비개인적 영향력의 본질이 과연 무엇인지를 밝히기 위해 대중 사회 이론을 기본적인 이론 틀로 사용한다.[3] 대중 사회 이론을 비판하는 사람들은 많았고, 이런 사실은 동일한 현상들을 설명하는 변종의 용어가 존재하는 이유를 적어도 부분적으로는 설명해 준다. 불행하게도, 이러한 단점 때문에 일반적으로 대중 사회 이론이 사회적 영향의 본질에 있어서의 중요한 변화들에 초점을 맞췄다는 점이 가려졌다. 대중 사회 이론이 옳게 지적한 점은 사회적 정치적 행동에 있어 엄청난 사회적 변환이 있다는 것이었다. 그러나 대중 사회 이론의 틀린 점을 지적하는 것도 마찬가지로 중요하다. 바로 연구의 관심과 공

---

3. 다양한 접근 방식이 존재하기 때문에 대중 사회 이론의 특징을 한마디로 규정하기는 어렵다. 콘하우저는 귀족적인 비평가와 민주적인 비평가들을 동일 선상에 있는 것으로 보았는데(Kornhauser, 1959: 23), 이들이 제기한 본질적인 이슈는 서로 달랐다. "한쪽은 대중 사회를 엘리트들이 대중의 압력에 노출되어 있는 일련의 상태로 보았다. 다른 쪽에선, 대중 사회를 비엘리트들이 엘리트의 압력에 노출되어 있는 상태로 생각했다. 그렇지만 이들 모두는 대중 사회를 구성하는 기초 단위가 외부의 압력에 노출되어 자유가 위태로운, 적나라한 사회로 본 공통점이 있다." 한편 이들은 몇몇 중심적인 주제를 공유한다. 즉, 원자화의 성장과 공동체의 상실, 중앙 집중화된 국가적 차원의 미디어의 부상, 다수 공중이 공동체를 찾기 위해 새로운 이데올로기들을 받아들일 준비가 된 상황, 그리고 전체주의적 정권에 대한 충성의 형태로서 의사 擬似 공동체에 의한 지배 같은 것들이다.

중의 관심 모두를 잘못 이끌었다는 것이다. 대중 사회 이론은 역사적 경향의 잠재적 위험을 밝히는 데 있어서는 옳았다. 하지만 사회적 영향의 한가지 형태에만 초점을 맞추고 나머지는 희생시켜서, 이런 변화들에 의해 가장 영향받는 사회적 영향의 유형에 대한 관심을 갖지 못하게 만들었다.

　　다른 유형의 사회적 영향들에 대한 역사적인 함의를 논의한 후에, 이전에 제시되었던 것보다 더 균형 잡힌 비개인적 영향력에 대한 시각을 보여 주려한다. 이러한 시각은 비개인적 영향력의 좋은 점뿐만 아니라 위험한 면도 동시에 알려 주고, 민주적인 책임성 문제를 제기하는 것이다.

1. 사회적 영향의 진화

　　비개인적 영향력은 매스 미디어나 대인 커뮤니케이션 영향의 사회 결정주의를 암시하지 않는다. 매스 미디어는 타인의 경험이나 시각에 대한 사람들의 지각을 변화시킬 수 있다. 그러나 시민들이 대중 의견을 맹목적으로 따르게 하거나, 신문에서 읽었던 것만으로 현실에 대한 시각을 형성하게 하지는 않는다. 대신, 실증 연구 결과를 소개하면서 자세히 설명했듯이, 개인적인 선호와 경험 '그리고' 비개인적 세계에 대한 지각이 사람들의 판단에 개입된다. 이는 이것 아니면 저것이라는 식의 주장이 아니다. 미디어는 비개인적 지각을 형성하는 데 중요한 역할을 하고 비개인적인 지각은 정치적 판단을 형성하는 데 특별한 역할을 한다. 그렇다고 시민들이 미디어 내용을 통제하는 사람들에게 지나치게 동조하거나 그들의 꼭두각시가 되어야 하는 것은 아니다. 이런 결론은 1950년대 애쉬의 동조성에 관한 실험 결과와도 일치할 뿐 아니라, 정치적 태도에 미치는 비개인적 사회 관계의 영향에 관한 최근의 연구와도 맥을 같이한다(Huckfeldt & Sprague, 1995). 대인적인 정치 토론에 의해 전달되는 규범적인 사회적 영향은 분명히 중요하다. 그러나 미국의 공중은 심지어 면 대 면 상황에서도 많은 독립성을 보여 주기도 한다.

　　공동체의 몰락에 대한 주장이 많다는 사실은 규범적인 사회적 영향이 20세기를 지나는 동안 약해져 왔다는 것을 암시한다. 비록 사회적인 네트워크는 점점 더 지리적으로 독립적이 되어 왔지만, 미국 사회의 역사는 '이익 사회'가 '공동 사회'를 대체 했다기보다는 그 위에 또 다른 경험의 차원을 추가 했음을 시사한다(Bender, 1978). 즉, 미국인들은 그들의 친구들, 이웃들, 지인知人들이 그들을 어떻게 생각하는지에 대해 생각하고 있고 아마 생각해 왔을 것이다. 그리고 이런 관계들은 그들의 정치적 견해를 형성하는 데 지속적으로 영향을 미치고 있다. 공동 사회와 이익 사회는 각각 과거와 현재에 속하는 것이 아니라, 나란히 존재해 온 두 가지 다른 종류의 사회적 관계이다.

그럼에도 불구하고, 이런 역사적 전환에 대한 많은 설명들은 산업화되고 대중에 의해 매개된 사회의 부상이 필연적으로 시민들에 미치는 사회적 영향의 총량을 감소시킬 것이라고 암시한다. 대중 사회가 나타난 이후로, 사회 이론가들은 일반적으로 인구 크기와 사회적 통제의 정도 사이의 반비례 관계를 가정해 왔다(Beniger, 1987). 작은 집단에서 대인 간의 커뮤니케이션은 잠정적으로 사회적 통제를 높이는 반면 많은 사람이 관련된 매스 커뮤니케이션 네트워크를 통해서는 사회적 통제가 어렵다는 것이다(Tönnies, 1940; Fromm, 1941). 사실, 사회적 통제가 줄어들었기 때문에 높은 범죄율과 또 다른 공적 병리 현상들이 발생할 수 있다고 생각되었다. 이런 가정은 대중 사회 이론의 주장에서 가장 잘 받아들여진 것 가운데 하나였고, 오늘날까지 이어져 왔다. 대중 사회 이론을 비판하는 목소리도 많았지만, 사회적 영향의 범위에 대한 이런 주장들은 이제 자명한 진리라는 지위를 가지게 되었다(Beniger, 1987). 소외되고 원자화된 개인들의 대인 간 접촉 빈도가 감소함으로써 현대 사회에서 사회적 영향과 사회적 통제가 감소하게 되었다는 것이다.

왜 이런 주장이 필연적인 사실이 아닌지를 이해하기 위해서는 여러 유형의 사회적 영향들 간의 차이를 살펴보는 것이 유용하다. '규범적인' 사회적 영향은 "다른 사람들의 긍정적인 기대에 동조하게 하는 하나의 영향"을 말한다. 즉, 다른 사람들이 거부하거나 사회적으로 승인하지 않는 입장보다는 다른 사람들이 자신에 대해 긍정적인 감정을 갖게 할 입장을 택하게 하는 것을 규범적인 사회적 영향으로 본다(Deutsch & Gerard, 1955: 629). 반면, '정보적인' 사회적 영향은 "다른 사람들에 의해 얻어진 정보를 어떤 실체에 대한 증거로서 받아들이게 하는 영향"을 말한다. 사람들이 타인들에게 긍정적으로 보이고자 하는 동기가 없을 때조차도, 사람들은 다른 사람들의 판단에 의해 영향을 받을 수 있다. 이런 판단들이 "다른 사람들이 직면하고 있는 객관적인 실체에 대한 어느 정도 믿을 만한 정보원으로 여겨지기 때문이다"(Deutsch & Gerard, 1955: 635).

대규모 사회의 매스 커뮤니케이션 네트워크는 소규모 공동체에서 대인 간의 네트워크만큼 규범적인 사회적 영향을 미치지 않는다. 면 대 면 접촉과 개별적 개인들로서의 타인에 대한 지식에 의해 형성된 사회적 압력이 없다면, 특정한 견해를 가지는 것에 대한 보상이나 처벌을 기대할 수 없다. 정치적인 상황에서 특히 이와 같은 점을 주목할 필요가 있는데, 사람들은 일반적으로 면 대 면 상황에서 정치적 불일치를 보이는 것을 싫어하는 경향이 있기 때문이다(MacKuen, 1990; Lane, 1965). 사실, 사람들이 정치적인 대화에 참여하지 않으려는 가장 일반적인 이유는 이런 상호 작용이 불쾌하고, 또 대인 관계에 마찰을 일으키기 때문이다(Almond & Verba, 1963). 규범적인 사회적 영향은 분명히 면 대 면 상황의 정치적인 토론 과정에서 생생하게 살아있다.

매스 미디어는 비개인적 속성 때문에 '사회적' 영향의 과정에서 명백하게 어느 한 측면만 강조할 수 없다고 추측할 수 있다. 하지만 미디어의 파워에 대한 개념화는 미디어가 공적인 논란거리가 되는 문제에 대해 특정한 정보를 제공함으로써 사람들을 설득시켜 특정한 시각을 가지게 하는 능력에 초점 맞추어졌다. 마찬가지로 대중 사회 이론가들은 비양심적인 정치 지도자들 영향권에 있는 미디어가 선전을 통해 공중을 쇠뇌시키는 데 이용될 수 있다는 것에 관심을 가졌다. 이런 형태의 대중 설득은 사회적 영향과 별로 관계가 없었고 따라서 매스 미디어는 사회적 압력과 '사회적' 영향의 과정과 관계가 없는 것처럼 여겨졌다.

하지만 이런 결론은 섣불리 내려진 것처럼 보인다. 비록 매스 미디어가 시민 개인의 행동이나 태도에 규범적인 사회적 영향을 미칠 소지는 매우 제한되어 있지만, 현대 사회 문제가 더욱 복잡해지고 비개인적 타인들에 대한 정보를 얻기가 쉬워진 정보 환경을 볼 때 매스 미디어에 의해 전달되는 정보적 차원의 사회적 영향의 잠재력이 더 커졌다고 하겠다. 대중 사회 이론이 지닌 근본적인 문제는 매스 미디어와 대인 커뮤니케이션을 서로 경쟁하는 정반대의 영향력으로 설명하는 데 있다. 이는 전통적인 규범적 동조성을 유발하는 것 외에 매스 미디어가 사회적 영향을 행사할 수 있는 능력을 가진 사회적 환경으로 자리하고 있다는 점을 고려하지 않은 것이다.

2. 전문성의 중요성

사람들이 자신이 살면서 경험하는 영역을 넘어서는 집합체에 대한 판단을 내릴 때, 필연적으로 다른 사람들의 지식에 의존해야만 한다. 대인 관계의 신뢰성을 통해 친구들과 지인들을 자신이 의지하는 정보원으로 만들 수 있다. 그러나 신뢰성의 두 번째 범주인 전문성 역시 다중의 의견이나 경험을 판단할 때 마찬가지로 중요한 것이다. "익숙한 대인 간의의 접촉과 비교해 보면 비록 친밀도는 떨어지지만, 매스 미디어에 의해 제공되는 정보는 개인 정보원이 제공하는 것보다 대부분의 주제에 있어 전문성이 더 높다. 매스 미디어가 아니면 사람들이 얻을 수 없는 정보가 많으며, 전문 기관으로서 매스 미디어는 정보를 수집하고, 확인하고, 편집하여 제시한다(Chaffee & Mutz, 1988: 31). 또한 미디어 내용에 편견이 존재한다고는 하나, 개인들의 편견은 오히려 훨씬 더 심하다. 예를 들어, 에리 카운티에서 수행되었던 1940년대의 연구를 토대로 반복 연구를 실시한 결과를 보면 후보자들 사이의 경쟁이 심한 선거에서는 대인 정보원이 매우 편향적인 것이라는 점을 알 수 있다(Finn, 1987).

정치적 과정에 참여하는 시민들이 복잡한 문제들을 직면하게 됨으로써 그들이 결정을 내리는 데 기초가 되는 정보를 미디어의 전문성에 의존해 구하게 될 가능성이 커질 수 있다. 미국 정부가 점차로 중앙 집중화됨에 따라 시민의 의사 결정이 단순해져 왔다는 점도 생각해 볼 수 있다. 대부분의 대중 사회 이론에서는 다음과 같은 의견을 제시해 왔다. 정치에의 관여 수준이 낮아지고 열성적인 이데올로기 운동이 일부 사람들만에 의해 행해짐으로 인해 시민들은 정치 과정에서 매우 단순한 역할을 하게 되었다는 것이다. 이런 단순화는 한편으로 또 다른 변화에 기인하기도 한다. 지방 정부의 수가 줄어들었고 좀더 큰 정치적 세력이 책임을 떠맡게 되었다. 이런 현상은 당연히 이슈의 특정한 입장을 지지하거나 또는 어떤 직책에 누구를 지지해야 하는가의 문제를 해결하는 과정을 단순화시켰다. 즉, 파워와 책임이 정부의 한 곳에 더 집중된다면 누가 무엇에 책임이 있는지에 대한 결정이 더 간단해 진다는 것이다.

하지만 현대 정치 과정에 참여하는 유권자들은 이전보다 어느 정도는 더 많은 정치적 결정을 해야 한다. 역사적으로 볼 때 두 가지 중요한 변화를 지

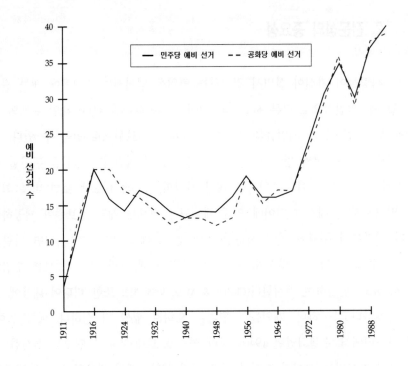

그림 9–1. 대통령 직접 예비 선거의 수 증가

출처: Jackson & Crotty(1996) 데이터

적하는 것이 여기서 필요하다. 20세기 초에 등장한 진보 운동 *Progressive movement*은 더 많은 시민들이 더 많은 정치적 결정 단계에 참여하도록 이끌었다. 참정권의 확대와 함께 상원의원 직선 제도가 1913년에 확립되었다. 1960년대와 1970년대에는 다시 사회적인 개혁 운동이 시민의 참여 기회를 확장시키기 위해 직접적인 시민 참여의 증대를 목표로 삼기도 했다. 시민들의 참여를 확대시킨 또 하나의 중요한 개혁은 대통령 후보자를 선출하는 예비 선거였다. 그림 9–1에서 나타나는 것처럼, 많은 주에서 이 진보의 시기 동안 직접 예비 선거를 도입했다. 1970년대에는 이런 방식으로 채택된 대의원의 비율이 늘었을 뿐 아니라 직접 예비 선거의 숫자도 급격히 증가했다. 직접 예비 선거가 부각됨으로써 확실히 더 많은 결정권이 미국 유권자의 손에 주어졌다. 또한 시민들에게 국민 투표와 투표를 위한 발안권을 허용하는 주가 20세기들어 급격히 늘어났다. 그림 9–2는 이런 패턴이 대략 대통령 예비 선거의 패턴과 일치한다는 것을 보여 준다. 1920년

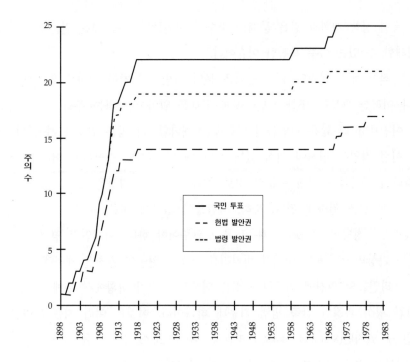

그림 9-2. 직접 입법을 허용한 주의 수 증가

출처: Magleby(1984)

대에 빠른 증가가 있었고 그 이후 1960년대와 1970년대에 다시 증가했다.

특정 후보자들이나 공공 정책에 대한 투표뿐만 아니라 오늘날의 시민들은 의견을 개진해야 할 많은 정책 이슈를 직면하게 되었다. 의회에서 다루는 이슈들을 잠시 살펴보기만 해도, 정책 이슈들은 너무나 방대해서 어떤 유권자도 모든 이슈에 대해 분별력 있는 의견을 가지고 있을거라 기대할 수 없다. 의회의 법안의 수만 보아도 19세기 중반의 1000 혹은 2000 가량 되던 것이 이제는 정규적으로 10만 건을 넘고 있다. 사람들이 정보를 처리할 수 있는 능력이 제한되어 있기 때문에 단지 몇 개의 법안만이 사람들의 눈길을 끌 수 있고, 사실 자세한 정보를 아는 정책 이슈는 그리 많지 않다. 연방 정부 시스템은 날로 복잡화되고 있으며 유권자들에게 사회 문제들과 정치적인 이슈들은 더 복잡하고 어떻게 처리해야 될 지 판단하기 힘든 당혹스러운 것으로 다가오고 있다. 최근 클린턴 정부가 직면한 이슈는 전형적인 단면을 보여 준다. 의료 개혁, 정부의 재정 적자 문제, 복지 정책 개혁과 같은 문제는 소수의 시민들만이 폭 넓은 전문성을 가지고 이해할 수 있는 아주 복잡한 이슈이다.

직접 예비 선거와 같은 방식은 분명 시민들의 참여 기회를 확대시켰다. 그러나 이러한 제도는 또한 시민들에게 정보를 알아야만 하는 부담을 지우기도 한다. 이전보다 더 많은 사람들이 마음을 정해야할, 더 많은 결정을 하게 된 것이다. 이런 작업은 심지어 의식 있는 시민 대부분에게도 감당하기 어려운 것이다. 따라서 사람들은 적정 수준의 정보 없이 정치적인 결정을 할 수 있도록 도와주는 지름길을 원하게 된다. 특히, 사람들이 정당에 대한 의존도가 낮을수록, 다른 정보가 정당의 빈자리를 채우도록 도와주어야 한다. 비개인적 영향력과 관련 있는 가상의 공동체는 이러한 빈자리를 채우는 일종의 지침을 제공해 준다.

타인들의 의견에 의존하는 것은 대부분의 정치 상황에서 쉽게 할 수 있는 의견 형성 과정의 단축 방법 가운데 하나이다. 이것은 여러 지름길 가운데 하나일 수 있지만(Sniderman, Brody, & Tetlock, 1991 참조), 일상 생활을 하면서 엄청난 양의 정보를 얻고 처리하는 것이 불가능한 상황에서 논리적으로 사리에 맞는 방법이기도 하다. 기본적으로 사람들은 개인적 경험이나 접촉을 넘어선 세계에 대한 정보가 부족하기 때문에, 다중이 경험하는 사안에 대한 정보를 얻기 위해 미디어 보도에 의존하게 된다. 이는 미디어 보도가 개인적 경험보다 더 정확한 정보를 줄 수 있기 때문이다. 마찬가지로, 사람들은 종종 타인의 견해에 의존해 정치적 의견을 형성하는데, 이는 자신에게 적절한 정보가 부족하기 때문이기도 하고, 타인의 견해가 사람들 자신의 결정에 의문을 제기하기 때문이기도 하다. 타인이 자신이 모르고 있는 것을 알 수도 있기 때문에, 자신의 결정을 다시 한번 고려하는 것은 가치 있는 일이다. 사람들이 타인들의 경험에 대한 지식에 의존하는 것은 그들 자신의 개인적 경험이 미치지 못하는 것처럼 보이는 집합적 상태를 평가하기 위한 합리적인 전략이다.

대중 사회 전통을 언급한 가장 잘 알려진 저술가 가운데 한 사람인 에리히 프롬 Erich Fromm 은 우리가 자신이 가지고 있지 않은 정보를 가진 타인들에 대한 생각을 얼마나 당연시하는지를 보여 주는 예를 소개한 바 있다. 프롬은 내일 날씨를 예측해 보라는 동일한 요구를 받은 지방에 사는 어부와 도시인을 대비시키고 있다. 기상 예측을 요구받았을 때,

어부는 날씨 문제에 대한 오랜 경험과 관심을 가지고 생각하기 시작할 것이다. [……] 풍향, 온도, 습도 등이 기상 예측에 중요하다는 것을 알기 때문에, 그는 과거의 중요성에 의거해 여러 요인들을 구분하고 다소 한정적인 결론을 내리게 될 것이다. 그는 아마 라디오 예보를 기억하게 될 수도 있고, 그것을 그 자신의 의견을 지지하거나 자신의 의견과 모순되는 것으로 인용할 수도 있다. 만일, 예보와 자신의 견해가 모순된다면, 그는 아마 특히 그 이유를 생각할 지도 모른다. 그러나 여기서 중요한 점은, 날씨와 관련해서 그가 말한 것은 그의 의견이고, 그가 생각한 결과라는 것이다(Fromm, 1941: 191).

반면, 도시인의 경우 실제로 잘 알지 못하지만 내일 날씨에 대해 많이 알고 있다고 믿는다고 프롬은 지적한다. 도시인은 1분 쯤 생각하고 라디오 예보를 단순히 다시 외운 그의 의견을 밝힐 것이다. 자신이 직접적으로 검증해 볼 경험을 바탕으로 의견을 형성한 어부는 실체에 대한 미디어의 시각을 단순히 받아들여 온 도시인의 확신에 찬 면모와 대비 된다. 프롬은 도시인은 대중 사회의 중요한 위험 중 하나인 '의사 사고 *pseudo-thinking*'의 희생물이 되어 왔다고 주장한다.

프롬이 제시한 사례는 현대 사회의 정치적 문제와 다른 문제들에 있어서 전문성이 중요한 역할을 해 왔다는 것을 보여 준다. 오늘날에는 어부가 도시인보다 실체를 더 잘 이해한다고 확실히 말할 수는 없다. 어부든 어부가 아니든 간에, 대부분의 개인들이 일상적 관찰을 통해 얻을 수 있는 정보보다 더 풍부하고 좋은 정보를 전문 기상 예보관들은 정교한 장비를 통해 얻고 있다. 어떤 사람이 내일 날씨를 알고 싶을 때 바람 부는데 손을 들어 느껴보는 것과 미디어에 주의를 기울이는 것 중 어느 것이 더 분별력 있는 선택인가?

심지어 1941년의 잣대로 보더라도 프롬이 제시한 사례를 통해 유추해 보는 데 있어 프롬도 다루지 않은 중요한 문제가 있다. 첫째, 우리 모두가 다 그렇지는 않겠지만, 우리 가운데 상당히 많은 사람들이 기상 예보에 관한 경험을 가지고 있지 않은 초보자이다. 심지어 프롬이 진단했던 그 시대에도 많은 사람들이 일상 생활 경험 속에서 날씨에 대한 단서를 평가할 기회가 없었다. 따라서 전적으로 개인 경험에 의존하는 것은 매우 어렵고 또 매우 정확하지 않은 결정일 수 있다. 게다가, 관련 있는 경험이 있는 사람들조차 그런 정보를 모으고 해석하는 데 전문성을 가지고 있지 않았을 수 있다.

경제 문제에 대한 책임 소재를 밝히는 문제가 매스 미디어에 의해 매개된 것이라기보다는 개인의 경험을 통해서 이루어진다는 주장과 관련한 최근의한 연구는, "경제는 날씨와 같다. 얼마나 따뜻한지, 바람이 얼마나 세게 부는지, 비가 오는지 오지 않는지를 알기 위해서, 우리가 텔레비전을 켜야하는 것은 아니다"라고 주장한다(Haller & Norpoth, 1995: 4). 우리의 집이나 직장 같은 작은 범주의 경제 문제와 관련해서는 연구자들의 주장이 맞는 점이 있다. 지역 경제가 침체되는 신호는 분명히 눈에 보여야 하기 때문이다. 그러나 국가와 같이 대규모 사회의 집합적 상태를 판단하려 할 때, 위와 같은 유추는 적합하지 않음을 곧 알 수 있다. 마치 로드아일랜드의 어부가 유타의 날씨를 예측하기 위한 경험이나 관찰 또는 미디어 보도를 접할 수 없었던 것과 마찬가지로, 오하이오에서 한 사람이 관찰하고 개인적으로 경험한 것은 캘리포니아의 경제 사정에 대해 이야기하는 데 아무 상관이 없을 수 있다.

기술적 전문성은 많은 정치적·사회적 이슈를 이해하는 데 점점 더 중요한 부분이 되고 있다. 최근의 정치적 이슈들은 매우 복잡하기 때문에 사람들은 정치적 견해를 형성하는 데 대안적인 기반을 필요로 하게 되었다. 20세기와 21세기의 미국에서 사회적 영향이 유발할 위험을 제기한다면, 이는 정보적인 사회적 영향의 유형이 증가했기 때문이지 규범적인 사회적 영향이 더 커졌기 때문은 아니다. 편견과 정치인에 대한 회의, 그리고 정치적 결정의 지나친 부담에 지친 공중에게 타인들의 의견과 경험에 대한 정보는 정치적 견해를 형성하는 데 귀중한 단서들을 제공한다. 대중 사회 이론과는 달리 비개인적 영향력은 공중의 의견을 마음대로 꺾어버릴 수 있는 전능한 *all-powerful* 미디어를 이야기하지 않는다. 오히려 그런 지나친 파워를 가진 미디어는 비개인적 영향력과 관련한 증거들과 부합하지 않는다. 비개인적 영향력은 개인의 경험 영역 밖에 있는 더 큰 규모의 사회나 '가상의 공동체'의 상태에 대한 정보를 전달하는 미디어의 능력에서 비롯되는 미디어의 영향을 지적한다.

3. 개인적 세계와 정치적 세계의 분리

비록 대중 사회 이론의 묵시록적 *apocalyptic* 예측들이 실현되지는 않았다고 할지라도 비개인적 영향의 부정적인 결과가 없었던 것은 아니다. 일찍이 1927년에, 존 듀이는 대 규모의 사회가 시민들을 혼란에 빠지게 하고 고립되도록 만드는 잠재력을 인식했다.

사회적 활동의 크기와 분화에서 기인한 혼란은 사람들이 정치적 행동의 효율성에 대해 회의하게 만들었다. 그 누가 이런 일을 감당할 수 있겠는가? 사람들은 너무나 커서 이해하거나 지배할 수 없는 힘의 급류에 사로잡힌 것처럼 느끼고 있다. 사고는 멈췄고 행동은 마비되었다. 심지어 전문가들도 '인과'의 고리를 추적하는 것이 힘들다는 것을 알고 있다(Dewey, 1927: 135).

만일 듀이가 1920년대의 정치적 사안들을 복잡하다고 생각했다면, 현재 미국이라는 커다란 차원의 사회는 얼마나 복잡하고 개인에게서 멀리 떨어져 있는 것으로 보일지 상상해 볼 수 있다. 현재의 민주주의 체제는 엄청나게 많은 정보를 요구하고 있으며 이런 요구는 비개인적 사회적 영향이 단순히 증가하는 것 이상의 결과를 낳는다.

여기서 듀이가 묘사한 것과 대중 사회 이론에서 설명하는 소외 *alienation* 사이의 차이를 강조하는 것이 중요하다. 비개인적 영향과 국가적 미디어 체계의 등장이 필연적으로 사람들 관계가 소원해지는 정서를 만들지는 '않는다.' 달리 말해 매스 미디어의 등장으로 인해 사람들이 서로에게서 필연적으로 소외되고 원자화된 감정을 느껴야 하는 것은 아니다. 사실, 매스 미디어를 통해서 사람들은 지금 많은 수의 사람들과, 심지어 물리적으로 멀리 떨어져 있는 사람들과도 많은 것을 공유하고 있다. 다른 사람들 역시 이에 노출되어 있다는 것을 아는 정보와 오락에 사람들이 노출될 때, 비개인적 사회적 영향은 촉진될 뿐 아니라 오히려 멀리 떨어진 타인들과 가깝게 느끼는 공통의 정신적 실체를 공유하게 된다. 셔드슨이 지적하듯이, "당신과 내가 미국 대통령이나, IBM 회장과 함께 같은 신문 1면이나 텔레비전 뉴스를 본다는 것에 큰 의미를 부여할 수 있다. 평등과 공통성을 촉진하는 인상은 비록 그것이 환상일 지라도 민주적 삶의 희망을 지탱한다"(Schudson, 1995: 25).

때로 매스 미디어는 최상의 사회적 통합을 이룩할 수 있게 한다. 데이얀과 캐츠는 매스 커뮤니케이션의 "하이 홀리데이 *high holidays*"라고 언급하면서 큰 미디어 사건, 즉 미식 축구 슈퍼볼 경기, 달 착륙 중계, 올림픽 경기, 워터 게이트 재판 같은 것을 포함시키고 있다(Dayan & Katz, 1992: 48, 53). 이런 사건들에서 중요한 것은 사람들이 역사적인 사건이 진행되는 것을 함께 본다는 것이다. 이런 사건들은 "집합적 공동 의식을 다시 일깨우고," "사람들을 서로서로 이어 줄 뿐 아니라, 그 사회에 중심이 되는 가치와 믿음으로 연결시킨다." "이런 사건들은 한 국가의 국민을 한 자리에 불러 앉히고, 생각하게 한다. 사람들을 잠옷 바람이 아니라 차려 입고 텔레비전을 보도록 한다. 또한 친구들과 이웃들을 거실로 모아 같이 보게 한다. 사람들은 다른 진짜 사람들과 그 경험을 나누고 싶어 하기 때문이다"(Dayan & Katz 1992: 48).

미디어 사건이 '하이 홀리데이'를 만들기 위한 모든 세부 조건 ── 실시간에 집단으로서 사건을 지켜 보도록 하는 조건 등 ── 을 다 만족시키는 경우는 상대적으로 드물다. 물론 비개인적 영향력을 촉진시키기 위해서 수용자들이 물리적으로 같이 있고 똑같은 것을 똑같은 시간에 봐야 하는 것은 아니다. 비개인적 영향력이 일어나게 하는 가장 중요한 조건은 오히려 다른 측면에서 만족시키기 쉽지 않다. 모든 사람들이 외부 세계에 대한 동일한 지각을 동시에 가지는 것이 중요한 것이 아니라 그들이 외부 세계에 대한 지각을 하고 이런 지각이 직접적인 삶의 공간과 경험을 그대로 투사한 것 이상이 되어야 한다는 것이 더 중요하다. 이를 위해서는 사건이 실시간으로 현장 중계되는 것인지 녹화 방송되는 것인지도 중요하지 않고 사람들이 방송을 물리적으로 같은 공간에서 보고 있는지도 중요하지 않다.

공통의 매개된 정치 문화에 노출됨으로써 또한 시민들이 공통의 정치 언어로 정치적 이슈들을 토론하게 된다. 이런 점에서 지금까지 설명한 변화는 정치 커뮤니케이션을 좀더 용이하게 만드는 것으로 볼 수 있다. 우리 모두는 전반적으로 동일한 정치 언어로 말한다. 정치적 이슈에 대한 주장에 익숙해지고 있으며 정치적 이슈는 잘 짜여진 대본에 의해 표현되는 경향이 있다. "하나 아니면 두 개의 상징적인 문장 — 예를 들어, '복지 정책'의 혼란에 대한 여기 저기의 언급 — 은 정치적 주장의 전체 흐름을 생각하게 한다"(Mutz, Sniderman, & Brody, 1996: 5).

이와 같은 역사적인 변화들은 유리된 사회적 관계 대신, 사람들이 서로 추상적이고 비개인적 방법으로 연결되는 새로운 종류의 사회적 관계를 가져왔다. 만일 대중 사회 이론에 의해 예측된 전체주의가 아니라면 이러한 변화의 결과는 무엇인가? 이 책에서 다룬 연구들은 이러한 변화가 정치적 세계와 개인적 경험 사이의 분절화 compartmentalization 나 분리 disjunction 를 가져왔다고 제시한다. 이런 경향은 사적 세계와 정치적 세계를 두 갈래로 나누게 되었는데, 이는 미국 시민들이 극복하기 매우 어려운 것이었다(Bender, 1978). 또한 공론장 public sphere 은 완전히 사라지거나 해체되었다기보다는 대부분의 미국인들의 매일의 일상으로부터 멀어졌다. 특히 정치적 맥락에서 볼 때, 이런 요인들은 사람들이 정치에 대해 어떻게 생각하는가와 그들이 개인의 삶을 정치적 세계에 어떻게 연결시키는가에 중요한 변화를 가져왔다. 리즈만과 글래이저는 다음과 같이 말한다(Riesman & Glazer, 1954: 495). 현대 사회의 사람들은,

> 그들의 정치적 의견과 정치적 삶의 실제 과정을 관련 짓지 못한다. [……] 반면, 모호하고 멀리 떨어진 일인 중요한 국가적·국제적·정치적 사건들에 대해서는 '우리'(보통 사람들) 대신 약간은 이질적인 '그들'(우리에게서 멀리 떨어져 있는 세력가들)이 (사건들을 완전히 다룰 수 있다고 보는 사회적 집단들 사이에서) 그 사건들을 다루고 있다고 느낀다. 따라서 정치는 걱정스럽고 당혹스러운 주제가 되었다.

한편 대중 사회 이론은 정부와 시민들 간의 거리가 멀어지는 것의 함의를 매우 정확하게 지적했다. "다양한 활동 사이의 중요한 구조적인 관계를 지각할 수 있는 자리는 훨씬 더 적어지고, 소수의 사람들만이 이런 유리한 자리에 도달할 수 있다"는 것이다(Mannheim, 1940: 59). 대중 사회의 정치에 대한 고전으로 읽혀지고 있는 그의 논문에서, 콘하우저는 사람들이 시스템의 작동에 대해 전반적으로 이해하지 못하게 되는 것을 다음과 같이 설명한다. "결정의 중심과 일상 생활과의 거리가 멀어지는 것은 사람들이 당면한 이슈의 의미를 이해하기 어렵

게 된다는 데 일부 이유가 있다. 비개인적 속성과 국가적 관계들에 대한 이해가 어렵다는 것에 직면하게 되면, [……] 사람들은 더 큰 사회에 참여하는 것을 회피할 수 있다"(Kornhauser, 1959: 94). 정부가 개인으로부터 멀리 떨어져 있고, 정부의 규모가 클 때, 비개인적인 성격은 필연적으로 나타난다. 그러나 참여를 피하려는 경향은 이러한 변화의 필연적인 결과가 아니다. 오늘날과 비교해 볼 때 식민지 시대의 미국에서도 사람들은 정치적 세계로부터 이미 멀어져 있었다.

대신 개인적 세계와 정치적 세계의 분절화에 따라 사람들은 이렇게 멀리 떨어져있는 거대한 조직이 어떻게 작동되는지 이해할 수 없어 당황하게 된다는 것을 지적할 수 있다. 이러한 상황에서 사람들은 스스로 아는 것이 적은 것처럼 느낀다. 시스템 자체가 이제 더 많은 정보를 가질 것을 요구하고, 또 근본적으로 다른 지식 — 사람들의 일상적 경험 영역을 넘어선 추상적인 지식 —을 요구하기 때문이다. 역설적으로, 정치적 결정 과정에 공중의 관여를 높이려고 시도된 노력은 오히려 사람들이 정치적 세계로부터 더욱 분리되어 있다는 느낌을 갖게 했다. 진보 운동을 통해 국민 투표, 상원 의원 직선제, 대중적인 예비 선거, 여성 참정권 보장 등의 제도적 개선을 이룩했지만, "정부의 대중 통제는 그 어느 때보다 훨씬 더 심각한 문제가 되었다. [……] 정치적·경제적 영역 모두에서 공식적으로는 참여가 보장되기는 했지만, 오히려 공중은 의사 결정 과정에서 더욱더 배재되는 상황이 발생하게 된 것이다"(Schudson, 1978: 131).

대중 사회 이론은 대규모 산업 사회로 전이한 결과로 소외의 감정이 나타나게 되었다는 통찰력 있는 주장을 했다. 그러나 대부분의 소외가 실제로 나타나는 분야 — 사람들이 멀리 떨어져 있는 대규모 정부 기관들에 대해 느끼는 감정 — 를 밝히지 못하고 소외는 대인 간의 차원에서만 존재한다고 지적하는 실수를 했다. 정부와 대규모 기관들에서 나타나는 부정적인 측면은 일반적으로 폭넓게 밝혀져 왔고, 또한 비판의 대상이 되어 왔다(Lipset & Schneider, 1983 참조). 그러나 이상하게도, 정부와 정부 기관에 대한 불신은 낮은 참여 수준과 상관 관계를 보이지 않는다(Teixeira, 1987; Sniderman, 1981). 정치적 기관에 대한 미국인들의 신뢰가 낮은 데 이유가 있다는 점에 의문의 여지가 없기는 하지만(Citrin, 1974), 몇몇 연구만이 다음과 같은 명백한 이유에 초점을 맞추었을 뿐이다. 매우 크고, 고도로 산업화된 사회로의 변동의 필연적인 결과라는 것이다(Gorz, 1982).

4. 동조성과 공동체주의적 해법

대규모 사회에서 사람들이 정부와 심리적으로 분리되는 문제를 해결하기 위해 제시된 해법 중의 하나가 바로 공동체주의다. 이 접근은 지역 공동체의 정치와 기관을 재편해야 함을 강조하고 있다. 만일 대규모가 문제라면 소규모가 해결 법이어야 한다. 최근 "타운 미팅 *town meeting*" 스타일의 민주주의를 옹호하는 자는 정부와 공중의 관계를 향상시킬 것을 제안해 왔다. 예를 들면, 내셔널 인다우먼트 포 더 휴머니티즈(National Endowment for the Humanities)에 의해 지원 받은 "전국민과의 대화 *National Conversation*" 프로그램에서는 시민들이 자신의 걱정과 그 해결책에 대해 함께 모여 토의하는 일련의 면 대 면 모임을 통한 공중의 숙고를 재활성화시키자고 제안한다. 마찬가지로, 아메리칸 시빅 포럼(America Civic Forum)에 의해 시행된 프로젝트는 "시민들이 자발적으로 참여해 공개적으로 생각하고, 그들 스스로 공적인 문제들을 해결하는 힘을 갖게 되는 시민 사회의 기반을 되찾음으로써" "시민성 회복"을 추구한다(American Civic Forum, 1994: 1).

이런 노력들은 분명히 훌륭한 것이다. 그러나 여러 가지 이유에서 공동체주의에 입각한 노력이 많은 시민들이 정치에서 분리된 문제에 해결책을 제시할 수 있을 것 같지는 않다. 먼저, 벤더가 지적한 것처럼, 공동체주의자들은 공동체가 지역에 기반한 모든 유형의 사회적 상호 작용으로 형성된다는 가정 아래 종종 공동체라는 개념을 다양한 상황에 귀속시킨다(Bender, 1978). 이런 입장은 "현대 사회 생활의 실체를 숨기고, 공동체라는 환상을 판매한다. 일상 생활과 관련해서 이러한 입장의 단점은 오히려 상실과 공허의 감정을 느끼게 해서 미국인들이 공동체라는 상징의 조작(정치적인 수사修辭나 광고 카피를 통해)에 쉽게 영향받게 하는 데 있다"(Bender, 1978: 144). 사람들은 분명히 대중들로 구성된 집합체와 '관계'를 맺고 있지 않고 따라서 실제 공동체를 대신할 상상의 공동체를 마음 속에 가질 구실이 없다. 특별하게 계획된 모임이라고 해도 우리를 작은 뉴잉글랜드의 마을이나 그리스의 폴리스에 있는 것처럼 만들 수는 없다.

공동체주의 운동이 분명히 대규모의 매개된 담론에 기초한 정치를 보완할 수는 있지만, 이러한 운동은 "그 지역적 기반과 대규모 시스템 사이의 부조화에 의해 근본적으로 제한을 받는다." "예를 들어, 사람들의 행동이 모여서 그 결과로 대규모 시장이 형성되는 과정과 방법을 모두 아는 것은 거의 불가능한 일이다. 사고, 팔고, 만들고, 사용하는 등의 구체적인 관계들의 단순한 합산에 기초해 복잡한 경제적 과정들을 완전히 이해하는 것은 거의 불가능하다"(Calhoun, 1988: 223). 이론적으로 지역 정치에 대한 관여는 민주적 시민들에게 핵심적인 시민 교육을 제공한다고 가정된다. 그러나 실제로, 지역 학교 위원회 모임에 참가한다고 해서 대규모 사회 문제의 범위나 복잡성에 대한 통찰력을 가지게 되는 것은 아니다. 심지어 지역적인 관여가 높아져도, 국가의 정치 기관은 멀리 떨어져있는 것 같고, 개인의 요구에 응답을 하지 않는 것처럼 보일 수 있다. 또한 대부분의 지역 차원의 경험은 사람들이 국가의 정치 기관을 이해하고 접근하는 데 도움이 되지 않는다. 지역의 정치 문제에 대한 관여를 높이는 것은 분명히 그 자체로 가치 있는 목표이고 사람들이 지역 정부에 접근하게 하는 효율성을 증대시킬 수 있다. 그러나 사람들이 지역 정치에 더 관여한다고 해서 자신의 경험과 국가적 차원의 정부 활동을 쉽게 연결시킬 수 있는 것은 아니다. 카훈은 다음과 같은 지적을 한다. "이러한 거대하고 당혹스러운 기관들은 통계, 이론, 인공 두뇌적 개념, 그리고 다른 지적 수단처럼, 사람들 사이에 거의 유포되어 있지 않고, 사람들의 직접적 환경과 익숙하지 않은 것들을 통해서만 잘 이해될 수 있다. 반면, 삶의 세계는 직관적으로 이해될 수 있다. 이는 추상이 아니라 '살아있는 현실'이다"(Calhoun, 1988: 223~4).

공동체는 개인적 판단과 국가적 차원에 대한 판단 사이에 위치하는 단계를 대표한다고 볼 수 있다. 이 단계는 논리적으로 사람들의 일상 생활, 경험과 국가적 정치 기관들 사이의 책임성을 촉진시키는 필수적인 연결 고리가 될 수 있다. 이는 또한 정치와 정치인들을 대부분의 공중들로부터 소외시키고, 떨어뜨리며, 믿지 못할 것이 되게 분리시키는 단계가 될 수도 있다. 비록 최근 대중적인 논의에서는 이와 반대되는 이야기를 하고 있기는 하지만, 불행히도 국가적 사안과 국제적인 사안을 지역 공동체의 활동으로 유추해 이해할 수는 없다. 카스텔즈가 언급한 것처럼, "사람들은 자신이 세계를 통제할 수 없다는 것을 알 때 단순하게 세계를 그들 공동체의 크기로 줄여 버린다"(Castells, 1983: 331). 이런 종류의 감상에 호소하는 것은 이제 공공연한 것이다. 로스 페로 Ross Perot 는 국가를 운영하고 국가의 많은 문제들을 해결하는 것이 기업을 경영하는 것과 다르지 않고 기껏해야 기화기 *carburetor* 를 조정하기 위해 자동차 내부를 들여다보는 것과 마찬가지라고 공언했다. 마찬가지로 레이건 역시 연방 재정을 균형 있게 조정하는 것이 겉보기에는 복잡해 보이나 사실은 가정의 가계부 균형을 맞추는 것처럼 간단한 것이라고 주장함으로써 우리에게 안도감을 주려 했다(Calhoun, 1988).

만일 사람들이 지역 공동체 정치에 대한 면 대 면 관여를 통해 국가적 차원의 활동들을 알 수 있다 하더라도, 이와 같은 정치적 활동 방식만으로는 국가의 정치 행위자의 책임성을 강화하지 못한다. 시민들에게 영향을 미치는 결정들은 점점 더 자본 소유자들이나 국가적 파워를 지니고 있는 사람들에 의해 이루어지고 있다. 집합적 행동의 유형을 살펴보면 권력과 자본의 집중이 국가적 차원의 기관 쪽으로 이동하는 것을 알 수 있다(Tilly, 1983: 468). 지역적이고 즉각적으로 권력을 발휘할 수 있는 사람들에 호소하는 대신, 오늘날 흔히 채택되는 집합적 행동은 여러 지역들 간의 조정을 쉽게 하는 활동을 수반한다. 예를 들어, 과거의 집합적 행동은 범법자들의 거주지를 부수는 행위를 수반했으나, 오늘날에는 멀리 떨어진 국가의 정치 행위자가 책임을 지는 공개적인 탄원을 수반한다. 이런 점에서 심지어 지역의 면 대 면 상황의 정치적인 활동도 전국적인 차원의 것이 될 수 있다. 파업, 데모, 시위 등은 이제 미디어를 통해 국가 지도자들의 관심을 끌기 위해 의도적으로 구성된 것이다. 반면 19세기에 이런 활동들은 주로 지역 근처에 있는 사람들에게 보여 주고 들려 주기 위해 의도되었다. 이상적으로는 지역적 문제에 대한 관여를 통해 시민들은 정부가 어떻게 기능하는지에 친숙해져야 한다. 즉, "일반 시민들이 제한된 환경에서 정치 과정이 어떻게 기능하는가를 이해하는 데 도움이 된다"는 것이다(Laumann, 1973: 135). 하지만 집합적 행동 전략은 권력이 집중된 곳을 목표로 하여 설정된다. 따라서 스스로 지역적인 곳에 한정하여 면 대 면 관계를 통해 영향력을 행사하려는 집단들은 결과적으로 전국적인 정치 문제에 영향력을 발휘하기가 힘들다.

공동체를 강조하는 모델을 놓고 볼 때, 가난하고 특권이 별로 없는 공동체들은 체계적으로 불리할 가능성이 있다. 잘 사는 사람들이 모인 공동체에서 공동체에의 관여를 높이고 지역 정치 활동을 활성화시키는 것은 더 높은 차원의 정치적 권력에 영향을 미칠 수 있고 이에 접근할 수 있는 효과적인 채널을 제공할 수 있다. 하지만 가난한 공동체의 사람들은 이런 관계를 맺을 확률이 적고,

결과적으로 그들의 요구가 받아들여질 확률도 적어진다(Bender, 1978).

공동체주의에서 제시하는 해법의 한계는 책임성과 심리적 거리감의 문제를 성공적으로 처리하는 것을 제약하는 구조적 변화에 있다. 특히, 공동체 형성 패턴의 변화는 삶의 방식과 경제적 차이로 인해 사회적인 분권화를 가져왔다. 이와 같은 "인구학적 발칸화 demographic balkanization"(Frey, 1995)는 비슷한 개인들이 직접적인 대인 관계를 많이 맺지 못하게 제한해 왔다. 이런 유형의 공동체에서, 공동체주의 모델에 내재된 위험들은 매우 악화된다. 비록 대중 사회 이론이 소규모의 것과 지역적인 것을 낭만화 시켜왔지만, 지역적 규범들이 꼭 좋고 관용적인 것은 아니다. 연방 정부는 지역 공동체의 여러 가지 사회적 규범을 무시함으로써 많은 — 아프리카계 미국인들에 대한 처우를 변화시키는 것 같은 — 일을 할 수 있었다.

개인의 가정과 가까운 정치는 큰 범위의 국가 정치보다 덜 당혹스럽고 더 잘 이해할 수 있는 것이기 때문에, 공동체주의 모델은 정보적 동조성을 발생시킬 잠재력을 제한한다. 이 모델에 따르면 시민들은 전능한 전문가가 되지 않을 것이고, 대중 의견과 관련한 단서들을 폭넓게 이용하지도 않을 것 같다. 그러나 규범적 동조성과 정보적 동조성 사이에는 분명히 서로 얻고 잃는 관계가 있다. 지역 공동체들의 동질성은 분명히 규범적인 사회적 영향의 잠재력을 강화시킨다. 블라우가 말했던 것처럼, "개인들을 그들의 공동체에 단단하게 결속시키는 사회적 유대가 약화된 것은 슬픈 일이다. 그러나 집단 내 통합이 강하면 개인의 자유와 운신의 폭이 제한된다. 그리고 이러한 강한 결속은 엄격함과 편협함을 유지하게 한다. 비록 친밀한 관계는 아닐 수 있지만 다양한 집단과의 관계는 관용의 지평을 넓히고 촉진시킨다. 그리고 이런 관계는 거시 사회적 통합의 기초가 된다"(Blau, 1974: 623).

간단히 말하면 시계를 되돌릴 방법은 없다. 대규모의 사회에서 지역 공동체 정치의 부흥은 정치 기관들을 대표성 있게 대신하지 않고 국가적 차원의 공적 논의를 매개하지도 않을 것이다.

공동체의 결속 정도와 지역적인 관여는 비록 사회 변동의 강력한 기반이긴 하지만 민주주의를 위한 적절한 기반은 아니다. 민주주의는 도시의 공적인 삶에 의존해야만 한다. 공동 관계의 직접적인 확장으로서가 아니라 지속적으로 다른 유형의 사람들을 서로 접촉할 수 있게 하고 관계들을 가로지르는 경계를 조정함으로써 사람들이 서로를 이해하게 하는 기반을 주는 사회적 실천을 제공해야 한다(Calhoun, 1988: 227).

공동체주의적 접근의 한계는 대규모의 사회적 통합의 경향을 다루기에는 너무나 많다. 공동체 정치는 그 자체로 가치가 있지만, 비개인적 영향과 관련한 특정한 문제들을 다루는 데 있어서는 제약이 있다.

5. 비개인적 정치와 민주적 책임성

대중 사회 이론에서 제시하는 극적인 역사적 은유는 비개인적 영향이 일어나는 상황을 해석하는 데 계속해서 영향을 미치고 있다. 널리 퍼져있는 타인들의 견해에 대해 관심을 갖는 것이 민주주의 정신과 상반된다는 주장이 우세하다. 마찬가지로 근거가 충분한 개인적이고 지역적인 경험이 아닌 집합적 경험에 대한 지각에 의존하는 것은 개인의 정치적 결정의 수준을 떨어뜨린다는 것이 암묵적으로 가정되었다. 미디어가 집합적 사안들을 얼마나 부정확하게 보도하는지에 연구의 초점이 맞춰졌지만, 비개인적 영향력의 과정이 대규모 사회에서 민주주의가 기능하는 데 매우 필수적이라는 것을 밝히는 노력은 가려져 왔다. 하지만 모든 유형의 비개인적 영향력을 이 사회에서 제거시키는 것이 가능할지라도, 우리는 그렇게 하지 않는 것이 더 좋을 것 같다. 대규모의 사회에서 행해지는 민주주의에서 비개인적 영향력은 그것의 내재된 위험에도 불구하고 중요한 기능을 수행한다. 비개인적 영향력이 우리에게 주는 이점을 생각해 볼 때, 집합적 의견에 대한 지각과 집합적 경험에 대한 지각의 경우가 약간 다르다. 따라서 이제 이 두 이슈들을 나누어 다루고자 한다.

1) 책임성과 집합적 차원의 타인들의 경험

사람들은 정치적 판단을 내릴 때, 집합적 경험에 대한 지각에 많이 의존하는 것처럼 보인다. 과거에는 이와 같은 사회 지향주의가 야기할 수 있는 위험요소에 초점을 맞추었다. 사람들의 지각이 집합적 현실을 정확히 반영하지 않을 수 있기 때문에 결과적으로 정치적 지도자들이 그들의 과거와 미래의 정책의 결과에 대해 책임지게 하지 않을 수 있다는 문제가 제기되었다. 그러나 책임성을 담보하는 대안적 기반, 즉 집합적 차원에 대한 지각이 아닌 개인적 경험에 의존한 평가는 사실 더 문제가 있다. 개인적인 삶과 경험에 대한 사람들의 판단은 체계적으로 편향되는 경향이 있기 때문에, 이것은 우리가 바라는 것처럼 만병통치약이 되지 못한다. 개인적 경험에 뿌리를 둔 정치를 부흥시키자는 주장은 호소력 있게 들릴 수 있다. 그러나 4장에서 검증된 것처럼, 개인적 판단을 단순히 합산한 것은 사회 문제에 대한 인식의 정확성도 책임성도 보증하지 않는다. 또한 사적인 입장으로 문제를 이해하는 것은 오히려 효과적인 공적 행동을 제한할 수도 있다(Warner, 1968). 게다가 공동체 차원의 판단 역시 자신의 의견과 비슷한 의견을 좋아하는 사람들의 편견 때문에 문제가 있고, 따라서 대규모 집합체에 대한 정확한 판단을 위한 대안이 되기 힘들다.

지리적으로 광범위한 영역을 포함하는 사회에서 지도자들의 책임성을 묻는 문제는 미디어와 큰 관련이 있다. 그러나 이런 과정에서 미디어의 역할은 복합적이다. 한편으로, 매스 미디어는 사회적인 경향을 제대로 보도함으로써 사람들이 사회적 상황을 정확하게 지각 할 수 있도록 도와줄 수 있다. 이는 분명하게 매스 미디어가 사회에 봉사하는 귀중한 기능이다. 특히 시민들이 사회에 대한 지각을 정치적 결정의 기초로 삼을 때 더욱 그러하다.

반면, 5장에서 논의되었던 것처럼, 매스 미디어는 사람들의 개인적 경험이나 대인 간의 접촉을 넘어서는 사회 세계에 대한 정보를 꾸준히 제공함으로써 때로는 개인적 경험의 정치화에 장애가 될 수 있다. 개인적 판단과 사회적 차원에 대한 판단 사이의 틈이 넓어지는 것은 사람들의 사회에 대한 지각을 그들의 축적된 개인적 경험과 무관하게 하는 한 역기능을 낳을 수 있고, 민주적 책임성을 담보하는 데 도움이 되지 않는다. 사회적 조건들을 정확하게 지각하고 있지 않은 사람들은 실제로 일어나지 않은 문제들을 가지고 정치인들을 처벌할 수 있고, 집합적으로 볼 때 개인들의 현실 생활에 개선이 없는데도 정치인들을 지지하여 이들에게 보상을 줄 수도 있다.

이 두 가지 경우는 정치적 판단의 사회 지향성에 대해서 전적으로 다른 규범적 평가를 할 수 있다는 것을 보여 준다. 집합적 차원의 경험에 대한 지각은 정치적 판단을 내리는데 조작하기 쉬운 부분일 수 있지만, 이것은 아마도 가능한 여러 대안들 가운데 제일 나은 것일 수 있다. 흥미롭게도 대중 사회 이론은 전국적 규모의 미디어 시스템이 민주적 책임성을 담보하는 것과는 거리가 멀다고 그 특성을 설명하고 있다. 즉, 전국적 미디어 시스템이 필연적으로 전체주의적 국가의 부상에 보조적 역할을 하는 것이라고 보았다. 이것과 대조적으로 비개인적 영향력을 다루는 이론적 접근은 잘 발달된 국가적 미디어 시스템이 대규모 사회에서 민주적 책임성을 담보할 필수적인 요소라고 주장한다. 국가적 미디어 시스템이 없다면 집합체에 대한 사람들의 지각이 실제적으로 국가적 차원의 현실을 반영하는 것으로 기대될 수 없고, 지도자들이 현실에 대해 적절한 책임을 지게 할 수 없다. 그러나 이런 주장이 곧 미디어가 최근의 집합적 사안을 지속적으로 생생하게 설명한다는 것을 의미하지는 않는다. 사실, 이 책 전반에서 자세하게 설명된 실증적인 사례를 보면, 미디어가 집합적 사안을 생생하게 설명하는 것이 자주 일어나지 않는다는 것을 알 수 있다. 그럼에도, 정치적 책임 소재를 물을 대안적인 경로가 없기 때문에 매스 미디어는 이런 시스템이 작동하게 하는 큰 잠재력을 제공한다.

결국, 책임성 문제는 미디어가 사람들이 타인들의 견해나 경험에 대한 잘못된 인지적 믿음을 공유하게 하는 상황을 만들거나, 이러한 상황을 없애지 못하게 할 때 발생한다. 사회 심리학자들은 사람들이 사회적 세계의 상태에 대한 잘못된 생각을 공유하는 상황을 "다원적 무지 *pluralistic ignorance*"의 상태라고 부른다. 다원적 무지는 한 개인의 인지적 편견 때문에 타인들에 대해 잘못 지각하는 개인적인 왜곡을 언급하는 것이 아니라, 대신 많은 사람들이 체계적인 방향으로 '동일한' 인지적 오류를 공유하는 것을 말한다.

원래 심리학자들은 편재하는 이런 현상을 연구하면서 면 대 면 상호 작용을 통해 알게 된 교회의 모임 같은 다른 집단들에 대한 사람들의 지각에 초점을 맞췄다. 심리학자들의 기본적인 관심은 이런 잘못된 믿음을 통해 사람들이 타인들에 동조하게 되는지에 있었다. 그러나 또 한번 지적하지만, 규범적인 동조성에 특별히 강조함으로써 비개인적 타인들에 대한 다원적 무지의 상태가 개인적 판단에 영향을 미칠 수 있는 다른 과정들을 상대적으로 무시했다.

기아 방지 노력과 관련한 연구들은 다원적 무지 현상이 국가 전체와 같이 큰 범주의 집합체로 확대될 때 어떤 결과를 낳는지를 보여 준다. 중국에서 기아가 1958~61년까지 3년 동안 계속되었는데, 공식적으로 이러한 문제가 발생되고 있다는 것이 인정되지 않은 채 거의 3000만 명의 사람들이 죽었다. "세계가 중국에서 발생한 이 끔찍한 상황을 모를 뿐 아니라, 중국 사람들 자신도 국가적인 재난의 상태와 국가의 한 편에서 직면하고 있는 이런 문제의 심각성을 알지 못했다. [……] 정부에 반대하는 언론과 반대파 정치 세력이 존재하지 않는 것은 지역 상황에 대한 무지를 강화시킴으로써 오히려 정부에도 해가 된다. [……] 중국의 농업과 농촌 경제의 상황이 좋은 것처럼 가장함으로써 국가 지도자들도 속일 수 있었다"(Dreze & Sen, 1989: 212~13).

경제학자 드리즈와 센은 정확한 정보의 흐름을 제한한 결과로 사하라 근방의 많은 아프리카 국가들도 기근 문제에 있어 위와 비슷한 경험을 했다고 주장한다(Dreze & Sen, 1989). 반면 개방적이고 검열이 심하지 않은 언론이 존재한 아프리카 국가에서는 기근 방지 노력이 성공을 거두었다. "자유로운 언론은 가뭄과 홍수의 영향, 실업의 본질과 결과와 같은 기근을 예방할 수 있는 정보를 세상에 알려 퍼지게 한다. [……] 특히 민주적 체제가 제공하는 보상책이 있을 때, 즉 정부를 당혹하게 할 수 있고 검열 사실을 폭로할 수 있을 때, 위협적 기근에 대한 가장 기본적인 정보원은 바로 뉴스 미디어다"(Sen, 1994: 34). 마찬가지로, 독립 직후 인도 정부는 기근의 신호가 처음 나타났을 때 신속하고 광범위한 처리를 할 수밖에 없었다. "기근의 문제는 상대적으로 자유로운 인도의 미디어를 통해 쉽게 퍼져 나갔다. 그리고 이런 환경에서 반대파 정치인들뿐만 아니라 언론인들도 활발히 부정을 폭로하는 역할을 할 수 있었다"(Dreze & Sen, 1989: 212).

이러한 관점에 의하면 자유 언론을 확보하는 것이 다원적 무지를 막기 위한 최고의 방지책이다. 복잡한 경제 예측에 기초한 정부의 공지적인 "초기 경고" 시스템은 기근을 예방하는 데 제한적인 역할만을 할 수 있었다. 오히려 "급박한 위험을 경고하는 것은 홍수, 가뭄, 경제적 혼란에 대한 일반적인 보도와 사람들이 겪는 고난과 명백한 기아에 대한 신문 보도에서 비롯되었다"(Dreze & Sen, 1989: 263). 상대적으로 자유로운 언론은 기근에 의해 위협받는 국가가 보유할 수 있는 최고의 초기 경고 시스템이다. 센은 "민주적인 정부와 상대적으로 자유로운 언론을 가지고 있는 국가에서는 어떤 큰 기근도 발생하지 않았다"는 결론을 내린다(Sen, 1994: 34).

이런 예를 통해 볼 때 단순히 지역 밖의 정보를 전달하고, 집합적 상태에 대해 정확하게 지각하게 하는 것 이상으로 언론은 기능하고 있다. 언론의 공표는 특정 사안에 대해 모든 사람들이 알 수 있도록 했다는 것을 의미할 뿐만 아니라 그 사안에 대해 다른 모든 사람들도 알고 있다고 인지하게 한다는 것을 의미하기 때문에 부분적으로 언론의 파워는 여기에 근거하고 있다(Katz, 1981). 광범위하게 많은 수용자가 동시에 인식할 수 있도록 하는 것은 언론의 파워와 직접적인 관계가 있다. 기근의 위협을 방치하는 것은 식량이나 정보가 없는 이유도 있겠지만 관계 당국이 적절한 조치를 취하지 못한 결과이기 때문에, 시민 모두가 문제를 알고 있다는 사실을 알리는 것 자체로 정치 엘리트들이 무엇인가 대처하도록 할 수 있다. 즉, 비개인적 영향력은 정치 지도자들이 공중의 분노를 지각하거나 예측하게 될 때 일반 시민이 아닌 엘리트 집단에게도 작동한다.

이런 사례에서 얻을 수 있는 교훈을 다른 국가나 이슈에 확대 적용할 수 있을까? 과연 언론은 미국 또는 여타 다른 국가에서 직면할지도 모를 잠재적인 사회적·경제적 재난을 막기 위한 효과적인 조기 경보 시스템으로 기능할 수 있는가? 결국, 문제점은 이런 미국 같이 상대적으로 언론이 자유로운 국가에서조차 사람들이 집합적 경험이나 의견의 상태를 알기 위해 의존할 믿을 만한 언론이 없다는 사실에 있다. 예를 들면, 심지어 기아 방지라는 제한된 영역과 관련해서도 정부에 적대적인 언론은 특정한 문제들에 대한 예방만을 가능하게 했다. 인도의 언론은 기근에 대항하고 기근을 알리는 데는 효과적이었지만 인도 특유의 고질적인 영양 부족을 예방하는 데는 성공적이지 못했다. "일상적인 배고픔과 극단적이지 않은 궁핍은 뉴스 가치가 없었지만, 기아에 의한 죽음과 극심한 궁핍은 뉴스 가치가 있었다." 고질적인 영양 부족과 굶주림은 "즉각적으로 눈에 띄는 '큰 뉴스거리'라기보다는 — 물론 중요하지 않은 것은 아니지만 — 주로 통계의 일부로서 전달되는 사항이었다"(Dreze & Sen, 1989: 214).

뉴스 가치는 미국인들이 그들의 집합적 상태에 대한 왜곡된 인상을 가지게 하는 많은 요인 가운데 하나이다. 인도의 예에서도 언급된 것처럼, 널리 퍼진 일상적인 문제들은 바로 그런 사실(널리 퍼지고, 일상적이라는) 때문에, 뉴스의 주목을 받을 가능성이 적고 따라서 그런 문제들이 일어나는 빈도는 매우 과소 평가 되어 지각된다. 반대로, 비일상적인 사건들은 뉴스에서 집중적인 주목을 받고 따라서 사회적인 문제로 부풀려져 지각된다(예컨대, Pritchard & Hunghes, 1997). 예를 들어, 상대적으로 발생 빈도가 적은 성직자들에 의한 성적 학대에 대해서 뉴스와 기타 탐사 보도 프로그램이 집중적으로 보도함으로써 사람들은 성직자의 성적 학대를 심각한 사회 문제로 여기게 된 경우도 있다(Jenkins, 1995). 더 극적이고 더 시각적인 사건이나 문제들은 재미있는 이야기와 화면을 만들기 때문에, 격에 어울리지 않는 주목을 받는 경향이 있다.

언론 보도가 사건 중심적으로 편향되면, 기사거리가 되는 흥미 있는 사건으로 등장하지 않는 사회적 문제들은 무시될 수 있다. 이런 점에서, 2장에서 언급한 "장문의 저널리즘 long journalism"을 추구하는 경향은 매우 환영받을 만한 것이다. 기사의 길이가 길어짐에 따라 개별적인 사건들을 서로 연결시키는 것을 강조하게 되었고 사건의 맥락을 점차 더 많이 설명하게 되었다. 이 모두 현재 뉴스 보도가 개별적 사건으로보다는 장기적인 시각에서 사회적 현상으로서 문제를 강조하고 있음을 보여 주는 것이다. 이렇게 개인보다는 집합체를 강조하고, 여러 시공간에 걸쳐 발생하고 있는 비슷한 사건들을 연결시키는 것이 이제 더 뉴스 가치가 있는 것으로 여겨지고 있다. 따라서 뉴스 보도는 이제 '단순한 통계'를 정부가 주목할 가치가 있는 위기 상황으로 바꿀 수 있다.

그러나 여기에는 또 다른 문제가 있다. 이는 위에서 언급된 모든 상황에서 특정 유형의 통계가 다른 통계보다 언론에 더 자주 등장한다는 사실에서 비롯된다. 특히, 많은 언론에 일방적으로 정보를 제공하는 정보원이 있는 정부와 특정한 이익 집단은 집합적 현실에 대한 그들의 시각을 시민들에게 전달하는 데 우위에 서게 된다. 언론인들이 공적 정부 정보원에 의존도가 높고 정치적 동기를 가지고 배포된 언론 보도 자료를 정규적으로 이용한다는 사실은 오랫동안 잘 증명되어 온 바이다. 또한 언론사 사이의 경쟁이 심화됨에 따라 상업적 압력 때문에 이러한 경향은 더 심각해지고 있다. 또한 집합적 경험이나 의견에 관한 완벽히 정확한 정보를 받았을 때도, 기자들은 이런 정보를 정보적 시각이나, 비판적 시각으로 평가하는 훈련을 체계적으로 받지 못했기 때문에 여러 종류의 통계데이터에서 가치 있는 것을 잘 골라 내지 못하는 문제도 있다.

정부나 세력을 확보한 특정 이익 집단들만 이런 왜곡된 통계와 관련 있는 것은 아니다. 예를 들어, 무주택 부랑자들에게 서비스를 제공하는 전국 규모단체는 기금 모금 광고에서 캘리포니아, 새크라멘토에 2만 7000명의 집 없는 아이들이 있다고 주장했다. 당시 실제 집 없는 아이의 숫자는 500명 정도였다. 이단체는 이런 중요한 이슈에 대해 공중의 주목을 끌기 위해 통계를 부풀렸다고나중에 해명했다. 즉, 선의의 목적을 가지고 있다는 이유로 과장이나 과대 포장은 정당화되었다(Berger, 1996). 매맞는 부인들과 관련한 통계 수치 역시 이와 비슷한 이유로 부풀려 졌다. 국가에 대한 우리의 지각은 소수의 기자나 소수의 시민들만이 자신의 지식에 기초해 문제를 제기할 수 있는 통계 보도에 의해 정기적으로 형성된다. 미국에서 통계 기관들은 보통 사람이 도전하기 힘든 전문성의후광을 즐기고 있다. 통계 기관들은 비록 어떤 측면에서 볼 때는 이런 명성을받을 만도 하지만, 무엇을 측정하고 어떻게 측정해야 하는지를 결정하는 데 필연적으로 관련되어 있는 정치적 판단의 유형이 무엇인지를 심각하게 생각하고있지 않다(Alonso & Starr, 1987).

국가 전체의 집합적인 경험들이 뉴스에서 정확히 보도될 때도, 사람들은이런 정보를 처리하는 과정에서 그들이 받은 인상들을 왜곡시키는 오류를 범할수 있다. 기존의 연구들은 집합적 차원에 대한 지각이 사람들 자신의 견해에 의해영향받을 뿐만 아니라, 개인적으로 아는 사람들로 집합체를 추정하여 구성하는표집의 편파성 같은 요인과 특정 행동의 모범이 되는 순간을 회상하고, 시각화하고, 상상하는 능력을 증가시키는 요인들에 의해서도 왜곡된다는 것을 보여 준다.

공공 정책이 집합적 차원의 경험에 미치는 결과에 책임성을 촉진시키는문제와 관련해서 미국 언론에 부정적인 보도가 많다는 것은 단점보다는 장점이상대적으로 많을 수 있다. 좋은 점보다 나쁜 점을 뉴스에서 강조하여 사안의 부정적인 면을 주로 보여줌으로써, 궁극적으로 이런 재앙이 나타나지 않도록 막는조기 경보 시스템의 기능을 하게 되고 지나치게 낙관적인 개인적·지역적 정서에서 야기되는 위험을 막아줄 수 있을 것이다. 물론 이런 경고가 불필요한 경우도 있겠지만 대부분의 경우 예방적인 목적으로 기능할 수 있다. 문제는 부정적인 뉴스의 강조를 통한 경고가 자칫 엘리트들로 하여금 더 중요하고 가치 있는 것에서 그렇지 않은 것으로 주의를 돌리게 할 수 있다는 점이다. 만일 이러한 경고가 남의 약점을 들추고자 하는 데 이용된다면, '늑대와 소년'의 우화가 보여주는 것처럼, 오히려 신뢰를 잃을 수 있다. 그럼에도 불구하고, 언론은 국가의 상태를 알기 위한 것으로 가장 쉽게 접근할 수 있고, 지속적이며 유일한 일반적 정보원이기 때문에, 이런 독점적 기능을 잃을 위험에 처할 것 같지는 않다.

집합적 경험에 대한 인상을 언론에 의지하여 얻는 것은 분명히 이상적인 것은 아니다. 하지만 낙관적인 견해로 세상을 보려는 개인들의 경향을 고려할 때 언론이 이러한 인상을 전달하는 것은 오히려 더 바람직하다. 이에 덧붙여, 언론의 보도가 정책과 관련한 책임 소재를 심판하게 하는 데 중요한 역할을 함으로써 엘리트들의 반응을 좀더 쉽게 이끌어 낼 수 있는 장점을 가진다. 공중의 구성원들이 개인적으로나 집단적으로 그들의 개인적 문제나 관심사에 대해 엘리트들이 반응하도록 압력을 행사하는 것보다 더 쉽게 엘리트들의 반응을 이끌어낼 수 있다. 직접적이고 물리적인 공중의 행동이 없는 상황에서도 단지 많은 사람들이 동시에 주어진 문제나 상황을 알고 있다고 엘리트들이 인식함으로써 특정 사안에 대해 엘리트들은 반응을 보일 수 있는 것이다(예컨대, Cook et al., 1983).[4]

2) 책임성과 집합적 차원의 타인들의 의견

사회 지향적 정치와 마찬가지로, 학자와 정치 평론가들은 타인의 견해를 지각하는 것으로부터 영향을 받는 것을 현대 정치 체계의 나쁜 신호로 보려는 경향이 있었다. 사실, 합의의 휴리스틱과 같은 기제는 시민들의 판단의 질적 수준이라는 면과 정치 지도자에 책임을 묻는 부분과 관련하여 분명한 문제가 있다. 의사 결정 부담이 더 커지는 경향이 지속되는 한, 합의의 휴리스틱을 이용하는 것은 민주적 의사 결정의 질적 수준을 위협할 수 있다. 그러나 현재까지의 연구 결과는

---

4 물론, 공중이 특정 문제에 대한 엘리트들의 어떠한 행동도 원하지 않는 것이 사실인 상황이라면, 이렇게 공중의 반응을 예견하고 사전에 엘리트들이 행동을 취하는 것은 책임성을 담보하는 데 잠재적으로 위협 요소가 될 수도 있다.

합의의 휴리스틱이 정보의 수준이 '극단적으로' 낮은 상황에만 작동할 수 있다는 것을 보여 준다. 오늘날 시민들에게 전달되는 정보는 점점 증가되기 때문에 그들이 주어진 주제에 대해 전혀 어떤 정보나 생각을 가지고 있지 않은 경우는 거의 없을 것이다. 따라서 아무 생각 없이 다수 의견에 동조할 잠재력은 제한된다.

결국, 비개인적 영향력의 과정을 특징짓는 정보적인 사회적 영향은, 규범적인 사회적 영향만큼 미국 정치에 해로운 것이 아닐 수 있다. 이런 결론의 바탕이 되는 논리는, 다양한 사회적 영향 중 어떤 것은 개인적 의사 결정을 부패시키고 개인의 판단을 제약하는 능력이 있는 반면, 기본적 '과정'의 본질을 볼 때 정보적인 사회적 영향은 궁극적으로 선호할 만한 것이라는 점이다. 사회적 승인을 얻기 위해 타인들의 견해를 채택하는 사람들보다, 정보적인 기초로서 타인들의 견해를 이용하고 여기에 동조하는 사람들은 매우 이성적인 이유를 가지고 있다. 전략적으로 타인들의 견해를 이용하는 것의 이성적이라는 것은 금방 알 수 있다. 또한 타인들의 의견에 대한 정보에 반응하는 기초적 기제 — 인지 반응 기제 — 역시 공중의 숙고와 책임성을 향상시킨다는 점에서 매우 매력적인 과정이다.

인지 반응 기제는 집합적 의견에 대한 지각이 유발하는 영향이 자동적으로 발생하는 것이 아니고, 또한 생각 없고 무지한 것이 아니라고 주장한다. 바람직하지 못한 과정이 없다는 것을 보여 주는 것 외에, 인지 반응 기제를 다룬 연구들은 또한 비개인적 영향이 민주적 책임성을 향상시키는 데 긍정적으로 작용할 수 있다는 것을 암시한다. 사회적 상호 작용은 비슷한 것을 좋아하는 사람들의 속성 때문에 주로 자신과 유사한 사람들과의 접촉에서 주로 발생한다는 데 연구자들은 일반적으로 동의한다. 즉, 사람들은 자신과 비슷한 사람과 이야기하기를 좋아한다는 것이다. 이런 경향은 정치적 문제에 대한 면 대 면 상호 작용에서도 마찬가지이다. 사람들은 비슷한 성향을 가진 사람과 정치적인 문제에 대해 이야기하기 원하는 경향이 있기 때문에, 이런 상호 작용에서는 사람들이 다양한 견해에 노출될 수 없다. 다행히, 개인의 선택성은 정치적인 문제에 대한 대화를 다루는 방정식의 절반만을 차지할 뿐이다. 사람들이 직접적 환경에서 다양한 유형의 사람과 만날 수 있다는 것 또한 정치적 상호 작용의 특성 가운데 하나이다. 따라서 사람들은 대인 관계에서 정치적인 문제에 대한 불일치를 경험하기도 한다(Huckfeldt & Sprague, 1995). 여기서 동질적 공동체를 향한 경향 때문에, 매스 미디어는 사람들에게 자신과 다른 사람들에 대한 정보를 제공할 수 있는 중요한 정보원이 된다(Calhoun, 1988). 비록 제한된 범위의 정치적 견해만이 매스 미디어에서 보도된다는 점에 대한 비판도 있지만, 매스 미디어에 보도되는 제한된 견해도 대부분의 사람들이 대인 간의 접촉을 통해 알 수 있는 견해보다 오히려 덜 편협한 것이다(Mutz & Martin, 1997). 미디어가 타인들의 견해를 묘사함으로써 결과적으로 사람들은 더 광범위한 정치적 아이디어에 노출된다. 사람들은 대안적 견해가 존재하고 그것이 정당한 것이라는 점을 알 수도 있고, 그들 자신의 견해가 옳은지 재평가할 수도 있다. 이렇게 자신의 입장에 의문을 제기하고, 재평가하는 기회는 해로운 것이 아니다. 사실, 이런 기회를 갖는 것은 친구와 지인의 견해가 자신의 견해와 차이가 나는 것을 알게 됨으로써 나타나는 과정과 유사하다(Huckfeldt & Sprague, 1995).

모든 중요한 면에서 대인 간의 상호 작용이 매스 미디어를 통해 타인들의 견해에 노출되는 것과 동일하다는 이야기는 아니다. 분명히 면 대 면 상황에서 상호 작용과 토론이 더 잘 발생할 수 있다. 그러나 대인 간의 토론의 상대가 비슷한 마음을 가지고 있는 사람이어서, 이들과의 토론은 자신의 입장을 강화하게 할 가능성도 높다. 세넷은 이런 가능성을 다음과 같이 지적한 바 있다. "대중적 형태의 공허한 비개인성이 사회를 지배한다고 더 많이 믿을수록, 더 많은 서민들이 도시성을 파괴하는 것 사람들이 동일해져야 한다는 압력 없이 함께 살아가는 것이 도덕적으로 정당하다고 느끼게 된다"(Sennett, 1976: 255). 즉, 현대 정치적 토론에서 더 많은 공동체와 더 높은 친밀성을 추구해야함을 강조하는 것 역시 서로 차이가 없는 사람들과 정치적 상호 작용을 하게 만든다.

한편, 다른 견해에 노출되는 것의 중요성이 과소 평가 되어서는 안 된다. 애쉬가 묘사한 것처럼(Asch, 1952: 131~2),

> 타인은 나에게, 타인을 접하지 않았으면 일어나지 않았을, 의심을 일으키게 할 수 있다. 견해의 충돌은 매우 중요한 결과를 낳는다. 나는 특정한 견해를 갖게 유도될 수 있고, 내 자신의 행동을 다른 사람의 견해나 행동에 비추어 보고, 또한 다른 사람의 행동을 내 자신의 견해나 행동으로 보도록 유도될 수 있다. 이제 나는 내 안에 두 가지 시각을 가지고 있다. 내 자신의 견해와 다른 사람의 견해이다. 양자는 이제 내 사고 방식의 한 부분이다. 이런 방식으로 타인의 생

각을 포함시킴으로 인해 내 개인적 생각의 한계를 초월할 수 있다. 나는 이제 내 자신이 독립적으로 이해한 것보다 더 많은 대안에 개방되게 되었다.

비록 애쉬가 대인 간의 관계에 대해 말한 것이기는 하지만, 그의 설명은 그보다 앞서 조지 허버트 미드가 사람들이 "일반화된 타인 *generalized other*"과 내면적 대화를 한다고 지적한 것과 부합한다(Mead, 1934: 156).

대화가 더 추상적일수록 더 추상적인 생각을 하게 하고 일반화된 타인을 특정한 개인과 덜 연결시키도록 한다. 즉, 어느 특정한 개인보다는 일반화된 타인과 대화를 하게 하는 것은 특히 추상적인 생각을 할 때이다. 추상적인 개념은 전체 사회 집단이나 공동체의 태도라는 용어로 말해지는 개념이다. 추상적인 개념은 일반화된 타인이 개인 자신에게 갖는 태도라는 개인의 의식에 기초한다. 이는 일반화된 타인의 태도를 받아들이고 이러한 태도에 반응한 결과라고 할 수 있다.

강제력이 행사될 잠재력이 있음에도 불구하고, 우리는 타인의 견해에 대해 비개인적으로 얻어진 정보의 가치에 거의 의문을 제기하지 않는다. 사람들은 정치적 문제에 대한 논의 과정에서 의견 충돌을 피하려는 경향이 있기 때문에, 매개된 정보의 비개인성에 대해서는 상대적으로 관대하고 이를 받아들인다. 면 대 면 상황의 분쟁에 관여되지 않고서도 사람들은 적어도 차이가 나는 입장 사이의 내면화된 대화를 할 수 있는 것이다.

민주주의를 재활성화 시키려고 고안된 한 프로그램은 대인 커뮤니케이션의 장점과 대표성을 보장하는 전국 표본을 결합하여 비개인적 커뮤니케이션의 한계를 극복하려 했다. 피쉬킨은 "대표성 있는 사람들이 한 자리에 모여 협의를 거쳐 여론 조사에 응하는 프로그램"(*deliberative opinion poll*)을 제안하며 이질적인 사람들 간의 면 대 면 상호 작용과 여론 조사를 연결시키는 흥미로운 방식을 제시했다(Fishkin, 1991). 하지만 불행히도, 이러한 프로그램은 대규모의 사회에서 정치적인 것과 개인적인 것을 연결하려는 문제에 대한 영구적인 해법이 될 만큼 실용적이지 않다.

이 책에서 내리고 있는 결론은 아마 많은 사람들에게 쉽게 받아들여지지 않을 수도 있다. 우리는 면 대 면 상호 작용이 미디어가 제공해 온 것보다 더 선호할 만하다고 생각하는 데 익숙해져 있다. 그럼에도, 추상적인 타인의 견해의 표현은 미드와 애쉬가 설명한 것처럼 더 많은 생각과 숙고를 자극할 수 있는 것처럼 보인다. 타인의 견해의 표현이 항상 다중의 집합적 의견이어야 할 필요는 없다. 그러나 많은 수의 사람들이 특정한 견해를 지지할 때, 이는 숙고를 증가시키면서 개인의 견해에 반영될 수 있고, 추가적인 고려를 요구하지 않는 한 특유의 개인적 특성이 반영될 가능성을 낮출 수 있다.

이성적·비판적 담론과 공공 숙고 deliberation 의 모범적 사례는 모두 면대 면 상황에서 구성된 소집단에서 발생한다는 가정 아래 이야기되고 있는 것이다. 그러나 대인 커뮤니케이션이 항상 정치 커뮤니케이션의 이상적인 채널로 간주된 것은 아니었다. 과거와 현재의 대중 사회 이론가들과는 대조적으로, 미국을 건국한 사람들은 대인 커뮤니케이션의 영향과 규범적인 사회적 압력의 힘을 매우 염려했다. 이들은 대인 간의 결속에서 오는 영향을 제한시키기 위해 국가의 크기에 의존했다. "확장된 영역 extended sphere"의 원칙이 대인 커뮤니케이션과 규범적 압력에 대한 방위 수단으로 의도적으로 채택되었고 다음과 같은 사항이 가정되었다. "만일 선거가 광범위한 영역에 걸쳐 치러진다면 후보들은 많은 수의 유권자들과 대인적으로 커뮤니케이션하는 것이 어려울 것이다. 작은 선거구에서 후보는 선거 기간 동안에 직접 접촉을 통해 유권자들과 친숙해질 수 있을 것이다. [……] 작은 선거구에서는 직접적인 대인적 면식面識으로 아는 사람의 숫자조차도 중요한 요인이 될 수 있다. 그러나 선거구가 커질 때, '비개인적' 파워는 더 큰 역할을 할 수 있다"(Ceaser, 1979: 66~7).

미국을 건국한 이들은 비개인적인 힘을 대인적인 힘보다 더 선호할 만한 것으로 보았다. 이들은 비개인적 영향을 사람들이 갖는 평판의 힘으로 보았으며 이러한 생각은 점차로 사회에 자리를 잡았다. 사람들이 지역적 공통점을 공유하기 어려운 대규모 사회 상황에 대한 정치적 판단을 하도록 해야 한다는 것은 의도된 것이었고, 대인적으로 투표자들을 접촉하고 그들과 면 대 면 상황에서 상호 작용(현재 많은 사람들이 동경하는 마음으로 숭배하는 바로 그 커뮤니케이션 형태)하는 후보자의 능력을 제한하는 시스템을 실현시켰다. 이러한 선택을 건국 초기에 함으로써 우리는 대규모 사회가 초래하는 필연적인 결과를 현재 맞부딪칠 수밖에 없는 것이다. 멀리 떨어져 있는 국가 정부와 매스 미디어에 강하게 의존할 수밖에 없는 정치적 책임성의 시스템이 바로 그 결과이다.

370

국가 근대화를 주창한 사람들은 친족 관계, 신분, 종교적 믿음, 소규모 단일 공동체의 속박을 넘어서 지속적으로 결속하고 공통된 영토 안에서 삶을 공유하는 단일한 집합체로 국가를 만드는 것을 추진했다. [……] 이 과정에서 이들은 고의는 아니지만 대중 사회로의 전이를 추진하게 된 것이다(Shils, 1962: 51).

타인들의 동의를 얻겠다는 생각으로 자기 판단의 독립성을 완전히 포기한, 싱클레어 루이스 Sinclair Lewis 의 소설 ≪회색 플란넬 옷을 입은 사람≫에 나오는 조지 배빗과 같은 동조주의자에 20세기 사회는 큰 관심을 보였다. 그러나 이제 일반 시민들의 정치적 결정을 위협하는 사회적 영향의 유형은 결코 규범적인 동조가 아니다. 사실 예전에는 규범적 동조가 문제였을지도 모른다. 대중 사회 이론이 대면적 사회에서 존재하는 사회적 규범에 대한 동조성을 강조한다면, 비개인적 영향은 국가적 미디어 시스템과 대규모의 국가 기관이 잘 발달된 사회에서의 정보적 동조성을 강조한다. 비개인적 영향은 대인적 네트워크에서와는 달리 큰 사회적 환경에서 개인 판단의 독립성이 제한된다는 것을 인정하고 있으며 이를 고려한다. 새로운 위험은 개인의 성격상의 문제나 인성의 단점에서 비롯되는 것이 아니라 현실에서 요구하는 과도한 정보를 따라잡지 못하는 것에서 비롯된다. 적어도 전적으로 대인 커뮤니케이션을 강조하는 관점에서 볼 때, 공동 사회의 삶과 전체 사회의 크기 사이에는 이상적인 공론장을 촉진시키는 데 엄청난 괴리가 있기는 하다.

비개인적 영향력과 관련한 연구를 진행해 온 대부분의 학자들과 마찬가지로 원래 나는 이런 상황이 가져올 수 있는 잠재적인 부정적 결과에 관심을 가졌다. 만일 여론 조사 결과 때문에 단순히 여론이 변화하거나, 혹은 만일 미디어가 경제적 조건을 부정확하게 보도한다면 민주주의의 목표는 실현되지 않을 것으로 보았다. 또한 경마식 보도와 사전 예비 선거 결과 보도가 후보자들에 대한 사람들의 태도를 변화시킨다면, 확실히 이런 시스템은 비개인적 영향의 잠재력을 없애기 위해 개혁되어야 한다고 보았다.

연구 초기 이런 관심사를 가졌지만 연구를 계속 진행하면서 나는 결국 매우 다른 결론을 내리게 되었다. 비개인적 영향은 단순히 자유롭고 때로는 무책임한 언론이 야기한 불행한 결과가 아니다. 이는 또한 민주적 체제에 긍정적인 기여를 하는데 필요하고 중요한 것이기도 하다. 비개인적 영향은 민주적인 결정 과정에 두 가지 중요한 방식을 통해 기여한다. 즉, 사람들이 대인 간의 접촉을 통해 마주칠 수 있는 견해보다 더 광범위한 견해에 노출시키는 것, 그리고 사람들을 개인적인 삶과 대인 간의 접촉을 통해 가능한 것 이상의 다양한 경험에 노출시키는 것을 통해 기여한다.

비개인적 영향을 평가하는 데 있어 주로 단순히 미디어를 죄인처럼 비추어, 우리는 비개인적 영향의 핵심을 놓치게 된다. 우리가 단순히 지역 공동체의 붕괴 이전의, 텔레비전과 잘 발달된 국가적 미디어의 등장 이전의 좋은 옛날로 돌아갈 수 있다면 모든 것이 나아질 것으로 생각한다. 타인들의 견해에 노출되는 것을 제한하거나, 옛날로 돌아가서 더 많은 면 대 면 정치를 촉진시켜서 잘못된 것을 고칠 수 있다는 생각이 일반적이지만 이는 우리를 잘못된 방향으로 이끌고 있다. 또한 여러 가지 단점이 있기는 하지만 언론은 대규모의 사회에서 필요악 그 이상이다. 대인 커뮤니케이션을 늘려한 한다는 것만으로는 현재 사회에서 제기된 문제들을 극복할 수 없다. 동조성의 잠재적 위험을 피하기 위해 노력하느라고 우리는 비개인적 영향 과정이 대규모 사회에서 민주주의가 기능하는 데 얼마나 필수적인 것인가를 보지 못했다. 특히 사람들이 동질적인 타인들과 살고 일하는 곳에서는 더욱 그러했다. 따라서 이런 미시적 차원의 과정을 통해 나타나는 거시적 차원의 결과는 시스템에서 회피하거나, 막으려 하거나, 교묘하게 처리해야 하는 문제가 아니다.

대중 사회 전통 안에서 많이 염려되고 있는 부분은 지역적 차원에서 규범적인 사회적 영향을 만들어 내는 데 필요했던 합의와 관련한 정보가 미디어에서 보도되는 사회적 환경에 의해 단순히 대체되었다는 것이다. 비개인적 영향력을 검토한 결과 이제 현재의 미국 정치에서 사회적 영향을 다루는 기본적인 심리적 과정들을 재고할 필요가 있다고 본다. 다른 견해나 경험을 가진 타인들에 대한 정보는 시민들에게 그들의 입장을 다시 평가하게 만든다. 이렇게 하는 동안, 사람들은 그들의 입장을 재고하지 않았으면 거치지 않았을 인지적 경로를 경험하게 된다.

비개인적 타인들에 대한 지각이 개인의 태도에 미치는 영향의 과정은 전략적 기제 연구가 제시하는 것처럼 이성적이지도 않고, 승자 편승 연구가 단언하는 것처럼 완전히 비이성적인 것도 아니다. 대중 사회 이론이 확립되기 오래 전에, 토크빌은 다수의 전제專制를 미국 정치 문화의 중요 관심사가 되게 하는 데 도움을 주었다(Tocquevile, 1835).

사람들이 공유하는 획일성의 정도가 높아질수록, 어떤 사람이나 어떤 계층을 맹목적으로 믿는 경향이 줄어들게 된다. 그러나 그들이 대중을 믿을수록, 여론은 점점 더 세상의 연인이 되어 간다. [……] 그래서 민주주의에서 여론은 이상한 힘을 가지고 있다. [……] 여론은 자신을 믿으라고 설득하지 않는다. 그러나 모든 사람들의 마음이라는, 그리고 지성적인 것이라는 강력한 힘을 발휘해 사람들의 마음을 사로잡는다. 미국 사회에서 존재하는 다수는 개인들에게 이미 만들어진 의견을 제공하고 각 개인이 특별히 자신의 의견을 형성할 필요를 느끼지 않게 만드는 일을 떠맡았다. 따라서 모든 사람들이 채택하고 있는 철학, 도덕, 정치와 관련한 많은 이론들이 아직까지 여론에 대한 믿음을 제대로 살펴보지 않은 체 존재해 있다.

좋은 소식은 토크빌이 설명한 전제의 증거가 없다는 것이다. 사람들에게 어떤 입장을 다시 생각하게 하는 것은 결코 사람들에게 그 입장을 바꾸라고 강요하는 것이 아니다. 따라서 타인들의 견해에 대한 노출의 결과는 많은 사람들이 쉽게 이야기하는 것과는 매우 다른 것이다. 또한 그 과정은 일반적으로 이런 유형의 영향과 관련해서 설명되는 생각 없고 무분별한 것이 아니다. 면 대 면 상황에서 발생하는 사회적 영향과 마찬가지로 비개인적 영향력은 "영향의 단위를 전이시키지도 않고, 새로운 정보의 수용자가 개인의 의견을 꼭 바꾸어야만 하도록 강제하지도 않으며, 미스테리한 사회적 텔레파시의 형태로 나타나지도 않는다"(Huckfeldt & Sprague, 1995: 49). 또한 비개인적 영향력은 어느 특정한 사회 심리학적 기제에 의해 결정되어 발생하는 것도 아니다. 여기서 더 중요한 것은, 다른 견해를 가진 사람들과의 면 대 면 만남에서 일어났던 많은 숙고가 이제는 사람들이 일반화된 타인들과의 내면적 대화를 함으로써 일어날 수 있다는 점이다. 이런 상황은 가장 이상적인 것은 아닐 수도 있지만 사람들이 그들의 견해를 전혀 다시 검토하지 않는 상황과 비교해 볼 때는 더 낳은 바람직한 대안일 수 있다.

부록

방법론

이 책에서 소개된 실험에서 인지 반응은 대중 의견에 대한 단서의 영향을 이해하는 데 중요한 역할을 한다. 따라서 인지 반응에 대한 측정에 대한 신뢰도를 따져 보는 것은 중요하다. 실험실 연구의 생각 목록 만들기 *thought-listing* 질문은 전화 서베이에도 매우 쉽게 전환될 수 있었다. 그러나 생각 목록 만들기 측정이 진짜로 응답자들이 후보자 선택을 표현하기 전에 일어나는 내면적 대화에 대한 정보를 이끌어 낸다는 것을 얼마나 신뢰할 수 있는가? 생각 목록 만들기 질문을 사용한 선행 연구는 이런 유형의 측정이 가질 수 있는 잠재적 문제점으로 반응성 *reactivity* 과 합리화 *rationalization* 를 지적하고 있어 이를 검토해 보았다. 이 연구에서는 반응성을 방지하기 위해서 일부로 응답자의 선호를 인지 반응이 일어나기 '전에' 측정했다(Cacioppo & Petty, 1981). 그러나 여전히 인지 반응은 후보자 선호에 대한 사후 합리화에 지나지 않을 수 있다. 예를 들어, 후보자 지지의 단서는 후보자에 대한 감정에 영향을 미칠 수 있다(인지 반응과 관련이 없는 이유로). 또한 이런 새로운 태도가 응답자들이 그 사실을 접하고 난 후의 일련의 추론을 하게 함으로서 인지 반응에 영향을 미친다.

인지 반응 측정을 경로 분석 *path analysis* 한 연구들은 일반적으로 감정적 반응이 인지 반응을 매개한다기 보다는 인지 반응이 감정적 반응을 매개한다고 결론 내려왔다(Cacioppo & Petty, 1981). 이런 연구들의 결과는 또한 태도에 영향을 미치는 데 있어 인지 반응이 매개 역할을 한다는 것을 보여 준다. 이런 모든 연구에서, 인지적 정교화와 실험에서 제공되는 단서의 방향 사이의 상호 작용은 생각 떠올리기를 수반할 때만 이런 단서가 효과적으로 영향을 미칠 수 있다는 것을 지적한다. 만일 합리화 하나만 작동한다면, 합리화는 모든 실험 조건을 통틀어 똑같이 나타나야 하고, 따라서 합의와 관련한 단서의 주 효과만이 단지 나타나야 한다.

　　한편 인지 반응의 측정이 방향성을 나타내는 분석에서(즉, 긍정적 생각과 부정적 생각의 균형을 보여 주는 것), 합리화의 가능성을 제안하는 연구자들의 지적처럼 인지 반응은 이슈 선호와 강한 관계를 가진다는 것을 주목하는 것은 중요하다. 그러나 인지적 정교화와 합의와 관련한 단서 간의 상호 작용은 인지적 정교화의 주 효과를 통제한 이후에 평가된다. 즉, 사람들이 합리화하려는 경향은 주 효과로 포착된다. 합의와 관련한 단서와의 유의미한 상호 작용은 인지적 정교화가 합리화의 가능성을 고려하더라도 인지적 과정에서 중요한 역할을 하고 있음을 보여 준다.

　　대중 지지의 단서가 더 높은 수준의 인지적 정교화를 발생시키는 것은, 사람들이 타인의 견해에 대한 이유를 알려고 하기 때문이 아니라, 단서가 서베이 인터뷰 동안 응답자들에게 생각할 시간을 더 주기 때문이라는 것도 가능성이 있는 주장이다. 다행스럽게, 몇몇 요인이 이런 주장을 신빙성이 없는 것으로 만들어 준다. 먼저, 단서는 후보자나 이슈 선호 질문 이전에 제시되었다. 그리고 응답자들은 단서에 이어 어떤 질문이 계속될 지를 충분히 깊게 생각할 시간적 여유를 갖지 못했다. 게다가, 선호를 밝히기 바로 직전에 후보자의 이름이나 논란이 되는 이슈를 언급했다. 따라서 이런 단서가 제공된 조건에 포함된 응답자들이 후보자나 이슈에 대해 더 생각할 수 있는 시간을 갖지는 않았다. 또한 후보자나 이슈에 대한 입장 선택에 관련된 생각만이 코딩되었기 때문에, 실험 집단에서 나타난 인지적 정교화는 여론 조사에 대한 일반적인 생각 같은 것과 관련된 인지 반응에 의해 인위적으로 부풀려 진 것이 아니다. 마지막으로, 지지의 단서 바로 직후에 후보자와 이슈 선호 질문이 이어지기 때문에, 단서를 받은 사람들이 생각 떠올리기를 위한 추가적인 시간이 더 있었다기보다는 오히려 생각할 '정신이 없었을' 것으로 보인다. 다시 말해서, 인터뷰어의 말을 들으면서 다른 질문에 대해 동시에 생각하는 것은 매우 어렵다.

　　마지막으로 방법론과 관련해서 고려해 볼 사항은 이런 연구 결과의 일반화 가능성 *generalizability* 이다. 전국 서베이에 실험 방식을 결합한 디자인을 이용했기 때문에 대부분의 실험 연구 결과보다 일반화의 가능성이 높다고 할 수 있다. 이 연구에서 실험 자극은 의견 측정 바로 직전에 주어졌다. 이와 같은 단서의 즉시성은 곧 사라져 버릴 수 있는 유의미한 단기 변화를 만들 수 있다. 한편, 응답자들이 자신의 견해에 대해 생각하고 재평가하는 데 상대적으로 짧은 시간이 걸렸기 때문에, 이런 생각과 재평가 결과의 유효성에 문제가 있을 수 있다. 실제 현실 상황에서는 사람들이 실험 상황처럼 마음 속에 즉시 떠올려지는 생각보다 더 깊은 생각을 할 수 있다. 또한 사람들은 자신의 정보 환경에서 특정 정보를 고를 수도 있고 대중 의견의 경향에 대한 새로운 설명들을 추구할 수도 있다(McPhee, 1963; Huckfeldt & Sprague, 1995).

이런 즉각적이고 일회적인 단서는 후보자와 이슈에 대한 지속적인 정보의 흐름과 경쟁할 수밖에 없다. 그럼에도, 후보자 지지와 관련한 정보는 후보자와 이슈에 대한 의견에 유의미한 영향을 미쳤다. 게다가 이런 과정은 부분적으로 유권자 자신의 마음 속에서 떠올려진 인지 반응에 의해 매개되었다.

참고 문헌

Abramowitz, A. I. 1987. Candidate Choice Before the Convention. *Political Behavior* 9: 49–61.

———. 1989. Viability, Electability, and Candidate Choice in a Presidential Primary Election: A Test of Competing Models. *Journal of Politics* 51: 977–992.

Abramowitz, A. I., and W. J. Stone. 1984. *Nomination Politics: Party Activists and Presidential Choice*. New York: Praeger.

Abramson, J. B., F. C. Arterton, and G. R Orren. 1988. *The Electronic Commonwealth*. New York: Basic Books.

Abramson, P. R., J. H. Aldrich, P. Paolino, and D. W. Rohde. 1992. "Sophisticated" Voting in the 1988 Presidential Primaries. *American Political Science Review* 86:55–69.

———. 1995. Third-Party and Independent Candidates in American Politics: Wallace, Anderson, and Perot. *Political Science Quarterly* 110: 349–67.

Achen, C. H. 1989. Democracy, Media, and Presidential Primaries. In P. Squire (ed.), *The Iowa Caucuses and the Presidential Nominating Process*. Boulder, CO: Westview Press.

Adams, W. C. (ed.) 1983. *Television Coverage of the 1980 Presidential Campaign*. Norwood, NJ: Ablex.

Adoni, H., and A. A. Cohen. 1978. Television Economic News and the Social Construction of Economic Reality. *Journal of Communication*. 28:61–70.

Adoni, H., A. A. Cohen, and S. Mane. 1983. Social Reality and Television News: Perceptual Dimensions of Social Conflicts in Selected Life Areas. *Journal of Broadcasting*.

Adoni, H., and S. Mane. 1984. Media and the Social Construction of Reality: Toward an Integration of Theory and Research. *Communication Research* 11: 323–40.

Allard, W. 1941. A Test of Propaganda Values in Public Opinion Surveys. *Social Forces* 20: 206–213.

Alloy, L. B., and L. Y. Abramson. 1980. The Cognitive Component of Human Helplessness and Depression: A Critical Analysis. In J. Garber and M. E. P. Seligman (eds.), *Human Helplessness: Theory and Applications*. New York: Academic.

Almond, G. A., and S. Verba. 1963. *The Civic Culture*. Boston: Little, Brown.

Alonso, W., and P. Starr. 1987. *The Politics of Numbers*. New York: Russell Sage Foundation.

American Civic Forum. 1994. News release, November 30.

Anderson, B. 1983. *Imagined Communities: Reflections of the Origin and Spread of Nationalism*. London: New Left Books.

Andreassen, P. B. 1987. On the Social Psychology of the Stock Market: Aggregate Attributional Effects and the Regressiveness of Prediction. *Journal of Personality and Social Psychology* 53:490–6.

Ansolabehere, S., and S. Iyengar 1995. *Going Negative*. New York: The Free Press.

Antonovsky, A., and O. Anson. 1976. Factors Related to Preventative Health Behaviors. In J. W. Cullen et al. (eds.), *Cancer: The Behavioral Dimensions*. Washington, DC: National Cancer Institute.

Antunes, G. E., and P. A. Hurley. 1977. The Representation of Criminal Events in Houston's Two Daily Newspapers. *Journalism Quarterly* 54:756–60.

Arena, J. 1995. The Information Society Under Construction: Retail Credit and the Discourse of Technology. Paper Presented to the American Association for Public Opinion Research, May.

Arterton, F. C. 1984. *Media Politics*. Lexington, MA: D. C. Heath.

Asch, S. E. 1951. Effects of Group Pressure upon the Modification and Distortion of Judgments. In H. Guetzkow (ed.), *Groups, Leadership and Men*. Pittsburgh, PA: Carnegie Press.

1952. *Social Psychology*. New Jersey: Prentice-Hall.

1989. Personal communication to R. Friend, Y. Rafferty, and D. Bramel. Reported in R. Friend, Y. Rafferty, and D. Bramel. 1990. A Puzzling Misinterpretation of the Asch "Conformity" Study. *European Journal of Social Psychology* 20:29–44.

Asher, H., and M. Barr. 1994. Public Support for Congress and Its Members. In T. E. Mann and N. Ornstein (eds.), *Congress, the Press, and the Public*. Washington, DC: American Enterprise Institute and Brookings.

Atkin, C. K. 1969. The Impact of Political Poll Reports on Candidate and Issue Preferences. *Journalism Quarterly* 46: 515–21.

Attfield, C. L. F., D. Demery, and N. W. Duck. 1991. *Rational Expectations in Macroeconomics: An Introduction to Theory and Evidence*, 2d ed. Oxford: Blackwell Publisher.

Axsom, D., S. M. Yates, and S. Chaiken. 1987. Audience Response as a Heuristic Cue in Persuasion. *Journal of Personality and Social Psychology* 53: 30–40.

Bagdikian, B. H. 1987. *The Media Monopoly*, 2d ed. Boston: Beacon Press.

Ball-Rokeach, S. and M. L. DeFleur. 1976. A Dependency Model of Mass Media Effects. *Communication Research* 3:3–21.

Bandura, A., and F. L. Menlove. 1968. Factors Determining Vicarious Extinction of Avoidance Behavior Through Symbolic Modeling. *Journal of Personality and Social Psychology* 8:99–108.

Barber, B. 1984. *Strong Democracy: Participatory Politics for a New Age*. Berkeley and Los Angeles: University of California Press.

Barnhurst, K. G. 1991. The Great American Newspaper. *The American Scholar* 60: 106–12.

1994. *Seeing the Newspaper*. New York: St. Martin's.

Barnhurst, K., and D. C. Mutz. 1997. American Journalism and the Decline in Event-Centered Reporting. *Journal of Communication*, 47: 27–53.

Barnhurst, K. G., and J. C. Nerone. 1991. Design Trends in U. S. Front Pages, 1885–1985. *Journalism Quarterly* 68:796–804.

Bartels, L. M. 1987. Candidate Choice and the Dynamics of the Presidential Nominating Process. *American Journal of Political Science* 31:1–30

   1988. *Presidential Primaries and the Dynamics of Public Choice*. Princeton, NJ: Princeton University Press.

Bauer, R. A., ed. 1966. *Social Indicators*. Cambridge: MIT Press.

Baughman, J. L. 1987. *Henry Luce and the Rise of the American News Media*. Boston: Twayne Publishers.

   1992. *The Republic of Mass Culture*. Baltimore: Johns Hopkins University Press.

Becker, L. B., M. E. McCombs, and J. M. McLeod. 1975. The Development of Political Cognitions. In S. H Chaffee (ed.), *Political Communication: Issues and Strategies for Research*. Beverly Hills: Sage.

Behr, R. L., and S. Iyengar. 1985. Television News, Real World Cues, and Changes in the Public Agenda. *Public Opinion Quarterly* 49:38–57.

Bell, D. 1960. *The End of Ideology: On the Exhaustion of Political Ideas in the Fifties*. New York: Free Press.

Bellah, R. N., R. Masden, W. M. Sullivan, A. Swidler, and S. M. Tipton. 1985. *Habits of the Heart: Individualism and Commitment in American Life*. Berkeley and Los Angeles: University of California Press.

Bender, T. 1978. *Community and Social Change in America*. New Brunswick, NJ: Rutgers University Press.

Beniger, J. R. 1976. Winning the Presidential Nomination: National Polls and State Primary Elections, 1936–1972. *Public Opinion Quarterly* 40:22–38.

   1987. Personalization of Mass Media and Growth of the Pseudo-Community. *Communication Research* 14: 352–71.

Berelson, B. R., P. F. Lazarsfeld, and W. N. McPhee. 1954. *Voting: A Study of Opinion Formation in a Presidential Campaign*. Chicago, IL: The University of Chicago Press.

Berger, C. R. 1996. Hyperbole, Deceit, and Just Causes. *International Communication Association Newsletter* 24:2–3.

Biderman, A. D., L. A. Johnson, J. McIntyre, and A. W. Weir. 1967. Report on a Pilot Study in the District of Columbia on Victimization and Attitudes Toward Law Enforcement. Washington, DC: U. S. Government Printing Office.

Blau, P. M. 1974. Parameters of Social Structure. *American Sociological Review* 39:615–35.

Blood, D. J., and P. C. B. Phillips. 1995. Recession Headline News, Consumer Sentiment, the State of the Economy and Presidential Popularity: A Time Series Analysis 1989–1993. *International Journal of Public Opinion Research* 7:2–22.

Bloom, A. D. 1987. *The Closing of the American Mind*. New York: Simon & Schuster.

de Bock, H. 1976. Influence of In-State Election Poll Results on Candidate Preference in 1972. *Journalism Quarterly* 53:457–62.

Boorstin, D. J. 1974. *The Americans: The Democratic Experience*. New York: Vintage.

Borgida, E., and N. Brekke. 1981. The Base-Rate Fallacy in Attribution and Prediction. In J. H. Harvey, W. J. Ickes, and R. F. Kidd (eds.), *New Directions in Attribution Research*. Vol. 3. Hillsdale, NJ: Lawrence Erlbaum.

Brady, H. E., and R. Johnston. 1987. What's the Primary Message? Horse Race or Issue Journalism? In G. R. Orren and N. W. Polsby (eds.), *Media and Momentum*. Chatham, NJ: Chatham House.

Brams, S., and W. H. Riker. 1972. Models of Coalition Formation in Voting Bodies. In J. L. Bernd (ed.), *Mathematical Applications in Political Science VI*. Charlottesville: University of Virginia Press.

Brock, T. C. 1967. Communication Discrepancy and Intent to Persuade as Determinants of Counterargument Production. *Journal of Experimental Social Psychology* 3:269–309.

Brody, R. A. 1991. *Assessing the President: The Media, Elite Opinion, and Public Support*. Stanford: Stanford University Press.

Brody, R. A., and B. I. Page. 1975. The Impact of Events on Presidential Popularity: The Johnson and Nixon Administrations. In A. Wildavsky (ed.), *Perspectives on the Presidency*. Boston: Little, Brown.

Broh, C. A. 1983. Presidential Preference Polls and Network News. In W. C. Adams (ed)., *Television Coverage of the 1980 Presidential Election*. Norwood, NJ: Ablex.

1987. *A Horse of a Different Color: Television's Treatment of Jesse Jackson's 1984 Presidential Campaign*. Washington, DC: Joint Center for Political Studies.

Brosius, H., and A. Bathelt. 1994. The Utility of Exemplars in Persuasive Communication. *Communication Research* 21:48–78.

Brown, C. E. 1982. A False Consensus Bias in 1980 Presidential Preferences. *Journal of Social Psychology* 118:137–8.

Brown, C. W., R. B. Hedges, L. W. Powell. 1980. Modes of Elite Political Participation: Contributors to the 1972 Presidential Candidates. *American Journal of Political Science* 24:259–90.

Brown, R. D. 1989. *Knowledge Is Power: The Diffusion of Information in Early America, 1700–1865*. New York: Oxford University Press.

Burnstein, E., A. Vinokur, and Y. Trope. 1973. Interpersonal Comparison Versus Persuasive Argumentation: A More Direct Test of Alternative Explanations for Group-Induced Shifts in Individual Choice. *Journal of Experimental Social Psychology* 9:236–45.

Burnstein, E., and K. Sentis. 1981. Attitude Polarization in Groups. In R. E. Petty, T. M. Ostrom, and T. C. Brock (eds.), *Cognitive Responses in Persuasion*. Hillsdale, NJ: Lawrence Erlbaum.

Cacioppo, J. T., and R. E. Petty. 1981. Social Psychological Procedures for Cognitive Response Assessment: The Thought-Listing Technique. In T. V. Merluzzi, C. R. Glass, and M. Genest (eds.), *Cognitive Assessment*. New York: Guilford.

1982. The Need for Cognition. *Journal of Personality and Social Psychology* 42: 116–131.

Cacioppo, J. T., R. E. Petty, and C. F. Kao. 1984. The Efficient Assessment of Need for Cognition. *Journal of Personality Assessment* 48: 306–7.

Cain, B. E. 1978. Strategic Voting in Britain. *American Journal of Political Science* 22: 639–55.

Calhoun, C. 1988. Populist Politics, Communications Media and Large Scale Societal Integration. *Sociological Theory* 6:219–41.

1991. Indirect Relationships and Imagined Communities: Large-Scale Social Integration and the Transformation of Everyday Life. In P. Bourdieu and J. S. Coleman (eds.), *Social Theory for A Changing Society*. Boulder, CO: Westview.

381

Campbell, A., P. E. Converse, W. E. Miller, and D. E. Stokes. 1960. *The American Voter*. New York: Wiley.

——. 1966. *Elections and the Political Order*. New York: Wiley.

Campbell, D. T. 1951. On the Possibility of Experimenting with the Bandwagon Effect. *International Journal of Opinion and Attitude Research* 5: 251–60.

Cantril, A. H. 1980. *Polling on the Issues*. Cabin John, MD: Seven Locks Press.

Cappella, J. N., and K. H. Jamieson. 1994. Broadcast Adwatch Effects: A Field Experiment. *Communication Research* 21:342–65.

Castells, M. 1983. *The City and the Grassroots*. Berkeley and Los Angeles: University of California Press.

Ceaser, J. W. 1979. *Presidential Selection: Theory and Development*. Princeton, NJ: Princeton University Press.

Ceci, S. J., and E. L. Kain. 1982. Jumping on the Bandwagon with the Underdog: The Impact of Attitude Polls on Polling Behavior. *Public Opinion Quarterly* 46:228–42.

Chaffee, S. and Mutz, D. C. 1988. Comparing Mediated and Interpersonal Communication Data. In R. P. Hawkins, J. M. Wiemann and S. Pingree (eds) *Advancing Communication Science: Merging Mass and Interpersonal Processes*. Newbury Park, CA: Sage.

Chaiken, S. 1987. The Heuristic Model of Persuasion. In P. Zanna, J. M. Olson, C. P. Herman (eds.), *Social Influence: The Ontario Symposium*. Vol. 5. Hillsdale, NJ: Lawrence Erlbaum.

Chaiken, S., and D. Maheswaran. 1994. Heuristic Processing Can Bias Systematic Processing: Effects of Source Credibility, Argument Ambiguity, and Task Importance on Attitude Judgment. *Journal of Personality and Social Psychology* 66: 460–73.

Cialdini, R. B., R. J. Borden, A. Thorne, M. R. Walker, S. Freeman, and L. R. Sloan. 1976. Basking in Reflected Glory: Three Football Field Studies. *Journal of Personality and Social Psychology* 34:366–75.

Cialdini, R. B., and R. E. Petty. 1981. Anticipatory Opinion Effects. In R. E Petty, T. M. Ostrom, and T. C. Brock (eds.), *Cognitive Responses in Persuasion*. Hillsdale, NJ: Lawrence Erlbaum.

Citrin, J. 1974. Comment: The Political Relevance of Trust in Government. *American Political Science Review* 68:973–88.

Clarke, P., and F. G. Kline. 1974. Media Effects Reconsidered: Some New Strategies for Communication Research. *Communication Research* 1:224–40.

Clarke, H. D., and M. C. Stewart. 1994. Prospections, Retrospections and Rationality: The "Bankers" Model of Presidental Approval Reconsidered. *American Journal of Political Science* 38:1104–23.

Cloutier, E., R. Nadeau, and J. Guay. 1989. Bandwagoning and Underdoging on North-American Free Trade: A Quasi-Experimental Panel Study of Opinion Movement. *International Journal of Public Opinion Research* 1: 206–20.

Cohen, B. C. 1963. *The Press and Foreign Policy*. Princeton, NJ: Princeton University Press.

Cohen, J., D. C. Mutz, V. Price, and A. Gunther. 1988. Perceived Impact of Defamation: An Experiment on Third-Person Effects. *Public Opinion Quarterly* 52:161–73.

Cohen, L. R., and C. J. Uhlaner. 1991. Participation, Closeness and Economic

Voting in the 1960 Presidential Election. Paper Presented at the Annual Meetings of the American Political Science Association, Washington, DC, August.

Cohen, Y. 1986. *Media Diplomacy*. London: Frank Cass.

Coleman, J. S. 1980. The Nature of Society and the Nature of Social Research. In R. F. Rich (ed.), *Knowledge: Creation, Diffusion, Utilization* 1, no. 3: 333–50.

Collins, R. L., S. E. Taylor, J. V. Wood, and S. C. Thompson. 1988. The Vividness Effect: Elusive or Illusory? *Journal of Experimental Social Psychology* 24: 1–18. ·

Conlan, T. J. 1993. Federal, State, or Local? Trends in the Public's Judgment. *The Public Perspective* (January/February) 5, no 1:3–5.

Conover, P. J. 1985. The Impact of Group Economic Interests on Political Evaluations. *American Politics Quarterly* 13: 139–166.

Conover, P. J., S. Feldman, and K. Knight. 1986. Judging Inflation and Unemployment: The Origins of Retrospective Evaluations. *Journal of Politics* 48: 565–88.

   1987. The Personal and Political Underpinnings of Economic Forecasts. *American Journal of Political Science* 31:559–83.

Converse, J. 1987. *Survey Research in the United States: Roots and Emergence, 1890–1960*. Berkeley and Los Angeles: University of California Press.

Converse, P. E. 1962. Information Flow and the Stability of Partisan Attitudes. *Public Opinion Quarterly* 26:578–99.

Cook, F. L., T. Tyler, E. G. Goetz, M. T. Gordon, D. Protess, D. R. Leff, and H. L. Molotch. 1983. Media and Agenda-Setting: Effects on the Public, Interest Group Leaders, Policy Makers, and Policy. *Public Opinion Quarterly* 47:16–35.

Crespi, I. 1980. Polls as Journalism. *Public Opinion Quarterly* 44:462–76.

Crossen, C. 1994. *Tainted Truth: The Manipulation of Fact in America*. New York: Simon & Schuster.

Crutchfield, R. S. 1995. Conformity and Character. *American Psychologist* 10: 191–98.

Czitrom, D. J. 1982. *Media and the American Mind: From Morse to McLuhan*. Chapel Hill: University of North Carolina Press.

Dalton, R. J., P. A. Beck, and R. Huckfeldt. 1996. The Media and Voters: Information Flows in the 1992 Presidential Election. Paper presented at the annual meeting of the American Political Science Association, San Francisco.

Davis, F. J. 1952. Crime News in Colorado Newspapers. *American Journal of Sociology* 57:325–30.

Davison, W. P. 1983. The Third-Person Effect in Communication. *Public Opinion Quarterly* 47:1–15.

Dayan, D., and E. Katz. 1992. *Media Events: The Live Broadcasting of History*. Cambridge: Harvard University Press.

Delia, J. G. 1987. Communication Research: A History. In C. R. Berger and S. H. Chaffee (eds.), *Handbook of Communication Science*. Newbury Park, CA: Sage.

Delli Carpini, M. X. 1984. Scooping the Voters?: The Consequences of the Networks' Early Call of the 1980 Presidential Race. *Journal of Politics* 46:866–85.

Deutsch, M., and H. B. Gerard. 1955. A Study of Normative and Informational Social Influences Upon Individual Judgment. *Journal of Abnormal Social Psychology* 51:629–36.

Dewey, J. 1927. *The Public and Its Problems*. New York: Henry Holt & Company.

Doob, A., and G. MacDonald. 1979. Television Viewing and Fear of Victimization: Is the Relationship Causal? *Journal of Personality and Social Psychology* 37:170–9.

Dreze, J., and A. Sen. 1989. *Hunger and Public Action*. New York: Oxford University Press.

Dubow, F., E. McCabe, and G. Kaplan, 1978. Reactions to Crime: A Critical Review of the Literature. Unpublished manuscript, Center for Urban Affairs and Policy Research, Northwestern University.

DuBow, F., and A. Podoloefsky 1982. Citizen Participation in Community Crime Prevention. *Human Organization* 41:307–14.

Dunn, D. 1969. *Public Officials and the Press*. Reading, MA: Addison-Wesley.

Dunwoody, S., and K. Neuwirth. 1991. Coming to Terms with the Impact of Communication on Scientific and Technological Risk Judgments. In L. Wilkins and P. Patterson (eds.), *Science as Symbol*. Boulder, CO: Greenwood.

Durkheim, E. 1898. Representations individuelles et representations collectives. *Reveu de Metaphysique et de Morale*. Vol. 6.

　1893. *De la division du travail social: Etude sur l'organisation des societes superieures*. Paris: Alcan.

　1903. *L'Annee sociologique*. Vol. 6. Paris: Alcan.

Economist. 1994. Measuring Crime. October 15:21–3.

Economist. 1974. Do Polls Affect Voting? October 12.

Editor and Publisher. 1949a. Newspaper Reading Affected Least by TV, Survey Shows. March 5, 50.

　1949b. Effect of TV. May 21, 36.

Ellison v Brady. (54 FEP Cases 1347, 1991, USCA, 9th Circ.)

Elshtain, J. B. 1995. *Democracy on Trial*. New York: Basic.

Equal Employment Opportunity Commission. 1990. Policy on Current Issues of Sexual Harassment. Number N-915. 050. Washington, DC: U. S. Government Printing Office.

Erbring, L., E. N. Goldenberg, and A. H. Miller. 1980. Front Page News and Real World Cues: A New Look at Agenda Setting by the Media. *American Journal of Political Science* 24:16–47.

Eulau, H., and M. S. Lewis-Beck, eds. 1985. *Economic Conditions and Electoral Outcomes: The United States and Western Europe*. New York: Agathon Press.

Fabrigar, L. R., and J. A. Krosnick. 1995. Attitude Importance and the False Consensus Effect. *Personality and Social Psychology Bulletin* 21: 468–79.

Fan, D. P. 1988. *Predictions of Public Opinion from the Mass Media*. Westport, CT: Greenwood.

Feldman, S. 1982. Economic Self-Interest and Political Behavior. *American Journal of Political Science* 26: 446–466.

Feldman, S., and P. Conley. 1991. Explaining Explanations of Changing Economic Conditions. In H. Norpoth, M. S. Lewis-Beck, and J. Lafay (eds.), *Economics and Politics: The Calculus of Support*. Ann Arbor: University of Michigan Press.

Fenno, R. F., Jr. 1974. If, as Ralph Nader Says, Congress Is the Broken Branch, How Come We Love Our Congressmen So Much? In Norman Ornstein (ed.), *Congress in Change*. New York: Praeger.

Festinger, L. 1950. Informal Social Communication. *Psychological Review* 57: 271–82.

———. 1954. A Theory of Social Comparison Processes. *Human Relations* 7:117–40.

Fiedler, T. 1987. Dayton Hudson's Pyrrhic Victory. *Corporate Report Minnesota*. November 26, 59–64.

Fields, J. M., and H. Schuman. 1976. Public Beliefs About the Beliefs of the Public. *Public Opinion Quarterly* 40:427–48.

Fine, B. 1941. Propaganda Study Instills Skepticism in 1,000,000 Pupils. *New York Times*, February 21, p. A1.

Finn, S. 1987. Electoral Information Flow and Students' Information Processing: A Computerized Panel Study. In M. McLaughlin (ed.), *Communication Yearbook* 10. Newbury Park, CA: Sage.

Fiorina, M. P. 1981. *Retrospective Voting in American National Elections*. New Haven: Yale Univerity Press.

Fishkin, J. S. 1991. *Democracy and Deliberation: New Directions for Democratic Reform*. New Haven, CT: Yale University Press.

———. 1995. *The Voice of the People: Public Opinion and Democracy*. New Haven, CT: Yale University Press.

Fleitas, D. W. 1971. Bandwagon and Underdog Effects in Minimal Information Elections. *American Political Science Review* 65:434–38.

Freedman, J. L., and D. O. Sears. 1965. Selective Exposure. In L. Berkowitz (ed.), *Advances in Experimental Social Psychology*, Vol. 2. New York: Academic Press.

Frey, W. H. 1995. The New Geography of Population Shifts: Trends Toward Balkanization. In R. Farley (ed.), *State of the Union: America in the 1990s*. Vol. 2. New York: Russell Sage.

Friend, R., Y. Rafferty, and D. Bramel. 1990. A Puzzling Misinterpretation of the Asch Conformity Study. *European Journal of Social Psychology* 20:29–44.

Fromm, E. 1941. *Escape from Freedom*. New York: Farrar and Rinehart.

Fuchs, D. A. 1966. Election Day Radio-Television and Western Voting. *Public Opinion Quarterly* 30:226–37.

Funder, D. C. 1980. On Seeing Ourselves as Others See Us: Self-Other Agreement and Discrepancy in Personality Ratings. *Journal of Personality* 48: 473–93.

Funk, C. L., and P. A. Garcia. 1995. Direct and Indirect Sources of Public Perceptions About the Economy. Paper presented at the the Annual Meeting of the American Association of Public Opinion Research, Ft. Lauderdale, FL, May.

Furstenberg, F. F. 1971. Public Reaction to Crime in the Streets. *American Scholar* 40:601–610.

Gartner, M. 1976. Endogenous Bandwagon and Underdog Effects in a Rational Choice Model. *Public Choice* 25:83–9.

Gaskill, G. 1974. Polls and the Voters. *New Society* 4: 23–24.

Gavin, N. T., and D. Sanders. 1996. Economy, News and Public Opinion: Britain in the Mid-1990s. Paper presented to the Annual Meeting of the American Political Science Association, San Francisco, CA.

Geer, J. G. 1989. *Nominating Presidents*. New York: Greenwood.

1991. Critical Realignments and the Public Opinion Poll. *Journal of Politics* 53:434–53.

Gerbner, G., and L. Gross. 1976. Living with Television: The Violence Profile. *Journal of Communication* 26:173–201.

Gerbner, G., L. Gross, M. Jackson-Beeck, S. Jeffries-Fox, and N. Signorielli. 1977. Violence Profile No. 8. *Journal of Communication* 27:171–80.

Gibson, J. L. 1992. The Political Consequences of Intolerance: Cultural Conformity and Political Freedom. *American Political Science Review* 86:338–56.

Gitlin, T. 1990. Blips, Bites and Savvy Talk. *Dissent.* (Winter): 19–27.

Glaberson, W. 1996. Newspaper Owners Do the Shuffle. *New York Times*, Monday, February 19: C1.

Glynn, C. J., A. F. Hayes, and J. Shanahan. 1997. Perceived Support for One's Opinions and Willingness to Speak Out: A Meta-Analysis of Survey Studies on the "Spiral of Silence." *Public Opinion Quarterly* 61: 452–463.

Glynn, C. J., and J. M. McLeod. 1982. Perceptions of Public Opinion, Communication Processes and Voting Decision. Paper Presented at the International Communication Association Convention, Boston, MA.

1984. Public Opinion Du Jour: An Examination of the Spiral of Silence. *Public Opinion Quarterly* 48:731–40.

1985. Implications of the Spiral of Silence Theory for Communication and Public Opinion Research. In K. Sanders, L. L. Kaid, and D. Nimmo (eds.), *Political Communication Yearbook*. Vol. 1. Carbondale: Southern Illinois University Press.

Goidel, R. K., and R. E. Langley. 1995. Media Coverage of the Economy and Aggregate Economic Evaluations: Uncovering Evidence of Indirect Media Effects. *Political Research Quarterly* 48:313–28.

Goodman, S., and G. H. Kramer. 1975. Comment on Arcelus and Meltzer: The Effect of Aggregate Economic Conditions on Congressional Elections. *American Political Science Review* 69:1,255–65.

Gordon, M. T., and L. Heath. 1981. The News Business, Crime, and Fear. In D. A. Lewis (ed.), *Reactions to Crime*. Beverly Hills: Sage Publications.

Gordon, M. T., S. Riger, R. K. Lebailly, and L. Heath. 1980. Crime, Women and the Quality of Urban Life. *Journal of Women in Culture and Society* 5:144–60.

Gorz, A. 1982. *Farewell to the Working Class*. Boston: South End.

Graber, D. A. 1980a. *Crime News and the Public*. New York: Praeger.

1980b. *Mass Media and American Politics*. 3rd ed. Washington, DC: Congressional Quarterly Press.

1984. *Processing the News*. New York: Longman.

Granberg, D., and E. Brent. 1980. Perceptions of Issue Positions of Presidential Candidates. *American Scientist* 68:617–25.

1983. When Prophecy Bends: The Preference-Expectation Link in U. S. Presidential Elections, 1952–1980. *Journal of Personality and Social Psychology* 45:477–91.

Gray, J., 1995. Does Democracy Have a Future? *New York Times*, January 22, Book Review page 1.

Green, D. P., and E. Gerken. 1989. Self-Interest and Opinion Toward Smoking. *Public Opinion Quarterly* 53:1–16.

Greenberg, B. S., and H. Kumata. 1968. National Sample Predictors of Mass Media Use. *Journalism Quarterly* 45:641–705.

Greenfield, J. 1982. *The Real Campaign*. New York: Summit Books.

Greenwald, A. G. 1968. Cognitive Learning, Cognitive Response to Persuasion, and Attitude Change. In A. G. Greenwald, T. C. Brock, and T. M. Ostrom (eds.), *Psychological Foundations of Attitudes*. New York: Academic.

Greve, F. 1995. Pollster May Have Misled GOP on Contract. *Seattle Times*, November 12.

Gunter, B. 1987. *Poor Reception: Misunderstanding and Forgetting Broadcast News*. Hillsdale, NJ: Erlbaum.

Gunther, A. C. 1991. What We Think Others Think: The Role of Cause and Consequence in the Third Person Effect. *Human Communication Research* 18:335–72.

——— 1995. Overrating the X-Rating: The Third Person Perception and Support for Censorship of Pornography. *Journal of Communication* 45:27–38.

——— 1998. Inference: Effects of Mass Media on Perceived Public Opinion. *Communication Research*, in press.

Gusfield, J. R. 1981. *The Culture of Public Problems: Drinking-Driving and the Symbolic Order*. Chicago: The University of Chicago Press.

Habermas, J. 1984. *The Theory of Communicative Action*. Vol. 1, *Reason and Rationalization of Society*. Boston: Beacon.

Hagan, J. 1980. The Legislation of Crime and Delinquency: A Review of Theory, Method, and Research. *Law and Society Review* 14:603–28.

Hagen, M. G. 1996. Press Treatment of Front-Runners. In W. Mayer (ed.), *In Pursuit of the White House: How We Choose Our Presidential Nominees*. Chatham, NJ: Chatham House.

Haller, H. B., and H. Norpoth. 1994. Let the Good Times Roll: The Economic Expectations of U. S. Voters. *American Journal of Political Science* 38:625–50.

——— 1995. News and Opinion: The Economy and the American Voter. Paper presented to the Midwest Political Science Association, Chicago, IL.

——— 1996. Reality Bites: The National Economy and the American Public. Paper presented to the American Political Science Association, San Francisco, CA.

Hallin, D. C. 1984. The Media, the War in Vietnam, and Political Support: A Critique of the Thesis of an Oppositional Media. *Journal of Politics* 46:2–24.

——— 1994. Soundbite News: Television Coverage of Elections, 1968–1988. *We Keep America on Top of the World*. New York: Routledge.

Hansen, R. D., and J. M. Donoghue. 1977. The Power of Consensus: Information Derived From One's Own and Others' Behavior. *Journal of Personality and Social Psychology*. 35:294–302.

Harkins, S. G., and R. E. Petty. 1981. Effects of Source Magnification of Cognitive Effort on Attitudes: An Information Processing View. *Journal of Personality and Social Psychology* 40:401–13.

Harrington, D. E. 1989. Economic News on Television: The Determinants of Coverage. *Public Opinion Quarterly* 53: 17–40.

Harrison, M. 1985. *TV News: Whose Bias?* London: Macmillan Press.

Hart, R. P. 1994. *Seducing America: How Television Charms the Modern Voter*. New York: Oxford University Press.

Hawkins, R. P., and S. Pingree. 1982. Television's Influence on Constructions of Social Reality. In D. Pearl, L. Bouthilet, and J. Lazar (eds.), *Television and Behavior: Ten Years of Scientific Progress and Implications for the Eighties*. Vol. 2. Washington, DC: Government Printing Office.

Hawkins, R. P., S. Pingree, and I. Adler. 1987. Searching for Cognitive Process in the Cultivation Effect. *Human Communication Research* 13:553–7.

Hayes, S. P. 1936. The Predictive Ability of Voters. *Journal of Social Psychology* 7:191–3.

Haynes, A. A., and P. H. Gurian. 1992. The Impact of Candidate Spending on Vote Outcomes in Presidential Prenomination Campaigns. Paper presented at the Annual Meeting of the Midwest Political Science Association, Chicago, IL, April.

Hayward, F. M. 1979. Perceptions of Well-Being in Ghana: 1970 and 1975. *African Studies Review.* 23, no. 1:109–25.

Heath, L. 1984. Impact of Newspaper Crime Reports on Fear of Crime: Multimethodological Investigation. *Journal of Personality and Social Psychology* 47:263–76.

Heath, L., and J. Petraitis. 1984. *Television Viewing and Fear of Crime: Where Is a Mean World?* Unpublished manuscript, Loyola University.

Heilbroner, R. 1991. Reflections: Economic Predictions. *The New Yorker,* July 8, 70–7.

Heinz, A. M. 1985. The Political Context for the Changing Content of Criminal Law. In E. S. Fairchild and V. J. Webb (eds.), *The Politics of Crime and Criminal Justice.* Newbury Pk., CA: Sage.

Henshel, R. L., and W. Johnston. 1987. The Emergence of Bandwagon Effects: A Theory. *Sociological Quarterly* 28: 493–511.

Herbst, S. 1993. *Numbered Voices: How Opinion Polling Has Shaped American Politics.* Chicago: University of Chicago Press.

Hess, S. 1988. *The Presidential Campaign.* 3d ed. Washington, DC: Brookings Institute.

Hetherington, M. J. 1996. The Media's Role in Forming Voters' National Economic Evaluations in 1992. *American Journal of Political Science* 40:372–95.

Hirsch, P. M. 1980. The "Scary World" of the Nonviewer and Other Anomalies: A Reanalysis of Gerbner et al.'s Findings on Cultivation Analysis. Pt. 1. *Communication Research* 7: 403–56.

Holbrook, T., and J. C. Garand. 1996. Homo Economicus? Economic Information and Economic Voting. *Political Research Quarterly* 49:351–75.

Holley, J. K. 1991. The Press and Political Polling. In P. J. Lavrakas and J. K. Holley (eds.), *Polling and Presidential Election Coverage.* Newbury Pk., CA: Sage.

Hovland, C. I., and H. A. Pritzker. 1957. Extent of Opinion Change as a Function of Amount of Change Advocated. *Journal of Abnormal and Social Psychology* 54:257–61.

Huckfeldt, R., P. A. Beck, R. J. Dalton, and J. Levine. 1995a. Political Environments, Cohesive Social Groups, and the Communication of Public Opinion. *American Journal of Political Science* 39:1,025–54.

Huckfeldt, R., P. A. Beck, R. J. Dalton, J. Levine, and W. Morgan. 1995b. Ambiguity, Distorted Messages, and Nested Environmental Effects on Political Communication. Unpublished manuscript, Indiana University.

Huckfeldt, R., and J. Sprague. 1995. *Citizens, Politics and Social Communication: Information and Influence in an Election Campaign.* New York: Cambridge University Press.

Hughes, M. 1980. The Fruits of Cultivation Analysis: A Reexamination of Some Effects of Television Watching. *Public Opinion Quarterly.* 44, no. 3:287–301.

Iyengar, S. 1990. Framing Responsibility for Political Issues: The Case of Poverty. *Political Behavior* 12:19–40.

———. 1991. *Is Anyone Responsible? How Television Frames Political Issues*. Chicago: University of Chicago Press.

Iyengar, S., and D. R. Kinder. 1987. *News That Matters: Television and American Public Opinion*. Chicago: University of Chicago Press.

Jackson, J. S., III, and W. Crotty. 1996. *The Politics of Presidential Selection*. New York: HarperCollins.

Jacobs, L. R., and R. Y. Shapiro. 1994. Questioning the Conventional Wisdom on Public Opinion Toward Health Reform. *PS: Political Science and Politics* 27:208–14.

Jacobellis v. State of Ohio 1964. (378 U.S. 184).

Jacobson, G. C., and S. Kernell. 1983. *Strategy and Choice in Congressional Elections*. New Haven, CT: Yale University Press.

Jencks, C. 1991. Is Violent Crime Increasing? *The American Prospect* 4:98–109.

Jenkins, P. 1995. Clergy Sexual Abuse: The Symbolic Politics of a Social Problem. In J. Best (ed.), *Images of Issues: Typifying Contemporary Social Problems*. New York: Aldine.

John, R. R. 1995. *Spreading the News: The American Postal System from Franklin to Morse*. Cambridge: Harvard University Press.

Johnston, D. 1983. The Cop Watch. *Columbia Journalism Review* 22:51–4.

Johnston, R. J., A. Blais, H. E. Brady, and J. Crete. 1992. *Letting the People Decide: Dynamics of a Canadian Election*. Stanford, CA: Stanford University Press.

Johnston, R. J., and Pattie, C. J. 1990. Tactical Voting in Great Britain in 1983 and 1987: An Alternative Approach. *British Journal of Political Science* 21: 95–107.

Jones, C. O. 1988. *The Reagan Legacy: Promise and Performance*. Chatham, NJ: Chatham House.

Jones, E. T. 1976. The Press as Metropolitan Monitor. *Public Opinion Quarterly* 40:239–44.

Judd, C. M., and J. T. Johnson. 1981. Attitudes, Polarization and Diagnosticity: Exploring the Effects of Affect. *Journal of Personality and Social Psychology* 41:26–36.

Kahneman, D., P. Slovic, and A. Tversky (eds.). 1982. *Judgment Under Uncertainty: Heuristics and Biases* New York: Cambridge University Press.

Kahneman, D., and A. Tversky. 1973. On the Psychology of Prediction. *Psychological Review* 80:237–51.

———. 1982. Evidential Impact of Base Rates. In D. Kahneman, P. Slovic, and A. Tversky (eds.), *Judgment Under Uncertainty: Heuristics and Biases*. New York: Cambridge University Press.

Kaplowitz, S. A., E. L. Fink, D. D'Alessio, and G. Blake Armstrong. 1983. Anonymity, Strength of Attitude, and the Influence of Public Opinion Polls. *Human Communication Research* 10:5–25.

Kassin, S. 1979a. Base Rates and Prediction: The Role of Sample Size. *Personality and Social Psychology Bulletin* 5: 210–213.

———. 1979b. Consensus Information, Prediction, and Causal Attribution: A Review of the Literature and Issues. *Journal of Personality and Social Psychology* 37:1,966–81.

Katz, E. 1981. Publicity and Pluralistic Ignorance: Notes on "The Spiral of Silence." In H. Baier, H. M. Kepplinger, and K. Reumann (eds.), *Public Opin-

ion and Social Change: For Elisabeth Noelle-Neumann. Wiesbaden: Westdeutscher Verlag.

Katz, C., and M. Baldassare. 1992. Using the "L-Word" in Public: A Test of the Spiral of Silence in Conservative Orange County, California. *Public Opinion Quarterly* 56:232–5.

Katz, E., and P. F. Lazarsfeld. 1955. *Personal Influence*. Glencoe: Free Press.

Kayden, X. 1985. Effects of the Present System of Campaign Financing on Special Interest Groups. In G. Grassmuck (ed.), *Before Nomination: Our Primary Problems*. Washington, DC: American Enterprise Institute.

Keenan, K. 1986. Polls in Network Newscasts in the 1984 Presidential Race. *Journalism Quarterly* 63:616–18.

Kelley, R. 1979. *The Cultural Pattern in American Politics: The First Century*. New York: Knopf.

Kelman, H. C. 1961. Processes of Opinion Change. The *Public Opinion Quarterly* 25, no. 1:57–78.

Kennamer, J. D. 1990. Self-Serving Biases in Perceiving the Opinons of Others. *Communication Research* 17:393–404.

Kerbel, M. R. 1994. Covering the Coverage: The Self-Referential Nature of Television Reporting of the 1992 Presidential Campaign. Paper presented to the Midwest Political Science Association, Chicago, IL, April.

Kernell, S. 1986. *Going Public: New Strategies of Presidential Leadership*. Washington, DC: Congressional Quarterly Press.

Keynes, J. M. 1936. *The General Theory of Employment, Interest and Money*. New York: Harcourt, Brace, Jovanovich.

Kielbowicz, R. B. 1989. *News in the Mail: The Press, Post Office, and Public Information, 1700–1860s*. Westport, CT: Greenwood.

Kiewiet, D. R. 1983. *Macroeconomics and Micropolitics: The electoral effects of economic issues*. Chicago: University of Chicago Press.

Kiewiet, D. R., and D. Rivers. 1985. A Retrospective on Retrospective Voting. In H. Eulau and M. S. Lewis-Beck (eds.), *Economic Conditions and Electoral Outcomes: The United States and Western Europe*. New York: Agathon.

Kinder, D. R. 1981. Presidents, Prosperity, and Public Opinion. *Public Opinion Quarterly* 45:1–21.

——— 1983. Diversity and Complexity in American Public Opinion. In A. W. Finifter (ed.) *Political Science: The State of the Discipline*. Washington, DC: American Political Science Association.

——— 1989. Economics and Politics in the 1984 American Presidential Election. *American Journal of Political Science* 33:491–515.

Kinder, D. R., G. S. Adams, and P. W. Gronke. 1989. Economics and Politics in the 1984 American Presidential Election. *American Journal of Political Science* 33:491–515.

Kinder, D. R., and D. R. Kiewiet. 1979. Economic Discontent and Political Behavior: The Role of Personal Grievances and Collective Economic Judgments in Congressional Voting. *American Journal of Political Science* 23: 495–527.

——— 1981. Sociotropic Politics: The American Case. *British Journal of Political Science* 11:129–61.

Kinder, D. R., and W. Mebane. 1983. Politics and Economics in Everyday Life. In K. Monroe (ed.), *The Political Process and Economic Change*. New York: Agathon.

Kinder, D. R., S. J. Rosenstone, and J. M. Hansen. 1983. Group Economic Well-Being and Political Choice. Pilot Study Report to the 1984 NES Planning Committee and NES Board.

King, E., and M. Schudson. 1995. The Illusion of Ronald Reagan's Popularity. In M. Schudson, *The Power of News*. Cambridge: Harvard University Press.

Kish, L., and I. Hess. 1959. A Replacement Procedure for Reducing the Bias of Nonresponse. *The American Statistician* 13:17–19.

Klapper, J. T. 1964. *Bandwagon: A Review of the Literature*. Unpublished manuscript, Office of Social Research, Columbia Broadcasting System.

Kluegel, J. R., and E. Smith, 1978. Evaluations of Social Inequality: Attribution, Experience and Symbolic Perceptions. Paper presented at the Annual Meeting of the American Psychological Association.

Kornhauser, W. 1959. *The Politics of Mass Society*. Glencoe, IL: Free Press.

Kramer, G. H. 1983. The Ecological Fallacy Revisited: Aggregate- Versus Individual-Level Findings on Economics and Elections, and Sociotropic Voting. *American Political Science Review* 77:92–111.

Kraus, S. 1996. Winners of the First 1960 Televised Presidential Debate Between Kennedy and Nixon. *Journal of Communication* 46:78–96.

Krosnick, J. A. 1990. Americans' Perceptions of Presidential Candidates: A Test of the Projection Hypothesis. *Journal of Social Issues* 46:159–82.

Krueger, J., and R. W. Clement. 1994. The Truly False Consensus Effect: An Ineradicable and Egocentric Bias in Social Perception. *Journal of Personality and Social Psychology* 67:596–610.

Kundera, M. 1991. *Immortality*. New York: HarperPerennial.

Kunreuther, H. 1978. *Disaster Insurance Protection*. New York: John Wiley.

Ladd, E. C. 1988. Voters and the U. S. Economy: Boom and Gloom. *Christian Science Monitor*, April 12, p. 6.

——— 1996. A Vast Empirical Record Refutes the Idea of Civic Decline. *The Public Perspective* 7, no. 4.

Lane, R. E. 1962. *Political Ideology: Why the American Common Man Believes What He Does*. New York: Free Press.

——— 1965. The Need to Be Liked and the Anxious College Liberal. *The Annals of the American Academy of Political and Social Science* 361:80.

Lane, R. E., and D. O. Sears. 1964. *Public Opinion*. New York: Prentice-Hall.

Lang, G. E., and Lang. K. 1968. *Voting and Nonvoting: Implications of Broadcast Returns Before Polls Are Closed*. London: Blaisdell.

——— 1981. Watergate: An Exploration of the Agenda Building Process. In G. C. Wilhoit and H. DeBock (eds.), *Mass Communication Review Yearbook* 2. Beverly Hills, CA: Sage.

La Ponce, J. A. 1966. An Experimental Method to Measure the Tendency to Equibalance in a Political System. *American Political Science Review* 60: 434–438.

Lasch, C. 1988. A Response to Joel Feinberg. *Tikkun* 3:43.

——— 1995. *The Revolt of the Elites and the Betrayal of Democracy*. New York: Norton.

Lasorsa, D. L. 1989. Real and Perceived Effects of "Amerika. " *Journalism Quarterly* 66:373–8, 529.

——— 1992. How Media Affect Policy-Makers: The Third-Person Effect. In Kennamer, J. D. (ed) *Public Opinion, The Press and Public Policy*. New York: Praeger.

Lasswell, H. D. 1927. *Propaganda Technique in the World War*. New York: Alfred Knopf.

Lau, R. R., and D. O. Sears. 1981. Cognitive Links Between Economic Grievances and Political Responses. *Political Behavior* 3:279–302.

Lau, R. R., D. O. Sears, and T. Jessor. 1990. Fact or Artifact Revisited: Survey Instrument Effects and Pocketbook Politics. *Political Behavior* 12:217–42.

Lau, R. R., T. A. Brown, and D. O. Sears. 1978. Self-Interest and Civilians' Attitudes Toward the Vietnam War. *Public Opinion Quarterly* 42:464–83.

Laumann, E. 1973. Bonds of Pluralism: The Forms and Substances of Urban Social Networks. New York: J. Wiley.

Lavrakas, P. J. 1982. Fear of Crime and Behavioral Restrictions in Urban and Suburban Areas. *Population and Environment* 5: 242–264.

Lavrakas, P. J., J. K. Holley, and P. V. Miller. 1991. Public Reactions to Polling News During the 1988 Presidential Election Campaign. In P. J. Lavrakas and J. K. Holley (eds.), *Polling and Presidential Election Coverage*. Newbury Park, CA: Sage.

Lazarsfeld, P. F., B. Berelson, and H. Gaudet. 1944. *The People's Choice*. New York: Duell, Sloan & Pearce.

Levine, A. 1980. *When Dreams and Heroes Died*. San Francisco: Jossey-Bass.

Linz, D., E. Donnerstein, K. C. Land, P. L. McCall, J. Scott, B. J. Shafer, L. J. Klein, and L. Lance. 1991. Estimating Community Standards: The Use of Social Science Evidence in an Obscenity Prosecution. *Public Opinion Quarterly* 55:80–112.

Lipset, S. M., and W. Schneider. 1983. *The Confidence Gap: Business, Labor, and Government in the Public Mind*. New York: Free Press.

Loring, C. 1986. *Book of Approved Jury Instructions, 7. 01 Intentional Torts*. St. Paul, MN: West Publishing Co.

Lyon, D., and P. Slovic. 1976. Dominance of Accuracy Information and Neglect of Base-Rates in Probability Estimation. *Acta Psychologica* 40:287–98.

MacKuen, M. B. 1981. Social Communication and the Mass Policy Agenda. In M. B. MacKuen and S. L. Coombs (eds.), *More Than News: Media Power in Public Affairs*. Beverly Hills, CA: Sage.

——— 1990. Speaking of Politics: Individual Conversational Choice, Public Opinion, and the Prospects for Deliberative Democracy. In J. A. Ferejohn and J. H. Kuklinski (eds.), *Information and Democratic Politics*. Urbana: University of Illinois.

MacKuen, M. B., and S. L. Coombs. 1981. *More Than News: Media Power in Public Affairs*. Beverly Hills, CA: Sage.

MacKuen, M. B., R. S. Erikson, and J. A. Stimson. 1992. Peasants or Bankers? The American Electorate and the U. S. Economy. *American Political Science Review* 86:597–611.

Madow, W. G., H. H. Hyman, and R. J. Jessen. 1961. *Evaluation of Statistical Methods Used in Obtaining Broadcast Ratings*. House Report No. 193, 87th Congress, 1st Session. Washington, DC: U. S. Government Printing Office.

Magleby, D. B. 1984. Direct Legislation: Voting on Ballot Propositions in the United States. Baltimore: Johns Hopkins University Press.

Maier, M. H. 1995. *The Data Game: Controversies in Social Science Statistics*. 2d ed. Armonk, NY: M. E. Sharpe.

Major, B. 1982. Individual Differences in What Is Seen as Fair. Paper presented at the Nags Head Conference on Psychological Aspects of Justice, Kill Devil Hills, NC.

Mannheim, K. 1940. *Man and Society in an Age of Reconstruction*. London: Routledge & Kegan Paul.

Marks, G., and N. Miller. 1987. Ten Years of Research on the False-Consensus Effect: An Empirical and Theoretical Review. *Psychological Bulletin* 102: 72–90.

Markus, G. B. 1988. The Impact of Personal and National Economic Conditions on the Presidential Vote: A Pooled Cross-Sectional Analysis. *American Journal of Political Science* 32:137–54.

Marsh, C. 1984a. Back on the Bandwagon: the Effect of Opinion Polls on Public Opinion. *British Journal of Political Science* 15:51–74.

1984b. Do Polls Affect What People Think? In C. F. Turner and E. Martin (eds.), *Surveying Subjective Phenomenon*. Vol. 2. New York: Sage.

Marshall, T. R. 1983. The News Verdict and Public Opinion During the Primaries. In W. C. Adams (ed.), *Television Coverage of the 1980 Presidential Campaign*. Norwood, NJ: Ablex.

Mazur, A., and G. S. Hall. 1990. Effects of Social Influence and Measured Exposure Level on Response to Radon. *Sociological Inquiry* 60:274–84.

McAllister, I., and D. T. Studlar. 1991. Bandwagon, Underdog, or Projection? Opinion Polls and Electoral Choice in Britain, 1979–1987. *Journal of Politics* 53:720–41.

McCombs, M. E. 1972. Mass Media in the Marketplace. *Journalism Monographs* 24: 1–63.

McCombs, M. E., and D. L. Shaw. 1972. The Agenda-Setting Function of Mass Media. *Public Opinion Quarterly* 36:177–87.

McLeod, J., L. B. Becker, and J. Byrnes. 1974. Another Look at the Agenda-Setting Function of the Press. *Communication Research* 1: 131–166.

McPhee, W. N. 1963. Note on a Campaign Simulator. In W. N. McPhee, Formal Theories of Mass Behavior, pp. 169–83. New York: Free Press.

Mead, G. H. 1934. *Mind, Self and Society from the Standpoint of a Social Behaviorist*. Edited and with an introduction by C. W. Morris. Chicago: University of Chicago Press.

Meehl, P. E. 1977. The Selfish Voter Paradox and the Thrown-Away Vote Argument. *American Political Science Review* 71:11–30.

Meichenbaum, D., D. Henshaw, and N. Himel. 1980. Coping with Stress as a Problem-Solving Process. In H. W. Krohne and L. Laux (eds.), *Achievement Stress and Anxiety*. Washington, DC: Hemisphere.

Meier, N. C., and Saunders, H. W. 1949. *The Polls and Public Opinion*. New York: Henry Holt & Company.

Mendelsohn, H. 1966. Election Day Broadcasts and Terminal Voting Decisions. *Public Opinion Quarterly* 30:212–25.

Mendelsohn, H., G. J. O'Keefe, J. Lin, H. T. Spetnagle, C. Vengler, D. Wilson, M. O. Wirth, and K. Nash. 1981. Public Communications and the Prevention of Crime. Presented at the meeting of the Midwestern Association of Public Opinion Research, Chicago.

Meritor Savings Bank v Vinson. 1986. 106 S. Ct. 2399, 477 U. S. 57, 91 L. Ed. 2d 49.

Merten, K. 1985. Some Silence in the Spiral of Silence. In K. R. Sanders, L. L. Kaid, and D. Nimmo (eds.), *Political Communication Yearbook, 1984*. Carbondale: Southern Illinois University Press.

Merton, R. K. 1968. *Social Theory and Social Structure*. New York: Free Press.

Meyrowitz, J. 1985. *No Sense of Place: The Impact of Electronic Media on Social Behavior*. New York: Oxford University Press.

Milavsky, J. R., A. Swift, B. W. Roper, R. Salant, and F. Abrams. 1985. Early Calls on Election Results and Exit Polls: Pros, Cons, and Constitutional Considerations. *Public Opinion Quarterly* 49:1–15.

Miller v California. 1973. (413 U. S. at 24).

Miller, A. H. 1974. Political Issues and Trust in Government: 1964–1970. *American Political Science Review* 68:951–72.

Miller, W. E., and D. Stokes. 1963. Constituency Influence in Congress. *American Political Science Review* 57:45–56.

Mondak, J. J. 1995. *Nothing to Read: Newspapers and Elections in a Social Experiment*. Ann Arbor: University of Michigan Press.

Moscovici, S. 1976. *Social Influence and Social Change*. London: Academic Press.

1981. The Phenomenon of Social Representations. In J. P. Forgas (ed.), *Social Cognition: Perspectives on Everyday Understanding*. London: Academic Press.

1984. On Social Representations. In R. M. Farr and S. Moscovici (eds.), *Social Representations*. New York: Cambridge University Press.

1985. Social Influence and Conformity. In G. Lindzey and E. Aronson (eds.), *Handbook of Social Psychology*. Vol. 2. New York: Random House.

Mullen, B., J. L. Atkins, D. S. Champion, C. Edwards, D. Hardy, J. E. Story, and M. Vanderklok. 1985. The False Consensus Effect: A Meta-Analysis of 115 Hypothesis Tests. *Journal of Experimental Social Psychology* 21:262–83.

Mutz, D. C. 1992a. Impersonal Influence: Effects of Representations of Public Opinion on Political Attitudes. *Political Behavior* 14:89–122.

1992b. Mass Media and the Depoliticization of Personal Experience. *American Journal of Political Science* 36:483–508.

1994. The Political Effects of Perceptions of Mass Opinion. In M. X. Delli Carpini, L. Huddy, and R. Y. Shapiro (eds.), *Research in Micropolitics: New Directions in Political Psychology*, Vol. 4. Greenwich, CT: JAI Press.

1995a. Effects of Horse Race Coverage on Campaign Coffers: Strategic Contributions in the Presidential Primaries. *Journal of Politics*. 57:1015–1042.

1995b. Media, Momentum and Money: Horse Race Coverage in the 1988 Republican Primaries. In M. W. Traugott and P. Lavrakas (eds.), *Polling and Presidential Campaign Coverage*. New York: Guilford.

1997. Mechanisms of Momentum: Does Thinking Make It So? *Journal of Politics* 59:104–25.

Mutz, D. C., and S. Chan. 1995. The Impact of Self-interest on Public Opinion Toward Health Care Reform. Paper presented to the American Association for Public Opinion Research, Ft. Lauderdale, FL, May.

Mutz, D. C., and P. S. Martin. 1997. Communication Across Lines of Difference: Mass Media, Social Context and the Future of the Public Sphere. Paper presented to the American Political Science Association, Washington, DC, September.

Mutz, D. C., and J. J. Mondak. 1997. Dimensions of Sociotropic Behavior: Group-Based Judgments of Fairness and Well-Being. *American Journal of Political Science* 41:284–308.

Mutz, D. C., P. M. Sniderman, and R. A. Brody. 1996. Political Persuasion: The Birth of a Field of Study. In D. C. Mutz, P. M. Sniderman, and R. A. Brody (eds.), *Political Persuasion and Attitude Change*. Ann Arbor: University of Michigan Press.

Mutz, D. C., and Soss, J. 1997. Reading Public Opinion: The Influence of New Coverage on Perceptions of Public Sentiment. *Public Opinion Quarterly* 61: 431–451.

Nadeau, R., R. G. Niemi and T. Amato. 1994. Expectations and Preferences in British General Elections. *American Political Science Review* 88:371–83.

Nadeau, R., R. G. Niemi, and D. P. Fan. 1996. Elite Economic Forecasts, Economic News, Mass Economic Expectations, and Presidential Approval. Paper presented at the Annual Meeting of the Midwest Political Science Association, Chicago.

Navazio, R. 1977. An Experimental Approach to Bandwagon Research. *Public Opinion Quarterly* 41:217–25.

Nelson, M. Ed. 1993. *The Elections of 1992*. Washington, DC: Congressional Quarterly Press.

Nerone, J., and K. Barnhurst. 1995. Design Changes in U. S. Newspapers, 1920–1940. *Journal of Communication* 45 (1995): 9–43.

Neuman, W. R. 1991. What Ever Happened to Mass Society Theory? Paper presented at the Annual Meeting of the American Association for Public Opinion Research, Phoenix, AZ, May.

Neuman, W. R., M. R. Just, and A. N. Crigler. 1992. *Common Knowledge: News and the Construction of Political Meaning*. Chicago: University of Chicago Press.

New York World-Telegram. 1931. Fifty Million Frenchmen Can't Be Wrong. March 21.

Nisbett, R. E. and Borgida, E. 1975. Attribution and the Psychology of Prediction. *Journal of Personality and Social Psychology* 32: 932–943.

Nisbett, R., and L. Ross. 1980. *Human Inference: Strategies and Shortcomings of Social Judgment*. New York: Prentice-Hall.

Noelle-Neumann, E. 1974. The Spiral of Silence: A Theory of Public Opinion. *Journal of Communication* 34:43–51.

   1977. Turbulences in the Climate of Opinion: Methodological Applications of the Spiral of Silence Theory. *Public Opinion Quarterly* 41:143–58.

   1980. Mass Media and Social Change in Developed Societies. In G. C. Wilhoit and H. deBock (eds.), *Mass Communication Review Yearbook*. Beverly Hills, CA: Sage Publications.

   1984. *Spiral of Silence*. Chicago: University of Chicago Press.

   1985. The Spiral of Silence: A Response. In K. Sanders, L. L. Kaid, and D. Nimmo (eds.), *Political Communication Yearbook, 1984*. Carbondale: Southern Illinios University Press.

Nord, D. P. 1985. The Public Community: The Urbanization of Journalism in Chicago. *Journal of Urban History* 11:411–41.

Norrander, B. 1991. Patterns of Voting in the Super Tuesday Primaries: Momentum and Ideology. Paper presented to the Western Political Science Association, Seattle, WA, March.

Norris, P. 1996. Does Television Erode Social Capital? A Reply to Putnam. *PS: Political Science and Politics* 29:474–80.

O'Connor, R. D. 1972. Relative Efficacy of Modeling, Shaping, and the Combined Procedures For Modification of Social Withdrawal. *Journal of Ab normal Psychology* 79:327–34.

Orren, G. R. 1985. The Nomination Process: Vicissitudes of Candidate Selec tion. In M. Nelson (ed.), *The Elections of 1984*. Washington, DC: Con gressional Quarterly Press.

O'Sullivan, J. 1988. Britain: Under the Iron High Heel? *Commentary* 88 (Sep tember):52.

Overacker, L. 1932. *Money in Elections*. New York: Macmillan.

Page, B. I., R. Y. Shapiro, and G. R. Dempsey. 1987. What Moves Public Opin ion? *American Political Science Review* 81:23–44.

Palmer, P. J. 1987. Community, Conflict, and Ways of Knowing. *Change* 19 20–5.

Parisot, L. 1988. Attitudes About the Media: A Five Country Comparison. *Pub lic Opinion* (January/February): 18–19, 60.

Park, R. E. 1938. Reflections on Communication and Culture. *The American Journal of Sociology* 44, no. 2:187–205.

Patterson, T. E. 1980. *The Mass Media Election*. New York: Praeger.

1993. *Out of Order*. New York: Knopf.

Patterson, T. E., and R. Davis. 1985. The Media Campaign: Struggle for the Agenda. In M. Nelson (ed.), *The Elections of 1984*. Washington, DC: Con gressional Quarterly Press.

Patterson, T. E., and R. D. McClure. 1976. *The Unseeing Eye: The Myth o Television Power in National Elections*. New York: Putnam.

Pear, R. 1992. G. O. P. Faces Fight on Abortion Issue. *New York Times*, May 26

Pepinsky, H. E., and P. Jesilow. 1984. *Myths That Cause Crime*. 2nd ed. Cabin John, MD: Seven Locks Press.

Perloff, R. M. 1993. Third-Person Effect Research 1983–1992: A Review and Synthesis. *International Journal of Public Opinion Research* 5:167–84.

Perloff, L. S., and B. K. Fetzer. 1986. Self–Other Judgments and Perceived Vul nerability to Victimization. *Journal of Personality and Social Psychology* 50:502–10.

Peters, C. 1980. *How Washington Really Works*. Reading, MA: Addison Wesley.

Petty, R. E., and J. T. Cacioppo. 1979a. Effects of Forewarning of Persuasive Intent and Involvement on Cognitive Responses and Persuasion. *Personality and Social Psychology Bulletin* 5:173–76.

1979b. Issue Involvement Can Increase or Decrease Persuasion By Enhancing Message-Relevant Cognitive Responses. *Journal of Personality and Social Psychology* 37:1,915–26.

1981. *Attitudes and Persuasion: Classic and Contemporary Approaches*. Du buque, IA: Wm. C. Brown.

1986. *Communication and Persuasion*. New York: Springer-Verlag.

Phillips, D. P. 1980. Airplane Accidents, Murder, and the Mass Media: Towards a Theory of Limitation and Suggestion. *Social Forces* 58:1,001–24.

Pilisuk, M., and C. Acredolo. 1988. Fear of Technological Hazards: One Con cern or Many? *Social Behaviour* 3:17–24.

Pollis, N. P., and A. Cammaller. 1968. Social Conditions and Differential Re sistance to Majority Pressure. *Journal of Psychology* 70:69–76.

Popkin, S. L. 1991. *The Reasoning Voter*. Chicago: University of Chicago Press.

Popkin, S. L., J. W. Gorman, C. Phillips, and J. A. Smith. 1976. Comment: What Have You Done for Me Lately? *American Political Science Review* 70:779–813.

Porter, T. M. 1986. *The Rise of Statistical Thinking 1820–1900*. Princeton, NJ: Princeton University Press.

———. 1994. Probability, Statistics and the Social Sciences. In I. Grattan-Guinness (ed.), *Companion Encyclopedia of the History and Philosophy of the Mathematical Sciences*. Vol. 2. London: Routledge.

Postman, N. 1985. *Amusing Ourselves to Death*. New York: Viking.

Potter, W. J. 1986. Perceived Reality and the Cultivation Hypothesis. *Journal of Broadcasting and Electronic Media* 2:159–74.

———. 1991. The Relationship Between First- and Second-Order Measures of Cultivation. *Human Communication Research* 18:92–113.

Price, V. 1989. Social Identification and Public Opinion: Effects of Communicating Group Conflict. *Public Opinion Quarterly* 53:197–224.

Price, V., and S. Allen. 1990. Opinion Spirals, Silent and Otherwise: Applying Small-Group Research to Public Opinion Phenomena. *Communication Research* 17:369–92.

Price, V., and J. Zaller. 1993. Who Gets the News? Alternative Measures of News Reception and Their Implications for Research. *Public Opinion Quarterly* 57:133–64.

Pritchard, D. 1986. Homicide and Bargained Justice: The Agenda-Setting Effect of Crime News on Prosecutors. *Public Opinion Quarterly* 50:143–59.

———. 1992. The News Media and Public Policy Agendas. In J. D. Kennamer (ed), *Public Opinion, The Press and Public Policy*. New York: Praeger.

Pritchard, D., and D. Berkowitz. 1989. The Influence of the Press and Public Opinion on Political Responses to Crime in Nine American Cities From 1950 to 1980. Paper presented to the Annual Meeting of the International Communication Association, San Francisco, CA.

Pritchard, D., J. P. Dilts, and D. Berkowitz. 1987. Prosecutors' Use of External Agendas in Prosecuting Pornography Cases. *Journalism Quarterly* 64:392–8.

Pritchard, D., and K. D. Hughes. 1997. Patterns of Deviance in Crime News. *Journal of Communication* 47:49–67.

Protess, D. L., F. L. Cook, J. C. Doppelt, J. E. Ettema, M. T. Gordon, D. R. Leff, and P. Miller. 1991. *The Journalism of Outrage: Investigative Reporting and Agenda Building in America*. New York: Guilford.

Public Perspective. 1992. Americans' Verdicts on the Economy in December Continued the Pattern Begun Earlier in the Fall. January/February, 21–5.

———. 1993. I'm Okay, But the Country Isn't, 5.

Putnam, R. D. 1995. Tuning In and Tuning Out: The Strange Disappearance of Social Capital in America. *PS: Political Science and Politics* 28:664–83.

Ratzan, S. C. 1989. The Real Agenda Setters: Pollsters in the 1988 Presidential Campaign. *American Behavioral Scientist* 32:451–63.

Reinarman, C. 1988. The Social Construction of an Alcohol Problem: The Case of Mothers Against Drunk Drivers and Social Control in the 1980s. *Theory and Society* 17:91–119.

Reno v. American Civil Liberties Union. 1997 (117 S. Ct. 2329).

Riesman, D., and N. Glazer. 1954. The Meaning of Public Opinion. In D. Riesman, *Individualism Reconsidered*. New York: Free Press.

Riesman, D., N. Glazer, and R. Denney. 1950. *The Lonely Crowd: A Study of the Changing American Character*. New Haven, CT: Yale University Press.

Robertson, L. S. 1975. The Great Seat-Belt Campaign Flop. *Journal of Communication* 26:41–5.

Robinson v Jacksonville Shipyards. 1988 (54 FEP Cases 83, 1988, DC Mfla).

Robinson, J. P., and M. R. Levy. 1996. News Media Use and the Informed Public: A 1990s Update. *Journal of Communication* 46:129–35.

Robinson, M. J., and M. Clancey. 1985. Teflon Politics. In M. J. Robinson and A. Ranney (eds.), *The Mass Media in Campaign '84*. Washington, DC: American Enterprise Institute.

Robinson, M. J., and M. A. Sheehan. 1983. *Over The Wire and on TV*. New York: Russell Sage.

Rohme, N. 1985. A Worldwide Overview of National Restrictions on the Conduct and Release of Public Opinion Polls. *European Research* (January): 30–7.

Rosenstone, S. J. 1983. *Forecasting Presidential Elections*. New Haven, CT: Yale University Press.

Rosenstone, S. J., J. M. Hansen, and D. R. Kinder. 1986. Measuring Change in Personal Economic Well-Being. *Public Opinion Quarterly* 50:176–92.

Roshco, B. 1975. *Newsmaking*. Chicago: University of Chicago Press.

Roshwalb, I., and L. Resnicoff. 1971. The Impact of Endorsements and Published Polls on the 1970 New York Senatorial Election. *Public Opinion Quarterly* 35:410–14.

Ross, L., G. Bierbrauer, and S. Hoffman. 1976. The Role of Attribution Processes in Conformity and Dissent: Revisiting the Asch Situation. *American Psychologist* 31:148–57.

Ross, L., D. Greene, and P. House. 1977. The False Consensus Effect: An Egocentric Bias in Social Perceptions and Attribution Processes. *Journal of Experimental Social Psychology* 13:279–301.

Sack, R. D. 1980. *Libel, Slander, and Related Problems*. New York: Practicing Law Institute.

Salmon, C. T., and F. G. Kline. 1985. The Spiral of Silence Ten Years Later: An Examination and Evaluation. In K. Sanders, L. L. Kaid, and D. Nimmo (eds.), *Political Communication Yearbook*. Vol. 1. Carbondale: Southern Illinois University Press.

Salmon, C. T., and Neuwirth, K. 1990. Perceptions of Opinion Climates and Willingness to Discuss the Issue of Abortion. *Journalism Quarterly* 67:567–77.

Samuelson, M., R. F. Carter, and L. Ruggels. 1963. Education, Available Time, and Use of Mass Media. *Journalism Quarterly* 40: 491–6, 617.

Scheingold, S. A. 1991. *The Politics of Crime: Criminal Process and Cultural Obsession*. Philadelphia: Temple University Press.

Schlozman, K. C. and S. Verba. 1979. *Injury to Insult*. Cambridge: Harvard University Press.

Schudson, M. 1978. *Discovering the News: A Social History of American Newspapers*. New York: Basic.

　1992. Was there Ever a Public Sphere? If So, When? In C. Calhoun (ed.), *Habermas and the Public Sphere*. Cambridge: MIT Press.

　1995. *The Power of News*. Cambridge: Harvard University Press.

Sears, D. O., and J. Citrin. 1982. *Tax Revolt: Something for Nothing in California*. Cambridge: Harvard University Press.

Sears, D. O., and C. L. Funk. 1990. Self-Interest in Americans' Political Opinions. In J. J. Mansbridge (ed.), *Beyond Self Interest*. Chicago: University of Chicago Press.

Sears, D. O., C. P. Hensler, and L. K. Speer. 1979. Whites' Opposition to Busing: Self-Interest or Symbolic Politics. *American Political Science Review*: 73: 369–384.

Sears, D. O., and R. R. Lau. 1983. Inducing Apparently Self-Interested Political Preferences. *American Journal of Political Science* 27:223–52.

Sears, D. O., R. R., Lau, T. R. Tyler, and H. M., Allen, Jr. 1980. Self-Interest Versus Symbolic Politics in Policy Attitudes and Presidential Voting. *American Political Science Review* 74: 670–684.

Sears, D. O., L. Steck, R. R. Lau, and M. T. Gahart. 1983. Attitudes of the Post-Vietnam Generation Toward the Draft and American Military Policy. Paper presented at the Annual Meeting of the International Society of Political Psychology, Oxford, England.

Seidman, D., and M. Couzens. 1974. Getting the Crime Rate Down: Political Pressure and Crime Reporting. *Law and Society Review* 8:457–93.

Sen, A. 1994. Freedom and Needs: An Argument for the Primacy of Political Rights. *New Republic*, January 10 and January 17.

Sennett, R. 1976. *The Fall of Public Man*. New York: Alfred A. Knopf.

Shafer, B. E. 1988. Scholarship on Presidential Selection in the United States. *American Political Science Review* 82:955–63.

Shapiro, R. Y., J. T. Young, K. D. Patterson, J. E. Blumenfeld, D. A. Cifu, S. M. Offenhartz, and T. E. Tsekerides. 1991. Media Influences on Support for Presidential Candidates in Primary Elections: Theory, Method, and Evidence. *International Journal of Public Opinion Research* 3:340–65.

Shaw, D. L. 1968. The Nature of Campaign News in the Wisconsin Press 1852–1916. *Journalism Quarterly* 45: 26–9.

Sherif, M. 1936. Group Influences upon the Formation of Norms and Attitudes. In M. Sherif (ed.), *The Psychology of Social Norms*. New York: Harper & Brothers.

Shils, E. A. 1962. The Theory of Mass Society. *Diogenes* 39:45–66.

Shrum, L. J. 1995. Assessing the Social Influence of Television: A Social Cognition Perspective on Cultivation Effects. *Communication Research* 22:402–29.

Shrum, L. J., R. S. Wyer, and T. C. O'Guinn. 1994. *Cognitive Processes Underlying the Effects of Television Consumption*. Unpublished manuscript, Rutgers University, New Brunswick, NJ.

Sigal, L. V. 1973. *Reporters and Officials: The Organization and Politics of Newsmaking*. Lexington, MA: D. C. Heath.

Sigelman, L. 1989. The 1988 Presidential Nomination: Whatever Happened to Momentum? *PS: Political Science and Politics* (March).

Sigelman, L., and D. Bullock. 1991. Candidates, Issues, Horse Races, and Hoopla: Presidential Campaign Coverage, 1888–1988. *American Politics Quarterly* 19:5–32.

Skalaban, A. 1988. Do the Polls Influence Elections? Some 1980 Evidence. *Political Behavior* 10:136–50.

Skogan, W. G., and M. G. Maxfield. 1981. *Coping with Crime: Victimization, Fear, and Reactions to Crime in Three American Cities*. Beverly Hills, CA: Sage.

Slovic, P. B. Fischhoff, and S. Lichtenstein. 1987. Behavioral Decision Theor Perspectives on Protective Behavior. In N. D. Weinstein (ed.), *Taking Car Understanding and Encouraging Self-Protective Behavior*. New York: Cam bridge University Press.

Smith, B. L. 1941. Propaganda Analysis and the Science of Democracy. *Publ Opinion Quarterly* 5:250–9.

Smith, T. W. 1996. Trends in Misanthropy. Paper presented at the fifty-fir: Annual Conference of the American Association of Public Opinion R(search, Salt Lake City, UT, May.

Sniderman, P. M. 1981. *A Question of Loyalty*. Berkeley and Los Angeles: Un versity of California Press.

Sniderman, P. M., and R. A. Brody. 1977. Coping: The Ethic of Self-Relianc(*American Journal of Political Science* 21:501–21.

Sniderman, P. M., R. A. Brody, and P. E. Tetlock. 1991. *Reasoning and Choic(Explorations in Political Psychology*. New York: Cambridge Universit Press.

Soss, J., and D. Mutz. 1993. Social Influences on Political Attitudes: The Rol of Imagined Communities. Paper presented at the Annual Meetings of th American Political Science Association, Washington, DC, September.

Sproule, J. M. 1989. Progressive Propaganda Critics and the Magic Bullet Mytl *Critical Studies in Mass Communication* 6:225–46.

Stigler, G. J. 1973. General Economic Conditions and the National Election: *American Economic Review* 63:160–7.

Stockman, D. A. 1981. In J. Kaplan (ed.), *Barlett's Familar Quotations*. 16t ed. Boston: Little, Brown, 1992.

Stone, W. J., and A. I. Abramowitz. 1983. Winning May Not Be Everythin\$ But It's More Than We Thought. *American Political Science Review* 7; 945–56.

Stott, W. 1973. *Documentary Expression and Thirties America*. New York: O> ford University Press.

Straffin, P. D. 1977. The Bandwagon Curve. *American Journal of Political Sc ence* 21:695–709.

Sudman, S. 1986. Do Exit Polls Influence Voting Behavior? *Public Opinio: Quarterly* 50:331–9.

Tannenbaum, P. H. 1983. *Turned On TV/Turned Off Voters*. Beverly Hills, CA Sage.

Taylor, D. G. 1982. Pluralistic Ignorance and the Spiral of Silence: A Forma Analysis. *Public Opinion Quarterly* 46:311–55.

Taylor H. F. 1973. Linear Models of Consistency: Some Extensions of Blaylock' Strategy. *American Journal of Sociology*. 78: 1192–1215.

Taylor, S. E. 1982. Adjusting to Threatening Events: A Theory of Cognitiv Adaptation. Katz-Newcomb Lecture, University of Michigan, Ann Arbor.

Taylor, S. E., J. V. Wood, and R. R. Lichtman. 1983. It Could Be Worse: S(lective Evaluation as a Response to Victimization. *Journal of Social Issue* 39:19–40.

Teixeira, R. A. 1987. *Why Americans Don't Vote: Turnout Decline in th United States, 1960–1984*. New York: Greenwood.

Thacker, R. A., and S. F. Gohmann. 1993. Male/Female Differences in Percep tions and Effects of Hostile Environment Sexual Harrassment: "Reasona ble" Assumptions? *Public Personnel Management* 22:461–72.

Tiedge, J. T., A. Silberblatt, M. J. Havice, and R. Rosenfeld. 1991. Discrepanc

Between Perceived First-Person and Perceived Third-Person Mass Media Effects. *Journalism Quarterly* 68:141–54.

Tilly, C. 1983. Speaking Your Mind Without Elections, Surveys, or Social Movements. *Public Opinion Quarterly*. 47:461–78.

Tims, A. R., J. R. Freeman, and D. P. Fan. 1989. The Cultivation of Consumer Confidence: A Longitudinal Analysis of News Media Influence on Consumer Sentiment. *Advances in Consumer Research* 16:758–70.

Tipton, L. 1992. Reporting on the Public Mind. In J. D. Kennamer (ed.), *Public Opinion, the Press and Public Policy*. New York: Praeger.

Tocqueville, A. 1835. *Democracy in America*. R. D. Heffner (ed.), 1956. New York: Mentor.

Tönnies, F. 1940. *Fundamental Concepts of Sociology: Gemeinschaft and Gesellschaft*. Trans. C. P. Loomis. New York: American Book.

Traugott, M. W. 1992. The Impact of Media Polls on the Public. In T. E. Mann and G. R. Orren (eds.), *Media Polls in American Politics*. Washington, DC: Brookings Institute.

Traugott, M. W., and R. Rusch. 1989. Understanding the Proliferation of Media Polls in Presidential Campaign Coverage. Paper presented at the Annual Meeting of the Midwest Association for Public Opinion Research, Chicago, November.

Tufte, E. R. 1978. *Political Control of the Economy*. Princeton, NJ: Princeton University Press.

Tversky, A., and D. Kahneman. 1974. Evidential Impact of Base Rates. In D. Kahneman, P. Slovic, and A. Tversky (eds.), *Judgment Under Uncertainty: Heuristics and Biases*. New York: Cambridge University Press.

Tyler, T. R. 1978. Drawing Inferences from Experiences: The Effect of Crime Victimization Experiences Upon Crime-Related Attitudes and Behaviors. Unpublished dissertation, University of California, Los Angeles.

——— 1980. Impact of Directly and Indirectly Experienced Events: The Origin of Crime Related Judgments and Behaviors. *Journal of Personality and Social Psychology* 39:13–28.

——— 1984. Assessing the Risk of Crime Victimization: The Integration of Personal Victimization Experience and Socially Transmitted Information. *Journal of Social Issues* 40:27–38.

Tyler, T. R., and F. L. Cook. 1984. The Mass Media and Judgments of Risk: Distinguishing Impact on Personal and Societal Level Judgments. *Journal of Personality and Social Psychology* 47:693–708.

Tyler, T. R., and P. J. Lavrakas. 1983. Support for Gun Control: The Influence of Personal, Sociotropic, and Ideological Concerns. *Journal of Applied Social Psychology* 13:392–405.

——— 1985. Cognitions Leading to Personal and Political Behaviors: The Case of Crime. In S. Kraus and R. M. Perloff (eds.), *Mass Media and Political Thought*. Beverly Hills: Sage.

Tyler, T. R., and R. Weber. 1982. Support for the Death Penalty: Instrumental Response to Crime or Symbolic Attitude? *Law and Society Review* 17:21–45.

U. S. News and World Report. 1987. Television's Blinding Power. July 27, 18–21.

Udry, R. J., L. T. Clark, C. L. Chase, and M. Levy. 1972. Can Mass Media Advertising Increase Contraceptive Use? *Family Planning Perspectives* 4:37–44.

401

Vallone, R. P., L. Ross, and M. R. Lepper. 1985. The Hostile Media Phenomenon: Biased Perception and Perceptions of Media Bias in Coverage of the Beirut Massacre. *Journal of Personality and Social Psychology* 49: 577–85.

Van der Pligt, J., P. Ester, and van der Linden. 1983. Attitude Extremity, Consensus and Diagnosticity. *European Journal of Social Psychology* 13:437–9.

Van Raaij, W. F. 1990. Economic News, Expectations and Macro-Economic Behaviour. *Journal of Economic Psychology* 10: 473–93.

Walker, E. L., and R. W. Heyns. 1967. *An Anatomy for Conformity*. Pacific Grove, CA: Brooks-Cole.

Walker, J. 1950. Adman Tells Desire for Readership Facts. *Editor and Publisher*. May 27, p 44.

Wallen, R. 1943. Individuals' Estimates of Group Opinion. *Journal of Social Psychology* 17:269–74.

Warner, S. B., Jr. 1968. *The Private City: Philadelphia in Three Periods of Its Growth*. Philadelphia: University of Pennsylvania Press.

Warr, M. 1994. Public Perceptions and Reactions to Violent Offending and Victimization. In A. J. Reiss, Jr., and J. A. Roth (eds.), *Understanding and Preventing Violence*. Vol. 4, *Consequences and Control*. Washington, DC: National Academy Press.

Wattenberg, B. 1984. *The Good News Is the Bad News Is Wrong*. New York: Simon & Schuster.

Weatherford, M. S. 1982. Interpersonal Networks and Political Behavior. *American Journal of Political Science* 26:117–43.

——— 1983a. Economic Voting and the "Symbolic Politics" Argument: A Reinterpretation and Synthesis. *American Political Science Review* 77:158–74.

——— 1983. Evaluating Economic Policy: A Contextual Model of the Opinion Formation Process. *Journal of Politics* 45: 866–888.

Weaver, D. H., D. A. Graber, M. E. McCombs, and C. H. Eyal. 1981. *Media Agenda-Setting in a Presidential Election*. New York: Praeger.

Weaver, D. H., and M. E. McCombs. 1980. Journalism and Social Science: A New Relationship? *Public Opinion Quarterly* 44:477–94.

Webb, N., and R. Wybrow. 1986. The Spiral of Silence: A British Perspective. In I. Crewe and M. Harrop (eds.), *Political Communications: The British General Election Campaign of 1983*. New York: Cambridge University Press.

Weiner, B., I. Frieze, A. Kukla, L. Reed, S. Rest, and R. M. Rosenbaum. 1972. Perceiving the Causes of Success and Failure. In E. E. Jones (ed.), *Attribution: Perceiving the Causes of Behavior*. Morristown, NJ: General Learning Press.

Weinstein, N. D. 1980. Unrealistic Optimism About Future Life Events. *Journal of Personality and Social Psychology* 39:806–20.

——— 1987. Unrealistic Optimism about Susceptibility to Health Problems: Conclusions from a Community-wide Sample. *Journal of Behavioral Medicine* 10: 481.

——— 1989. Optimistic Biases About Personal Risks. *Science* 246:1232–33.

Weisman, S. R. 1984. Can the Magic Prevail? *New York Times Magazine*. April 29.

Wells, G. L., and J. H. Harvey. 1978. Naive Attributors' Attributions and Predictions: What Is Informative and When is an Effect an Effect? *Journal of Personality and Social Psychology* 36:483–90.

West, D. M. 1991. Polling Effects in Election Campaigns. *Political Behavior* 13: 151–63.

Wheeler, D., and H. Jordan. 1929. Change of Individual Opinion to Accord with Group Opinion. *Journal of Abnormal and Social Psychology* 24:203–6.

White, G. M. 1975. Contextual Determinants of Opinion Judgments: Field Experimental Probes of Judgmental Relativity Boundary Conditions. *Journal of Personality and Social Psychology* 32:1,047–54.

White, W. 1961. *Beyond Conformity.* New York: Free Press.

Wides, D. H. 1976. Self-Perceived Economic Change and Political Orientations. *American Politics Quarterly* 3:395–411.

Wills, G. 1983. *Lead Time: A Journalist's Education.* New York: Doubleday.

Wolfinger, R., and P. Linquiti. 1981. Network Election Day Predictions and Western Voters. *Public Opinion* 3:56–60.

Wood, G. S. 1991. *The Radicalism of the American Revolution.* New York: Vintage.

Wright, G. C., Jr. 1976. Linear Models for Evaluating Conditional Relationships. *American Journal of Political Science* 20:349–73.

Yankelovich, D. 1991. *Coming to Public Judgment: Making Democracy Work in a Complex World.* Syracuse, NY: Syracuse University Press.

Yinon, Y., A. Mayraz, and S. Fox. 1994. Age and the False-Consensus Effect. *The Journal of Social Psychology* 134:717–25.

Zajonc, R. B. 1968. Attitudinal Effects of Mere Exposure. *Journal of Personality and Social Psychology Monograph* 9:1–28.

Zaller, J. R. 1992. *The Nature and Origins of Mass Opinion.* New York: Cambridge University Press.

——— 1996. The Myth of Massive Media Impact Revived: New Support for a Discredited Idea. In D. C. Mutz, P. M. Sniderman, and R. A. Brody (eds.), *Political Persuasion and Attitude Change.* Ann Arbor: University of Michigan Press.

Zillmann, D., J. W. Perkins, and S. S. Sundar. 1991. *Impression-Formation Effects of Printed News Varying in Descriptive Precisions and Exemplification.* Unpublished manuscript, University of Alabama, Tuscaloosa.

Zucker, H. G. 1978. The Variable Nature of News Media Influence. In B. D. Rubin (ed.), *Communication Yearbook 2.* New Brunswick, NJ: Transaction.

한나래 언론 문화 총서